U0138796

老人
社會福利

江亮演 著

序

　　社會變遷劇烈的現在，是一個「高度資訊化」、「國際化」、「少子化」以及「超高齡化」的社會，尤其是先進工業化國家，其高齡化、少子化的現象更為嚴重。而在這高齡化社會，老人對其生活或福利的切身問題極為關切與恐慌。

　　各國政府為謀求或確保老人物質性、精神性、社會性的最基本生活安全或水準，維護老人權益與福利，必須重視就養、就醫、就業，甚至於教育等事業，而訂頒「老人福利法」，並廣為推展各項福利服務。所以，老人福利可以說是實現老人幸福的公、私部門之社會性、組織性的活動之總稱。其廣義的範圍包括一般老人的福利理念、生活安全與醫療保健衛生等政策與措施；狹義的範圍只指老人政策與服務的領域。通常為提高老人福利績效，因此須推行老人服務，而老人服務工作是講究方法與技術（巧），包含人、事、物……的配合，也因這樣才有老人社會工作或稱為老人社會事業、老人服務工作的產生。

　　老人福利是與我國社會政策之老人福利目的及對策相通。為使老人福利措施與社會政策相互配合，採取改善老人生活環境、提高老人教育水準，轉變一般人民對老人的態度，自動參與老人福利工作行列，結合社會、家庭資源以及利用老人經驗知識，輔導老人就業等措施。同時應加強長期照護、療養、安養機構等老人之照顧外，更須透過社區日間老人在宅服務等去機構化方式拓展社區老人照顧，尤其應早日提出「少子化」、「高齡化」對策，結合社會福利、醫療健康介護保險以及老年年金等三合一制度，促進老人成功在地老化。

　　作者深感國內老人福利相關論述，文獻資料缺乏，故擬藉此《老人社會福利》一書提供專業工作者或研習者參考，並期望喚起一般人對老人福利的認識瞭解與支持，促進老人福利發展，達到安和樂利社會。

　　本書承蒙曾志全助理的打字修正校對等協助，才順利完成，在此表示感謝。

　　本書各章節之撰寫，雖力求周延完善，奈因老人福利的領域範圍過於廣大，若有疏漏不盡之處，敬祈先進、同好，不吝批評指正。

江 亮 演 謹識於玄奘大學
2009 年

❊ 目　錄 ❊

第一章

緒 論

　　「老」有人解釋為「老化」，也有人解釋為「高齡」、「尊稱」或「角色改變」等等的意思，所以「老」是指其人生已邁入晚年時期，其心身機能已有明顯衰退的老化現象。老化現象因人而異，個別差異很大，一般來說生理的老化是從45歲開始，依其老化程度可分為45～54歲的高齡前（中年）期，55～64歲的高齡（老年）初期，65～79歲的高齡中期，以及80歲以上的高齡後期等四個時期。

　　在我國自古把「老」當作是「寶」，是受人尊敬的對象，主要是農業社會的農耕、漁撈等作業，必須靠老人來指導傳授其經驗，因此我國很早就有敬老的禮俗與良好的養老制度。在《禮記》上有「五十稱艾服官政，六十稱耆不宜勞動，老人稱老而傳，八十、九十稱耄，縱或犯罪亦不科刑，百歲期頤飲食起居均須善」的記載，此為敬老之禮俗。此外，晚輩或年輕者在老人面前，行為也不能踰矩越分，如在《曲禮》所載：「謀於長者，操几杖以從之，長者問，不辭讓而對，非禮也。」又如：「侍坐於君子，君子欠伸，撰杖履，視曰早暮，侍坐者請出矣。侍坐於君子，君子問，更端則起而對。侍坐於君子，若有告者，曰少問，願有復也，則左右屏而侍，毋側聽，毋噭應，毋淫視，毋怠荒，遊毋踞，立毋跛，坐毋箕，寢毋伏，斂髮毋髢，冠毋免，勞毋袒，暑毋褰裳。」此為年小晚輩在老人身旁應檢點之小動作行為。又如：「侍坐於長者，履不上於堂，解履不敢當階，就履跪而舉之，屏於側。鄉長者而履，跪而遷履，俯而納履。」此為長幼

有序的社會關係。至於一般的社會關係即「年長以倍則父事之，十年以長則兄事之，五年以長則肩隨之。群居五人則長者必異序。」可見古代傳統社會對老人的尊敬與禮遇。

但是工業革命，尤其是高度工業化以後，科技的發達、醫藥衛生的進步、人類平均壽命的延長、產業結構以及家庭結構的改變等社會變遷，致使老人社會地位下降而造成不少的老人問題，所以，在今日的工業社會，「老」是代表喪失最多的一種人生過程，也是最容易發生經濟上、行動上、社交上、體能上、精神上的困難之時期。因此，老年時期是最需要福利與服務的照顧，也是最需要自動自發參與社會活動、服務社會的時期。

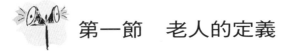

第一節　老人的定義

老人的定義是自然科學和社會科學所重視的課題。何謂「老人」？怎樣才算老人？老人的定義沒有一定的說法，不過通常可從生理方面、心理方面、年齡方面、所扮演的社會角色方面以及法律方面去判斷。

一、從生理方面來看

外在有頭髮變白或脫落，眼睛混濁、眼球或眼白變色，身高降低，牙齒脫落，指甲變形，皮膚變粗變黑或皺紋增加、老人斑（壽斑）出現或毛細孔變小，體重減輕等現象之特徵。內在有內臟各器官的細胞數減少，感覺器官如耳、眼等的聽力、視力減退或障礙，消化系統如胃、腸、肝臟等消化機能退化或障礙，循環系統如血管有障礙，呼吸系統如肺、氣管等組織碳化或變化，泌尿系統如腎臟萎縮或膀胱鬆大以及攝護腺組織肥大，關節系統如骨骼化學成分變化或石灰含量減少，神經系統如腦功能退化、內分泌障礙，以及體溫功能減退等現象之特徵。

出現上述這些現象時，有人認為老了，但從老化現象來看並非正確，因為有人未老先衰，雖有老人生理現象出現，但實際上還年輕，年齡與生理現象不一致，所以單從此生理現象來作「老人」的判斷不甚合理。

二、從心理方面來看

一個人有「無求新的慾望」（No need for new experiences.）和「無求成就的慾望」（No need for achivement.），或對機械、電器不感興趣，儘量避免刺激或逃避現實，以及保守、固執、自私等老人心理現象出現時，就認為已經老了，但有些人雖年輕卻有上述的老人心理現象存在，如果有此老人心理現象就判定其已經老了，那也不甚恰當。

三、從年齡方面來看

依據我國《文獻通考・戶口考》：「晉以六十六歲以上皆為老，隋以六十歲為老，唐以五十五歲為老，宋以六十歲為老。」及《論語》君子有三戒章「及其老也」句，《皇疏》：「老謂五十以上。」又人尊稱有社會地位的人為耆老，《爾雅・釋詁》禮田禮「六十四耆」。由上述各項記載，起自五十歲最高六十六歲便具備老人的資格。但以年齡來判定也不一定正確，因有些人老當益壯，雖年過六十五歲以上仍然很健康，體能不比年輕人差，所以光用年齡來判斷也很難瞭解是否真的老了。

四、從法律的規定來看

大多數的國家在法律上都明文規定：18歲以下者為幼年（青少年兒童），18歲到65歲為青、壯年（或成年），65歲以上為老年。從我國勞基法規定命令退休的條文第五十四條來看，勞工非有下列情形之一者，雇主不得強制其退休，即：(1) 年滿60歲者；(2) 心神喪失或身體殘廢不堪勝任工作者。因此，勞工以60歲或雖未滿60歲但身心已無法從事勞動者，為老人或可退休或雇者可強迫其退休。又現行公教人員65歲應予命令退休之規定，所以在法律上是不考慮老人意願與社會上所扮演角色如何，凡達到法定年齡條件者均須退休，表示其已老或已不適合再工作了。不過，法律上的規定也不能真正表示其已經老了。

五、從社會地位或角色來看

真正老人的定義是應從社會地位和其在社會上所扮演的角色來看。若一個

人在社會上的角色或地位改變了，從主要變為次要的，或從重要的變為無足輕重時，才真正算老人，如日本的隱居制度或我國社會把財產分給子女，自己從家庭重要地位或扮演的主要角色變為年齡的「歸屬性地位」（ascribed status），扮演祖父母等次要角色與地位（江亮演，2006）。

雖然有些人認為應從社會角色、地位的觀點來判斷老人的定義，但是一般的政府或社會福利工作者都為了工作上的方便，而以法定年齡來作為老人的定義，凡達到某一定年齡就算是老人，不管其生理、心理或社會角色地位如何，只要達到法定年齡即為「老人」，我國也採取這種看法和做法。

 ## 第二節　老人問題產生的背景

一、人口高齡化

我國傳統社會因醫療不發達，治病、延壽很多是靠宗教儀式或巫術，所以壽命不長，俗諺有「人生七十古來稀」的說法。老人人數少，其農耕、漁撈等謀生知識經驗豐富，受人尊重，故老人的社會地位隨年齡的增加而升高。我國社會如此，西方社會亦如此，其敬老尊賢的情形，中外相同。十六世紀英國政治家穆爾（Sir Thomas More）所著的《烏托邦》（*Utopia*），可以說是當時西洋尊老敬老的最好文獻。但自工業革命以後，各國的經濟、社會等結構產生變化，加上科技、醫療發達以及教育的普及，使人類生活品質提高而延長壽命，同時也降低了生育率而致使老人人口在其總人口當中所占的比率一天比一天增高，尤其先進國家，65歲以上老人人口在其總人口當中所占的比率都超過10%以上。我國的人口動向也是一樣，老人人口在30年來增加近兩倍，由1947年的2.50%，升高到1976年的3.63%，1981年的4.30%，1986年的5.10%，1996年7.10%，2005年9.74%，2006年9.82%，2007年10.4%。平均壽命也從1994年男女不分的48歲，年年增加到1980年的68歲，到2007年的男性75歲、女性81歲以上。目前我國老人人口已超過10%，所以，我國已符合聯合國所定的7%為「老人國」的標準，而真正是一高齡化社會的「老人國」了。如果未來老人人口超過10%，甚至20%，國民每四人當中就有一人是老人，如此社會安全制度的社會

服務或生活保障都會成問題，尤其老人健康問題如老人長期照護等，更成為老人問題對策的一大課題。

二、家庭結構與生活方式的變動

經濟發展、產業結構的改變，年輕者為了謀生不得不離鄉背井到都市或工廠公司工作。但在外工作所得收入又無法把家鄉年老父母等家屬帶到工作地點附近同住；倘若有此能力想接來年老父母或家屬同住，老人家也不見得願意，所以以往的大家庭制度崩潰了，代之而起的是以夫婦為中心的核心小家庭。昔日所謂晨昏定省，含飴弄孫的天倫之樂，已不是每一個老人所能享受得到的。同時老人的家中地位、社會角色不再受到尊重，精神生活受到挫折。這種心理上的挫折無法獲得彌補，會產生精神上的異常或心理疾病，例如：自殺、犯罪、精神病、心理變態等。加上年事已高容易患生理疾病，例如：癌症、腎臟病、心臟病、高血壓、糖尿病等，使老人身心健康受到威脅。

三、社會變遷與社區結構的改變

社會變遷、工業化和都市化雖提高居民的生活水準，但相反卻喪失社區的功能，產生居民疏離現象，不但無法交流，而且無法培養社區連帶意識與情緒，在無法充分交流之下，尤其老人更難與鄰居接觸，因此核心家庭的老人寂寞可想而知。雖然越來越重視社會福利的事業，但老人對住習慣的家庭之鄰居有很強烈的交流慾望，因此，近年來的老人福利大都偏重於「在宅福利」方面，不過政府（公眾）的老人福利措施，雖然較為公平，但相反的是畫一化沒有彈性，橫向聯絡差，所以很難因應多元化的社會需求，故有必要推行集中式互動型的社區服務，即任何老人都能一起交流、共同生活，以及參與社會活動的社區老人福利。

四、健康與醫療

人隨著年齡的增加而致心身衰退，年老多病是無法避免。從老人的有病率、接受治療率來看，有依年齡增加而提高的傾向，如表 1-1：

表 1-1　有病率、受治療率

年齡階層	有病率（人口 1,000 比）	年齡階層	受治療率（人口 10 萬比）
總　數	145.2	總　數	6.403
55～64	287.9	55～64 65～69	9.824 13.455
65～74	481.5	70～74 75～79	18.343 21.108
75～	567.8	80～84 85～	21.436 20.968

◆資料來源：行政院衛生署 1999 年資料。

　　接受治療的老人疾病以循環器官、消化器官系統有關的疾病為最多，其特徵是併發症發病頻率高、慢性化、治癒率低等。因此，老人最感困擾的是健康問題。其次是老人的自殺問題，通常老人自殺死亡率是男性高於女性，自殺原因主要是病苦。再其次是臥病；65 歲以上臥病老人每年之增加約占老人人數的 3%，這對老人家庭是一大負擔。再來是癡呆症（失智）老人，這些病患大都是腦血管性型的為多，但是其他類型如阿茲海默症（Alzheimer's）、分泌性疾病、腦瘤、藥物中毒及生理物質缺乏症等也有增加傾向。所以老人接受治療愈高其醫療費用也就愈高。

五、經濟生活

　　一般來說，就業勞動的家庭，其收入到 45 歲為止最高，之後逐漸下降，高齡者家庭之所得很低，尤其單身老人家庭有近九成是屬於低收入階層。一般老人對老年的經濟生活感到不安，尤其單身獨居的女性老人約有七成以上感到非常的不安，而自從生產由家庭轉移到工廠，老人就業機會更少，老人經濟生活更為困難。

六、住宅

　　老人住宅與上班族者不同，老人生活時間幾乎都在同一場所，因此希望有良好環境使日常生活便利，雖身體不便也不會發生事故的安全設備之住宅。但實

際上，病癒後退院沒有地方住的老人及都市再開發或土地漲價被迫搬家的老人，住在噪音公害或狹小等惡劣環境「有害健康的住宅」的老人漸多，尤其獨居的老人，擁有自己的房子者不多，都是租借的房子為多，因此，時常被房東趕出來，居無定所的老人很多。如果有福與子女同住，老人也很少有專用的房間，同時也容易與家人發生衝突，無法安靜、安心過日子的老人也不少（須鄉昌德編，1989）。

七、其他

如平均壽命延長，老人人口增加，以及教育文化進步致使年輕人與老年人觀念的代溝、隔閡；社會科層化、老人失去就業機會；社會互動減少、閒暇增加、生活調適困難；老人觀念改變而不願依賴子女者漸多；親友凋零壓力，失去精神感情支持力；面臨死亡之恐懼與困擾的心理適應問題等，造成了不少老人問題。

第三節　老人與社會關係

人類除了追求生理上的滿足之外，還有追求情緒上的安定（need for security），這是維持其生命的基本條件。情緒的安定是指人類在其所屬的社會或家庭內與他人接觸的人際關係而言。當然老人也不例外，老人的地位、身分、角色都跟人際關係有密切關聯。

通常家庭是由夫婦為中心所組成的親屬團體，其功能是共同經濟、維持夫婦間的性關係、養育管教子女以及扶養年老父母或長輩等等。他們因長時間的生活，相互依賴而產生了感情。

一般的家庭型態，可分為大家庭（extended family）和小家庭（nuclear family），但近年來，因工商業的發展，使社會組織型態發生了劇烈的變化，因此引起了社會的經濟、人口及家庭等結構改變；今日的工業社會，大家庭制度漸漸崩潰，代之而起的是以夫婦為核心的小家庭。在人口的結構方面，由於科技的發達、醫藥的進步，人類控制了傳染病而使死亡率降低，兼之教育的普及，衛生知識的提高，人類對健康方面越來越重視，所以平均壽命提高，高齡人口也就越來越多。根據調查，老人的生活是隨其家庭或社會而變遷，如果變遷的速度不甚

劇烈的話，則老人和家庭以及社會之間就有一個和諧的關係存在。

一、現代化與老人生活

老人的生活是跟著家庭或社會而變遷，當然也隨著變遷而適應，但現在的社會卻不完全如此，有不同歷史體驗的幾個世代，如祖父母、父母、子女、孫輩等一起生活在一個大家庭內，站在以年輕人為中心的現代社會來說，其家庭也好，社會也好，都是以年輕者為主軸，所以屬於舊時代的祖父母難於適應這種變遷，因此容易產生與社會脫節的現象。

若以社會變遷當作現代化（modernization）指標的話，則自立、自強的生活原則是個人生活的理想。現代化是以不斷的科學進步和工業發達做為人類生活過程的自助原則（self help），科學是保證人類生命的延長，而工業是把社會分工做為人類的經濟自立。

李斯曼（Riesman David）分析美國堪薩斯州的老人調查時，認為老人社會可分為自立型（independent type）、適應型（adaptatied type）和無秩序型（anarchy type）三類，並且把自立型的老人作為現代社會的正派類型。此類型的老人是靠其儲蓄、財產而自立生活，也是所謂依照自己的意志謀生的性格之老人。其次為適應型的老人，此類型的老人是順風轉舵，依照他人的意思去做，也就是自己沒有主張，受人家所左右的性格之老人。再其次為無秩序型的老人，介於上述兩類型之間，是一種不安定的性格，有時候表現得很像自立型的性格，有時候卻表現得很像適應型，所以沒有一定的行為，這類老人無法事先瞭解其意志，因此稱為無秩序型的老人。李氏又說在目前的美國社會，正派的自立型老人，的確越來越少（Riesman, D., 1954）。

一般來說，所謂現代化的社會過程，其內部亦具有否定性的現象，例如：有儲蓄和財產而自立的老人，都不易適應現代的生活水準和通貨膨脹的生活環境，何況失去經濟自立能力的老人其生活更是貧苦。

現代化工業是以自動化為其特色，但自動化過程的機械技術卻奪取了中高齡勞動者的就業機會，關閉了老人勞動生產而自立更生之門。二次大戰後先進國家的經濟成長，雖然促進了僱用勞工機會，解決了不少失業和貧窮問題，但是對老人來說卻是有害而無益，因不但帶來了老人失業和貧窮的現實問題，而且產生老

人人際關係和社會地位大不如前的可悲現象。

二、老人的社會價值

　　人類在本能上是儘量使自己長壽，永保青春。但老年期難免與貧困、無聊、疾病、孤獨、無用等否定性價值相關。任何人都深恐老年期的來臨，所以儘量避免閒居無事的老後生活，可能的話，儘量延長中年期活動，一直到人生終了為止，希望僅有很短時間來體驗否定性價值的老年期生活。這種老年人的願望在現在的社會非常普遍。

　　現代的社會體系是人類價值和個人成就之評價規範。個人成就之價值規範決定其在社會上的地位。工業化社會的老人從職業成就之社會地位中引退下來，也就是從工作的收入轉為年金或其他收入的人，其所得結構之變化和成就性社會地位之喪失是老人困境之開端。非達到某一定的年齡是無法享受年金的，所以，這項價值規範與其說是依據工作成就的地位，不如說是由年齡的歸屬地位（ascribed status）而決定的來得恰當（那須宗一、增田光吉合編，1972）。

　　現在的環境，人生的老年期在經濟變動上之明顯事實，即是退休，亦即從成就地位（achieved status）轉變為歸屬地位，從社會價值來看，則是評價很低的時期。從前無論農村或都市，其所重視的是家庭歸屬地位而不是成就地位，家業讓給子女，夫婦自己雖然從核心地位引退下來，但仍然分擔著輕便工作，幫助子女從事成就性社會活動。其生產性貢獻雖然多少有所減退，但也不因此而影響其權威，尤其擔任傳授工作技能或對孫輩的啟蒙等教育性角色，有極高的成就評價。因此。這時期的老人與其說是因退休而失去個人的成就地位，還不如說是因其在家庭中以祖父母的新歸屬地位之出現而具有某一定的權威之評價來得合適。

　　但現代的社會地位通常是依個人能力所換來的職業之成就地位來評定，但是由於僱用人口之增加，致使特定年限的退休制度很普遍，這意味著社會性老年期的開始，故限齡退休可以說是使將步入老年期者之一種警號。依現代的經濟性價值規範來看，特定年限退休之人，將是面臨人生夕暮的開端，也是對高齡者所維持的成就能力予以忽略的時候。

三、老人的地域性移動

從前，年老退休時，即回到自己出生的故鄉靜度餘年，但現在的都市生活，年老而退休時無家可歸者為數不少，故鄉雖有親族，但無人接他回鄉。

老年期的居住地之適應或選擇，取決於下列幾個重要條件：

(一)社會經濟地位

老年期之社會經濟地位變化，通常男人是家庭生活收入者，其角色或家庭以外的社會地位，也就是直接與過去或現在的職業地位和角色有關，因此男人對於年金退休制，可謂其職業的引退，卻是步入老年期生活的第一步。

布朗女士（Blau Zena Smith）在美國紐約舉行老年期自覺（Self-Concept）調查時，70歲以下退休者有三分之一自己承認是老人，但70歲以上的退休者卻有三分之二承認自己是老人。所以，美國的老人期的主要界線，可以說為70歲。由此看來，特定年限退休後再就職的職業活動，至少可以到70歲為止。老人居住地的選擇與其職業地位和角色有很大關聯，例如：郊外居住者，退休前之通勤雖然沒有感到不便，但是再就業的機會很少，所以為了再就業，他（她）須向就業場所集中的都市中心地區移居（Blan, 1956）。

完全從職業地位而退下來的70歲以上男人，其居住地之選擇，若考慮到安全性、便利性或舒適性等條件時，通常是選擇舒適性高的居住地方為多。不過，在現代住宅困難的情形下，老年人居住地的選擇並無充分的自由。

(二)同輩團體

從老年期的人際關係的情形來看，一般是移向同輩團體的為多。人的年齡一高，就被工業社會機械化所屬的職業團體所排除。小家庭使祖父母失去與子孫一起生活含飴弄孫的機會，故同年齡層的團體是較適合老年期的生活。因為這樣的團體對老人的飲食、居住、洗衣、看護等公共性服務，能夠集中處理。我們為了確保老人的身心健康，必須建立安全而環境舒適之老人社區，使老人不至於感到老年期悲哀的生活，因此取代學校而建造的老人福利設施的退休者社區（retirement community），可供老人舒適居住場所。不過老人社區會導致與外界隔閡，形成老人世代的社會孤立。

(三)健康狀況

老人難免與貧困、疾病等相連結，由於老人生理上和心理上的老化，使其容易患病。通常上了年紀者之健康狀況，或多或少都有不正常的現象出現，所以年老多病，這是很自然的現象，尤其年老者的家庭、社會地位之低落，加上收入減少和醫藥費用增加，心理上更容易變化。一般來說，退休後，若健康情形不佳，其居住的場所大多是選擇綜合醫院附近或子孫較容易照顧得到的地方。若健康狀況良好者，其居住地方大多是選擇距離就業場所較近或交通較方便之處，若退休後不必工作或不想工作的老人，其居住地方大多是選擇郊外較安靜舒適的所在。

四、老人的家庭功能變遷

農村青年不喜歡在鄉下工作而跑到都市謀生，過者領工資的生活，把年老的雙親留在家鄉經營祖業，這種情形在現代社會極為普遍。

都市的商人或公務人員等家族，年老戶長之職業往往與其子女相異，親子之間的職業繼承發生了變遷。從親子間的職業變動而喪失了所得行為的共通性，即是親子之間的職業沒有世襲性存在。老人和有所得收入的子女，雖然住在一起，但並不是職業同居的含意。

1960 年以後，先進國家的青年勞動力之不足，使「需求市場」轉變為「供給市場」而開始縮小親子所得的差距。新制學校畢業者的待遇與父親的待遇相近，因此在家庭消費或家庭管理上發生了親子摩擦的現象，因為父母親不一定是掌握家庭經濟大權者之故，主婦或女性的就業機會之增加也是現在社會的家庭所得結構改變原因之一，婦女的所得對家庭角色會產生新的刺激。夫婦角色之變化容易發生不滿與緊張。

過去在農村的農家所得中，農業所得比率占一半以上，但是現在漸漸減少了，家庭副業或其他的收入越來越多，老年期所得卻急速地減少。退休後再就業者之所得比退休前減少了很多，如果年逾 65 歲而經由高齡者職業介紹所或自己找到工作而就業者，其所得與高、初中剛畢業者相差無幾，並且須負擔維持夫婦生活費用。

人口過疏的鄉村，雖然還有老齡者負荷較重的農業勞動工作，但其他的地方幾乎無老人工作的機會，大部分被年輕者占光了。過密都市由於年年惡化的職

業環境，如交通、公害等等使老人工作機會減少，若幸而找到工作，也不過是年輕人不喜歡做或無法做的工作而已，例如守衛、大樓清掃、夜勤人員等工作。健康而想工作的老人越來越多，但老人的所得行為（職業）之選擇範圍卻越來越狹小，這是現代社會的老人實況。

現代家庭不但在收入結構上親子之間有很大變化，而且在家庭生活之物質條件上亦有極大的改變，衣、食、住、行等被電子技術代替而使家庭設備形貌大變。

隨著電視等大眾傳播媒介之普及，引起家庭衝擊的是雙親對子女的家庭教育發生了變化，縱然雙親對子女的社會化教育與大眾傳播的教育功能一致，亦無法避免親子間的衝突，因為子女從電視中吸收的新知識比父母多，所以父母無法控制子女的行為。大眾傳播給予子女們情報，使他們藉著傳播媒體而可從世界各地獲得資料，從而產生幻想性規範，並且將其滲入現實的生活中，於是雙親的教育權威便無從發揮。

由於親子之間教育程度的差異，因而對子女的職業選擇也漸漸無從過問，就是過問或有所期待，子女也未必聽從，所以兩代之間意見相對立現象，也越來越多。事實指出，為使子女將來能夠覓得專門性或技術性職業，給子女接受高等教育，其結果即換來親子間生活規範之分化，形成家族成員間的緊張和衝突。

以前三代同堂的大家庭，祖父母及父母是行使教育功能者，互相分工負責實施，通常祖母是編造些童話或故事，祖父製造竹馬或各種玩具，同時成為小孫子的遊戲夥伴，在非正式的團體活動中啟發孫輩們的創造力。在德育方面，亦是由雙親分擔以實現教育功能。

但現在的家庭受到現代化的影響，祖父母的教育功能發生了變化，祖父母向子孫講故事、遊戲的閒事，也就在急促的工業化裡被沖淡了，如今，並沒有或很少存有教育孫輩的機會；如果有教育孫輩的機會，也常以孫為寶貝而過分溺愛或取代了本來就應由父母擔任的教育角色。前者有使孫輩的態度或生活方式發生不正常的可能，後者即有祖父母的權威超過父母的可能性。這樣難免為了子女的社會化而致使父母與祖父母之間發生摩擦。

老年期的生涯對象，在社會方面是因退休或友人的死亡而喪失的為多，但是在家庭的生活空間，子女的獨立或配偶之死亡，也會引起生涯的喪失。因此，在

婦女方面，子女的結婚或配偶的死亡，是其老年生涯結構的變化象徵。

失去做為母親或妻子等角色的老年期婦女是以：(1) 家庭所飼養的動物；(2) 就業等的社會參與；(3) 當祖母等角色之追求等等作為其新的生涯對象。以家庭所飼養的動物做為新生涯對象者，即是屬於趣味志向型；採取就業為新生涯對象者，可視為社會志向型；以追求履行祖母角色為新生涯對象者，則是家庭志向型。這是以個人的情緒強弱來做為選擇條件，或依自己表現的機會之有無來做為選擇根據。例如，社會志向型，社會參與是其客觀性生涯條件，但在主觀性方面則是非實現其自己的意志不可，否則不能成為生涯。又家庭志向型，因社會價值觀傾向於多元化，所以老年的祖父母與孫輩之間有很大的距離，非努力去改變觀念不可，而且小家庭型態的祖孫之接觸機會不多，也難作為其生涯對象。

與老年期的生涯結構有關的重要因素是健康狀態。老年期因身心自由之減少，故其生涯對象的選擇範圍縮小，若久病無法起床，一年到頭只睡在床上的臥病老人，則其對愛情或宗教信仰的表現就有限。要使老年期的安樂制度化的話，這一問題將成為永遠難於解決的社會問題。但是若家族為瞭解除病苦中的老人痛苦，欲使其安樂死或幫助其安樂死，這在尊重人命和尊親至上的家庭規範下，是無法容許的（那須宗一、增田光吉合編，1972）。

五、老人的家庭結構

家庭社會學家對於現代家庭之變遷模型，從三代同堂的大家庭轉移到以夫婦及未成年子女所組成的小家庭情形之現代社會，稱為核心或小家庭時代。

儘管家庭變遷是如此現代化，但是在東洋的家庭仍然有三代同堂的大家庭型態存在，這與歐美的家庭有顯著的差別。若從東洋的家庭之血緣結構特質來看，究竟老人是應該和子女同住在一起呢？或者與子女分開居住呢？常常發生爭論。

核心小家庭的結構特質是夫婦關係，由結婚而開始與雙親別居，所以，老年期的起點，普通是始於麼子的結婚，而又回到老夫婦二人的家庭型態之時期。核心家庭，例如 1930 年與現在的核心家庭有很大差異，當時的核心家庭，子女數目多而且平均壽命又短，因此，不需要等到麼子結婚，老夫婦就已經死了，所以當時的小家庭，在型態上是沒有或很少有老年期的存在（森岡清美，1967）。

大家庭型態，其結構特質是親子關係，以子女的出生為家庭的始期，因此要

等到同住的子女成婚又有子孫以後，才有老年期的感覺。以前的大家庭跟現在的不同，雙親與繼承家業的長子同住為多，媳婦生孩子的時候，翁姑不過是四十多歲，到了孫輩上小學以後，自己也上了 50 歲，這個時候才把家計的主宰地位與角色讓給媳婦。根據這種風俗來說，結構上祖母的地位是老年期開始的象徵，但是，在家庭功能上，家計和家事的主宰大權交替的時候，才算是名副其實的老年期。而現在老人的核心家庭型態，女性始終是家計與家事的主宰者，所以，可以說現在核心家庭的女性是沒有老年期的存在。

在社會學上，認定老年期的家庭始期是著重在家庭的老人地位、角色方面之變動，但依家庭型態結構特質去考慮的話，要給予老年的始期有畫一的見解是很難的。不過，女性的老年期之始期，若放在完成了為人父母的責任，完成了她的家庭中地位、角色的時期，也就是核心家庭的屘子結婚和大家庭的婆媳接棒結束時期，所以，可以將這個時期做為規定所有家庭型態的老年期之共同點。

在夫婦為中心的核心家庭型態，自覺已達老年期，如說是由別居的孫之出生，不如說是同居的屘子結婚而離開父母較為妥當。但配偶的死亡而喪失了夫婦地位與角色，會致使老年期的核心家庭之危機更加深刻。

當然，以前的家庭型態也有老人的核心家庭之存在，但是，其結構特質是放在親子關係，與現代以夫婦為中心的核心家庭迥然相異，尤其是只有老人的核心家庭，是殘缺型（brokcn home pattern）的家庭型態。然而，這種現象在現在的核心家庭規範內，以親子關係為主軸的大家庭型態即是偏差型（deviant pattern），這種偏差型卻有越來越被欣賞的傾向。但是現在的老人大家庭與以前的大家庭的內容絕不相同，以前的大家庭，是以家庭的監督或家產做為三代同堂的原則，而現在大家庭則以同住而相關聯的扶養作為基礎。現在也跟以往一樣，與長子夫婦同住的雙親比與其他子女同住的為多，這是因為自己沒有經濟自立，只好依賴已經成家立業且收入較多的長子，事實上，如果老人經濟自立的話，就有選擇老夫妻同住或與長子以外的家族同住的現象。

社會當中，以夫婦為中心的家庭規範下，現代青年將來也必然進入老年期，如果他（她）也是喪偶的話，那麼一人獨自生活或進入養老機構是很自然的現象。

英國歷史學家湯恩比（Toynbee）認為沒有年輕人存在的家庭，不能算是完

整的家庭，年老後的家庭型態，以三代同堂為老年期最適合的原則，所以，積極地肯定老年期的大家庭型態，但是有些人卻主張老人應放棄與子女或孫輩同住的理想。根據社會學家湯斯達（Jeremy Tunstall）女士在倫敦調查獨居的老人報告，喜歡一人獨居的老人比喜歡與家族生活的老人為多（Tunstall, 1966）。

經過一百年以上的社會契約規範而根深柢固的歐美社會之結構，人在年老之後較容易形成夫婦為中心的核心家庭。

經濟成長或學力提高等社會壓力，容易發生年輕世代之地域性移動，由於親子間的職業變遷，致使農村老人「核心家庭化」，是不易與子女接近或居住。都市老人的「核心家庭化」，是因尋找住宅困難或住居狹小而使老人或已婚子女無法實現同住一起的願望。所以，我們非從社會的各種壓力來推測是無法瞭解老人的家庭結構情形。

 ## 第四節　老年期發展階段

一般來說生理的老化是從 45 歲開始，依其老化程度可分為 45～54 歲的高齡前（中年）期，55～64 歲的高齡（老年）初期，65～79 歲的高齡中期，以及 80 歲以上的高齡後期等四個時期。

但對於現行的社會保障制度或社會福利制度，為便利區分起見，把 60 歲的人以 5 歲別來區分，即 60～64 歲為向老期，65～69 歲為初老期，70～74 歲為老年中期，75 歲以上為老年後期。但是，老年期與少年期不同，在生理上、社會上、家庭關係上，個人的差別很大，尤其老人發展階段之特性，並且有男女性別、農村或都市之地域性區別，若不加以上述條件差別之考慮，則上面的老年期別便沒有意義。

關於老人的生理變化，可以從其身心的自由等作為尺度來測定，但是向老期跟老年中期，在健康方面沒有多大差別，但若 75 歲以上的老年後期，其餘生中都睡在病床上的人數就有倍增的現象。因此，在老年期的四個階段中，向老期的人，還不怎樣感覺自己已經老了，而老年中期或老年後期的人卻有老化的感覺，不過他們對老人的生活已習慣了，不覺得恐怖，所以說 65～69 歲的初老期，在心理上或生理上都是最不安定的時期。同時，初老期的老人也比其他的老人需要擔

憂家計支出，因此也是生計上最感不安的時期（Ciuca, 1965）。

70～74歲的老年中期，是較關注同輩團體的時期，其參與老人俱樂部等之地域性活動最盛，也是餘暇休閒最高的年齡期。

家庭關係的變化和老年期的發展階段之關係，是研究家庭週期的重要資料，但家庭週期是以女性生活週期為準，因此與女性老年期的年齡階段有關。

家庭關係在60～64歲的向老期，其子女大部分均已結婚，做父母的角色也失去其重要性，但因孫輩的出現而進入另一新的角色時期。65～69歲的初老期，若配偶死亡，即會發生生活上的變化。其成年的子女也已是進入自信能獨自過著家庭生活的中年期，所以父母不必再給子女幫助或指導，孫輩亦已中、小學學生了，也不喜歡受到祖父母的幫忙，故這階段之老人甚感無聊。

不管如何，老人的生活是跟著家庭或社會而變化。從家庭關係的情形來看，65～69歲的初老期老人，在心理上是隔閡最多的時期。把70～74歲的老年中期做為家庭關係的變化來看，核心家庭型態的老人喪失配偶（再婚者除外），其生活類型可分為一個人繼續獨自生活下去，或與子女同住一起以及進入養老院養老等三類型。從75歲以及75歲以上的老年後期的家庭關係之變化來看，即是病床的生活時期，也是需求家族給其情緒支持最高的時期。老年後期對家人給其幫忙的不安或死前孤獨的不安，均有很大的影響。所以其對年輕的家族之情緒依存是很強的。

第五節　老人福利的意義與功能

一、老人福利的意義

老人隨著身心的老化而導致生活困苦的煩惱，釋迦牟尼佛也把「老」看作人生的四大苦之一。但是傳統社會的家庭制度時代受到儒家思想的影響，老人的扶養介護工作是由家族所負責。至於無依無靠貧困老人即由地方社區居民給予救助或由救貧制度來處理，同時老人人數不多，尤其須照顧的貧困無依靠老人更不成為社會問題。但是自從第二次世界大戰以後，由於工商業發展、老人人口增加及社會變遷劇烈，尤其是工業化、都市化的影響，家庭結構從大家庭轉變為核心小

家庭，老年父母扶養觀念改變或子女無法扶養父母，以及社會環境的惡化等等，使對老年生活感到不安者日益增加。

本來老人生活是家庭內的問題，但因社會變遷家庭適應有困難者增多，而非把老人問題當作社會問題，由社會安全制度以及其他各種福利措施來對應不可。

老人福利或稱老年福利（Welfare on Aging），廣義來說是指包括年金、醫療保健、住宅、僱用、教育、稅制等各種對老人有助益的福祉制度與福利服務而言。狹義的老人福利是指社會福利領域的老人對策，老人福利及其他有關措施制度的各種老人援助政策與服務而言。不管廣義或狹義，一般的國家都是依其社會實際需求與政府的財力選擇性去推行，因此，都是介在廣義與狹義中間的老人福利為多，所以其對象，不但包括必須養護、介護的老人，而且也包括一般老人，使其日常生活過得有尊嚴如一般人一樣的生活。

二、老人福利的功能

從前述可知老人福利是針對老人問題的一種對策，也就是老人福利可以說是老人問題對策最具體、最完整的福利措施。老人福利的興起，從其萌芽開創、構成體系到為社會所接納，迄今不過幾十年，因此，各國所採用的名詞不一致，有的稱為「老人社會工作」（social work for the aged），有的稱為「老人社會福利」（social welfare for aged），有的稱「老人福利」（the welfare for old people），有的稱為「老年福利」（welfare on aging），有的稱「老人社會服務」（social service for the aged）等。所以，老人福利的功能可以從下列幾方面來說明：

(一)心理：老人福利是促進老人過著美滿的家庭生活，或增加其社會互動機會。家庭生活美滿或社會人際關係良好，使老人精神生活過得愉快，減少老人心理上的壓力，避免老人心理疾病的產生。

(二)生理：老人福利是促進老人身體健康，減少罹病機會，提供醫療照顧及改善老人營養、增進老人保健衛生知識，提高老人各種福利，使老人在物質生活得到充分照顧，生理上獲得健康。

(三)人權：人民有求生存的權利，政府及社會有保護老人的義務。老人無功勞也有苦勞。年老多病或無工作機會，生活發生了困難時，當然須用社會力量來

幫忙。因此，老人問題的產生不應完全歸因於老人本身或其家屬，乃是因社會變遷之故，所以應以社會、國家的力量協助老人，如此才是講人權的社會特色。

(四)**民主社會的補足**：民主社會是講自由、平等，不像以前重視人倫關係，老人在家中具有權威，但因父權低落，老人在家中的地位大不如前，不少老人無法再從家中得到精神和物質生活的滿足，所以，不足的地方由老人福利制度措施來彌補，使老人能過著正常的生活。

(五)**社會安全制度的一環**：從出生到少年、青年、壯年，一直到老年，各階段都須在社會安全保障之下，才能使其過著文化而正常的生活，所以，任何年齡階段都不能忽略，當然更不能輕視老年這個階段的保障。因此，老人福利是社會安全的一環，主要的老人福利就是提供老人生活資源和醫療及娛樂休閒等的措施。

(六)**社會**：老人福利是促進老人與家族互動和互助，以及作為促進老人社會關係的媒介，使老人日益減少的社會互動恢復起來，增加其生存樂趣，減少其心理壓力而過著正常生活。

(七)**教育**：老人福利重視老人的再教育、老人學校、老人大學、老人圖書服務、老人空中教學等等的福利工作，提高老人知識與適應現代化生活技能，克服老年生活困難及消磨空閒時間，使其生活更充實，更快樂，避免老人的悲觀及無聊。

(八)**預防老人問題產生**：老人福利，不但是解決老人問題，而且是預防老人問題之產生的制度與措施（江亮演，2001）。

 # 第六節　老人福利的基本觀念

一、老吾老以及人之老

尊敬長輩老人，自然就會減少老人社會問題的產生。老人福利是從這一觀念作為出發點才能徹底做好老人福利。

二、預防重於治療

老人福利主要目的是促進老人心身健康，在老人問題未發生前未雨綢繆先防備其發生，如此成本低、效果大，所花時間、精力、財力也較少，老人又不受到傷害。否則預防不周，發生老人問題，不但老人受到傷害，而且政府或老人家庭都會受到財力、精力、人力的損失與負擔。所以有備無患，預防重於治療。

三、社會全體的責任

老人問題產生因素很多，雖有部分是其本人或是家庭的原因造成，但大部分原因是社會變遷太快，一下子老人本身及其家庭無法適應，因此產生老人問題。所以，老人問題不應全由老人本身或其家庭負責，而應由社會全體來負責，人人必須擔負幫助、照顧老人的責任與義務，這樣老人福利才能做得完善、徹底。

四、綜合性工作

因為人類除追求物質生活享受外，還有追求精神生活的滿足。所以，老人福利內容是包羅萬象，如經濟的、教育的、生理的、心理的、醫療保健的、娛樂休閒的等等，都是老人福利工作範圍。而這些工作都是要同時進行，不能單獨去做，因此，必須綜合起來做才能滿足老人的欲望。

五、只有犧牲無報酬的奉獻

老弱病死之悲傷場面多於日益蓬勃有朝氣的場面，所碰到的不是老衰就是病傷，有見其死亡未見其返老還童，所以，若無犧牲奉獻精神是不能從事這行工作。

六、專業性工作

老人福利的特性就是具有理論體系和權威，也是社會所認可的工作，並且有共同信守的工作道德守則與信條以及專業文化等，不是光靠經驗就夠資格，而是必須接受特殊高深的專業教育與訓練。工作者本身不但要瞭解老人心理與反應，而且還要知道老人的生理變化，所以它不是任何人都可勝任的工作（江亮演等

編，2001）。

 # 第七節　老人的需求與其福利政策

一、老人的基本需求

(一)經濟的安定

老人年紀愈大，對物質生活，也就是經濟安定就愈重視，愈有強烈的需求。

(二)職業的安定

在老人達到某一定年齡退休之後，身體健康者仍然想找固定工作，除了為所得收入外，還有為滿足其成就感、人際關係以及維護心身健康的需求。

(三)醫療、衛生保健的保障

年老多病，尤其營養的重要，所以一般老人都希望獲得有關疾病、衛生保健方面的指導與幫助，更希望醫療機構能給予老人醫療費用減免的優待，減輕老人經濟上的負擔。

(四)家庭的和諧

老人都希望住居（住宅）固定，日常生活有保障，尤其家庭關係方面能維持和睦愉快的生活需求。

(五)社會互動的機會

一方面老人因年老或退休沒工作，其與人接觸或人際關係減少；另一方面因其家庭結構改變，老人與家族互動機會減少而感到寂寞或無用，生活無聊，或多或少影響到其生存意願，所以容易發生心理疾病，甚至於自殺。因此，老人渴望增加其社會互動機會，減少其心理上壓力及生理上的疾病產生。

(六)教育的機會

老人因工作減少或無工作，覺得清閒無聊，因此，希望獲得受教育機會，以吸收新知識、新觀念，或適應社會生活技能以及消磨時間等的需求。

(七)文化、娛樂的機會

文化可使老人達到社會上一般人的生活水準，而娛樂則可使老人身心健全，所以，老人對此機會有強烈的需求（江亮演，1990）。

二、老人福利政策

(一)老人福利政策的概念結構

「政策」的意義，簡單的說是表示要達到某一定目的之行動方針的意思。而此目的包括有價值的內容，是與理念相結合的一種行政上策略。所以老人福利政策是指為達到老人需求目的所採取的行動方針之意。通常老人福利政策是與老人福利服務措施連結在一起，前者的政策為先而福利服務措施為後，也就是前者注重在計畫、調查、擬定推行方法與過程以及評估方策；而後者是偏重於推行實踐實務方面的技術，兩者是一體兩面，相互配合，以發揮最大功能。所以在老人福利政策的結構上，老人福利政策目標、目的是包含著老人福利服務措施。若以 G 代表老人福利政策目標目的，大 N 或小 n 代表老人需求（need），大 S 或小 s 代表老人福利服務（service）措施，老人福利政策的概念則如下公式：

$$G \cdots \|\begin{matrix} \Sigma na \\ \Lambda \\ Na \end{matrix} \begin{bmatrix} N_{a1} & S_{a1} \\ N_{a2} & S_{a2} \\ \Lambda & \Lambda & \Lambda \\ N_{an} & S_{an} \end{bmatrix} \begin{matrix} \Sigma na \\ \| \\ Sa \end{matrix}$$

但為更能滿足老人需要提高效果，除講究推行方法、手段等服務技巧外，更須做好資源調整與分配。所以若以 G 代表老人福利政策目標、目的，N 代表老人需求，S 代表老人福利服務措施，r 或 R 代表資源，老人福利政策之結構則如下公式（江亮演，1990）：

$$G \cdots \sum n\ (=N) - \sum s\ (=S) - \sum r\ (=R)$$

●老人福利政策的領域

1. **所得保障政策**：訂定退休年金制度、國民年金制度（老年、殘障、遺屬），或其他與老人年金有關之年金法。

2. **醫療保障政策**：依老人保健醫療等法建立老年保健醫療制度、退休者醫療給付有關的國民健康保險制度、老年健康訪問、老人照護等有關制度。

3. **生活服務政策**：依老人福利法建立老人在宅福利服務、老人日常生活服務、老人福利設施利用、老人住宅整修貸款、養老機構服務、老人人力銀行服務等服務制度。

4. **勞動就業政策**：建立老年僱用制度、老年人（能）力開發制度、就業諮詢與輔導，農村老人（年）生涯活動等有關制度。

5. **住宅政策**：建立老人與家族同住對策、鄰居關係、老年夫婦及獨居老人之對策等有關老人住宅的對策。

6. **生涯學習政策**：建立高齡老人教育，如老人學校、老人大學、老人圖書服務、老人趣味教室、老人講座等服務有關政策。

7. **稅制優待策略**：建立所得稅扣除、稅捐減免等有關優待對策。

8. **休閒、娛樂政策**：建立促進老人參與社會活動或各種娛樂休閒機會的對策（江亮演，1990）。

 關鍵詞彙

‧老	‧老人大學
‧耆老	‧專業
‧歸屬性地位	‧社會互動
‧老人國	‧老人福利政策
‧失智老人	‧生涯學習
‧老人福利	

✻✻✻✻✻✻✻✻✻✻✻ ✎ **自我評量** ✎ ✻✻✻✻✻✻✻✻✻✻

1. 試述老人的定義。
2. 試述老人問題產生的背景。
3. 試述老人福利的意義與其功能。
4. 試述老人社會福利的基本觀念。
5. 試述老人的需求與其福利政策。

參考文獻

一、中文部分

朱岑樓（1977），〈我國老人問題產生背景及其對策〉《社會建設》23 期，臺北市：內政部社會建設季刊。

江亮演（1988），《老人福利與服務》，臺北市：五南圖書出版公司。

江亮演（1990），《快樂的老人》，臺北市：中華日報、臺灣省政府社會處。

江亮演（1993），《老人的社會生活》，臺北市：中華日報，臺灣省政府社會處。

江亮演、余漢儀、葉肅科、黃慶鑽等（2001），《老人與殘障福利》，臺北縣：國立空中大學。

徐立忠（1986），〈老人學與老年醫學〉《社會建設》43 期，臺北市：內政部社會建設季刊。

二、日文部分

小室豐允主編（1993），《老人の康健と心理》第四版，東京：日本中央法規出版社。

山根常男、森岡清美、本間康平、竹內郁郎、高橋勇悅、天野郁夫等（1977），《テキストブック社會學(7)、福祉》，東京：有斐閣。

山下袈裟男、三友雅夫編著（1979），《社會福祉論》，東京：川島書店。

那須宗一、增田光吉合編（1972），《老人與家庭社會學》，東京：垣內出版社。

森岡清美（1967），《家庭社會學》，東京：有斐閣。

須鄉昌德編（1989），《社會福祉の基礎知識》，東京：法律文化社。

朝吹三吉譯（1974），Simone de Beauvoir 著，《老い》，東京：人文書院。

三、英文部分

Arthur M. Horton J. (ed). (1982), *"Mental Health Interventions for the Aging"*, N.Y.: praeger Publishers.

Blan. Z. S. (1956), *"Changes in Status and Age Identification"*, A.S.R. xx1.

Benson, Herbert, (1975), *"The Relaxation Response"*, New York: Avon Books.

Ciuca, A. Die (1965), *"Gerontologischen Landkart der Rumanischen"*, Volksre-Publik.

Riesman D. (1954), *"Some Clinical and Cultural Aspects of Aging"*, The A.J.S.

Tunstall, J. (1966), *"Old and Alone, A Sociological Study of old people"*, Washington. D.C.: GPO.

第二章
人類老化有關理論

　　凡是生物都有老化的一天，不過人類因為受生理、心理或社會文化的影響，其老化的速度有所差異。一個人的老化最明顯的是外表變化，因此，慢慢地出現了灰白的頭髮、皮膚起了皺紋、牙齒掉了、視力減退了、聽覺不靈等等，以及其他各種器官的變化現象。但是這種變化是受個人差異的影響，並不直接關係到任何特殊的「年表年齡」（chronological age）。有的人未老先衰，有的人鶴髮童顏，所以體質與健康和他實際的年齡並不一致。

　　老化過程，可以從45歲開始，並可分為四個階段：

　　第一階段從45～54歲的高齡前期，生理上雖有初步轉變，但是並不厲害，如毛髮開始變白或脫落，體型發胖或變瘦，不過一般精神仍然很好。

　　第二階段從55～64歲的高齡初期，髮色有明顯變化，面部皺紋呈現，性生活趨淡薄，但工作及領導能力還好。

　　第三階段從65～79歲的高齡中期，活動力減退，食量減少，體重減輕，受心理因素影響大，是死亡率高的時期，但智慮精純，富有思考力。

　　第四階段即80歲以上者的高齡後期，肌肉萎縮，身體佝僂，行動遲緩，五官失靈，壽斑顯著，行為近乎天真，有返老還童現象。

 ## 第一節　從生理學上的理論探討老人的老化現象

人一旦步入老年，對自己的身體及生理上的毛病就很敏感，如過分注意自己身體的營養，有些人喜愛服用補藥，想藉此增強體力。或疑心重，稍微有點毛病就誇大其辭，並認為家人或醫生不關心他。或有強烈地顯示自憐傾向，不能過著正常的生活。或否認自己是老人，雖然顯得老弱卻不肯承認自己已經老了，視力減弱也不戴老花眼鏡，聽力差也不使用助聽器，罹患老人疾病深怕被人發現往往隱瞞事實等等。由於過度自憐，常使其從現實生活退化（regression）到較低水準，反應則退回到幼小時期，以至於無法控制自己的行為，而使身體更加衰老。

梅爾魯（Joost.A. Meerloo）也認為老人的生理障礙有下列幾個現象：(1)感覺遲鈍；(2)動脈硬化；(3)高血壓；(4)性機能減退；(5)心臟障礙；(6)易怒；(7)細胞適應力減退；(8)器官再生力減退等。

不可否認的是，老化現象的遲速，個人差異雖與其生理有關，但與其所處的環境以及個人的心理也有密切關係。

老年期的生理變化問題，除了外表特徵與內在特徵以及上述之變化外，還有一項必須重視卻被人所忽略的是「性生活」問題；老年期最需要有關「性」方面的指導，卻反而被人忽視了。通常老人在「性」方面的慾望與壯年人差不多，不過一般人常把「性慾」與「性機能」混淆，這是不正確的。老人雖然性機能減退但是仍然有性慾，如果一味地壓抑，常會導致其他的問題出來（江亮演，1987）。

至於老年有關的生理及生物取向的理論，可分為下列幾種：

一、衰竭理論（耗損理論）

衰竭理論（Wear and Tear Theory）乃基於機器類似，主張人體就如同機器，最後其零件總會變舊或耗損而使機器毀壞。

人類極類似一部複雜的機器，而其各部零件又可替換的說法，這在古代的亞里斯多德（Arisototle）就已注意到，他說：「一個老人只要有年輕人的一隻

眼睛，就會看起來像是年輕人。」人像機器的概念在整個歷史中仍有其不可忽視的重要性。尤其是在理性主義（rationalism）哲學學派興起的第十八及十九兩世紀中，這一概念似乎特別盛行。如法國哲學家及數學家笛卡爾（Descartes）就相信，一個人的身心是分離的，以及人體的功能運轉時就像一部機器一樣。這種「人體似機器」的思想對很多所謂「物理治療學」（Iatro-physicists）的科學家有很大的影響。

十八世紀時，物理治療是一個非常著名的醫學學派，它有意將機械物理學（mechanical physics）與醫學這兩種概念結合在一起，尤其是一這學派的科學家想以物理學取代化學的觀點，來解釋各種疾病過程與人體活動的關係。對物理治療家而言，正常老化過程的發生乃是人體衰退的結果，就像一部機器使用了很久以後，自然損壞了一樣（饒穎奇譯，Marcella Bakur Winer 等著，1982）。

即使在今天，受這種理論的影響者仍然不少，有人認為將人體中把舊的器官取下，再換上新的，就可確保一個人的長壽了，但是很不幸，此一理論中的「零件」（spare parts）概念似乎不能成為增長壽命的合理方法。

二、體能漸衰理論（生命率理論）

此理論主張人的生命力是有限的，當我們用得愈快，它去得也愈快。也有人把這種理論稱為自然老化的結果理論。

人為一生物能量系統（biological energy system）的概念，好像是一個可充電的乾電池一樣，如老年的概念，它是指一個人的精力與對時間過程的抗力都已逐漸衰退，或是指他的體能已不足抗拒各種環境壓力的影響。

這種所謂老年就是某種天賦，或其他體能衰退的概念，部分是來自「生機論」（vitalism）的哲學。生機論者韋達理斯德（Vitalists）是早期的生物學家及哲學家，他不滿中古時期的生命純物理理論。他相信生命多少有點自決能力（Self-determining），而非完全是機械的決定，而且他還假定有非生理能源（Non-physical energy source）存在，是「應用」人體上的生理機器，像神經、肌肉及特殊器官，作為自然界中的行動工具。這種生機論的假設指出，體能的加快消耗，及其最後必然消失，就是促成一個人年老及終於難逃死亡的因素。佛洛伊德（Freud）的「性本能理論」（theory of libido）中也含有與此相似的觀念（饒

穎奇譯，Marcella Bakur Winer 等著，1982）。

三、新陳代謝廢物理論

認為新陳代謝所產生有害人體的廢物累積在一個人的身體中，其累積的量與其老化或死亡成正比，也就是廢物的累積愈多，使細胞中毒愈嚴重，促使老化或死亡就愈早並愈快。所以若能消除體內之廢物愈早或愈徹底，使體內廢物越少越好，老化速度就愈慢，壽命就愈長。

但是持這種理論，大部分是從醫學或化學的觀點來說的，在十九世紀，甚至於現在的二十世紀之醫學界大都持這種觀念，不過若依體能漸衰理論來看，人類是一種有機體，所以身體內含有一定的生命力量，而個人有所差異，有的人多，有的人少，同時個人體質不同，對新陳代謝所產生的廢物之抵抗力亦有差異，所以這種理論也無法說明能延年益壽的真正道理。

四、自動免疫理論

隨著年齡的增加，突變會引起身體細胞的產生，此非為自身所需的蛋白質，且顯示它們是外來之物。當它們出現在身體中時，身體就會產生抗體，企圖將其予以中和，此即為免疫反應。

由於身體免疫抗體性（autoimmune antibodies）的產生，建立了對本身組織的免疫。就理論而言，這一過程會導致細胞的功能不良及死亡。不過，這些理論還沒有經過臨床的證實，而且只視為老化的症候，而非導致老化的原因（饒穎奇譯，Marcella Bakur Winer 等著，1982）。

其實要臨床實驗這個理論，的確不大容易，因為一方面以人而且是老年人作實驗，有很多困難，同時光憑這個理論也不見得正確，技術上也有許多困難，所以目前要實驗來證實這種理論並非容易的事。

五、細胞退化理論（組織退化理論）

人類的細胞是否有一定時間的生命。海弗立克（Hayflick）所提出的細胞之生命是「有一定時間的」。他說，細胞在實驗室的培養皿中增加到五十倍之後，就死亡了。比爾曼與海斯德（Bierman and Hazzard）也指出，在組織培養中成長

的人類細胞不會做不確定的分裂，但是反而顯示，它們作有限分裂的能力正隨一個人的年齡增長而減低。他又說從人類胎兒（human embryo）身上取出的細胞，在培養期間，可以分裂到五十倍左右，然而從 20 歲的人身上取出的細胞則只能分裂到三十倍左右，比較之下，從老人身上取出的細胞的分裂能力更低，只有二十倍左右。在任何一種動物身上都可以見到這種受有限分裂限制的細胞習性。例如人類細胞分裂能力就低於厄瓜多爾所屬加拉巴哥群島上的烏龜（balapagos tortoise）。

　　這是否可說，我們已在有限的細胞分裂能力中發現了一個人老化的因素？很不幸，答案是不明顯的，因為我們不知道在實驗的培養皿中的細胞是否與有生命的有機身上的細胞相同的行為。另一原因是孔恩（Kohn）所提出的很多研究都是與海弗立克所提的模式或結果相反。因為孔恩所指出的「照這些細胞死亡的情形來看，『哺乳動物的』細胞分裂能力的損失似乎與年齡沒有明顯的關係」（饒穎奇譯，Marcella Bakur Winer 等著，1982）。

六、膠原理論

　　膠原是一種結締組織有關的實體，它出現在大部分的器官、腱、皮膚、血管等。

　　膠原會隨著年齡的增加而變僵硬，導致組織因膠原的存在而喪失彈性。所以膠原在體內愈多即老年人老化的速度就愈快。

　　不過身體各部分又不能無膠原，因為膠原也有其功能，可促進各部器官發達，雖然年齡增加而膠原的需要量減低，但又不能證明膠原是唯一促使身體僵硬的因素，所以也不能拿來證明膠原是促進老化的凶手（江亮演，2006）。

七、突變理論與分子階段之老化理論（失誤理論）

　　人類身體中細胞的功能，乃是受到遺傳要素的控制，此可在細胞中發現，當遺傳要素（D. N. A）發生突變時，繼起的細胞分裂仍使他們生存下去，當更多的細胞產生突變時，則會引起任何器官中之小部分細胞亦產生變化。

　　但有些人相信，老化過程乃是遺傳細胞矩陣（genetic matrix）中「錯誤」累積的結果，因為「這種錯誤的累積可以產生很多生理化學系統（physic chemical

systems），支持細胞的生化物質之結合及體內恆定的規律」。尤其自由細胞是正常功能不可缺少的，遺傳編序為DNA-RNA酵素蛋白質綜合體。累積的錯誤就是導致老化的主要根源。

但是科學家不同意這些變化與上述發生事故有任何關聯。有些人認為這些變化是本質上的進化，然而也有些人相信，「這些問題在本質上都是毫無目的的事件，隨著年齡的增長，越積越多，直到細胞本身發生缺陷時為止。」

突變理論是針對遺傳因素所造成累積之影響，而失誤理論則擴大此關聯，並包含了由於遺傳因素組合、蛋白質組織及酵素反應等失誤（錯誤）所造成累積的影響。

八、細胞交互理論

任何的變化都將影響到身體結構之回饋，其雖非為最初的起因，然它卻透過一連串複雜的反應而導致衰老的現象。

細胞交互理論，認為體內的細胞由於互相交流或新舊交替時會使某些細胞損失或損傷而致細胞不正常或失去平衡，而產生病態，促使老化（江亮演，1990）。

這種理論雖然與細胞恆定論有關，但細胞的交互活動可促進新陳代謝作用，並不是完全沒有功能，因此這種理論也不能肯定老化就是完全由此交互行為而產生。

九、細胞損失理論

一直到最近，人們才廣泛地接受老化含有不斷損失細胞的理論。人們認為，細胞的損失是導致肌肉力量衰退，頭腦功能損傷，及其他老年病症的主要原因。人體細胞損失最多的就是頭腦、骨骼的肌肉（skeletal muscles）及腎臟，此外，肝臟中的細胞損失也不算少。雖然細胞的損失是導致正常老化的一個重要因素，但它還不能算是一個決定性的因素。

十、人體內的恆定理論

人體內的恆定（homeostasis）認為隨著年齡增長而發生的各種變化。如在各

種不同及變化的情況下，人體節制血液酸鹼值（blood ph）、血糖（blood sugar）及脈博跳動率（pulse rate）的能力，似乎是隨著年齡的增長而逐漸減退。一般而言，這方面的研究指出，最健全的成人人體功能每年衰退率約為1%。除了這些事實外，它還指出，在其他的情況中，老年人可像青年人一樣有效地維持基本的體內恆定。問題是老年人在經過強大壓力的情況後，體內功能再適應的能力往往會受到很大的損害。因此，老人服務所用的技巧也許應該可以減低或考慮到社會與自然環境的「刺激能力」（excitatory potential）或壓力。所以說，感官能力與身體機能的衰退、社會地位的降低與社會角色的喪失、瞭解自己青春消失而造成的各種心理生活的危機，以及對一般人生看法而引起的哲學危機，都會對老年人形成嚴重的傷害。由此可知，老年人所遭受到的壓力是來自各方面，故，最適合的治療方式應考慮到每一種壓力的來源，以及老人應該如何去對付那些壓力（饒穎奇譯，Marcella Bakur Winer 等著，1982）。

十一、消化系統腐敗理論

食物皆不能直接到達細胞，必須經過消化系統（thedigestive system）之胃腸，將其化學組成與物理狀態改變，經細胞吸收和利用後進入血液，此種變化之過程稱為消化（cliyestion）。負擔消化的主要器官是胃腸，如果胃腸腐敗，食物的營養無法供給，身體各部分的組織便會壞死，生命無法繼續維持，必由衰而竭。

以上各理論都沒有肯定，因為科學家還沒有完全獲得證實作成結論，但有兩件事實與衰老有關，即遺傳與環境的變異為影響衰老的重要原因，這點是可以肯定的。

科學證實染色體中有遺傳因子存在，其化學成分稱為核蛋白，其功能可以分生出與自己類似之物體，如膚色、身體、壽命，取決於遺傳因子，大都居兩親之間。優生理論者常以「優勝劣敗」的理論為改變人種的藉口，足見遺傳的必然性是影響壽命的根本因素（徐立忠，1986）。

其次外在環境給予人類的傷害，影響到人的健康，使其生命感染細菌提前衰老。如，由於貧窮以致先天不足，營養不良引起的衰弱症，因空氣污染、垃圾和水源污染等公害造成傷害或細菌、病素、寄生蟲……感染而生病，使人體抗力減

退而衰老；還有機械、化學以及與別人或動物接觸所引起的傷害或感染而生病等等，都是促使生理機能衰老的原因。足見環境的好壞會影響到身體機能，環境好可以使人健康而長壽，否則可以使身體潰傷短壽。

十二、其他

自由基，人類體內的自由基若靠近好細胞就可促進健康，若靠近壞細胞即會產生癌症等疾病，影響人類壽命。

第二節　從心理學上的理論探討老人的老化現象

老年期不但生理機能會產生變化，心理機能亦會逐漸退化，哈米爾頓（G. Hamilton）認為老人有下列幾種心理特徵存在：(1) 保守；(2) 對健康或經濟問題感到非常不安；(3) 有輕度妄想症；(4) 感情怪異；(5) 常陷入回憶沈思中；(6) 興趣範圍縮小；(7) 適應能力減退；(8) 有消極性罪惡感；(9) 癡想等。

老人除了上述這些心理特徵外，還有下列幾項常見的現象：(1) 容易忘記最近發生或做過的事；(2) 時常談及過去的辛苦經歷；(3) 純以自我為中心，不考慮或關心他人的立場；(4) 喋喋不休；(5) 欠缺求知的慾望；(6) 缺乏追求成功的慾望；(7) 對機械、電氣不感興趣；(8) 儘量避免新的刺激；(9) 不喜歡自己的生活受到干擾；(10) 有恐懼他人介入之排拒感；(11) 不易記得新的事物；(12) 懷疑社會的變化；(13) 感情與心情變化莫測；(14) 無法控制情緒；(15) 依賴心重；(16) 容易流淚、哭鬧等（江亮演，1990）。

不過上述這些心理現象，與其所屬的社會環境或文化、民族有很大的關係。

雖然在歷史上人們已廣泛地承認，人類的發展與變遷是隨著年齡而增加。有關人類後半期生命循環（life cycle）的心理學資料的確不少，但是卻在二十世紀前期才有系統地整理完成。到 1920 年時，有關晚年生活中人格的瞭解還沒有超過莎士比亞（Shakespeare）古典文學所論及的「人的七個時代」的範圍。第一個時代是嬰兒時代，第二個時代是兒童（學童）時代，第三個時代是少年時代，第四個時代是青年時代，第五個時代是壯年時代，第六個時代是衰老時代，第七個時

代是第二童年時代。

　　莎士比亞相信，老年等於是「第二童年（second childishness）及只是遺忘」，甚至在今天，那些從事老人服務的工作員依然認為，這一信念是真實的，因為我們年老的人所參與的一些簡單的活動，就像孩子們玩的遊戲一樣。從這一點，我們可想像到老年人格發展有關的理論與概念。

一、生活目標及自我實現理論

　　維也納著名的心理學家，布勒（Charlotte Buhler）是最早蒐集老人自傳式的生活史，她將老人的一生分成好幾個階段，而每一階段又與生物生活的成長、穩定及衰退（老）的過程不完全相似，她研究發現，知識性心理能力不會像生理能力一樣很快就衰退，以及老年就是一個連續目標發展的階段，反對自我實現的關切。她認為老年的實現包括下列四大理由：

(一)**達運的看法**：滿足的人，總是喜歡提到他一生中，不是遇到了很多好人，就是認為他生對了時代及地點。宗教人士將這些歸於上帝所賜。但那些不滿足的人卻跟上述的人持相反看法。

(二)**對一個人潛能的認識**：滿足者會注意到，我已做了很多我要做的事，或是認為我已做了正確的事，那些不滿者卻表現相反的情緒。

(三)**成就感**：若一個人對他過去的生活有留一點給別人瞧的東西存在的感覺者，即這一因素就能促使他在晚年有滿足的情緒；反之，就會有不滿的感覺。

(四)**道德的評價**：那些已滿足的人，都有強調他自己活得對了的傾向，這就是說，他們以其宗教、道德的信念來衡量過去的生活。滿足者似乎都強調，他們在家庭關係中已獻身於最有價值的目標，或是已經盡了他們最大的努力，或是已經支持了各種社會團體。

　　布勒認為晚年的成就實現，以人格為取向的種種看法，要比生物衰退，或由社會損失（social losses）所造成的不安經驗，更能適合老年的心理適應。

二、晚年個性理論

　　這種理論，認為在人格取向中含有一系列的「蛻變」（Metamor-phoses）或變化，而且個性化（individuation）唯有透過這一取向才能完成，所以反對佛洛

伊德對早年生活的看法。榮格（Jung）認為人格是由各種精神要素，例如靈魂
（或生命）、獸性（animus）及陰影（shadow）所組成的。榮格曾假設在自我精
神組織過程中有一系列的變化，而這一過程含有人格在相對性別中有變化傾向。
因此，他相信老人人格的女性成分（anima）會顯得非常突出，以及女性在年老
時將會發生男性化的趨勢。古得曼（Cuttman）曾做老年人與青年人的比較，發
現了老年人的進取心較差，但依賴卻很強，對愛心的興趣要大於權力，有愛美的
心，不太實事求是，以及會感到偶爾行樂的重要。換句話說，老人對食物、愉快
的景色與聲音，及人與人的交往都有濃厚的興趣。古得曼的報告進一步指出，有
關各種文化的顯示，女人的年齡在心理學上是與男人相反的。也就是說，女人年
老時，反而會非常進取，不太富於情感，以及在心理取向上更有支配力量（饒穎
奇譯，Marcella Bakur Winer 等著，1982）。

三、人生回顧理論

　　很多人在老年時所有的人格特徵就是一種追懷往事的現象。雖然有人認為，
回顧只是對往事的關心，也是老人藉以逃避現實或衰老的方式，但是回顧過程本
身卻顯示，它在老人心理組織上具有很多有用的功能。如布特勒（Butler）認為
老人已認知日漸走向死亡，餘日無多，因而在心理上產生了「人生回顧過程」，
而且回味往事正是此一過程中正常又健康的一部分。人生回顧包括對鏡凝視、懷
念家鄉、樂道往事、追想過去事蹟，以及腦海中突然顯出歷歷如繪的往事。所
以，從事老人福利工作者應訓練自己去傾聽老人對往事的追憶，因為聽他訴說往
事可以發揮良好的治療功能，千萬不可無視老人對往事的回味。

　　但是人生的回顧也許會使年老者產生一些消極的情緒或遺憾，也許更嚴重會
導致老人的沮喪、焦慮、罪惡、絕望，以及對以往的過錯難以忘懷。

四、社會心理危機理論

　　這種理論認為要從瞭解整個生活史中的人格發展過程及對社會心理的危機
感，就必須從文化與人格成熟度等去探討。如艾力克森（Erik Erikson）認為人格
發展有八個階段，每階段都代表一個社會心理危機，因此要由文化與人格成熟度
去瞭解其社會心理危機情形。他認為解決每一階段社會心理危機方法，也可用來

測出一個人的自我評鑑（Self-evaluation）和能否成功地適應內在精神與社會賦予的工作，以及人格未來發展的取向。他主張每一危機不一定會受到特定年齡的拘束，而每一危機都非常有可能在該階段的最前端。

　　他也指出，個人也許會在生活史中的任何一點的兩個階段之間來回擺動，以及較早解除危機可以緩和而且成功地進入較後階段的時間。如表 2-1 指出，老年期中最流行的社會心理危機就是「整合↔絕望」（integrity versus despair）。

表 2-1　艾力克森的八個階段、社會心理危機及成功解決的結果

階段	社會心理危機	成果（如已解決）
嬰兒階段	信任↔不信任	希望
童年早期	自治↔羞恥及懷疑	意志
遊玩年齡	主動↔罪孽	目的
上學年齡	勤勉↔自卑	能力
少年期	認同↔認同混淆	忠誠
青年期	親密↔孤立	愛心
成熟期	利他的↔自私的	照顧
老年期	整合↔絕望及嫌惡	智慧

◆摘自 E. H. Erikson 所著之〈對布爾格博士（Dr. Borg）所著生活史的評論〉，德狄拉斯（Daedalus）第 105 期（1976）：P.22。

　　整合與絕望的衝突，前者是整合痛苦、善惡等，使一個人安於滿足的生活環境，因為他的生活已經有了目的與意義，同時也含有後者之無法整合痛苦善惡而不滿、嫌惡、失望的意義。如一枚「硬幣」，整合的反面就是絕望。

　　艾力克森告訴我們：「這就是為什麼老年人要盡力地『醫治』他們的記憶，使其有合理回顧減少其痛苦與嫌惡及絕望。因為在心理病理學（pyschopatholgy）理論中，認為痛苦、嫌惡、絕望會增加老年人的憂鬱症（depression）、妄想症（hypochondria）及偏執狂（paranoia）的併發。不論如何若能對生命中發生的善惡、痛苦等加以統整，就能達到滿足境界；反之，後悔過去之喪失機會就會產生絕望的危機。」

　　艾力克森繼續提醒我們，老年人面對的任務，不是完全以整合來戰勝絕望與

嫌惡，而是在統整中達成平衡。依照他的陳述，在老年期中，經驗是必然的事。換句話說，老人的人生中充滿了絕望的經驗，不論他們已完成了，或已接受了多少實際的生活態度。因此，艾力克森的理論暗示，那些從事老人服務的人士，不必要鼓勵老人們否認死亡，而是要他們在生活中體驗死亡的實質──就像「整合」必須吸收與消化不可避免的絕望的經驗一樣。

　　雖然艾力克森像布勒與榮格一樣，忙著爭論晚年人生中的人格發展，他們的觀察與敘述依然被視為具有國際學術地位。就這一點而言，派克（Peck）想進一步描述在老年期中非常重要的爭論。因為它們與老年期的爭論有密切的關係（參見表2-2）。

表 2-2　派克對老年期階段與心理學爭論所作的描述與綱要

階段	心理學爭論	描　述
中年期	(1) 重視智慧↔重視體能	成功的老年包含信賴生活經驗與知識的能力，而非依賴體力或精力。如果未能達成此一轉變，憂鬱症就會形成。
	(2) 人類關係的社會化↔體能	老人必須容許他們扮演次要角色的關係中含有性要素，藉以調和性更年期（Sexual-Climaeteric）的外表。對友誼與交往作新的強調，可以有效地改進並加強婚姻及其他人際的關係。
	(3) 滌淨的（Cathartic）適應性↔滌淨的貧乏	滌淨的（或情感的）彈性：因兒女離家、父母死亡及友誼變質，而必然的感到心灰意冷時，成功的老年就應該有能力建立新的人際關係。要想更積極地適應老年的過程，老人應發展更廣泛的方向，以便有能力結交朋友，及重新解釋現行的情感關係（如兒女已經長大）。
	(4) 心理適應↔心理僵化	為了不被「自動」控制行為的規則所支配，老人應有接受新思想及學習新經驗的能力。這一種能力是保持老年生活繼續成長所不可缺少的。

階段	心理學爭論	描　述
老年期	(1) 自我區分↔工作角色的全神貫注	要想成功地適應老年的生活，老人就應參與各種有價值的活動，及扮演各種新的角色，藉以矯正職業損失的衝擊，或改變父母或別人扮演的角色。
	(2) 身體的超越↔身體的全神貫注	當老人不再強調身體上的各種痛苦，及意志上的薄弱時，他們就應該有能力全神貫注在社交的享受與樂趣，以及其他的精神工作上。
	(3) 自我超越↔自我的全神貫注	盡量強調不自私及慷慨的人生才是重要的，同時，要確定一個人的死亡若與從兒童身上，從對文化的貢獻，或從一個人的友誼上獲得的認識，作一比較，就顯得微不足道了，因為一個人行為的意義與重要性是超越時間性的。雖然人人都有一死，人類依然可以從他們的思想對未來的影響，及子孫的代代相傳中，體驗到一種滿足感與生命的意義。

◆摘自 R. C. Peck 所著之《老年心理學》中的「下半生中的心理發展」，編輯：J. E. Anderson（華盛頓特區：美國心理學協會，1956 年），P.44-49。

五、人格組織及死亡理論

　　老年人格之研究須考慮到老年人之心理過程，及存在於老人與環境間所可能產生的一種交互關係。現在是否有些心理上的「正常」模式，有助於反應死亡的殘酷事實？精神治療家柯布勒‧羅斯（Kubler Ross）專門從事瞭解絕症的人格變化，他們面談很多垂死的病人，而且還發展一套死亡過程的理論。這一理論指出，死亡的過程通常含有五個循序漸進的適應階段。

(一)否認與孤立：當一個人明白他即將死亡時，第一個反應就是短暫的震驚與麻木的狀態，然後覺得：「這一定是錯誤，我怎麼會？」被訪問過的大多數人都表現過這種否認死亡即將來臨的情緒，而這種情緒會持續一段時間。否認即將死亡是最先的防衛過程，被視為可藉此以對付他面臨的事實，也是被視為應付使人難受及震驚消息的正常及健康的方法，更是暗示本人瞭解真相後，他也不願意跟別人談論有關死亡的問題。事實上，已走到人生的盡頭，能夠暫時孤立起來，不要知道即將來臨的死亡事實也是有好處的。

(二)**憤怒**：當人對即將死亡的否認逐漸減低時，代之而起的是一種激怒、妒忌、憤慨的新情緒。他會想到：「為什麼死亡要臨到我的頭上？」憤怒仍是病人接受死亡事實之開始。

(三)**討價還價**：當憤怒的階段快結束時，很多患絕症之病人就會開始「討價還價」，好像要跟命運之神打交道，希望能改變他的悲慘命運。討價還價也許就是表示他還有一些罪孽沒有解決，如常到教會奉獻，或事奉神，其實就是這種心理的表現。

(四)**沮喪**：最後，患有絕症者會感到沮喪。沮喪有反應的沮喪（reactive depression）與初步的沮喪（preparatory depression），前者視為因失去有價值的生理特徵，而產生的一種羞侮與悲哀的感覺；後者則是因瞭解即將死亡而引起的悲哀感。

(五)**領受**：如果死亡不是突然或出乎意外的，以及如果病人已有足夠的時間經歷前四個階段，那麼他就會來到這第五個所謂領受的階段。這階段好像「總是感到空虛」。他會覺得他與死神掙扎已經失敗了，而他已走到人生旅程的盡頭。

不過柯氏的理論並沒有考慮到男女兩性病人的可能差異，同時也忽略了疾病的性質、病人的種族、病人的認知型態或人格類型，及病人即將死亡時的環境（江亮演，1980）。

至於老年與人格方面，依據「白克萊成長研究」（The Berkeley Growth Study），將老年人的人格分類為五種型態，其中三種是調適良好的人格，兩種是調適不良的人格。

1. **調適良好的人格類型**

   (1)**成熟型（Mature Type）**：有幸福的童年，有充實的成年，平平穩穩的進入老年，對自己的老化視為一種常態，不悲觀也不退縮，不過於進取，也不過於防衛，自己有自己的一套，不拘於人，也有容人雅量。對家庭有責任感，是個好丈夫或太太也是一個好父親或母親。平時喜歡小動物和花草，社交和人際關係都很滿意。

   (2)**搖椅型（Rocking Chair Type）**：屬於依賴型和口慾型的人，不拘小節，也胸無大志，把退休看成一種解除責任和安享餘年的光景。他貪

圖口福，好酒貪杯，對工作消極不力，樂於接受配偶支配，不善於社交。這種人是好吃懶做，混日子，不知老之將至爾。

(3) 防衛型（Armoned Type）：又稱裝甲型，長於自己作防衛性安排。在觀念上固執，刻板而規矩，個性高傲，不愛依賴別人，勤於活動，樂於工作，把退休看成是不得已的事，即使退休了仍想做些事，總不服老，還說自己是勞碌命，其目的無非是要保持活力，消除衰老的恐懼（江亮演等編著，2001）。

2. 調適不良的人格類型

(1) 憤怒型（Angry Type）：由於過去的不得志，到了老年才怨天尤人，正所謂「少壯不努力，老大徒傷悲」的時候，且不僅悲傷更是滿腹牢騷。誰都對不起他，誰也看不順眼。對世人、世事，無一是處，滿腔悲痛，憤世嫉俗，對於老化的自己看成是被剝削者，一切帶著敵視的眼光，無法和自己協調，最後常演成悲劇結果。

(2) 自怨自艾型（Self-haters Type）：與憤怒型正好相反，憤怒型的箭頭指向外，此型的箭頭指向內，他把失望和失敗之一切歸咎於自己，因而沮喪或消沈。對於老年人的看法，認為是沒有價值的廢物，認為死亡是種解脫（徐立忠，1986）。

心理研究對老人老化過程上的主要貢獻，乃在於心理傾向及其影響上。他們使用心理體質疾病模式，認為由於環境所引起的壓力，促使有機體造成功能上的失常，導致官能的失調和慢性疾病的產生而致死亡。

第三節　從社會學上的理論探討老人的老化現象

為了充分瞭解老人所受各種影響力的複雜化，我們必須注意老人生活時周遭的環境與文化的關係，也就是除了老人個人的內在因素如生理或心理上的現象之外，還須瞭解其外在的社會因素。我們的社會盼望老人成為什麼樣子？這些盼望有什麼依據，以及他們與老人服務工作人員遭遇的問題有什麼關係？

其實，老人對社會環境或人際關係非常敏感，也很容易受到傷害。茲將與老

年有關的社會學理論介紹如下：

一、社會權能減退理論

　　老年社會學家漢惠福斯特（R. J. Havighurst）主張以「社會權能」（Social Competence）的減少，作為老年社會學的定義之新解，因此社會權能可反映個人的日常人際互動和其特有的職責。吉伯特（J. G. Gilbert）亦指出，社會權能是心理和生理的整合作用，老年的「社會成熟」或「社會效果」的減低，即是社會權能式微的現象。

　　但衡諸事實，老化並不是一種社會退化和病態，而是年齡自然變化的動態過程，本質是社會的成長，我們可以看到許多年高德劭健碩老者所對於國家社會的貢獻，其立德、立功、立言者不知凡幾，不過在變遷的社會中，人的地位和其所扮演的社會角色，將隨動態的社會過程之變遷而改變。

二、活動理論（社會從事理論）

　　社會活動（activity）或稱為社會從事理論（engagement），是凱文（Cavan R. S.）等人所提倡，於 1950 年代最為流行，其主要論點，認為老年是中年期的延長，老年人仍與中年時代一樣，可從事社會上的工作，參與社會活動。他們指出大部分的老年人均不願喪失社會的角色，在中年期的種種活動和交際，應該儘量予以繼續或延長，故他們標榜「行為決定年齡」（Act your age），而否認老化的存在（江亮演等編著，2001）。

　　可是這種人性的自然傾向，被現實的社會以及現行的各種人事制度和規定，迫使老人不得不退休離開工作職位，使得老人們投身無門，過著淒涼的晚年生活。

三、社會撤退理論（disengagement）

　　此理論為庫明（Cumming E.）和亨利（Henry W.）所主張，他們在 1961 年於肯薩斯城（The Kansas City）做老人生活研究時，首先提出「老年撤退的理論」，引起學者的共鳴。他們認為老年不一定是中年期的延長，乃從現在的工作、社會角色、人際關係以及價值體系中後退撤離，此種撤退並非社會力量壓

迫的結果，只不過是老化現象中一種內在本質的成長過程，使老人形成自我中心、自我滿足的現象。其基本觀點在闡述社會功能之重要性，以「功能主義」（functionalist）為出發點，強調社會必淘汰那些無能（inability）和隨時可能死亡的人，以維持社會的新陳代謝和系統的均衡；而老年本身都是些以自我為中心的人，脫離了社會，可避免許多社會規範的束縛，福福泰泰的頤養自己的天年，這對個人、社會是非常有意義的事（徐立忠，1986）。

不過此理論未免太過於扼殺了老人存在的價值，難以使大眾信服，尤其使人疑惑的是撤退之論調與事實不符，老人即使退休了，事實上並沒有離開社會，而且個人的撤退與否是自願性和選擇性，也許有人喜歡過著像陶淵明那樣自得其樂的生活，但大部分的老人都希望退休是二度人生之開始，能積極參與社會工作。

四、角色理論

角色理論是社會從事理論和社會撤退理論的折衷理論，因為社會從事理論也好，社會撤退理論也好，都患了「杞人憂天」的毛病，有過分武斷之處，並且與事實也不完全相符。臺灣大學教授朱岑樓指出：「撤退和從事兩種理論，看起來是針鋒相對的，但運用得宜，可得相輔相成之效，正反平衡，不走極端，正符合我國傳統的中庸之道。」又說：「撤退不是全部徹底的話，對老年人有益而無害，因為社會生活是多方面的，某方面的撤退，促成了另方面的開始。如同英文『畢業』（commencement）一詞，含有結業及始業兩個相反的意義。」（朱岑樓，1977）

社會角色是反應社會期望的一種行為組織，也就是說社會角色是男女老幼為配合社會的期望和要求所創立的行為模式，每個人因其身分、地位、年齡等的不同，社會對他有不同的期望，故扮演著各種角色。個人的角色是可重疊的，一個人同時扮演著許多角色，如同時扮演著父母和經理。

從社會從事與撤退二理論來看可以並行不悖，如老年初期或採從事方式，多與社會接觸以延緩老化的進程，到了晚年體衰力竭不宜於行，則不得不採撤退方式。

一般來說，老人除了萬不得已，不然的話總是喜歡與人交往參與社會各種活動。英國老年心理學家蒲朗禮（Bromley D. B.）曾經說過，除患痼疾和殘障外，

一般老人總是喜歡繼續與人交往，並參與社會活動，雖然不能在社會組織和生產的主流中負起重要責任，但可擔任輔助的角色，仍然是一個有用的人。又說，為老年製造問題的不是退休問題，而是中年到老年的變遷過程。蒲氏建議說：「退休後發揮你的智慧，增進你的知識，去學習新的技能，準備好好的再幹一番。這種作為，直到筋疲力竭，蠟炬成灰時才收拾行囊宣告結束，那才是你的真正撤離。」

五、持續理論

此理論主要是認為年齡之適應過程並非單向的，將人的整個發展階段視為一高度銜接的生命循環，並且認為每一生命發展階段自然有使人格達到整合穩定的因素。

年齡分級能在預期社會化過程中扮演某種角色時，它也能適合一些有用的目的，預期的社會化是一種角色或地位即將發生變遷時的預備過程。它包括探究與試驗新規範或期望的能力與時間，一旦發生變遷後，它們就會與角色或地位發生密切關係。

六、發展理論

此理論著重在社會壓力對老年生活調適的影響，由克拉克（Clark）所提倡，這種理論也稱為年齡的分級理論。年齡的分級係指，所有的社會都將人生劃分成幾個階段或時期，以及一個人必須在這些階段或時期中做好一些事情（如必須上學、結婚、工作、退休，甚至死亡），或是有某些行為（如兒時的專門遊戲，青壯年時致力於事業，老年時成為無性生活的人）。

年齡分級可以指出我們社會中老人們面對的最大問題。克拉克在研究心理健康非心理病態的老人時，年輕人與中年人視為健康的價值取向經常與老人心理疾病有關。克拉克暗示老人的心理疾病也意味，他沒有放棄已持有的價值，及進入第二年階的能力。同時他的結論是，我們社會中正常的老年必須能承認自己進入老年階段時，所加予的文化規定的價值轉變。

有些社會科學家已經注意到，最低限度對城中富裕的老人而言，一些新的規範，包括與工作相對的有價值活動，都已逐漸制度化了。當退休後，「只要休

閒帶有活動的特徵，在美國人的生活中就有價值」。同時在年齡隔離的退休社區中，富裕的老人都有力量追求積極的生活，及脫離兒女的拘束，於是預期社會化的新趨勢就因而開始。此類規範的代價也許很高，因為它使老年人與年輕的一代有生理與心理上的隔離；再者，就遠處看，它也有害於我們社會組織的前途。再進一步地說，此類規範並不能解決貧窮老人所遭遇到的問題（饒穎奇譯，Marcella Bakur Winer 等著，1982）。

七、生活滿足理論

老年人若能對過去與現在生活感到滿足與愉快者，即為調適良好型的老人。

一般而言，大多數老人都生活在某種生活型態中，例如在 65 歲以上的老人當中，約有 70% 的人擁有自己的住宅，但是這些人也無法全部避免經濟上的壓力，如修理費用……，都成為重大的環境壓力因素，進而又造成了適應不良的應付模式。所以，很多人被迫移入，或繼續居住在水準較低的住宅中，於是這種情況逐漸造成了老人絕望與孤立的情緒。一般來說，經濟壓力可能使某些老人產生沮喪的情緒，及降低他們的自尊。

八、個人行為系統理論

此理論主要是認為在社會成員彼此互賴的社會系統運作中，個人觀念與行為若能與他人溝通而共享，始具有意義。

任何社會中的社會化過程最大的影響就是，它能形成人們對老化及老人的態度。這些社會所產生的對老年的情緒，會對適應能力，甚至在老年繼續活下去的能力，發生決定性的影響，如班奈特與艾克曼（Bennett & Eckman）已注意到，那些對老年產生消極情緒的老人們，都缺少尋求所需之服務、健康照顧，或是其他救助的動機。托克曼與洛奇（Tuckman & Lorge）最先研究老年態度，揭開了與老年有關的各種消極的老套與錯誤觀念，同時也實證了，年輕與年老的被調查者都輕視老人。但是阿克斯羅得與艾斯多佛爾（Axelrod & Eisdorfer）利用修正後的托克曼與洛奇問卷作了研究，結果發現年輕人對老人的消極態度是隨著年齡，每十年遞增。高根與西爾頓（Kogan & Shelton）發現，年輕的回答者都極易將他們自己，或是一般的年輕人，說成是老人發洩憤怒的目標。高根與西爾頓在總論

時暗示,老人們多少要防備別人對他們有何看法,所以為了獲得別人的接納,他們也許會期望年輕一代的情感,及儘可能地避免為占有絕對多數的那一代所拒絕(饒穎奇譯,Marcella Bakur Winer 等著,1982)。

由上述社會學上的理論,可以看出老人在退休後,希望保持其在社會上的角色以及渴望繼續參與社會活動,也就是繼續中年人之生活而完成自己的期待,正因為如此,老人之服務是需要的。

第四節 從社會工作學上的理論探討老人的福利服務

一、社會福利設施社會化與社區化理論

設施社會化在古代社會是不成問題的,因為在其社會中有沒有福利設施並無多大關係,主要是他們有鄰里相扶持或家庭制度下的扶養風俗習慣,所以,老衰、孤獨、矜寡、廢疾者都有人養他,不成為社會問題。最多不過是在社會福利設施裡挑些毛病來批評而已。但是,近幾十年來,由於高度的經濟成長破壞自然及社區環境,改變了就業結構,深深威脅了一般居民的生活環境,而提出了恢復工業或都市社會的原貌,以及大眾傳播的發展而促進「設施社會化」的理論之產生。

社會與國民生活福利有密切的關係,因此我們必須有正確認識,社會不但是有保護收容社會福利的對象之收容設施,而且還要保護社區即居家的國民,使受服務對象更能夠發揮他們的潛能。我們要檢討反省收容設施,有沒有把院民與社區隔離,設施與設施之間有沒有隔離,有沒有閉鎖的傾向,有沒有妨害到利用者的社會適應或社會復歸,有沒有損害到院民的自立性或自主性。所以,我們的社會福利行政未來的方向,應把著重在物質生活的舊式收容設施,轉變為著重在社區與設施機構雙向溝通與交流,以及服務內容與服務品質上。

設施的「社會化」,與社會福利行政相關的行政如教育行政、勞工行政、衛生醫療行政等功能,沒有有機性的結合,甚至於同樣在社會行政體系內,各種功能也很少與福利設施結合,例如:老人福利的領域中,老人有關的教育、文化、

運動的設施（設備）援助與獎勵與社會教育行政之有機性結合是很當然的事，可是社教機關常常不重視這樣的結合。又，在老人福利行政內部也與老人安養機構、老人福利中心與老人休養之家的關係，或與老人俱樂部的關係等並無充分保障。因此，「社會化」首先對社區在處理或服務老人福利問題之時，應從社區老人需要去服務，從如何使行政具有機性的關聯或連帶之保障，而不是使各個設施都成為「社會化」問題（江亮演，1988）。

設施社會化論的背景，不僅把社會福利政策當作社區的一環，而且要從社區居民的生活結構之改變去展開國民的需求。近年來由於高度經濟成長使居民來不及準備共同消費財，如學校、醫院、公園、住宅、自來水道、下水道、垃圾工廠等沒有事先準備的情形之下，急速工業化都市化，結果社區和家庭崩潰了，使原本作為勞工再生產功能的家庭，即自助原則的家庭，因基於自助的原則之下，家庭即失去家族和庭院所在，自己無法完成生活所必作的工作。從自來水道、下水道、垃圾清掃的工作開始，家庭的功能是社會、地域化，是以社區為單位的生活，福利水準若未提高的話，則其所得雖有些提高，也無濟於事。同時其飲食生活或文化或休閒娛樂等活動，也絕不是主體性或自主性的選擇。而家庭不過作為今日商品經濟社會中市場活動的對象而已，因此其勞動力再生產的功能是崩潰於物理性、空間性、精神性方面。為恢復上述功能，必須把物理性的社會化、社區化的家庭功能樹立起來，努力創造社區新文化和新生活（江亮演，2006）。

家庭功能的社會化、社區化，卻由於共同消費財的缺乏和公害、交通事故等嚴重社會問題的存在，任何人都有可能變為受救助的低收入者或身心障礙者。家庭嚴重的崩潰，成為社會福利行政服務的對象之時，有關人員的腦子內仍然抱著自助原則，而作不合理的處理或服務。這不是居民的生活之不安或福利設施與社區隔閡之存在問題，而是如何去增強消除居民生活不安的角色以及改善社會福利設施的功能，所以才有設施社會化的理論之產生。因此，設施的設置整理計畫或措施之方法等，當然是包含在社會福利行政的再編範圍內，這樣的設施社會化理論，其產生背景並不是那麼單純的事。

另一方面，在設施社會化理論中，含有設施本身的社區化（地域化）的問題。其社區化問題可分為四方面：(1)設施進住者（院民）具有社區居民的歸屬意識，有進住者的社區化（地域化）現象；(2)設施的物理性、空間性設備之本身

（自體）是在社區居民的生活上有必要的物理性、空間性設備，並把這些讓社區居民也能夠使用；(3) 設施擁有活動的專門人才之職員來指導社區居民之生活者，或雖不是如此，也可以此專門人才當作社會資源由居民來運用，或設施的職員本身擔任義工；(4) 具有設施，或作為產生功能的目的，而有提供社區居民服務的功能存在（江亮演等編著，2001）。

二、老人生活自立化理論

現在的老人服務方法，必須重新調整，同時要把現在老人服務分為六大類，即：(1) 經濟性服務；(2) 身邊周圍自立性服務；(3) 精神性服務；(4) 醫療保健服務；(5) 空間性服務；(6) 營養食品服務等。我們按老人之個別需求，必須作有機性、綜合性的服務。常常違反個別差異、個別需要的原則，把所有的老人作畫一性的服務，如此不但無法滿足老人的需求，而且會影響到幫助老人自立之發展。如果老人有提出要求，有必要保障老人自立發展的環境。若能獲得自立生活環境者，即更能主體性自立性地生活。圖 2-1 為現在社會福利設施之服務結構（江亮演，1988）。

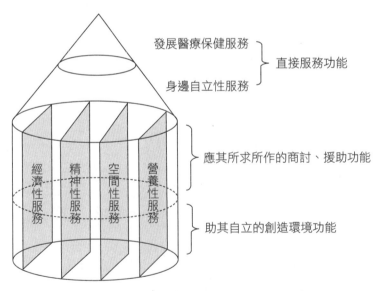

○ 圖 2-1　現在社會福利設施之服務結構

三、社區居民的社會資源理論

　　社區居民的生活，現在家庭的權柄非常混亂，家庭社區化、社會化的盛行，使原本具有居民聊天、溝通功能的家庭、鄰里，以及強化家庭成員精神連帶的家庭意識與經濟制度，而具有結合家庭生產與消費的功能，可是這些優良的家庭經濟制度與家族的精神意識，卻被空間等因素所破壞，因此為維護這些良好制度與風俗習慣，就非用社區或社會力量來保障不可。

　　老人福利設施是團體生活的地方，有空間性存在，所以是一具有團體生活的設施。這些設施機構，具有與社區居民的共同生活相同的功能存在。因此，把團體生活的福利設施，作為實質性社區居民所求的家庭的社區化、社會化之代替物。雖然不能侵害院民的生活，但是收容機構設施不僅僅是代替家庭功能，而且還要積極地進行共同體之團體生活，現在有關措施費用或設施最低基準等問題，是阻礙機構發展的最大因素，但是機構內的庭院、服務櫃檯、集會場所、體育館等地方，也可做為社區居民日常活動或年節活動必須使用的場所。

　　當作社區居民的社會資源之老人福利設施，具有員工的專業性或入浴、復健等功能以及團體供食等的資源。現在，家庭有很多功能是被社區化、社會化，但是飲食和醫療、看護卻未被社會化。有時候也含有院民生活圈的擴大問題，有些人認為一般社區居民也可以享受福利設施的飲食服務。現在很多先進國家雖然有推行老人供食服務業務，但是不超越獨居的老人飲食服務，並未普及到一般需要供食的老人。既然有提供獨居老人飲食服務工作，當然也可考慮到設施與社區居民（老人）交流，提供獨居或一般老人散步、運動或來老人收容機構飲食、入浴、醫療保健等服務。若要推行上述的社區與機構交流，就非改善目前老人收容機構之餐廳的空間、保健醫療、雜費……的問題不可。

　　又，入浴服務或復健設施是否可具多元功能，復健技術、入浴幫忙等可否利用機構員工或社區志工，把這些技術、方法教給社區居民，營養師可否教導一般社區居民一些營養知識等問題，都需要考慮在內。不管怎樣，社會福利的重點是如何運用社會資源，以及如何提供資源給社區居民使用，尤其是社區居民如何使用社會福利設施，這方面的資源與社會福利設施如何提供其設備、人員等資源給社區居民利用（江亮演，1988）。

高齡化社會即將到來,為未雨綢繆,必須有計畫性、有地域性地建立老人必要設施。不過我們的老人福利措施好像沒有多大改變,還是停留在救貧的階段,未突破這種救濟思想。其實現在的老人福利不是只限於照顧貧困的老人之救貧工作而已,還要保障社區內所有居民的生活,尤其是老人生活。因此,老人福利設施究竟需具哪些功能,非考慮到收容機構、日間(通院)照顧機構,利用機構的設置與功能不可。但是高齡者人口若超過社區居民的8%,即老人福利設施不只是特定的一部分老人之問題而已,而是所有老人的問題。因此,老人福利設施之分配與營運方式都是社區居民意見反映的產物。當然,很多福利行政是國家機關委辦的事務,所以不是單純的事務,但是它具有居民參與民主主義的事實存在。不過為促進設施的社會化、社區化,有必要設立實際推行工作的營運協議會。從設施或院民的立場來說,與社區居民交流或運用志工,促進老人教育機會而提供社教館或圖書館、老人福利中心之設立、老人俱樂部的組織,老人代表參與老人福利設施營運協會等,都是必要的。此外,從社區居民的立場來說,老人福利設施應提供一般居民社會教育機會與提供資源供居民使用,同時也要參與社區的各種社會運動,如綠化運動等,或參加社會福利設施營運協會的活動。

四、老人社區照顧理論

社區照顧(community care)是提供給因老年、身心殘障或其他原因所困者的服務與支持,使其能在自己的家裡或社區內「家庭似的」(homely)環境下過著獨立舒適的生活之意。

(一)社區照顧要素

社區照顧包括有下列三個要素:

1. 建立和發展社會網絡,包括家人、朋友、鄰居、同鄉會、志工、鄰舍組織等所組成的網絡,提供支持與照顧服務。
2. 聯合社區的政府和非政府組織機構,為所需之老人等提供社區支援服務。
3. 協助所需者能在自己的社區內受到照顧,過著正常生活。

(二)社區照顧的特性

社區照顧具有下列六項特性:

1. **長期照顧**：如同長期醫院照護、長期在宅服務等。

2. **去機構化**：如減少機構式照顧，儘量以在宅介護、在宅服務方式，或服務方式以開放、富彈性、非結構式的服務方式進行。

3. **非正式照顧**：運用志工，尤其女性來照顧需要照顧者。

4. **減少對公共照顧的依賴**：政府鼓勵非正式部門提供社區照顧服務及民營化外，以市場化、強制性競爭（標）、購買者與供給者分離的經營方式，來減少對公共照顧的依賴。

5. **參與和選擇機會增加**：這樣可避免福利資源分配不公平，或忽略照顧者權益與被照顧者真正的需要。

6. **其他**：如具有需求導向的服務及抑制成本的功能等。

五、老人需求（要）理論

老人需求在社會福利或心理學領域來說，是指老人為著社會生活所必需的基本欲望而言，也是為了維持生命（生存）所必要的生活體。布雷爾（C. P. Brearly）在其老人社會工作著作中把老人需求分為「非有問題者的需求（相對性）」與「有問題者的需求（絕對性）」兩種，前者不僅是與社會不適應的需要有關聯，而且與必要亦有關係。從服務有關的需求來看，即為「非有問題者的需求（相對性）」，不一定與服務有直接連結，例如：老人對健康維護或經濟安定有很強欲望，但是健康或經濟若在某一水準以上者，即常常不能成為社會福利對象而無法享受服務。後者如麥庫斯基（H. Y. Mcllusky）認為需求是指生存、健康、社會承認之必要的欲望而言。「生存必要的東西」雖然是含有最低限度的必要意味，但對其他的成長或健康等所必要的並不限於最低必要，所以必須考慮到必要的範圍，例如，第一次要求超過最低線者，即其第二次的要求就沒有明確基準。老人的基本需求有部分內容是跟著時代、社會價值基準不同而異，不能預測其絕對性基準。因此，若考慮個人的服務者，即個人要求的充足感、滿足感就必須考慮在內，雖然，我們無法預測老人絕對性需求基準，但是可事先瞭解老年的老人需求之一般性傾向（江亮演，1988）。

人類不管哪一個年齡都有其共同的需求與滿足這些需求的欲望。這些共同的必要稱為基本需求。基本需求的分類，因學者的不同而有各種各樣的分類，不

過，大體上來說，可分為生理性因素需求與心理、社會性因素之需求等兩個種類。前者稱為與生俱來的初級需求（Primary need），後者稱為獲得經驗的次級需求（secondary need）。我們為滿足這些生活，所以必須充足上述這些需求。老人也是與上述一樣，在心理學上來說，為繼續獲得滿足，必須採取行動，這與動機有密切關聯，有不能滿足需求的情形時更需要這種行動動機，所以需求也漸漸當作欲求來解釋。心理學者馬斯洛（Maslow）曾經把需求分為「欠缺動機」與「成長動機」兩類來說明，並且把需求欠缺與成長動機兩者連結在一起的稱為基本需求，他的基本需求不僅僅是意味初級性需求，而且是意味著為完成自我實現的需求之基本條件。在基本需求中，包含生理性、安全性、歸屬性、情愛性、被人尊敬、有自尊心等的需求。這些需求比其他的欲望更基本，如果缺乏這些基本需求者，就會影響到個人的身體性或精神性疾病。因此，成長動機是自我實現的欲望。人類的需要可分為下列三大類：

(一)**人類的基本需求**（Basic Human Needs）

有下列六大需求：

1. **衣食住行的滿足**：每個人對於日常生活中的基本需要，均要求能夠獲得滿足。

2. **健康的維持與增進**：每個人都希望能生活得很快樂，不但能維護身體的健康，而且能增進其心理的平衡。

3. **身體或經濟性之保障**：每個人均希望身體平安，獲得經濟性與物質上的保障。

4. **自我表現的慾望**：每個人均喜歡有自我表現的機會。

5. **團體參加之需要**：人是群居的動物，無法單獨存在，故必須參與團體的各種活動。

6. **信仰自由的確保**：每個人均需要信仰自由，不被干涉。

(二)**人類基本生活需求**

有下列七項需求：

1. **要求經濟的安定**：物質上的食衣住行能獲得安定，不缺乏。

2. **確保職業的機會**：希望能有工作的機會，而且是固定及有保障的工作。

3. **維持身體及精神上的健康**：要求身體、心理（精神）方面之健康，而非

僅某一方面而已。

4. **要求社會的互動**：人是群居動物，必須和他人產生互動及社會關係，使每個人能互相溝通，故互動是社會生活中不可缺少的。不論身體或心理方面的需要，均要經過互動，才可獲得滿足。例如：個人生病，如果不去找醫生看病，或醫生不前來為患者治病，那就無法產生互動關係，病也就無法醫治。又如農人只能生產稻米，是無法生活的，因此必須賣掉稻米，來購買自己無法生產的產品，這就是互動。

5. **安定家庭的關係**：希望家庭和睦而且生活美滿。

6. **確保教育的機會**：每個人均希望能進修或吸收新知識的機會；活到老，學到老。

7. **要求參與文化、娛樂的活動**：每個人均希望利用休閒時間，參與各種活動。

(三)老人的基本需求

人類發展階段由兒童、少年、青少年、壯年而至老年，所以老人的需要亦是人類基本需求中的一個階段。老人有下列七項基本需求：

1. **經濟的安定**：與一般人一樣，希望能在物質上獲得滿足。

2. **職業的安定**：老人在達到一定年齡退休之後，認為自己身體依然很健康，仍想找份固定的工作，證明他雖然老了，但仍是個有用的人。

3. **醫療、衛生、營養的保障**：年老與多病通常都有連帶的關係，營養尤其特別重要，因為有良好的營養，才能維持身體的健康，所以老人希望能獲得有關疾病、衛生、營養方面的指導與幫助，更希望醫療機構能夠給予老人優待，減輕其經濟上的負擔。

4. **家庭的安定**：住宅固定，日常生活能獲得保障。

5. **社會互動的機會**：老人退休之後，若沒有工作，其人際關係就會減少；另一方面，因為家庭結構的變遷，使老人與家庭成員的互動減少，於是感覺自己無用，生活無聊，心理壓力大，自然會產生生理上的疾病，所以老人渴望增加其社會互動的機會，如此則可減少其心理及生理上的疾病之產生。

6. **教育的機會**：老人因工作少或無工作，覺得清閒、無聊，因此，希望能

獲得教育的機會，吸取新知識與新觀念，來消磨時間。

7. **文化、娛樂的機會**：希望能達到社會上一般人的生活水準，而娛樂則可使老人健康、心理或情緒上舒暢、愉快（江亮演，社會發展第6期）。

知道老人生活的基本需求後，便應該提供適當的福利服務，使其需求能夠獲得真正的滿足。

六、社會服務理論

老人福利服務體系：

(一)預防性之服務

✿經濟方面

1. **補助年金服務**：保障退休後的所得仍與退休前同樣水準，維持生活。或對高齡或病弱者的稅捐，給予扣除的優待。

2. **年金者生活諮商、融資、貸款等**：教導其如何申請或領取年金，以及有關問題之詢問，如欲創業需要資金或購買房子等，給予貸款服務。

3. **年金者俱樂部活動**：即有學習性：如研究書經；趣味性：如唱歌跳舞；運動性：如登山、跑步；生產性：如養雞、養鴨等副業；康樂性：如郊遊、電影欣賞；教育性：如老人講座、老人教室、老人大學等各種活動。

4. **退休前諮商**：退休前有任何問題，均可至有關機構詢問。

✿職業方面

1. **退休制度改善**：改善不合理的退休制度，如規定60歲或65歲就必須退休，因某些人雖達退休年齡，但其能力、精力均還旺盛、充沛，如硬性規定其退休，則造成才能、經驗的浪費，故必須改善退休制度。

2. **退休者再僱用訓練**：在其退休之前，給予職業上的訓練、職業介紹或諮商，以及在退休訓練期間，因無工作、無薪水，則必須發給津貼，做生活費用。

✿醫療、衛生、營養方面

1. **老人健康檢查**：早期發現，早期治療，可節省人力及財力。

2. **健康諮商**：健康方面的問題，可獲得適當的解答。

3. **保健中心及俱樂部**：提供場所、經費或指導。

4. **公費醫療**：不論治療或住院食宿均不收費用。

5. **老人營養指導**：至老人家中給予營養指導。

6. **老人供食**：衰弱或獨居老人，無法自己炊事或處理日常生活者，有關機構或團體，則供應飲料與餐食，免費或抽取象徵性費用。

7. **短期保護及援助（訪問、補裝儀器、工具）**：若是癱瘓、臥病老人的家人疾病、生產、旅行，或有急事非外出不可，而無法照顧老人時，則可將老人寄養在附近安老機構，時間以一星期為限，時間一到，則必須領回。或訪問這些癱瘓、病弱及一般獨居老人，或替他們補裝各種儀器，如牙齒、眼鏡有關的補助儀器，及枴杖、輪椅等工具的提供等。

●**家庭方面**

1. **家庭個案工作**：瞭解家庭生活情況，成立個案，幫助老人解決問題。

2. **家族生活諮商**：答覆有關老人的家庭問題，如家庭關係不良，老人心中有何不滿，如何與家人相處等問題。

3. **家政指導**：對老人的家庭有關的食衣住行及照顧方面的指導。

4. **獨居病弱老人訪問及家事援助**：如訪問或替老人買菜、做菜、洗衣等服務和援助。

5. **老人住宅服務**：欲購買住宅，則給予貸款，如租屋，則給予房租的補助或津貼，減少負擔，或專為老人興建住宅，供其居住，或老人住宅修補擴建時，給予貸款，及住宅有關的諮商等。

●**社會方面**

1. 老人地域活動、職業活動，如甲地老人訪問乙地老人，乙地老人訪問甲地老人的交流活動。老人參與職業團體，則增進與他人互動機會。

2. 老人相互扶助組織，如老人俱樂部，老人之間互相幫忙，健康的老人服務有病的老人，此種情形在外國常見。

3. 老人工作設備，如老人工廠、老人工作室、老人工作中心等。老人集中在此種機構工作，增加互動，同時可獲得收入改善其經濟生活（江亮

演，社會發展第6期）。

●**教育方面**

1. 大學開放，不限年齡，老人聽課、讀書一切免費或給予優待，降低入學考試標準，使老人能到大學進修、讀書。

2. 設立老人圖書館，專供老人使用，或在普通圖書館中設立老人服務部，專供老人使用，若老人因行動不便，無法前來借書，則可派人送至老人家中，外國多採用電話聯絡的方式。同時老人讀書車（老人巡迴讀書車），可與兒童圖書車合併，每週排有固定時間、地點，供老人、小孩前來閱讀。

3. 老人教育有關問題的諮商。

●**文化、娛樂方面**

1. 老人娛樂、休閒俱樂部的指導，指導其如何推行活動、供應活動場地、編列預算給予補助等。

2. 老人運動中心，提供有關健康方面的訓練，或運動會，促進老人健康及提高運動興趣。

3. 旅行會，辦理老人旅行，食宿及車費由政府給與優待或補助。

4. 巡迴文庫，如老人讀書車、老人文庫巡迴展覽。

5. 訂立敬老日，如我國九月九日為老人節。

(二)**保護性之服務**

1. **經濟性**：公共救助為社會安全制度之一環，若老人貧窮，則給予補助，或家中發生緊急事件、天災、地震，無法生存或就醫時給予救助。有關日常生活的諮商。病弱者稅捐給予扣除。退休金應如何合理的按物價波動而調整，或合理發給年金及退休金，如規定工作多少年限，就可享有退休金。如此，才可保障老人退休後的生活。

2. **職業性**：老人授產事業，或老人工作室、老人工廠，規定某些事業只能由老人來做，保障其工作機會，或將老人可做的工作，派車子送至老人家中及為老人介紹家庭副業等。

3. **醫療、衛生、營養**：設立病弱老人之家，如療養院，提供傷殘、重度疾

病、癱瘓者之老人住處。精神病院，收容精神病患，以減輕病患家屬精神與物質上的負擔。日間或夜間老人醫院的設立，給予醫療服務。老人收容機構，收容無依靠、無謀生能力的老人。長期訪問醫療，派遣醫師、護士至癱瘓老人家中訪問及治療。獨居老人生病，無人照顧時，可派遣志工至老人住處做夜間看護的工作，或社區中派遣警衛維護安全。其次，給予家政方面的指導與援助。家境貧困者，醫療費用給予減免之優待，若病人需要特別護士之照顧，則給予看護（護士）津貼。家屬無法每天照顧老人時，可臨時將老人寄托在保護老人之家。

4. **家庭**：家庭訪問指導，或採用定期與不定期的電話服務，電話由政府安裝。老人飲食供應服務方面，若獨居老人生病，則政府可提供在宅服務，派人至其家中，為老人煮飯，或者派人送飲食至老人家中，每週供食的次數視當地政府財力而定，供食費用有的地方是全部由地方政府負擔，有的地方是抽取一些象徵性的費用。所供應的飯菜通常是政府出錢請商人代做，做好之後用卡車載至各里各村固定的地方，再由志工每天按時送至老人家中。低費老人之家，分 A、B 兩種類型，A 型機構供應老人食衣住行等日常生活所需。B 型則只負擔醫療與住處，而不供應飲食，老人必須自備煮飯的能力。成立老人社區及共同住宅，增進互動。日間老人醫院及社區日間照顧中心，老人白天至醫院或社區照顧中心接受治療、復健或托老、托護等服務，晚上則回到家中。其他，如老人監護指導，或老人問題諮商及提供特殊器具，如熱水器、床、便器、輪椅等，上述用具通常由政府製造，免費供應或出租給老人使用。

5. **社會**：老人友情訪問，由老人訪問老人，或年輕人訪問老人。或因某些特別原因所組成的特殊老人俱樂部，如病弱、獨居老人社交俱樂部。老人工作設施，如老人工廠、老人工作室，介紹或提供老人工作，解決老人互動問題。

6. **教育**：社區老人大學，提供老人就讀或旁聽，學習新知識及進修的機會。學習俱樂部提供各種學習場所、師資及指導人員。巡迴圖書館（車）或教室聘請老師指導，以及安老機構的學習支援等等。

7. **文化、娛樂**：老人俱樂部的經費補助。旅行優待制度，如車票、旅社、

公共場所門票等給予優待。收容設施中的老人康樂指導、獨居或居家病弱老人的娛樂指導等。

(三)開發性之服務

1. **經濟**：老人年金增額運動，為老人爭取更多的福利，以及低收入老人的對策運動。

2. **職業**：退休年齡延長之彈性退休、工作分攤制等運動，及老人適職研究，開發老人從事職業及副業的能力。

3. **醫療、衛生、營養**：包括特別療養及臥病老人對策改善運動，及老人醫療保健制度改善運動、老年營養保健指導、復健設施及介護等技術之普及、老人醫療、衛生有關之福利改善。

4. **家庭**：包括老人住宅設備之研究及開發，老人住宅或低費老人之家建設運動，及老人監護技術的改善或開發、老人住宅管理者訓練與培養。

5. **社會**：包括老人問題調查，發現其問題之所在；老人法令政策，立法等有關之修正或廢止；研討老人俱樂部之組織、老人志工活動、地域老人俱樂部改善運動。

6. **教育**：各學校或社會教育之開發，有關老人問題之研究或老人教育及實習。

7. **文化、娛樂**：老人閒暇活動之研究（如研究何種活動最適合老人需要）和指導，或有益於復健效果的娛樂之利用和開發。

(四)調整性之服務

1. **經濟**：包括各種年金制度之調整；低收入老人對策或會議，給予老人參與的機會，因有老人參加之會議，則更能反應老人真正需要。

2. **職業**：包括老人職業問題聯絡會議，限齡（定年）退休制度改善之會議，均必須老人參加。

3. **醫療、衛生、營養**：包括老人醫療有關會議，老人照顧監護有關會議，安老機構或復健醫療機構會議，收容機構內的活動及地方上之活動等等，給老人參與的機會。

4. **家庭**：社會工作員、保健員、復健員等有關會議，均須老人參與，家庭社會工作機構之各種會議，也應有老人參加，才能反映老人的意見。

5. **社會**：老人問題國民會議，地域老人俱樂部改善會議，多鼓勵老人參加。

6. **教育**：老人教育問題會議，需有老人參加，才知道應如何改進，以達老人真正所需，以便計畫如何推行才不致落空等。

7. **文化、娛樂**：邀請老人參加老人文化、娛樂有關者會議，並充實老人休閒活動內容與設備等（江亮演，社會發展第6期）。

　　針對老人需求，提供各種不同的福利服務，使其與需求結合為一體，才能真正滿足老人的需要，上列所舉均包括院內收容和院外救助，在我國來說，院內收容做得比院外救助多且較好，所以，我們以後的老人福利服務，應朝向院外救助即居家、社區照顧方面努力，才能充分滿足老人的需求。

 關鍵詞彙

・衰竭理論	・人體機器論
・新陳代謝理論	・自動免疫理論
・膠原論	・突變論
・細胞損失論	・人體恆定論
・生活目標論	・晚年個性論
・社會心理危機論	・人格組織論
・活動論	・社會撤退論
・持續論	・發展論
・個人行為系統論	・設施社會化
・社會資源論	・社區照顧
・生命率理論	・組織退休論
・細胞交互論	・消化系統腐敗論
・人生回顧論	・社會權能減退論
・角色論	・生活滿足論
・生活自立化	

* * * * * * * * * * * * ✎ 自 我 評 量 ✎ * * * * * * * * * * * *

1. 何謂「老化」？其老化過程可分幾個階段？

2. 試述梅爾魯（Joost. A. Meerloo）的老人生理障礙現象。

3. 簡單說明生理學上之老化理論。

4. 簡單說明心理學上之老化理論。

5. 簡單說明社會學上之老化理論。

6. 簡單說明社會工作學上之老人福利服務理論。

* *

參考文獻

一、中文部分

朱岑樓（1977），〈老年人的社會撤退和再加入〉，臺北市：新生報。

江亮演（1987），〈國際老人年談老年期的幾個變化〉《今日生活雜誌》，臺北市：實踐專校。

江亮演（1988），《老人福利與服務》，臺北市：五南圖書出版公司。

江亮演（1990），《快樂的老人》，臺北市：臺灣省政府社會處，中華日報社出版部。

江亮演、余漢儀、葉肅科、黃慶鑽編著（2001），《老人與殘障福利》，臺北縣：國立空中大學。

江亮演（2004），《老人福利講義》，新竹市：玄奘大學自印。

徐立忠（1986），〈老人學與老年醫學〉《社會建設》43 期，臺北市：內政部社會建設季刊。

饒穎奇譯，Marcella Bakur Winer 等著（1982），《老人服務》，臺北市：社區發展訓練中心。

謝瀛華（1996），〈老年健康維護「老化理論」與「抗老研究」〉《社區發展》74 期，臺北市：內政部社區發展季刊。

二、英文部分

Havighurst, R. (1968), "*Personality and Patterns of Aging*", Gerontologist, 8:20-23.

Morgan, J.C. (1979), "*Becoming old*", New York: Springer.

Tumstall, J. (1966), "*Old and Alone*", A Socidogical study of old people.

第三章
老人福利與服務之發展

第一節　老人學之產生

　　老人學之產生，雖為近代之事實，它能成為一門學科或科學，並非整理其思想體系而成的，而是與其他學科一樣有其社會事實，然後針對社會事實或需要加以研究、分析、整理而成立之一門新學問。我們若進一步探討老人學之發生，可溯及十八世紀以前之濟貧古典人道主義學派，以及十九世紀以後之實證或活動或解脫理論學派。十六世紀之英國宗教改革者馬丁・路德（Martin Luther）倡議「公益公庫」，呼籲貴族濟貧。英國伊莉莎白女王批准由國會通過之「普通稅收法案」，以充實濟貧經費，並認定濟貧事業為政府之責任。十七世紀英國還實施濟貧法（Poor Law），是集各種濟貧法案之大成。但是十八世紀時由於工業革命之後，機器代替手工，農業生產凋蔽，加上手工業生產者的普遍失業，貧富差距拉長，貧民日增，濟貧費用增加，不但構成社會的不安，而且反對公共救助者日多，如 1776 年亞當・史密斯（Adam Smith）的「國富論」（An Inguiry into the Nature Cauress of the Wealth of Nations）以及 1789 年馬爾薩斯（Thomas Malthus）的「人口論」（An Essay on the Principle f Population）。雖然有這些反對濟貧法案存在，但是這些理論又為人道主義者所不滿。

　　十九世紀實證學派之查姆牧師（Chalmers）在 1814 年時調查 8,000 個貧戶，

發現只有 26 戶有資格接受救助，證實公共救助實為一種浪費，所以提倡嚴審受助對象及鄰里互助計畫，並主張個別輔導，來改善貧民生活，這種主張開後世社會個案工作之先河。到了 1886 年，查爾・布斯（Charles Booth）在倫敦地區舉辦社會調查，發現有三分之一的人在貧窮線上下掙扎，其中老人的比例最大，證實老人比一般的貧民更需社會的照顧。幾年之後，龍垂（Seebehm Rowntree）在英格蘭的約克（york）城，也作貧民調查，發現該地區也有將近三分之一的人處在貧窮線上下，證實了傳統的濟貧方式未能解決社會問題，同時證實貧窮與人口、老年及失業之連環關係。這些現象並非個人過失，而是社會共同責任。同一時期，亨利・歐文（Henry Owen）的費邊社（The Fabian Society）也積極鼓吹社會改革運動，風潮激盪，使英國政府不得不積極進行保障老年及貧困者之生活，也因此才促進二十世紀初期的「福利國家」和「人權主義」精神之發展。而研究老人問題的範圍也較以往廣，並從老人的心理、生理、社會等方面加以分析、研究。依據臺大社會學系教授朱岑樓的論證，首先對老人問題從事科學研究的，是俄國的麥奇尼可夫（Lliya Metechnikoff），他在 1901 年首先使用「Gerontology」一詞。麥氏是以生物學的立場去研究人類壽命，認為衰老與疾病皆種因於腸胃之腐敗，若能控制腸胃即可緩和人類老化過程，乃至於延年益壽，但他在病理上的立論，不能窺視人類老化之全貌，所以到 1906 年時由麥氏的學生柯隆啟夫斯基（V. Koronchovsky）正式創立專門研究老人之老人學（Gerontology），並對其老師的理論加以發揚。

柯氏最大的貢獻是把老人學與老年醫學的研究推廣到全世界，他組織「國際老人學會」（Internation Gerontological Association）使老人問題的研究成為社會和國際化（朱岑樓，1977）。

1908 年梅諾（Minot）研究老化與人類細胞有關問題，發現老人與年輕人之細胞不同。1915 年動物學者柴第氏（Chids）對無脊椎骨動物之老化與再生予以試驗。1952 年藍興（Lansing）認為人類於成熟後，開始一種不利與不可避免之變化，並主張老人學應為科學之一支，主要問題在研究人類成熟後一切變化的過程，俾能增進老人的健康及壽命之延長（何靜安，1986）。

英國於 1942 年有畢立奇（Wilian H. Beveridge）的「畢立奇報告」（The Beveridge Report），使後來英國所實施的「福利國家」社會福利服務更加完善，

尤其對老人之生活保障或健康之維護，以及老人之公共救助或社會服務等措施更為完備。

美國在 1942 年組織「美國老人醫學會」（The American Geriatrio Society），1945 年組織「美國老人學會」（The Gerontological Society）從事老人生理、心理以及醫學、老人問題等方面之研究，並發行刊物。

1950 年召開第一次國際老人學會（簡稱 I. G. A.）與會代表 95 人，提出老人學的新構想，指出老人學研究不僅是醫學而已，而必須包括社會保健（social health）等問題。同時聲明：「有鑑於老年人口日增，研究對老年有重大影響之社會經濟因素實為必要，同時所有老年研究結論，應即提供有關政府機關參考，期能付諸實施而增進老年福利。」從此老人學和老人醫學不僅是病理和醫療的問題，而且擴大到社會和經濟方面的探討，為現代老人學與老人醫學奠定了良好基礎。1951 年第二屆國際老人會議在美國聖路易召開，自此以後每隔三年召開一次（劉燕徇，長青雜誌 22 期）。

從 1950 年以後，老人學之研究分為兩個學派，一是以凱文（R. S. Cavan）為主的「活動理論」學派（Activity theory），此學派認為老人在生理上雖然自然變化，其健康狀況不及青壯年，但老人心理上與社會性要求，卻與青壯年並無多大差異，故希望維持中年期之活動，以保其心理健康和彌補其生理缺憾，所以辦理老人福利，應以設法使其渾然忘老，增其蓬勃朝氣，繼續參加社會活動為主。另一學派是以庫明（E. Cumming）為主的「解脫理論」學派（Disengagement theory），此學派認為老人在社會上的角色地位與權力，已自然降落，老人應該知足常樂，因此要適量減少其活動，頤養天年。所以辦理老人福利處遇環境與生活需要，儘量予以必要之照顧。以上兩個學派各有不同的看法，但二者各有其價值，必須兼顧，才能做好老人福利。

美國受上述學派的影響於 1950 年召開首屆的老人會議（National Conference on Aging），1961 年甘迺迪總統召開「白宮老人會議」（White House Conference on Aging）強調老人的社會政策，並作具體的建議，1965 年美國老人法公布，於是老人問題的社會政策，遂形成了具體可行方案而付諸實施（徐立忠，社會建設 43 期）。

從生物的老人學到社會的老人學，這是老人學研究的方向和特色，同時老

人學與老年醫學亦有分別研究合併診斷的趨勢。因為老人病科雖著眼於老年疾病之防治，但老年致病原因，除生理老化因素外，還有其他社會因素，如家庭、經濟，以及心理方面的因素，這些都有因果關係存在，所以解決老人問題，須先排除其社會問題，然後對症下藥，才能藥到病除（徐立忠，社會建設 43 期）。

 ## 第二節　老人福利制度之沿革與發展

一、老人福利之起源

　　老人福利問題可以說自有人類以來就已存在，所以我國很早以前就有了遠大的福利思想及具體的社會福利措施。我們可以說遠在三千年以前，就有孔子禮運大同篇的大同世界的理想。從推己及人入手，主張為人處世，均能「人不獨親其親，不獨子其子，使老有所終，壯有所用，幼有所長……」，然後推而廣之而至於大同世界。同時我國周禮司徒篇所載：「以保息養萬民，一曰慈幼、二曰養老、三曰賑窮、四曰恤貧、五曰寬疾、六曰安富。」等六種措施，所以我國古代的政治思想可分為：(1) 重視人民地位，如「天視自我民視，天聽自我民聽」、「民為貴，社稷次之，君為輕」、「得民者昌，失民者亡」；(2) 重視人民生活，如「養民、利民」為民謀最大幸福，以及尚書禹謨載：「德惟善政，政在養民。」孔子說：「既庶且富，足食足兵。」孟子說：「使民養生送死無憾，王道之始也。」孟子又說：「明君制民之產，必使仰足以事父母，俯足以畜妻子，樂歲終身飽，凶年免於死亡。」管子說：「倉廩實則知禮義，衣食足則知榮辱。」所以古代的重視人民地位與生活思想正是社會福利、社會安全所企求的目標，而這些思想都是仁愛觀念的發揚，也是中國正統思想之所在（江亮演，2004）。

　　國父孫中山先生曾答覆第三國際代表馬林可夫：「中國有一個道統，堯、舜、禹、湯、文武、周公、孔子相繼不絕，我的思想基礎就是這個道統，我的革命就是繼承這個正統思想，來發揚光大。」

　　蔣中正先生於三民主義之體系及其實行程序中指出：「總理的基本思想，淵源於中國正統的政治思想和倫理思想。」又說：「總理革命的動機，全為仁愛，離開仁字便無革命可言。」由上述可知國父是兩千年來，中絕的中國道德文化的

復活者，他的思想也是我國現行的社會福利思想的依據。

西方國家早在古希臘、希伯來時期就有慈幼、養老、賑窮……等綜合性福利思想，古希臘的「幸福論」（Eudemanism）認為幸福是由與別人共享得來的。古羅馬的「責任觀念」（responsibility）則認為富者為不幸者解除痛苦，是宗教上一種重大的責任。希伯來的「公正觀念」（justice）則認為人們應該公平享有物質。

在北歐各先進國家及美國，工業革命以前，雖然各國應社會需要而訂有各種濟貧法案來救濟貧民，其中大部分是老人；但是自工業革命以後，貧富差距拉長，窮苦的人越來越多，尤其社會結構的變遷使家庭制度改變，加上經濟繁榮、醫藥發達、教育普及……因素，不但老年人壽命延長，而且老人在人口結構中所占的比率也越來越高，產生了許多高齡化社會的老人問題，所以工業愈發達的文明社會，老人問題就愈嚴重，老人不能適應的情形就愈多，因此，老人問題及老人福利逐漸引起先進國家以及經濟發達的國家之重視，並提出各種解決辦法或學術性的研究。最早發現老人需要社會照顧者是英國的查爾・布斯（Charles Booth），他在 1886 年調查倫敦的貧戶時發現大部分老人都在貧窮線掙扎。同時英格蘭的龍垂（Seebohm Rowntree）也發現貧窮與人口及老年以及失業等四者之間有連帶關係，也就是因果關係，所以英國受此影響，在二十世紀初年，積極推行保障老年及貧民之生活。後來俄國人麥奇尼可夫（Lliya Metchnikoff）及其學生柯隆啟夫斯基（V. Koronchovsky）兩人，從生物學的觀點去研究老人，並且正式命名為老人學，而老人學的研究影響到英、美兩國的社會福利，所以又從生物學性的老人學轉變為社會學性的老人學，因此有了社會老人學，或老人社會學之出現，以及各種老人學會或老人會議的活動。尤其凱文以及庫明（R. S. Cavan or Cumming Disengagement）的學說，更使老人學與老人福利結為一體，所以現代各國所推行的老人福利雖然有些制度，或措施是古代社會所遺留下來之優良的東西，但大部分是以老人學所研究、所發現的有關老人生理、心理、社會等方面之需要而作為其老人問題對策的依據，故老人學與老人福利是相輔相成，理論與實務相結合。也因此才有 1963 年的日本老人福利法、1965 年的美國老人法，以及 1980 年的中華民國老人福利法之實施（江亮演，1988）。

二、歐陸老人福利思潮之演變

(一)**原始時期**：初民社會，民智未開，文物簡陋，老人福利思想與宗教習慣混淆不清，所以救濟事業大部分是由教會或私人負責辦理，也都是出於人道主義的立場來辦理，一般都是以施捨、施惠的觀點來辦理濟貧業務。

(二)**福利法案確立時期**：社會進化之後，國家之規模粗具，福利法案乃漸形發達，統治者積極負起社會救助工作，而由國家為社會福利之推行，遂產生各種福利法案及制度，惟當時國家組織未達完善，為維持社會秩序樹立制度計，每藉法案以收社會安定之效，其福利觀念不出應付社會需要之範圍。

(三)**進化時期**：歐洲當十八世紀時，國家組織極度發展，學術思想進步快速，個人為謀求自由發展，以充實其生活利益，於是個人主義勃興，用以爭取個人權利乃必然之趨勢。加上工業革命之後，資本主義抬頭，失業及貧困者日增，社會救助非宗教團體及個人能力所能負荷，非政府積極擔負救助業務不可。迨法國大革命發生，民權主義見諸實踐，其影響福利制度顯著，雖有亞當‧史密斯（Adam Smity）及馬爾薩斯（Thomas Malthus）之反對大量增加救助金之言論，也無法改變合乎人道、滿足正義所必要的福利思想。

(四)**社會化時期**：十九世紀以後，社會愈趨進化，社會利益終於超越個人利益之上，新社會學說之興起，社會福利思想受其影響，福利精神注重於社會改革，一般學者基於科學的研究，認為福利尤其老人問題有其社會及生理、心理之成因，反對個人主義說，而認為老人問題是由社會變遷以及人口、貧窮、失業……的連環關係而產生，這些現象並非個人的過失而是社會共同的責任，所以訂立老人政策，以謀補救。此時期之老人福利精神，注重在共同生活利益之維護，由消極之救濟趨向於積極之預防主義。

(五)**福利時期**：二次世界大戰後，綜合主義之福利思想占優勢，歐陸學者大都基於福利的觀點說明老人福利之本質，同時兼顧社會之需要，主張充分發揮老人福利之預防性功能，英國依據畢立奇報告之精神，對老人福利服務之改進更為進步。美國由於強調老人之社會政策，而研擬行動計畫，以確保老人有就業均等的機會及廉價供給老人需要之房屋，並鼓勵與協助老人從事各項研究工作，使老人福利範圍更廣更大，是綜合老人所需之生理、心理、社會等

方面之福利對策時期。

三、英、美、日老人福利歷史與發展

(一)英國

在 1549 年愛德華三世（Edward III）頒布勞工法（Statutes of Labors）規定最高工資，強制健康的貧民勞動，禁止農工遷移，不能離開所屬教區，禁止救濟有工作能力之乞丐。這是一項阻止流浪及行乞的法令，主要是保護貧困的老人，免受年輕子女所遺棄，不過救濟事業最初是由私人施捨，繼而與宗教團體發生關係，後來則為政府所注重，所以英國老人福利之歷史，可以追溯到中古世紀時教會的慈善濟貧事業及更早的個人施捨活動，因此在 1531 年以前，英國可謂是施捨濟貧時期，不過當時除了私人施捨外，各醫院、各行會、教會均為主要救濟機構，政府只是處於消極的地位。一直到工業革命前後，救濟工作才由地方政府負責，或採院內收容方式，或採院外救濟方式辦理，但仍是消極性的養老措施。工業革命之後，由於機器代替手工，間接影響到老人社會地位的低落，老人問題更趨嚴重，於是社會慈善組織乃紛紛舉辦濟貧服務，以解決老人與其他貧苦或無依者之生活（內政部社會司，1979）。但是當時雖基於人道主義的精神與慈善的胸懷，由於缺乏系統的福利行政組織，加上救濟所花的費用日增，認為救濟是一種浪費的事業者日增，以及對社會不幸者之背景缺少瞭解，以致救濟效果不彰，社會問題仍無法解決。一直到了 1886 年，查爾·布斯（Charles Booth）在倫敦做調查時，發現很多老年人在貧窮線之下，因而認為傳統的濟貧方式不足以解決貧窮問題。後來龍垂（Seebohm Rowntrree）也做了社會調查並進一步分析致貧因素與「貧窮週期」（poverty cycle）的關係，並發現個人在一生當中，有兩個階段最易陷於貧窮的困境之中；第一個階段是第一個孩子出生到最後一個孩子獨立自主為止；第二個階段則從職業退休下來，進入老年開始（Forder, Anthony, 1974）。

布斯與龍垂的社會調查，揭露了社會貧窮的真正原因，也說明了慈善式救濟措施的不合時代的問題。當年亨利·奧文（Henry Owen）的費邊社（The Fabian Society）積極鼓吹社會改造運動，加上慈善組織會社的適時興起，證明以往地方教區救濟事業的不成功。在這種潮流之下，二十世紀初葉，英國終於開始負起建立社會福利服務之責任制度，積極提供各項福利措施，以保障社會貧困者的最低

生活水準。這些社會福利措施之中，老人福利當然成為極重要之一環（內政部社會司，1979）。

　　1908年，英國通過「老年人年金法案」（old-age pensions），使70歲以上之貧困老人，每星期可獲5先令之養老金；享領年金者不需繳納任何費用，所以年金的付與被視為貧民享有的權利之一，但有貧民道德條件之限制：凡一向厭惡工作，對家庭不盡供養之責者、曾為救濟院院民者，或曾在最近十年內犯案者，均無資格領取養老金（Marshall, T. H., 1972）。這項因道德原因剝奪養老金享領資格之規定到1919年才廢除。1911年國會又通過全國社會保險法（National Insurance Act-health and Unemployment）制度。1925年的「老年人補助年金法案」，將社會保險範圍擴及到65歲以上之男子及60歲以上之女子等。由於1908年老人年金法係一種免繳費用（Non-Contributory）的老年津貼，加上物價上漲之影響，政府財政負擔增加，同時英國老年人口占總人口之比例逐漸增加，領取老年年金者日益遞增，遂有1925年保守黨的「繳費老人年金保險法」之實施，一方面降低領老人年金年齡之限制，一方面藉以緩和政府財政之壓力（江亮演，2004）。因此，從1925年開始，英國社會同時存在著三種不同的老年年金制度：第一種是屬於1908年免繳費，但需接受調查之老年年金；第二種是屬於1925年老年年金法對介於65歲到70歲之間的老人需要繳納保險費之老年人年金；第三種是屬於年滿70歲，於1925年法案內所屬之繳費老人津貼，同時併領屬於1908年法案之無需接受任何調查之老年年金。這些老年年金法案，遂奠定戰後英國老人福利之基礎（江亮演，2004）。

　　1960年制定「階段性年金制」以均一保險費制為基礎，1973年引進社會安全年金而於1975年融入職業年金為「雙元退休年金」，1986年引進私人年金至今（江亮演，2004）。

(二)美國

　　早期社會福利措施源自英國，其各項服務工作，都由地方政府及民間團體或熱心人士辦理，中央政府很少參與，到了1930年代，經濟蕭條，失業眾多，地方政府及民間力量，無法負此重任，而不得不依賴國家救濟，於是中央政府乃採取緊急救濟，以工代賑、社會安全等措施，積極參與，確認社會救助福利，乃是政府職責，展開了社會福利新政的序幕。老人福利發展情形，大致亦復相似（內政

部社會司，1979）。

　　美國民間福利機構，對於老人福利問題之關懷，早在英國殖民地時代，如濟貧法、收容院所……，多少與貧苦老人相關，但專為一般老人福利著想，並採用較現代化之措施，則始於1940年代，在1935年所訂的社會安全法（Social Security Act）中與老人福利有關者主要有三：(1) 正在工作中之老年人口，可透過老年遺囑殘廢保險，於年老退休時，獲得年金給付，維持老年生活；(2) 不在工作之老年人口，可透過公共救助辦法，申請救助，獲得生活費用；(3) 貧病及遭遇困難之老年人口，可透過衛生福利服務辦法，申請有關醫療及其他各方面之救助與服務，此一法案，曾不斷修正、改進。1937年訂頒美國住宅法（U.S.Housing Act），其住宅分期貸款辦法，加強低所得者平價住宅的興建，並對老年住宅，予以特別協助，使建築設計便於老年人活動，內部設備配合醫療康樂，對外聯繫避免塵囂，租售價格特別低廉。1942年成立美國老年協會（The American Geriatric Society），從事研究有關老年的知識，並出版會刊。1945年又有不同性質的專業人士，成立一個綜合性的科際組織之美國老年學會（The Gerontological Society），從事有關老年的科學研究，並促請教育福利專家及從事實務工作者共同報導研究結果，影響政府決策，及定期出版刊物，計有《老人學家》（*Gerontologist*）及《老年學》（*Journal of Gerontology*）兩種雜誌發行。1946年訂頒美國心理衛生法（National Mental Health Act）：其目的在於協助公私立機構，注意調查研究分析，並加強專業人員訓練，增添有關醫療設備，以預防並減少美國之精神病患。1947年有鑑於老年人口壓力，自行成立許多民間組織，尤其成立美國退休老師協會最具代表性，1960年聯合組成的全國老年協會（National Council on Aging），爭取老人福利。1960年也訂頒老人醫療協助法（Medical Assistance for the Aged），原本貧苦老人可透過社會安全法而獲得醫療協助，而一般不合公共救助辦法規定，但確需醫療服務之老年人口，卻甚難獲得救助。不過此法卻規定65歲以上之老人如有需要，可以獲得一切免費醫療，包括門診、住院、看護、外科手術、物理治療、牙醫、檢驗眼鏡……之服務。1961年第一次白宮老人會議，訂頒老人憲章立法行動具體方案，逐漸改進。1963年又訂頒心理衛生及低能法（Mental Health and Retadation Act），對於老年患者主張儘量少送精神病院隔離治療，改以療養方式或設立老年之家，在社區中進行治

療，以利復健。1964年，訂頒經濟機會法（Economic opportunity Act），此法又稱為消滅貧窮法案，主要在增加貧民教育訓練和工作的機會，維持人性尊嚴，開創美好生活，工作對象雖以青年為主，但亦兼及貧苦老人，使能獲得類似之機會。1965年修正社會安全法，增訂醫療照顧計畫（Medicare），規定全國老人可透過醫療保險方式，由薪水中扣繳保費，或由政府與老人共同繳納部分保險費，以便傷病時，可以獲得免費醫療。1965年訂頒美國老人法（The older Americans Act），此為以老人福利問題為核心所訂立之專法，對於老人福利與服務給予全面之考慮。本法訂頒之初相當簡單，嗣經1967、69、72、74、75、86各年，不斷修訂補充，內容日趨完備。1965年訂頒高等教育法（High Education Act）使老年人口獲得相當之教育機會，集許多有關教育方面之法令加以修正而成的，如高等教育法，對老人進入大專院校不加年齡限制。高等教育資源及學生獎助法（High Education Resources and Assistance）之中，有社區服務方案一章，規定對於老人入學可以給予免費，及減少或獎助之優待。1966年成人教育法（Basic Education for Adults Act），擴大教育機會方案規定，任何人應使免費完成高中教育，並予適當訓練，老年人口自應包括在內。1968年修訂職業教育法，規定對社區中願意就業之各年齡人口，均應給予職業教育及訓練之機會，對落後地區之老年人口，並注意消費與家政教育（Consumer and Homeaking Education）及營養食物教育（Food and Nutriation Education），以便就業，亦可獲益。1973年，訂頒國內志願服務法（Domestic Volunteers Service Act），此法由美國國內和平團與志願服務計畫（Volunteers in service to America）演變而來，原規定18歲青年至80歲之老人，均可參加志願服務工作，但無薪金，每月僅給生活費用，後來有老年補助法，規定72歲以上老人，如無其他政府補助，可以獲得定額救助，但均嫌消極，到1973年才訂頒國內志願服務法，規定55歲以上老年人口，可優先輔導擔任志願工作或有酬工作，充分發揮老年人口生產服務之興趣與能力，1975年通過綜合就業訓練法（Comprehensive Employment and Training Act）對於訓練期間之生活及就業來往交通費用，均得予以津貼，老年人口接受職業訓練及就業輔導時，亦可分享其利。1975年訂頒禁止歧視老人法（Prohibition of Discrimination Based on Age），此法係來自老年就業歧視法（Age Discrimination in Employment Act），老年就業歧視法，旨在防止歧視老人就業，一切僱用條件應以能力為準，不得因

為年齡而予以歧視，雇主、勞工（工會）及就業輔導機構，如因老人年齡而予歧視者，應予懲罰。1975 年重加修訂，並改名為禁止歧視老人法，以配合老人福利之加強，規定凡屬動用政府公款之各種活動與服務，均不得對老人人口因為年邁的原因，而有任何歧視，中央應為此撥款，從事調查、研究及檢查工作，並定期向總統及國會提出報告，以期確保老人權益。1978 年，美國總統簽署法案，規定未滿 70 歲者不得強迫命令其退休，來保障老後生活。其他有關老人權益之中央立法或地方立法尚多，如福利金計畫發布法（Welfare and Pension Plan Disclosure Act）、軍人權益法（Gl Bill of Rights），以及老人財產稅之減免、公共交通費用之減免等不勝枚舉（江亮演，2004）。

1983 年修正社會安全法提高退休年齡為 68 歲，老年年金給付年齡為 66 歲，2005 年修正退休年齡為 70 歲，老年年金給付年齡為 68 歲（江亮演，2004）。

(三)日本

日本老人福利措施可溯到西元 701 年的「大寶律令」等公共扶助制度，而該「大寶律令」乃緣自當時我國唐朝的法令，所規定之救助內容為：(1) 60 歲以上無妻者；(2) 50 歲以上無夫者；(3) 15 歲以下無父者；(4) 60 歲以上無子者；(5) 無財產者；(6) 65 歲以上者；(7) 殘障而本身無法謀生者等為對象，由近親扶養，若無扶養之近親者，由其村里共同保護之。在收容方面，比這項律令還要早，在聖德太子時四天王寺已設有敬田、施藥、悲田及療院四院，收容孤、老、貧、病者。這些設施由歷代皇室繼續保護，尤其僧侶在寺廟所設立的社會事業設施，一直延續下來。

明治時期以前的生活困窮者，濟貧是由近親或近鄰互相扶助為重心，但到了明治以後，即有許多救濟政策，如「棄嬰養育給付」、「對出生三子貧者之養育米給付」、「棄嬰養育米年齡限制」、「恤救規則」等。後來，因有備荒、儲蓄等法之制定，加上資本主義的發展而產生大量的貧民，為應社會的需要而修改了恤救規則，從此以後一直沒有多大改變，一直到 1929 年（昭和 4 年）才制定「救護法」，到 1932 年（昭和 7 年）時才全面實施。但此法對其國家的責任規定有欠明確，對因失業而窮困者也不包括在內，救濟有差別與限制，因此未能應被保護者之需要而予救助，這種情形一直到戰敗為止。1945 年二次世界大戰結束，社會情勢劇變，需要扶助之戰災者，包括從國外撤回之軍人、軍眷、離職者等急增，

原有的救助制度已無法適應，因此在同年的 12 月 15 日，實行臨時應急措施，對生活窮困者供給住、食、醫療、衣服、寢具及其他生活必需品，並以推行食品補給的生活保護為內容而制定「生活窮困者緊急生活援護綱要」，並在 1946 年 4 月起實施。但是這個措施是臨時性、緊急性的對策，所以在 1946 年 9 月制定了「生活保護法」，作為日本社會救助的根本大法，並於同年 10 月起實施。生活保護法明文規定對被保護者的生活保護是國家的責任，揭示日本社會福利的最新觀念。後來，關於社會保障制度的作法，各方意見不一，加上現實社會情勢所迫，因此有擴充加強生活保護制度之必要，遂於 1950 年修改舊生活保護法全文並制定及實施現行的生活保護法。自從頒訂新「生活保護法」，至今修正 12 次，共分 11 章 86 條。其目的不僅是慈善救濟，而且也是把保護當做國民的權利，對生活貧困的國民，按其貧困情形，予以必要之保護，以保障其健康而具有文化的最低生活水準，尤其以積極幫其自立為最高目標（江亮演，2004）。

由上述情形來看，日本的社會福利，可以說是從重視人類基本欲望為起點，進而使全國國民都能過著如人類該有的生活，尤其在日本憲法第 251 條所保障的以健康而具有文化的生活水準為努力目標。

明治維新以後，日本成為現代化國家之一，社會福利政策也成為一般性問題，惟最初是當作慈善事業辦理，以人道立場及慈善精神解決社會問題，所以這段時期稱為「慈善事業時代」，明治末期才轉為「感化救濟事業時代」。但到了大正中期時，受到民主化運動的影響，為了解決社會問題，不得不把社會福利當作社會性、計畫性事業，而確立了福利政策的「社會事業時代」。後來，英國、美國等國紛紛興辦社會福利事業，日本社會福利政策受到極大影響而再度修改為「厚生事業時代」，可惜因二次世界大戰的關係，社會福利事業卻與國家的目標直接結合，而犧牲了社會福利的推進。最後基於新憲法第 25 條之規定，把社會福利當作國民權利而進入「社會福利時代」，積極推行社會福利政策，以保障國民生活權利。

近年來，由於經濟發展、教育普及以及醫藥的進步，使日本在短短幾年當中突然進入高齡化社會，在核心家庭化之下，很多人感到老後生活之不安，再加上勞動災害、公害等之影響，身體衰弱之老人越來越多，所以可預料的，日本社會即將進入「老年福利時代」。

　　日本在 1962 年實施在宅（居家）老人家庭服務員之派遣制度，服務對象只限於一級貧戶（生活照顧戶）老衰病患之老人，服務內容包括照顧其三餐、清洗衣物及修補衣服、打掃房間，生活上的諮商及輔導建議等。1969 年實施日常生活用具之給付與貸與措施，對於日常生活上處處需要假手他人之身體機能障礙老人或長期臥病之低所得老人，為防止其身體機能之繼續惡化及補助其護理工作之順利進行，政府特訂製許多特殊寢床……以供這些老人借用。1970 年推行老人生趣對策，積極朝向「老年開發」途徑邁進，並有老人就業輔導措施，免費介紹職業，同時也推行老人俱樂部活動，使老人的生活趨於健全豐富，以提高老人教養，增進身心健康，促進老人娛樂及與地區社會之交流等綜合性活動為主。並且組成老人社會服務團，原則上以市或郡（鄉鎮）為單位，目的在運用退休老人的專長與經驗，如土木、插花、園藝……等，展開為社會或社會福利設施，癱瘓老人、獨居老人等服務及友愛訪問活動。同年老人運動大會之提倡，是為提高老人的健康及調節生活情趣為目的。1971 年起前後為獨居老人推行下列措施：(1) 老人福利電話之設置，其目的是減少獨居老人的孤獨感，獲得有關方面之助力，給予各種的諮詢，甚至必要時可透過老人福利服務員、保健婦、家庭服務員等之派遣，以支援這些老人；(2) 護理人之派遣，獨居老人由於臨時性之疾病，以致無法處理日常生活時，派人前往老人住宅展開護理工作。養護委託，針對沒有養護者或雖有養護者，但不適於養護時，將老人之養護委託於一般家庭的一種老人之養護制度。1971 年也分別設立特別養護老人之家、養護老人之家、低費老人之家及老人福利中心，特別養護老人之家是收容 65 歲以上，因身體或精神上有顯著缺陷而必須經常護理之所謂半身不遂或癱瘓之老人，在自宅無法或難以接受適當照顧者，均可申請入院，設備利用費則依本人或家屬之所得多寡減免。養護老人之家是凡 65 歲以上，身體上、精神上或基於環境或經濟上之理由，在自宅生活顯有困難者為對象的收容設施，收費與特別養護老人之家相同。低費老人之家，分為 A 型：依利用者與設施所訂之契約，然後入住或利用；只需繳納低額費用，即供膳食及其他日常生活用品，對象年齡為 60 歲以上，夫婦同住時，必須有一方為 60 歲以上始可。B 型是與 A 型相類似的一種設施，惟利用者須具有能力自己處理三餐之健康老人，費用原則上由利用者負擔。收費（自費）老人之家，此非老人福利法上規定之老人福利設施，而其性質，頗似低費老人之家，收費無統一標

準。老人福利中心，對地方上之老人，接受他們的各種諮詢，增進健康，提高教養及提供各種娛樂活動之利用性設施。設施之利用，原則上為免費。1971 年分別利用特別養護老人之家及老人福利中心實施老人機能復健等措施。1972 年實行老人性白內障手術費之支給措施，對因老人性白內障以致失明之老人中，有手術復原可能之低所得老人為對象，其手術費之自己負擔的部分（手術費、手術後配戴之眼鏡費），由公費來負擔之措施。1975 年起實施老人保健醫療措施，積極進行老人醫療制度及老人健康檢查。老人醫療制度之主旨，是使老人易於接受必要之醫療，對象有所得限制及老人醫療費支給手續之規定。老人健康檢查之目的在預防其發病與早期發現早期治療，以保持老人健康，同時是老人保健醫療對策之重要部分。此項檢查以 65 歲以上老人為對象，不分貧富、性別，一律可接受檢查，由市町村（鄉鎮之村里）每年舉辦一次，分為一般檢查與精密檢查兩種。1975 年進行老人模範街事業，辦理各種有益老人身心健康之事業，如供膳服務（供食）、入浴服務、訪問看護服務、老人工作中心、趣味中心、老人大學等（江亮演，2004）。

　　1983 年行「老人健康醫療服務法」。1997 年頒訂、2000 年實行「介護保險法」。

　　其他相關的福利措施有 1975 年之老年人扣除額、殘障者扣除額等稅制上優待以及住宅對策，如老人公營住宅、老人同居戶住宅（夫婦住宅）等，以及 1976 年之高齡者事業團事業、敬老乘車證、訪問看護及友愛訪問、老人共同墓地、老人綜合研究所等措施。1993 年頒行「高齡社會對策基本法」實現「享受長壽」的人類願望目的；1998 年通過「中央省廳等改革基本法」，1999 年通過「省廳改革關聯法」，2001 年實施「新中央省、府組織」，老人福利業務即歸屬在地方政府工作範圍內（江亮演，2004）。

四、我國老人福利之歷史與發展

(一)老人福利思想

　　我國一向是敬老尊賢的社會，早在唐堯時代就有老人福利的思想，不過古代的老人福利措施均與救濟措施混合在一起，沒有專門為老人福利建立一完整制度，到了近代才有單獨的老人福利措施之出現。

中國的救濟事業由唐堯起，如「唐堯為君也，存心於天下，加志于窮民，一民飢曰：我飢之也，一民寒曰：我寒之也，一民有罪曰：我陷之也」。孔子之大同思想：「故人不獨親其親，不獨子其子，使老有所終，壯有所用，幼有所長，矜寡孤獨廢疾者，皆有所養。」孟子曰：「老吾老以及人之老，幼吾幼以及人之幼，天下可運於掌」；「養生送死無憾，王道之始也。」周禮司徒篇以保息六養萬民：「一曰慈幼、二曰養老、三曰賑窮、四曰恤貧、五曰寬疾、六曰安富」；以荒政十二聚萬民：「一曰散利以給種食；二曰薄徵，以減租輕賦稅；三曰緩刑即有罪而不執行；四曰弛力，以息徭役；五曰舍禁，以釋山林之禁；六曰去譏，以去關門之譏；七曰眚禮，以減殺吉禮；八曰殺哀，以殺凶禮；九曰蓄樂，即藏樂器而不作；十曰多婚，謂不備禮而婚娶者多；十一曰索鬼神，以祈民庥；十二曰除盜賊，以遏民害。」漢文帝詔曰：「方春時和，草木群生，萬物皆有以自樂，而我百姓鰥寡孤獨困窮之人或陷於危亡而莫之省憂，為民父母將何如，其議所以賑貸之。」清代對保息之政有十項，對荒政也有十二項，其保息之政：「一曰賜復，二曰免科（免賦），三曰除役（力役），四曰振煢獨（養濟院收容無依無靠貧者），五曰養幼孤（育嬰堂收養嬰孩之遺棄者），六曰收羈窮（棲流所，以收養四方貧病無依者），七曰安節孝（婦女矢志守節，養舅姑，撫遺孤，或貧無以自存者給養之），八曰恤薄宦（資助貧宦回籍），九曰矜罪囚（獄囚之給養），十曰撫難夷（落難外僑之救濟）。」其荒政：「一曰救濟，二曰拯饑，三曰平糶（平價米），四曰貸粟（貸種子），五曰蠲賦，六曰緩征，七曰通商（毋遏糶，貨暢流），八曰勸輸（募捐），九曰嚴奏報之期（報荒），十曰辦災傷之等（調查），十一曰興土功，使民就傭（工賑），十二曰反流亡，使民生聚（疏散災民回籍）。」

(二)歷代救濟措施

關於我國歷代救濟的措施，在官方方面，可分為積極救濟與消極救濟，積極方面有重農政策，提高農民地位；倉儲政策，以裕民食而防飢荒；水利政策，以利灌溉而防災害；林墾政策，調節水分增加農產。消極方面：(1) 有臨災治標救濟，如賑濟（急難救助）、調粟（濟民食及流通糧食）、養恤（施粥、煮賑、機構收容、贖子）、除害（除蝗、除蛟、祛疫）；(2) 災後補救救濟，如給復：減賦稅，以誘導流民還鄉復業；給田：給流民閒田，免租稅，以安定其生活；

齊送：流亡外地無力回鄉者官府遣送返籍，各安生業；蠲緩：發布蠲緩賦役詔令；放貸：對災後災民貸糧食、種子、耕牛、農具等；節約：節省費用，減少食物，禁米釀酒等。其次有關民間救濟方面：(1) 家族的救濟，如濟貧、恤嫠、養老、慈幼、施藥、借貸、義學（義塾）、代葬、資助寒士入學或赴考、義莊（義田）等；(2) 同鄉救濟，如喪葬、祭祀、醫藥、娛樂、社交、教育、養老、育幼、恤貧、救生、賑災、積谷（防飢）、調解、托事、介紹、宿寄等（陳國鈞，1975）。

(三)我國固有的敬老安養制度

● 敬老禮俗

我國是一敬老尊賢的社會，在禮記上「五十稱艾，服官政」，即髮已蒼白，其色如艾，可參與國家大事。六十稱耆，意即指使，謂年老不宜勞動，可指使家人操作。七十稱老而傳，即以家事傳與兒輩。八十、九十稱耄，即老而健忘，縱或犯罪，亦不科刑。百歲期頤，即人生上壽以百年為期，飲食起居均須善為頤養而言。此外，年輕晚輩在老人面前其行為也不能踰矩越分。在曲禮所載：「謀於長者，操几杖以從之，長者問，不辭讓而對，非禮也。」所以與長輩謀議或請教時，要執几杖相從，長者如有所問，先須謙讓一番才敢答覆，如果率然陳詞，便為無禮。又如：「侍坐於君子，君子欠伸，撰杖履，視日早暮，侍坐者請出矣。侍坐於君子，君子問，更端則起而對。侍坐於君子，若有告者，曰少間，願有復也，則左右屏而侍，毋側聽，毋噭應，毋淫視，毋怠荒，遊毋踞，立毋跛，坐毋箕，寢毋伏，斂髮毋髢，冠毋免，勞毋袒，暑毋褰裳。」此為說明年小晚輩侍坐於尊長之間，應有禮節和態度；年少者，自應檢點於小節動作方面。又如：「侍坐於長者，履不上於堂，解履不敢當階，就履跪而舉之，屏於側。鄉長者而履，跪而遷履，俯而納履。」這些所謂「長者」、「君子」等，都是對父執前輩而言。至於處於一般社會，則以鄉黨序齒的辦法，來達到長幼有序的社會關係，「年長以倍，則父事之。十年以長，則兄事之，五年以長，則肩隨之。群居五人，則長者必異序。」古代社會較單純，人與人之間相處交往之事，則無甚大之差別，而其所以形成一種「守望相助，疾病相扶持」的和諧社會，是以這種敬老尊賢，長幼有序的倫理為基礎；而且這個優良的傳統風氣，幾千年來，仍然為我們所重視與遵循（內政部社會司，1979）。

●養老制度

我國養老制度早建於周以前，禮記王制篇：「凡養老有虞氏以燕禮，夏后氏以饗禮，殷人以食禮，用人修而兼用之。五十養於鄉，六十養於國，七十養於學，適於諸侯。」除以上的養老制度外，政府為使人子克盡孝道，並規定：「八十者一子不從政，九十者其家不從政，廢疾非人不養者一人不從政，父母之喪三年不從政，齊衰大功之喪三月不從政。」又因為老人年滿五十以後，生理上已日漸衰退，行動以及生活起居都各有差異，為適應其需要，而有如下的處理：「八十拜君命，一坐再呈，瞽亦如之，九十使人受，五十異，六十宿肉，七十二膳，八十常珍，九十飲食不離寢，膳飲從於遊可也。五十始衰，六十非肉不飽，七十非帛不煖，八十非人不援，九十雖得人不受矣、五十杖於家，六十杖於鄉，七十杖於國，八十杖於朝，九十者天子欲有問焉，則就其寢以珍從。」古時候的養老不僅顧及到老人的飲食起居且及其行動。

周以前的養老制度，在天子與諸侯以養親禮行之，在鄉以下則，以鄉飲酒之禮行之，其意義是在人倫，序長幼，以示敬老尊賢之意。在春秋時的齊國，管仲倡「九惠」之政，其中之一為「老老」，凡七十歲以上一子免征，每三月致送肉類，八十歲以上二子免征，每月致送肉類，九十歲以上全家免征，月給酒食，如有所需，概由地方予以供給。

我國養老的制度歷朝多有變更，至精神上與形式上，雖去古已遠，但敬老與尊老的倫理觀念，仍深植人心。至於人子之奉養其親的，在歷代律令中均規定子孫有扶養其父、祖的義務。如唐、明、清律；以祖父母、父母在，而子孫別籍異財，及供養有關者，列於十惡不孝，及子貧不能營生養瞻，父母自縊身死者且予杖責，並受到流刑之處罰。

我國傳統的奉養父母的方式，在過去的大家庭制度裡，其責任是由家中諸子的勞力所得或其他的收入共同侍奉，及自父子兄弟分居之風興起以後，奉養的方式才有改變（白秀雄等，1979）。

●固定奉養

諸子分居後，由父母選擇在一子家裡長期居住，奉養的費用之來源可分為三種：

1. 他子按月予以補貼。

2. 父母保留部分財產留作零用費，部分付予侍養之子。

3. 由某子單獨負擔全部奉養費用，而由其他各子供給父母零用金。

●輪流奉養

1. 規則輪流奉養：由諸子輪流奉養其父母，奉養期間，有半月者，一月者，或以年計，或以週計，或以日計，但以均等為原則，周而復始，其零用金來源：

   (1)由輪養者供給。

   (2)由非輪養之其他兒子平均按月供給。

   (3)由父母保留部分財產之收益作為零用金。

●不規則輪流奉養

父母依自己的意思決定要在某子家裡居住或住多久，都沒有一定規則，父母高興在哪個兒子家居住就到哪個兒子家，奉養不是以均等為原則，至於其零用金來源，大部分為輪養者供給，但也有由非輪養之其他兒子平均按月供給或父母保留部分財產之收益等作為零用金。

●與未婚子女共伙

已婚子女雖已分居，但尚有未婚子女者，通常於分家時為未婚子女留給應分得的財產由父母管理，仍與父母共同生活，俟其能予獨立謀生並各成家後，再行分居。通常父母亦保留一部分財產作為兩老夫婦生活費用，保留部分在所有兒子均已成家立業而再行分居時，再分給所有兒子（白秀雄等，1979）。

●由父母自行起伙

於分家後由父母保留之財產所收入之收益，作為父母自炊單獨生活費，為恐子女遭受到不孝的罪名，而子女又為恐遭受鄉里的非議，過去是很少採用此種方式的，但時至今日，常因事實所限，子女或以事業或以謀生，遠離家庭，而父母又戀於故土，或不欲拖累子女，所以由自己料理自己的生活，這在現代家庭中已不是罕見的事（江亮演，2004）。

(四)民國以後的老人福利措施

1930 年時，江蘇等 16 省 566 縣，救濟機構有 466 所，包括養老 93 所、孤

兒 58 所、施藥 94 所、殘廢 70 所、貸款 43 所及慈善團體若干所。民國 1934 年全國救濟機構有 834 所，分濟貧 188 所，其中官辦 49，公辦 66，私辦 73 及貸款 55 所，貸款 55 所當中官辦 12，公辦 29，私辦 14 所；施醫 399 所，其中官辦 24，公辦 221，私辦 114 所；喪葬 192 所，其中官辦 7，公辦 93，私辦 92 所。1946 年全國各地公私立救濟機構共為 3,045 所。1947 年全國各地公私立救濟機構共 3,210 所。

　　在臺灣地區之救濟事業，滿清時期，有養濟院：收容鰥寡孤獨者；普濟堂：收容老年、殘障者；棲流所、善養所、回生堂、回春堂等：收容旅行病人或埋葬死亡者；義塚：客死枯骸埋葬之所；回善堂、積善堂、孝子會等：寄養貧民；萬善同歸、應公廟等：散亂枯骨之收埋或無主野魂祭祀場所；常平倉、義倉、社倉等：以防災害、救災之用；新式醫院：臺南新樓醫院、臺北馬偕醫院；育嬰堂、孤兒院、保嬰局等：收容養育不幸兒童。

　　日據時期，有貧民救濟，對象為殘廢或罹患重病者，年滿 60 歲以上已衰老者，未滿 13 歲者，無謀生能力者，雖非孤窮，但其家人係屬老幼、廢疾、失蹤、逃亡或坐監獄而不能受其給養者。救助方式分為機構（院內）收容及院外救濟二種。光復初期辦理接運歸省同胞、調查失業人數而予以救濟、設立救濟院所與救濟山胞、設立兒童保育院、育幼院以及辦理風災救濟、住宅營建等業務。

　　我國社會福利行政方面，1940 年中央政府成立社會部，積極推行社會福利行政，內設組訓、福利、救濟三司及勞動局與合作事業管理局等，當時福利司，下設社會服務、職業介紹、社會救濟、社會保險、農工福利、兒童福利等六科。先後制定社會救濟法、勘報災款條例、冬令救濟實施辦法、私立救濟設施管理規則、私立救濟設施減免賦稅考核辦法、社會服務設施綱要、獎助社會福利事業暫行辦法、捐資興辦社會福利事業褒獎條例、職業介紹法、職工福利金條例等，作為推行社會福利之依據；同時各省、市相繼成立社會處、局，各縣、市設置社會科、室等，奠定推展社會福利之基礎。到了 1949 年，社會部裁併於內政部，並將業務分設社會司及勞工司掌理；社會司主管人民團體、社會福利、社會救濟、社會保險、社區發展及合作事業等。1964 年，故總統　蔣中正先生曾指示：「都市平均地權政策之推行，其目的非為增加稅收，乃在以地利為社會所共享，亦即以社會財富，創建社會福利事業」。1965 年，行政院訂頒「民生主義現階段社會政

策」，以加強社會福利措施，規定以實施都市平均地權所增收之地價稅及土地增值稅之一部分，設置社會福利基金，專供辦理各項社會福利之用，目的在一面建立社會安全制度，以保障貧病、老弱人民之最低生活；一面採取社區發展方式，以促進地方建設，提高人民生活水準，自中央以迄地方各級社會行政機構，循此方針共同努力。中央又先後頒行「現階段社會建設綱領」及「現階段加強國民就業輔導工作綱領」等，使我國社會福利事業漸趨發展。1976年內政部函省市政府辦理「當前社會福利服務」。

　　1980年為滿足社會需求而頒行「老人福利法」使我國老人福利真正邁入法制體系，並具體規劃推行老年年金、照護（介護）保險、長期照護、在宅服務、社區照顧等經濟性、醫療保健性、家庭服務性的政策、法規與計畫。到1999年因精省關係，把原臺灣省政府社會處等合併為中部辦公室社會類設七科，其中包含老人福利機構輔導科，而北部社會司仍維持七科，其中包含老人福利科（江亮演，2004），以後逐年修法迄今。

關鍵詞彙

・老人學	・白宮老人會議
・社會老人學	・福利時期
・社會安全法	・大寶律令
・敬老禮俗	・養老制度
・普濟堂	・老人年金
・貧窮時期	・介護保險
・養濟院	・保息荒政

❖❖❖❖❖❖❖❖❖❖❖ ✎ 自 我 評 量 ✎ ❖❖❖❖❖❖❖❖❖❖❖

1. 何謂「老人福利」？歐陸老人福利思潮之演變如何？請說明之。

2. 請簡述英國老人福利發展的經過。

3. 請簡述美國老人福利發展的經過。

4. 請簡述日本老人福利發展的經過。

5. 試述我國老人福利思想。

6. 試述我國歷代救濟措施。

7. 試述我國固有的敬老安養制度。

8. 試述我國老人福利行政發展經過。

❖❖❖❖❖❖❖❖❖❖❖❖❖❖❖❖❖❖❖❖❖❖❖❖❖❖❖❖❖❖❖❖

參考文獻

一、中文部分

內政部社會司（1979），《老人福利措施與立法之研究》，臺北市：內政部。

白秀雄、關銳宜等合著（1979），《臺灣地區老人福利問題調查及對策報告》，南投縣：臺灣省政府社會處。

朱岑樓（1977），〈我國老人問題產生背景及其對策〉《社會建設》23期，臺北市：內政部社會建設季刊。

何靜安（1980），《老人學》，臺北市：中華大字典編印會。

江亮演（1981），《老人福利理論與實務》，臺中市：宏光文化出版社。

江亮演（1988），《老人福利與服務》，臺北市：五南圖書出版公司。

江亮演（2004），《社會福利導論》，臺北市：洪葉文化事業公司。

江亮演（2004），《老人福利講義》，新竹市：玄奘大學自印。

徐立忠（1986），〈老人學與老年醫學〉《社會建設》第43期，臺北市：內政部建設季刊。

陳國鈞（1975），《公共救助》，臺北市：華欣學術叢書。

劉燕侚（1985），〈中老年人運動方法〉《長青雜誌》22期，臺北市：長青雜
　　誌。

二、英文部分

Forder, Anthony (1974), "*Concepts in social Administration*", London: RKP.

Havighurst, R. (1968), "*Personality and Patterns of Aging*", Erontologist, 8: 20-25.

Kart, C.S., Metress, E. K. and Metress, S. P. (1988), "*Aging, Healthand Society*",
　　Boston: Jones and Bartlett.

Lauer, R. H. (1995), "*Social Problems and the Quality of life (6th ed)*", Medison
　　Wisconsin: Wm. C. Brown Communications, Inc., PP.237-255.

Marshall, T. H. (1972), "*Social Policy*", London: Hutchinson.

Morgan, J. C. (1979), "*Becoming old*", New York: Springer.

第四章

快樂老人的家庭生活

　第一節　快樂老人的定義

　　快樂是指個人在滿足其欲望時的那種美好的感受，也就是愉快的好氣氛或感情之意。快樂的老人是指能善加運用目前所處的環境與自己目前所具有的資源及能力，配合其生理、心理的狀況而適應社會，過得無憂無慮的愉快生活之老人而言。

　　通常快樂的老人是對自己的老化視為一種常態，不悲觀也不退縮或過於防衛，自己有自己的理想，對家庭也很負責，對社會參與也很積極，對目前的生活很滿意而愉快的老人。

　　快樂的老人是指那些面對不同環境不論順境或逆境均能保持身心之調適，家庭和諧，社會積極參與的人，其本身是一個成功之調適者，如：

(一)達到快樂老人之理想，按心理學家馬斯洛（Maslow）之看法，應該達到生理需求、安全需求、愛之需求、自尊之需求、自我實現之需求等滿足。

(二)按一般現代老人之經驗，認為快樂老人之理想是能達到五老即：「老本」、「老伴」、「老健」、「老友」、「老學」之理想。所謂「老本」就是退休以後，自己身上有錢，行動自如，可以去訪問親友及參加文康休閒活動。所謂「老健」，就是雖老年但身體健康，可以隨意自己去旅遊，不去麻煩別

人，做固定的運動，做一些有益社會之服務。所謂「老伴」，就是年老了，夫妻健在，可以談心解除心中的煩悶，以及互相照顧。所謂「老友」，就是老朋友，可以常常聊天及共同做一些活動，可以生活及休閒在一起的朋友。所謂「老學」，就是對學習感到興趣，常有自己的正當嗜好而好學之意。

(三)按過去老人之看法，認為快樂是「多福」、「多壽」、「多子」、「多孫」，是過去的老人所盼望。比如「多福」是指家境富裕，「多壽」是指活得長命高壽，如今我國高齡人口漸多，據內政部 2005 年統計資料：「100 歲以上人瑞全國共有 818 人，其中男 254 人，女 564 人；而 65 歲以上之老人共有 221 萬餘人，已占全人口之 9.74%，男士平均壽命為 74.85，女士平均壽命為 80.01。」由於醫學發達，營養良好，生活有規律，自己會照顧自己，子女又孝順會照顧老年父母，同時老人又廣交善友，心情愉快，壽命自然延長。「多子」、「多孫」有的人有許多子孫，過年過節時，一片喜氣洋洋，子孫滿堂，含飴弄孫之樂。因為子孫孝順，因此老人生活非常美滿及愉快，能自由活動以及按自己興趣及嗜好去過生活，有些人甚至有時間做些有益於社會之服務及貢獻。

(四)按一些專家如萊家德（Reichard）以及其他學者如日人鶴見俊輔研究結果之看法，他們認為理想愉快的生活是基於自己對晚年生活感到滿足、活躍及有成就感，懂得調配自己之生活時間做一些有意義的活動，有其正當嗜好，子女教養得法（他們都在學業及事業上有成就），保持樂觀的態度，與子女關係很好，與子女同住，子女又孝順及尊重老人，經濟尚可，也有自己的宗教信仰等。

(五)按快樂老人之經驗，認為年輕時應注意：(1) 培養興趣；(2) 樂觀進取；(3) 追求成就感；(4) 自養能力；(5) 對子女愛心之投資等，才能在年老時覺得快樂。

以上為對快樂老人的看法，除了這些看法之外，筆者認為快樂老人應把人生三寶表現出來，即：壽命、智慧（經驗）、人（理）性等，也就是愛惜其生命，長壽，有更多時間、經驗以及發揮人性助人精神等為社會服務，並且善加利用其所有資源促使其晚年生活更加豐富而有意義以外，還要具備下列「三心」、「五老」以及「六自」等精神與條件：

●三心

1. **心曠神怡**：老人心中應沒有任何雜事牽掛而精神很快樂。

2. **心平氣和**：老人的心氣應平和而不躁急。

3. **心地光明**：老人的內心應很純潔正當而不偏心。

●五老

1. **老身**：老人有健康身體才有快樂，所以年紀越大越須照顧身體，有健康身體，不但能吃、能睡、大小便正常，而且還可以行動自如，自然就很愉快。

2. **老伴**：年紀大了，子女不在身邊，有老夫老妻相伴，相依為命，不但有聊天談話對象，還可以相互幫忙協助，使其生活更方便愉快。

3. **老本**：年紀大了，不但收入減少或沒有收入，而且由於老化而年老多病，其生活費，尤其醫療費用會增加，因此，年老時最關心的是經濟問題，若老人身邊有充足的財物就不憂老年生活，所以老人必須為自己或老夫妻老年生活著想而儘量把自己的財物留在身邊，以保障其未來生活費用之來源。

4. **老友**：年紀大了，不但工作時間減少或無工作，而且其日常生理上所需要時間如睡眠、吃飯的量及時間……也減少，所以空下來的時間很多，不知如何安排消磨他（她）的時間。若有老友、老同學、老鄰居就可以打發些時間，因此年紀大了找老友聊天談話可以促使老人生活更快樂。

5. **老學**：活到老，學到老，老人若能善用時間多多學習新的知識或生活有關的技能，不但可以消磨空閒時間，而且可增加其適應社會，尤其適應家庭生活的能力，使精神或物質生活方面都能達到更美滿、更充實的地步。

●六自

1. **自我實現**：老人有很多事在年輕時沒有做到，可利用年老有時間時好好把以前沒做而一直想做、現在可做的事努力去推行，完成滿足他（她）多年來的心願，如撰寫自傳、創業……等。

2. **自動自發**：年紀大自己想要做就應積極一點，不要太消極或怕被人責

或怕丟臉，只要正當的事，應理直氣壯，自動自發地去做，如運動對身體有益，不要怕不好意思。社會參與不但可為他人服務亦可增加人際關係，對自己的心身健康都有好處，就不要怕被人拒絕……等。

3. **自立自強**：現在工業社會，年輕人有自己的想法與生活方式，很難像以往那樣晨昏定省，老人也不見得每個人都能享受到含飴弄孫的天倫之樂，因此必須為自己老年經濟或生活方式的獨立而自立自強，不要什麼事都依賴子孫，因為這個時候也不是每一位年輕人都能夠像以往一樣來照顧年老的父母，主要是有很多年輕子女是心有餘而力不足，所以非老人自己自立自強不可。

4. **自由自在**：因為老人退休後，不必為工作而沒有足夠的自由，現在可以利用此段自由時間，不受拘束按照自己的計畫去做，加上有健康身體，自立經濟，以及自動自發的精神，泰然自在地生活著，如此就能獲得快樂。

5. **自娛自樂**：老人有很多空閒時間，若不好好利用會覺得無所事事十分無聊，若能好好安排時間，從事休閒，那不但可消磨時間，而且還可以達到娛樂的效果。休閒當中有學習性、趣味性、健康性、生產性……等，若能按自己的興趣，好好從事休閒娛樂，也許對其身心健康或智識，以及經濟生活……等方面有所幫助。

6. **自學自習**：老人個人學習自己所喜歡、所需要的學問與技能，同時要常常溫習，使他不但不會忘記所學的，並且也能溫故而知新，以增強老人適應生活環境的能力（江亮演，2004）。

以上的條件是做一位快樂老人必須具備的條件，若具備這些條件，就是真正的快樂老人。

第二節　老人對家事的想法、做法與快樂生活的關係

一般來說，老人從事家事而有參與感或感到很自然的居多，尤其與配偶同住的老人，有此現象者比其他如喪偶、離婚等婚姻型態的老人為多。如果是單身

家庭的老人更不喜歡做家事，這些老人認為若可以不做的話儘量不做家事。同時老人健康狀態與從事家事也有關係，若健康而與家人住在一起，尤其是老夫老妻健在的老人較喜歡做家事，他（她）們彼此幫忙而會感覺到有參與感或愉快的現象；相反的，不健康、有病的老人就會認為做家事是一種負擔，可以的話儘量不做。因此喜歡從事家事的老人較快樂而且長命，所以老人要想長命與快樂，就要積極從事家事工作。

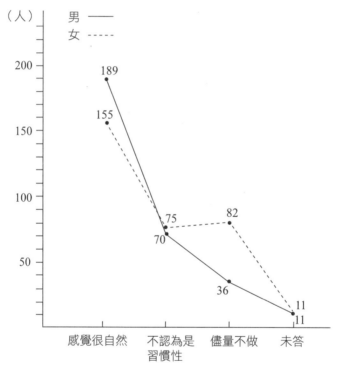

☙ 圖 4-1　受訪者對家事的想法

資料來源：江亮演（1988），《臺灣老人生活意識之研究》，臺北市：蘭亭書店。

　　其次，老人從事家事的情形，通常家事由家族去做的較多，依筆者 1988 年調查發現，我國老人有三分之二左右其家事是由家族去做，尤其男性老人更是如此。

　　若從性別來看，在購買食品、日用品、煮飯、洗衣服、掃地、修剪花木、修

理家具、室內裝飾、裁剪衣服……等家事當中，男性老人較喜歡從事修剪花木、修理家具，而女性老人卻偏愛於煮飯、掃地、裁剪衣物、洗衣服、購買食品或日用品……等。

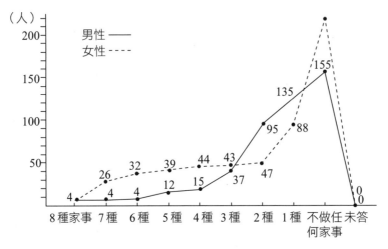

- 圖 4-2　受訪者從事家事的程度

◆資料來源：江亮演（1988），《臺灣老人生活意識之研究》，臺北市：蘭亭書店。

　　若從年齡、健康狀況來看，即年齡愈高從事家事的比率就降低，同時健康狀況不好者從事家事的比率也很低。

　　從上述情形來說，男性老人從事家事的範圍較女性老人為小，為了健康與過著快樂生活，有需要擴大從事家事的範圍與參與程度，如參與掃地、室內裝飾、購買食品或日用品、煮飯、洗衣服等等。同時年齡大或健康不良者亦要在不影響其健康的原則之下，儘量參與家事，才能使其家庭生活過得較快樂（江亮演，1988）。

 ## 第三節　快樂老人與家庭關係

　　以前大家庭或折衷家庭較多的社會，家庭的問題大多集中在婆媳或姑嫂之間的摩擦問題，但是現在的社會由於高齡化進展快速而產生新的家庭問題，這新的家庭問題就是老人的核心家庭（家裡只有老夫老妻的家庭）。高齡化社會是指

超過 65 歲以上的老人越來越多，其人數占總人口數達到 7% 以上者而言。俗語說「人生 70 古來稀」，這種社會已成為過去，我國臺閩地區在 100 年前國民平均壽命才 20～30 歲，現在男性平均壽命已超過 74 歲，女性已超過 80 歲。日本是世界最長壽的國家，目前（2006 年）日本國民平均壽命男性已超過 80 歲，女性已超過 85 歲，再過 20 年，全日本超過 65 歲以上者四人當中就有一人。

通常夫婦到了五、六十歲時還可以與子女住在一起，但到了七、八十歲時，自己的子女也許因孫子女的結婚另組家庭，而需要去幫忙，無法和自己住在一起，因此老夫老妻的核心家庭就越來越多。

以前由於血緣關係而依親族的情愛結成大家庭或折衷家庭，並以此家庭作為其生活保障和追求目標的基本團體，也是生活的基地。因此與老父母住在一起扶養父母，達到養兒防老的目的，這也是作為人的子女當然應有的義務與角色。因自幼在父母的親情養育、教育之下已有深厚感情，若與高齡父母分開，會擔心父母的生活起居與安全而感到不安，如果能與父母住在同一住宅，則這些問題都可以解決。雖然與年老的父母住在一起可以解決上述擔心父母生活而不安的問題，但是也會由於與年老父母住在一起而產生家庭問題，如與父母或婆媳之間、祖孫之間的人際關係、生活習慣、經濟負擔、父母生病之看護照顧……等問題。尤其在我國社會安全制度、社會保險制度尚未健全的今日社會，老人晚年生活，特別是物質上生活均須依賴子女供應的老人很多，若子女或子孫經濟能力不夠，老人的經濟又無法獨立者，要使老人過著快樂的生活也是相當困難，尤其那些不能或不願提供老年父母的經濟生活來源，又無法或不願與年老父母住在一起的老人家庭更有問題。

核心家庭的增加、直系家庭或三代同堂的家庭之減少，是表示老年父母與子女分開單獨居住的現象，也就是所謂「只有老人的家庭」之增加。這只有老年人的家庭也就是老人核心家庭，或稱為「老年核心家庭」，這也是家庭類型之一。

依據日本總理府 1987 年資料，通常有老人的家庭中，三代同堂的家庭約占一半，而有 20% 左右是只有老夫老妻的老人核心家庭，其他的為只有老夫或只有老妻的單身老人家庭。但是 2006 年的趨勢，老人的三代同堂家庭有減少，而只有老夫老妻或只有老夫或只有老妻的家庭，卻有迅速增加的現象。

日本在 1987 年統計與老父母住在一起的家庭，子女年齡大的比年輕的多，

這些年齡較大的子女在觀念上、行為上或工作上，也與較年輕的子女不同，大多觀念上較服從父母、行為上較拘束、工作上較努力。同時在心理上也不同，與年老父母住在一起的子女都認為，與父母住在一起是當然的，具這種想法的子女約占80%以上，而認為與父母同住是因有親子的感情者只占10%而已。所以子女與老父母住在一起並非傳統性制度的關係，不過最近希望能每天與年老父母在同一住宅見到面的子女也漸漸在增加之中。同住並不是不喜歡，而是有很多不方便之處而必須與父母分開住。要分開住又要天天能見面、相互照顧的兩全其美方法有很多，如同一住宅年老父母與子女分開生活，或子女年齡不大時與孫輩同住，等到子女也年紀大時再與老父母同住，或是子女住樓上老父母住樓下，或是老父母與自己所住的地方距離不遠，隨時或每天都可以來往……等。因此，老人若想過快樂的生活，就必須選擇適合自己或老夫妻的家庭生活方式，或與子女、家人商量雙方都能接受且最理想的家庭生活方式，如與子女同住或與子女分開住等。如果選擇分開住的話，子女要定時或不定時探望老年父母，老人家也可按自己的健康狀況或能力探望子女（子孫），若距離太遠，可用電話或信函作為互相探望問好之工具，因為有時常往來的親友，老人生活較快樂（那須宗一等合編，1972）。

由上述情形來說，老年人想要過著美滿的家庭生活就必須具備下列的幾個家庭關係：

一、老年夫妻之間的關係

(一)上述所提「老伴」對老年人來說非常重要

有老伴的確是一大福氣。俗語說：「少年夫妻老來伴」，老年生活有老伴相互照顧，在現代的工業社會子女很難與年老父母在一起的情況之下，更顯著需要。

(二)老夫老妻互相瞭解、尊重與關懷

兩人年紀已大，靠子孫來協助也很不容易，不如靠老夫老妻相扶持來得可靠，同時二人相處時間也很久，對方的性格、習慣也很瞭解，同時在一起生活時間也不多了，何必斤斤計較，儘量遷就對方，相互尊重對方，對於過去的誤會、摩擦、懷恨……也可以忘了，原諒對方，好好把握現在，否則等到對方離開人間

時再來回想，後悔也無濟於事。因此相互珍惜這有限的黃昏關懷對方，不要為小小事故而吵或責怪對方。日前有一位退休的科長，每日看公文慣了，退休後在家也要如以前一樣批閱公文，因此太太就把家事用公文方式由他批，如此他就好過日子。

(三)培養自己的嗜好與安排自己的生活

未退休前為了生活而奔跑，沒有時間去實現理想或培養自己的嗜好，可利用退休後空閒時間好好安排自己的生活內容，與培養自己喜歡的活動。依調查而知，65 歲退休後若能安排適當的生活內容，則其壽命比不會安排者為長，大都會超過 70 歲以上；相反，退休後不會安排生活內容者要度過 70 歲的就較困難，通常不到 70 歲就死亡，可見退休後的生活方式會影響到其壽命。這主要是不會安排退休後的生活者，其起居不管是時間或作息都沒有一定規則，有時睡得太多影響生理上器官活動功能，有時候睡得太少或勞動過多，也會引起生理上的不良影響，如果生活安排得很好，幾時起床，幾時吃飯，幾時工作，幾時午睡，幾時外出運動，幾時休息睡覺都有規律，則其生理功能就會正常，心情也較不會緊張，因他（她）有追求的目標，有實現理想的機會，所以心理上也較愉快。有些人退休後，撰寫年輕時想寫而未寫的自傳；也有些人退休後比退休前更積極參與登山、打拳或社會服務等活動；有些人退休後卻更認真的整理自己生活的家庭環境，種花木，養小動物；有些人退休後更熱心照顧自己子女所生的孫子……等，這些人的晚年生活就較其他的老年人快樂而不寂寞。最好老夫老妻有同樣的嗜好或生活安排，如果嗜好或生活內容不同也沒有關係，相互尊重對方的嗜好與生活安排，不要去干涉對方即可。

(四)老人職業或家事

老年夫妻都有職業，應相互體諒對方在外工作辛勞，在工作中也可相互通電話關懷對方，所有收入也應坦白相告，相互信賴。回到家也要相互幫助，家事方面亦應互相協助。如果老先生有工作，而老太太在家者，即應雙方互相體諒，並在分工之餘，依自己的能力儘量幫助對方，先生不要以為他在外工作很辛苦，回到家什麼也不管，老太太也應瞭解先生在外工作很辛苦，家事能做儘量自己做，尤其是老夫老妻的小家庭，更需要如上述的互相幫助。如果老太太在外有工作而老先生沒有工作待在家中者，老太太不但更要體諒老先生的心理壓力與緊張不滿

的情緒，處處也要表示不如先生、謙虛、尊重先生的態度，而且要好好與先生溝通，使他瞭解你工作的情形，減少其緊張的心理。同時老先生也要信任太太，儘量控制不滿與緊張情緒，好好與太太溝通，達到相敬如賓的老夫妻之關係。

(五)夫唱婦隨與有難同當

儘量配合對方的行動，一起去散步、旅行、唱歌……等，陪老伴活動，不但可減少相互間的摩擦、誤會，而且可增加相互間的感情與快樂。同時老夫妻一方生病或受傷，以及有困難或煩惱時，另一方應毫無怨言地照顧或幫助解決困難，不要遺棄對方而不顧（江亮演，2004）。

二、老年父母與子女之間的親子關係

(一)兩代之間相處之道

因時代潮流、生活環境及教育背景的不同，兩代之間不但觀念思想不同，而且對社會價值以及生活方式、嗜好……都不一樣，因此，兩代均須調整自己的生活，尤其行為態度須為對方著想，如此才能相處和睦。兩代之間的相處之道很多，不過王蒲臣先生卻認為有下列幾個方法可供參考：(1) 任何事情，不可存有主見，要處處為別人著想；(2) 要付出自己的愛心去愛子女、愛媳婦、愛孫兒，使每個人對你都有親切感；(3) 要多付出自己的心力，認為自己對這個家有責任，就應付出自己的心力，使這個家庭有蓬勃的現象，融洽的氣氛；(4) 時代不同，每一個人的觀念自然不會一樣，就如教導孩子而言，現在的教法和以前不同，所以子媳教他們的子女，如果你要拿以前的尺度來衡量，會覺得有些不對，所以不可多管，最好免開尊口，不要使子媳為難；(5) 如果遇到有什麼不如意的事情，必須退一步想，多想對方的好處，便會心平氣和；(6) 三代同堂，最低限度要做到子媳認為你是家庭中一個不可少的成員，而不是一個令人頭痛的老討厭，那麼子媳自然會心甘情願，好好的侍奉你，處在這種家庭中會非常幸福，還有什麼苦悶可言；老人的苦悶與否，完全要靠自己，不可怨天尤人（內政部社區發展季刊，1987）。

(二)老人應以身教重於言教，子女應有承教的態度

老人為一家之長輩，言行舉止都應慎重不可隨便，應為子孫學習的榜樣，自己以身作則，親身力行，身教重於言教，而子女也應以承教的態度，聽取長輩的

教訓或經驗作為其為人處事的參考。

(三)老人心胸應寬大開朗

　　一般的老人家庭家境都還可以，除了少數貧困家庭須為子孫生活而憂慮之外，通常都沒有什麼可憂愁的，因此，兒孫自有兒孫福，用不著我們老人去操心，而應善加利用老年期的清閒，好好安享一下自己的樂趣，旅行、訪親友、做自己喜歡的工作等等。同時也不必很在意他人對自己的看法，必須有開闊胸襟，如此才能活得自在、活得灑脫與快樂。如果不幸老伴先離開世間也不要太傷心，應處之泰然，因年紀大了不能受重大打擊，最好能領悟自然的現象以及人生的生命之原理，聽其自然而不需憂傷。

(四)子女應關心老年父母的生理反應，尤其是喪偶後

　　為人子女除了忙於家計之外，也應為年老父母的起居生活多加關心，尤其是在生理上或心理上的反應。因為年老多病，生理上的毛病自然會多起來，也不要因為父母的生病要多花錢、多花時間來照顧等，而有不好的態度或不良的表現，更要為自己的老父母之病而擔心，積極謀求父母身體之康復，如此才不會影響到父母心理疾病之產生。若不幸父母遭遇到喪偶打擊時，更應為父母解悶，減少悲傷的痛苦，多安慰他（她）、鼓勵他（她）、陪他（她）聊天、散心，並讓家裡的孩子多陪祖父母，使老人享受天倫之樂及含飴弄孫之趣，以淡化其失偶之痛。同時要鼓勵年老父母培養自己的興趣，多結交老朋友，使其發揮潛力去實現理想，例如參加社會服務、老人俱樂部、撰寫自傳、著書、寫日記、投稿、整理家庭環境、爬山、練拳、種菜、種花、養小動物……等。

(五)老人獨居而不與子女住在一起者，親子之間應常保持聯繫

　　有些子女因工作上或生活方式以及觀念上……等的原因，加上年老父母不願離開老家，或不願意與子女、子孫居住在一起，而老夫老妻或老人一人獨居者，子女應妥為安排老人生活起居最適合的生活環境，供父母安舒地生活，同時儘量縮短與父母居住的距離，並時常探望父母。而為人父母者雖自己與年輕子女分住，但也要時常用電話或其他方法與子孫聯絡或接觸，享天倫之樂。

三、祖孫之間的關係

　　在我國，老人幫助照顧幼小的孫兒或親族之比率相當高，這可從我們的老人

與十二歲以下的孫兒或親族同住的情形而知道，因為我國老人與子孫同住的比率比日本或歐美先進國家高，這也許是子女為奉養父母的孝心，或缺少照顧幼小孩子的人手而與老年父母居住在一起，但最大的原因可能是老年父母對幼小的孫子女之關心與喜愛。老年父母認為這樣照顧幼小孫子女，一方面可減少子女、媳婦們後顧之憂，使子女、媳婦安心做自己的工作，一方面又可消磨時間，尤其看孫子女們一天天的成長，有成就感又能享受天倫之樂，雖然照顧小孩很不簡單亦很苦，但精神生活的愉快可彌補這些苦差事。所以除了年紀太大無法幫忙之外，大都是受子女、媳婦們所歡迎。

(一)祖父母的角色

祖父母是家中的長者、智者，其地位及權威雖然比不上以前，但是在幼小的孫子女心目中是地位及權威的象徵，也是照顧及寵愛他們的慈祥者，亦是作為與父母之間的橋樑者，同時也是他們抒發感情苦訴的對象，以及他們遭遇風險困難的避風港。因此祖孫關係與親子關係不同，祖父母對孫子女不過分苛求，也沒有責任與義務，亦沒有親子間的衝突與緊張。依劉可屏教授之研究介紹美國兩位學者紐格頓（Neugarten）及溫斯頓（Weinsten）對祖孫關係所提出的五種類型陳述如下：

1. **正式型**：這些祖父母喜歡送禮物給孫子女，偶爾在兒子媳婦需要時，幫忙他們看看小孩，但是基本上他們就是祖父母，不侵犯子女做父母的角色。

2. **尋樂型**：這類祖父母和孫子女的關係是玩樂式的，強調的是彼此的歡樂和參與。祖父母不擺架子，也不賣弄權威。

3. **代父母型**：這類祖父母擔起代替養育孫子女的責任，照顧他們的生活起居，儼然孫子女的老父親、老母親，這種隔代教養的家庭越來越多。

4. **保持距離型**：這類祖父母不常和孫子女接觸，總是離他們遠遠的，只有在全家有重大事情（如慶典）時才出現。

5. **智慧的寶庫型**：這些祖父母很有權威，是子女和孫子女請教的對象。

以上為紐格頓和溫斯頓兩人的研究所提出祖父母角色之類型，除了上述這五種類型之外，筆者認為還有一種，那就是權威型：這種類型的祖父母在家裡有一定的座位，吃飯、休息……都有一定位子，不能馬虎，家裡大小事均需要請示他

（她），由他（她）來決定，要使用的金錢不管大小均由他（她）發給子孫，如看病的醫藥費、買菜的菜錢、學雜費……等費用都須向祖父母拿，子女或孫子女雖與祖父母同住在一起，但子孫卻對他（她）敬而遠之，不敢隨便與他（她）說話聊天……等。

同時紐、溫兩代的研究也發現祖父母的年齡和他們的類型有關。那就是：65歲以下，年紀尚輕的祖父母比較多屬「尋樂型」和「保持距離型」；65歲以上，年歲較長的祖父母就比較多屬「正式型」（內政部社區發展季刊，1987）。

在我國，傳統的祖父母較屬於「正式型」、「智慧的寶庫型」、「保持距離型」和「權威型」的為多。

(二)祖父母的行為對孫輩的影響

祖父母的行為會直接、間接影響到孫輩的人生觀，祖孫之間關係良好與否會影響到孫子女是否樂於接近或認同祖父母。依張隆順教授的看法，祖父母的行為對孫輩的影響情形可分為：

1. 從祖父母的假牙、老花眼、白髮、皺紋，孫子女會發現人會老，學習到生命的自然法則，而愛惜時間，把握現在。

2. 從祖父母對吃東西咬不動、聽不清楚、要吃藥、要人照顧等的事實反應，瞭解人對「老化」及「老化」所帶來的限制反應。

3. 從父母親或其他家人、朋友鄰居對待祖父母的態度和方式，瞭解老人在家中、在社會的地位。

4. 從祖父母對待自己與其他孫輩的態度與方法，瞭解什麼是祖父母，怎樣做祖父母。

5. 從祖父母的言談瞭解和我們家有關的歷史。

6. 從祖父母的故事中，瞭解過去的文化。

7. 從祖父母的喜好，瞭解人有不同的價值觀。

8. 從祖父母可學到父母沒有時間教導或不會的知識與技能。

(三)孫輩對祖父母的影響

一般來說，大部分的人都把第三代的來臨看作是人生一大成就，從孫子女的身上感受到生命延續和不朽的喜悅，這種現象不管古今中外都一樣。同時幫忙照顧孫子女時也會重溫為人父母的那段苦樂生活，為孫輩們做事如繪畫、做玩

具⋯⋯等，也會帶給他無限的希望與信心，同時眼見孫子女的成長也有無限的歡樂與欣慰，而肯定人的價值與生命的尊嚴。因此，孫子女是祖父母生活的重心，也是其希望的所在。精神分析學派始祖佛洛伊德就承認，當他四歲半的長孫因病去世時，他對人生也失去了希望，有很長一段時間都是生活在沮喪中，可見孫子女在老人心目中的地位。

(四)其他

如果老人因孫子女已長大而不需要祖父母來照顧，或其他原因無法有祖孫相處之機會，而自己又很健康、很喜歡與孫子女或有如祖孫一樣的關係者，或小孩子自小沒有祖父母，或雖有祖父母卻因其他原因而沒有機會接觸，而很希望有祖孫一樣的接觸機會，或因家人的關係小孩缺乏照顧需要有人照顧時⋯⋯，我們的老人或有關的當事者或有關人員可考慮採取下列選擇：

1. 老人到托兒所或孤兒院（育幼院）做志工（義工），幫忙照顧小孩。

2. 在安老機構（養老院）內或附近設置托兒所或育幼院，使機構老人和小孩每天有機會接觸。

3. 寄養祖父母：由老人照顧因缺乏家人照顧，或身體上、情緒上及發展上有障礙的兒童，並由有關機關或團體酌情（經濟環境不好者）發給老人照顧小孩的津貼。如此老人不但能獲得如同祖孫一樣的生活，又能獲得經濟上的補貼。

4. 認養祖父母：由學校和老人福利有關機構合作，讓學童認養一位祖父（母），定期去探望他。

5. 邀請老人參加學校的美勞及語文藝術等課程，請老人展現他們的才藝，傳遞他們的經驗或分享孩子們的才華。

6. 小學生與老人團體交流，定期或不定期舉辦老人到學校，或學生拜訪老人的雙方交流活動，使老人接觸小孩，小孩亦有接觸老人的機會。

7. 社會教育機構如社區圖書館等，請老人為小朋友講故事、做玩具⋯⋯，使老人與小孩有接觸機會。

8. 推行老人與小朋友通信做筆友或網路交友做網友的活動（江亮演，1990）。

第四節　老人對家庭生活的貢獻

一般不分男女來說，老人在家庭生活的角色上，其貢獻依次是作為家族商量對象、作為家事的擔當者、作為照顧幼小孩子者、作為家長者、作為家計支持者、其他等等。

若從性別、年齡來看，即老人對家庭生活的貢獻如下：

一、性別

男性老人以作為家族商量的對象最多，其次是作為家長者，再其次是照顧小孩者，再其次是作為家事的擔當者，再其次是作為家計支持者等。女性老人即以作為家事的擔當者為最多，其次是照顧小孩者，再其次是作為家族商量的對象，再其次是作為家長者，再其次是作為家計支持者等。

由以上情形可知，男女性老人對家庭生活上的貢獻秩序不甚相同，這也許因性別關係有些工作較適合於哪一性別之故，因此想在家庭生活中過得較快樂者，就不要忽略上述男女老人對家庭生活貢獻之積極參與（江亮演，2004）。

二、年齡

從年齡方面來看，不管哪一年齡都是以作為家族商量的對象為多。其他依次為作為家事的擔當者、作為幼小孩子的照顧者、作為家長的擔當者、作為家計的支持者等，如表4-1。

第五節　老人消費生活與財務管理

我們為了生活，必須花在衣、食、住、行、娛樂、教育……方面的費用，而這些費用是必須由收入來支出，所以一個家庭的生活最起碼是要做到量入為出，才不致因透支而陷入經濟的困難。因此如何控制收入（revenue）與支出（expenditure），這是家庭生活一重要事項，尤其是老年人更需要重視家庭的財務管理。

一、消費生活與財務管理的原則

(一)需要程度之認識

各種費用之項目都是適當而需要，沒有浪費經費的現象。

(二)量入為出

家庭若有其他成員者，財務情形應公開，並要求各成員努力做到不浪費及量入為出的地步。同時可將財務管理工作分工，有人擔任管錢，有人管帳簿。

(三)使家族都能瞭解經費的性質、內容而獲得大家的合作。

(四)其他

如做好消費與理財規劃，以及消費生活中心與消費諮商之運用等。

二、老人家庭的收入來源

在全民保險、推行老年年金的國家，老人的生活費用來源，主要是靠年金的收入來維持，依據日本總理府 1988 年的統計資料，日本 70 歲以上的老人以年金的收入為其主要生活費來源者，占 70 歲以上老人總數的 73%，所以為保障老人晚年之生活，尤其高齡化社會更需要推行年金制度，如此才能真正保護老人家庭生活。

⌀表 4-1　受訪者年齡與家庭生活角色之關係（複選）

年齡	家庭生活角色	家事的擔當者	幼小孩子的照顧	家族商量的對象	家計支持者	做家長	其他	無用者	未答	計
60～64歲	（人　數）	150	129	167	103	120	3	7	3	682
	（百分比）	50.20	43.10	55.90	34.40	40.10	1.00	2.30	1.00	223.60
65～69歲	（人　數）	92	106	128	55	79	1	7	5	473
	（百分比）	42.40	48.80	59.00	25.30	36.40	0.50	3.20	2.30	217.50
70～74歲	（人　數）	100	111	116	41	72	3	19	1	463
	（百分比）	50.00	55.50	58.00	20.50	36.00	1.50	9.50	0.50	231.00
75～79歲	（人　數）	64	62	75	11	35	—	18	2	267
	（百分比）	48.50	47.00	56.80	8.30	26.50		13.60	1.50	201.50
80歲以上	（人　數）	43	38	45	8	25	—	23	1	183
	（百分比）	41.00	36.20	42.90	7.60	23.80		21.90	0.90	173.30
計	（人　數）	499	446	531	218	331	7	74	12	2,068
	（百分比）	47.10	46.80	55.70	22.90	34.70	0.70	7.80	1.30	217.00

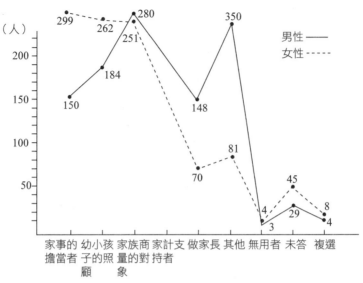

$\odot$ 圖 4-3　受訪者家庭生活角色

◆資料來源：江亮演（1988），《臺灣老人生活意識之研究》，臺北市：蘭亭書店。

　　除了上述年金之收入外，還有下列收入：

(一)固定收入

　1. 不動產的收入，如房租、土地租給人家之地租……等。

　2. 薪水（俸）：有工作老人每月所領之薪俸。

　3. 有價值之股票、債券、儲蓄……等每年之固定利益收入。

　4. 政府或公共團體所發給固定之津貼、社會救助……等。

　5. 退休金：一次給付退休金或終身（多次）給付退休金之收入。

　6. 其他：如家族每月或一定期間之固定給與。

(二)非固定之收入

　1. 家庭副業之收入。

　2. 打零工、臨時工之收入。

　3. 家族、親戚朋友之不固定的給與。

　4. 投資收益：如作小生意或投資企業之不固定收益。

　5. 家產：如經營耕種、家畜……等之不固定收益。

6. 其他：如社會團體或個人不固定之救濟……等。

三、老人家庭生活費用之支出種類

年老多病，年紀愈大其生病率就愈高，所以老人花在醫療費上的金額就比一般人多，同時老人花在教育、衣、食、娛樂方面的費用也不一定比一般的家庭少，其主要支出可分為：

(一)基本生活費用

1. **衣**：老人雖不必如一般年輕人那樣講究華麗高貴衣服，但必須講求品質，以達保溫、方便功能，因此老人花在衣服等服飾方面的費用也不見得比一般人為少。

2. **食**：老人在飲食方面，其量也許比一般人少，但講求營養均衡以及口味，尤其預防疾病或治療有關的食物選擇（食療有關）也許比一般人重視，所以花在飲食方面的費用也不一定比一般人少。

3. **住**：年齡大了，反應也較遲鈍，所以老人所住的房子，都必須考慮到是否適合老人居住，不但要有預防老人跌倒的設備，而且也要講究老人生活上的方便與舒適，若房子是租的還需房租，所以老人住宅及設備費或維護費、房租，也許比一般人負擔的高得很多。

4. **行**：老人年高力衰者的比率比一般人高，所以其外出大多需要用各種交通工具來代替步行。有些老人還需要他人來陪伴照顧才能出門，因此其所需的交通等費用也不見得比一般年輕人為少。

5. **醫療費**：有健康保險的老人對此費用負擔較少，否則年老多病，醫療費用是相當驚人的。

6. **其他**：如雜費等。

(二)其他生活費用

1. **教育**：老人由於空閒時間較多，可利用此時間來學習、研究自己所喜歡的學問，增進自己知識或年輕時候沒有接受的教育，也可利用此時間來滿足接受教育的欲望，如此不但可消磨時間，而且也可增加適應現代社會生活環境的能力，所以其教育費用也不少。

2. **休閒、娛樂**：高齡化社會，平均壽命越來越高，健康而長壽者越來

多，但是老人的工作機會及照顧家庭小孩的機會卻越來越少，再加上老人福利措施，尤其年金制度的實施使老人晚年生活無經濟上的困難，因此老人時間又多，經濟又越來越好，所以對休閒、娛樂的需求就更迫切，而花在休閒、娛樂方面的費用就越來越可觀。

3. **交際費**：由於老人與他人接觸機會較少，更需要促進人際關係，尤其是親友的來往，或親友的婚喪喜慶、送禮……等都需要費用。

4. **宗教活動所需費用**：一般老人或多或少都有參與宗教活動，所以其參加宗教活動的比率比一般人為高，因此花在宗教方面的費用也就比一般人多（江亮演，1990）。

5. **其他**：如有財產者需繳納各種有關的稅，有所得者還需繳納所得稅等等。

四、老人如何做好財務管理

(一)**不動產之管理**：老人若有不動產者，有下列兩種處理方式：

⬠不動產多者

老人有很多不動產如土地、房子、工廠、公司等等，若有子孫之後繼者，可留下足夠自己或老夫老妻晚年生活所需之費用來源的不動產後，才把其他的不動產過戶給子孫，而不可以事先把全部財產尤其不動產轉移給子孫，否則有被遺棄的危險。前面說過老人需要有老本，如果把所有財產都給了子孫，萬一子孫不孝順，尤其媳婦，不但看不起年老父母，甚至連生活費都不供給，所以老人最怕被巧言的子孫騙走了所有的財產。但是有很多財產全部不過戶給子孫，而留著太多的財產，尤其是不動產，也不是好的財務管理，雖然這樣對老人生活有很好保障，但是很危險，主要是不但子孫一天到晚都是針對這些財產而動歪腦筋，而且連不良的不動產公司或其他犯罪集團都會為這些財產而有邪念，最可怕是不肖的子孫勾結不良的不動產公司，或黑社會人士來騙取老人財產，有的連老人的生命都沒了。所以有財產者保留足夠維持其老年生活的財產就可以，其他旳財產則交給成年的繼承者。若無繼承的子孫者，可先與律師商量或老人法律服務中心商洽，先在遺書上寫好其死亡後之財產處理交代即可，而不必事先作財產處分，以

保自己晚年生活費用來源。

●不動產少者

不動產不多者，儘量留下作為晚年生活所需的費用來源之不動產，不可全部交給子孫，尤其未推行老年年金制度的社會，老人更需留下足夠的不動產作為晚年生活費用來源。若無繼承者，也必須與老人法律服務中心商量，如何管理財產及死後如何處理其財產，如此才不會因財產問題而煩惱。

(二)動產之管理

對上述老人收入來源，如年金、薪俸……等的固定收入，必先算出每月固定收入多少，如果不固定，如打工、手工藝、副業……的收入很多者，也要算出每月平均之不固定收入，然後算出每月基本生活費用如衣、食、住、行、醫療等所需金額，然後把每月平均總收入減去這些最基本的生活費，若不足者就必須把住、衣、行的費用節省一點，或以增加收入來彌補生活費的不足。若每月總收入足夠基本生活費或不但足夠而且有餘者，即依多餘出來的金額之大小來作為分配其他生活如教育、休閒、娛樂、宗教活動等等的費用，而這些費用之分配即以老人自己的需要程度，及持有金額之大小來考量。同時必須考慮到量入為出的原則。

老人對金錢的管理，若家裡還有可靠的年輕者可把錢交給年輕者管理，否則應由自己或老夫婦兩人來管理。由於老人對外來的小偷等的防衛力較弱，所以對金錢的管理更需小心。若是老夫婦的話，一人管錢，一人管帳，若只有自己一人或沒有可靠的青年家人者，即不得不全由自己來管理。同時老人又年高腦力較不靈活，若無能力管理財產者，就交給信託銀行等機構管理，或若常常會忘記放錢的地方而丟了錢，或忘了記帳者，金額很大就不要放在家裡，應放在金融機構，這樣就較有保障（江亮演，2004）。

所以老人若能做好財產管理，不但其晚年沒有經濟生活問題，而且其精神生活也能過得很好。

第六節 老人生涯規劃

「生涯」簡單來說是謀生活動或人生的處境之意思。而老人的生涯規劃就是老人如何在有限的晚年期間，運用寶貴時間與現有的資源來突破困難與不良處

境，使其晚年不受身心疾病所苦、不遭遇到經濟生活的窮困、不產生與家族關係之不睦，以及被社會所孤立，而能過著有意義而舒適愉快的生活，並成功地達到在地老化的境地，這種生存生活以及處境的調適之規劃或計畫，就是老人生涯規劃。

生涯規劃所包含的範圍很廣，除了日常生活活動之規劃外，還包含身心健康有關的醫療保健、所得有關的職業（工作）、家庭有關的居住和家族關係、教育有關的老人生涯學習、社會參與有關的老人社會活動如宗教、政治等活動，及老人閒暇有關的休閒娛樂，以及老人所得保障有關之各種年金或稅捐之扣除優待、財產信託等各項規劃（江亮演，2004）。

一、日常生活活動之規劃

(一)時間安排

為能充分利用時間，不致閒暇太多而無聊，以及為促進其身心健康，每天的活動時間必須好好安排，例如：幾時起床，幾時晨間活動（運動），如散步、打太極拳、爬山、游泳……等，幾時吃早餐，上午幾時勞動做家務、種花種菜、讀書寫字或休閒娛樂，幾時吃中飯，幾時午睡，下午幾時做勞動或休閒運動，晚上幾時吃晚飯或幾時洗澡，幾時晚間休閒娛樂，幾時睡覺等等。除了有適當的規劃安排之外，還要實際行動。

(二)規劃應注意事項

應依年齡、身心健康狀況、能力、需要、經濟能力等條件而給予規劃。

(三)健康之日常生活原則

身心健康良好而有能力者，可依下列原則去實行：

1. 日行一善。
2. 日勞（動）二小時。
3. 日食三碗飯。
4. 日進四種水果、四兩肉（豬、牛、羊、雞、鴨等任何一種肉）。
5. 日膳五種菜、五兩魚、五種豆類。
6. 日寫讀、休閒娛樂六小時。
7. 日吃七分飽。
8. 日睡八小時。

9. 日走九公里。

10.日笑（吶）十次（江亮演，2004）。

二、身心健康規劃

除注重平日運動促進身心健康外，依自己的經濟能力儘量居住在大型醫院附近，儘量運用醫療保健資源，小病就要趕快醫治，不使其成為大病或慢性疾病。若大病更須住院治療。所以平時就要留意醫療機構治療品質與高明醫師，必要時應找高明醫師診治。

三、職業與志工

健康老人最好找一份工作再就業，如此不但有收入，而且有機會與人互動，促進身心健康。若不易找到工作，即自己找工作來做，或參加志願服務工作。

四、住居與人際關係

老人有自己住宅者，若健康老人即可依自己意思選擇獨居或與家人同居。並重視居住環境之舒適與安全，以及家族或鄰居的關係；若健康不佳即可考慮使用社區之機構式、日間照顧或居家服務式等照顧服務，以及進入老人療養（養護）機構療養（養護）；若無依無靠之老人（含無子孫之老人）即可考慮進入老人安老機構（仁愛之家）安養，但必須重視與他人的良好人際關係。

五、學習與教育

生涯教育（lifelong integrated education）是自出生到死亡為止的生活與學習之教育，所以老人的生涯教育也就是老人的生活與學習的教育。因此，生涯教育也好，老人生涯教育也好，都是含有學校教育的意義與休閒娛樂，也就是空閒時間有效活用之意涵。因此生涯教育（老人生涯教育）也等於生涯學習（lifelong learning）。學習必須運用「Head、Hand、Heart」，Head 是偏重於知識或理解力；Hand 是偏重於解決問題與解決問題的能力技巧；Heart 是偏重於活動之參與或體驗之心，即愛心之意。所以要以愛心來擁護人權或反對差別待遇，自己的問題自己去解決，以及產生生存生活自主所必要之服務效果（制度、措施、資源）

的知識或技術（江亮演，2004）。

六、社會參與

　　除政府或社會有關團體協助老人過著好的社會生活而提供必要之服務者外，老人也必須克服各種困難或阻力，參與社會各種活動，促進其身心健康而過著充實而有意義、有價值的老人社會生活。因此，必須排除家族或社區阻礙，以及老人自身的觀念之改變或排除老人身心健康等阻力，出來參與關懷社會、環境衛生、有意義的宗教或政治活動，以及社會的志願工作。

七、休閒與娛樂

　　老人在規劃其休閒娛樂時必須做到下列事項：

(一)原則

　1. 能增加社會接觸頻率，減少孤立或寂寞。

　2. 要有自我調適排遣的方法，而生活快樂，不會寂寞。

　3. 有親近的親友家族為伴，而不會感到孤獨。

　4. 身心適應能力，有充沛活力適應各種社會生活環境。

　5. 生活環境或經濟因素所允許，無後顧之憂，心情快樂。

(二)注意事項

　1. 改變「休閒」是罪惡的不正常觀念與態度。

　2. 吸收老人休閒活動知識與技能。

　3. 要有從事休閒活動的動機與意願，從事室內或戶外的各種休閒活動。

(三)老人休閒常見的種類

　1. **老人俱樂部**：學習性，如插花、繪畫、上課等；趣味娛樂性，如影視或舞蹈、民謠等；健康性，如體操、打拳等；社會福利性，如老人與中小學生交流、志工、老人訪問機構的老人等；宗教活動，如參加佛教、天主教、基督教、回教、道教等活動。

　2. **老人生活情趣活動**：提高生活水準及生活趣味，如發揮潛能、解除孤獨寂寞、健身、參與各種有益社會等之活動。

　3. **老人福利中心的運用**：達到健康、諮商、醫療、復健、教育、休閒、娛

樂等目的之活動。

4. **老人靜養之家**：風景區或溫泉區之老人靜養之家，可提供老人短期保健、靜養休閒等活動。

5. **老人休閒中心**：供老人教育、休閒娛樂及其他活動的地方。

6. **老人旅社**：老人專用旅社或特約旅社，供老人旅遊住宿。

7. **老人教育**：提供接受老人大學、老人學校、老人學苑、老人補習教育、老人教室、老人講座、老人圖書館、巡迴老人圖書車、老人教育研究會、老人退休前教育等機會。

8. **其他**：鼓勵老人旅遊、輔導或支援老人參觀或進修，以及創業就業等等服務（活動）。

(四)老人休閒娛樂之選擇

1. **時間上**：(1) 短時間活動如聽音樂、看電影、散步等；(2) 長時間活動如旅行、採集動植物標本等等。

2. **空間上**：(1) 室內活動如家務、健身房、閱讀、寫作等等；(2) 戶外活動如郊遊、旅行、探訪親友、釣魚等等。

3. **內容上**：(1) 益智性如：研究考古、鑑別、蒐集字畫、繪畫、寫作等；(2) 益身心如：登山、海上觀日、社會服務、宗教活動、球賽、慢跑、散步、土風舞、腳踏車、遠足等等；(3) 無益身心的如：打牌、不良嗜好、不正當娛樂、不道德生活行為等等。

(五)老人休閒娛樂型態與分類（如表4-2、4-3）

表4-2　老人休閒娛樂型態

不（被）動型	體能能動型（自動型）			
休養型	自宅型		宅外型	
	個人型	團體型	個人型	團體型
家中休養、電視	音樂、讀書、家事、盆栽、園藝	圍棋、看孩子、聚餐聊天	戲劇觀賞、看運動比賽、釣魚、散步	教室上課、高爾夫球、網球、交際、志（義）工、居民運動、旅行、唱歌比賽

◆資料來源：江亮演（1993），《老人的社會生活》，臺北市：中華日報出版，P89-90。

表 4-3　老人休閒娛樂

需要	休閒娛樂活動
接觸傳統	名勝古蹟參觀與研究會、考古學研究會、鄉土歷史研究會、民謠研究會、鄉土藝能研究會、詩歌或歌曲研究會。
求真善美	生花、人造花、園藝等展覽會、繪畫、雕刻等之展覽會，陶藝研究會，美術、音樂之欣賞會，攝影展覽會，採集（植物、昆蟲）展覽會
冒險、開拓	旅行、登山、飛機駕駛、潛水、探險
創造性	各種工藝、園藝、烹飪、模型、裁縫、手工藝、編織
技能性	木工、鐵工、家電修理、再就業技能或技術、樂器演奏
教養性	專業知識研究會、茶道、花道、書法、讀書會
體能性	高爾夫球、太極拳、網球

◆資料來源：江亮演（1993），《老人的社會生活》，臺北市：中華日報出版，P89-90。

八、老人所得與理財

(一)老人所得

　　老人退休後除了再就業或有各種退休金或老年年金及低收入之公共救助，以及老人津貼等外，幾乎沒有什麼收入來源，除非自己有不動產收益或子女的金錢提供外，老人的所得收入很有限。所以，老人為其晚年生活，不僅要照顧「老身」健康、「老伴」和睦、「老友」交誼及「老學」充電吸收新知，並且更要重視「老本」的生活來源，否則到老若無老本，生活之悽慘是可以預知的。因此，老人不但要重視且做好上述之「五老」，而且也要重視其消費生活與理財方法。

　　若健康有能力再就業者可找一份適當工作來做，如此不但有收入，而且也可促進其身心健康。若沒有什麼退休金或老年年金者，更要早點規劃老年生活的經費來源，如儲蓄或買公債或買不動產等，這樣年老時才不會發生經濟問題，尤其沒有後代或子女無法提供養老生活資源者，更需未雨綢繆早作準備。

(二)老人消費生活與理財之基本原則

●需要程度的衡量

　　如是否可以不買或暫緩購買，若非買不可，就應衡量買多少才能滿足自己的

需求，買什麼品牌或哪裡的消費品、勞務較物美價廉等等的認識。

●收支平衡或收入大於支出

每月固定收支要斤斤計較，不能支出多於收入，尤其收入不高估，支出不低估。

●做好消費與理財規劃

消費具有扶養功能（保障扶助生活功能），所以老人必須做好生涯規劃，即老年生活及日常生活如何安排，參與哪些社會活動，日常生活及各種活動每月大約要花多少錢，除計算每月固定收入外，也要計算每月固定支出，才不致發生寅吃卯糧的現象。

除老人消費生活規劃外，也要有理財規劃，在不影響社會正義法規之下，每個人都可以自己方式追求私利的自由，也享有以其勞力和資本投入競爭的自由（Smith Adam, 1997）。所以老人老年生活安定除有住宅外，也要有工作收入，身心健康可負荷者應找一份工作就業。除此之外，也可依自己的樂趣、專長等從事風險較低的購買古錢、紀念郵票、紀念品的投資，或做好儲蓄、標會以及網路買賣小東西，或開小餐館、小商店、中古商資源回收等生意，以及有酬替人看小孩、打工等工作，若要購買股票者就要選擇風險較低公家企業或大企業之股票以免損失。其規劃原則上是：(1) 收入與支出之全額需量化；(2) 收入不高估、支出不低估；(3) 固定支出以固定收入來因應。其步驟：(1) 設定理想目標；(2) 蒐集、整理個人資產負債及收入支出狀況；(3) 擬定儲蓄或投資計畫；(4) 回饋或修正計畫等。

●開源節流

為避免浪費應儘量節儉，通常要累積或獲得財富者必先抑制慾望，避免不必要的浪費，使其財富日積月累，積少成多或以現有資源能力以獲得利益、利息、工資等收入，作為開拓財富之源。

●其他

正確判定與運用資源及具先見之明、消費生活中心與消費諮商機構之運用等。

(三)老人消費生活之規劃

⬠**健康管理**

1. 營養與飲食的重視。

2. 適當運動。

3. 醫療保健的注意，不可隨便相信他人而買很多不適合的補品或藥品浪費金錢。

⬠**老人日常生活消費**

衣、食、住、行以及其他雜費等，應好好的規劃，而不要浪費。

⬠**休閒娛樂費用**

1. **不要從事花錢多又傷身的活動**：如賭博、打牌⋯⋯等。

2. **氣氛**：能促進精神上（心理上）的快感，如唱歌、跳舞⋯⋯等。

3. **自己開發**：自我實現，如插花、參觀、上課、旅遊⋯⋯等。

4. 休閒娛樂應與副業（工作），家務、宗教活動、社會活動（政治、慈善事業、志工），以及趣味性活動如園藝、美術、體育、音樂等相結合。

⬠**教育消費（費用規劃）**

1. 教養如法律、健康、社會活動等費用。

2. 園藝如花木、蔬果之種植等費用。

3. 自然科學如環境保護、環境營造等費用。

4. 生活科學如手工藝、飲食、裁縫、旅遊等費用。

5. 福利科學如家庭生活、老人福利等費用。

6. 陶藝技術如練土造型、燒成技術等費用。

7. 休閒娛樂等活動如詩歌、書法、花道、手藝等費用。

⬠**其他**

如宗教信仰活動、政治活動等費用之規劃。

(四)老人理財

理財亦稱為財務管理是收支之調整與管制，也就是財物的處置、治理之意。其財物處理方式可分短期與長期，而其支付也可分為隨收隨付，準備提存與部分

提存等方式來因應。為避免老人揮霍如土或從事高風險投資及其他高風險的財物行為，如為人做保等，所以有必要做好老人理財工作，因此老人理財是老年人的生涯規劃之一。

老人理財原則上是要做到：

1. 收入與支出之全額需要量化。

2. 收入不高估、支出不低估。

3. 固定支出以固定收入來因應。

4. 平時要有儲蓄的習慣。

5. 若要投資須慎選投資工具，審視其安全性，考慮投資時程及風險承擔能力與規避風險之態度。

不過在理財過程中必須注意的是：雖可藉儲蓄、基金或投資餘額以及收支作為調整與控制，但並不一定能獲得「按表操課」，因為儲蓄、基金或投資常受到市場的影響，若缺口擴大或偏差就應立即修正原計畫。同時萬一發生入不敷出者，應先考慮節流後才考慮開源。除此之外，也須視經濟狀況、市場情形及個人的各種財物及收支財務，不斷審視實況而作適度修正，以達理財計畫之目標。

老人理財可以從節流與開源兩方面去做，節流即可從如上述消費生活方式或教育去努力，儘量做到不浪費，也就是提供節儉方法與知識，教導老人怎樣消費才正確。所以，這裡只就開源方面提出一些方法供老人理財做參考。

⬠ 具有風險承擔能力者

有足夠的資金或有固定收入而支出又不多，收支相抵仍有不少剩餘之老人，即可考慮投資風險較高、利潤較好的事業，如標會或購買房子收租增加收入，或買土地賺漲價差額或創業；若內行者可購買骨董、雕塑品、陶器、瓷器、字畫、金銀銅石器等等以作長期投資。同時若有時間又有興趣，而有買賣基金、股票的基本知識、技巧或經驗者，也可考慮投資基金或股票，但必須選擇風險較低的基金或股票。

⬠ 承擔風險能力較弱者

沒有很多資金，或固定收入不多者，應考慮儘量存款儲蓄，雖然獲得利益不多，但風險少較能安心。

●其他

1. **增加經常性勞務實質所得**

   (1)打工工資：身心健康又有意願者可找適合自己興趣而有報酬的工作來做，不但可消耗時間，而且也可獲得收入及促進人際關係。

   (2)薪水：老人退休後有意且有能力者可找職業第二春，不但可滿足其成就感，而且也可獲得固定的收入。

   (3)專業收入：若繼續從事自由業者，如律師、醫師、會計師、建築師……等工作者，即可獲得專業報酬。

   (4)其他：如做小生意、經營農牧、漁業等事業增加收入。

2. **善用非經常性實質收入**：如怎樣利用退休金、資遣費、獎金、補助費、撫恤金、慰勞金、遺產繼承、保險金、中獎、餽贈、贈款等之收入。首先必須有良好規劃，避免被人詐騙，善於運用這些收入，以利增加家庭財源財力。

3. **非實質收入計畫與處裡**：如出售財產、收回公債本金、領回存款、人身保險解約給付金、借款等等，都是非實質收入。而這些收入必須在為發展事業非投資不可或因虧損或為收支不平衡，非出售財產，收回公債本金……等不可時，才能做非實質收入的工作，否則應保守一點，不可隨便採取行動。

從上述可知老人理財是應先擬好計畫，定下主意且有正確的判斷能力與先見之明，沈著而不三心兩意，同時更應與他人商量聽取人家高見勇敢地去做，才有成功的機會。不過先見之明，判斷正確，不是每個人都有如此的能力，因此，必須學習，必多加思考，除多聽各方面的訊息與道理外，還需多方面觀察，並且謹慎去做，減少錯誤。

關鍵詞彙

- 快樂
- 六自
- 保持距離型
- 財產管理
- 權威型

- 五老
- 尋樂型
- 寶庫型
- 三心
- 寄養祖父母

自我評量

1. 試述快樂老人的意義。
2. 試述老人對家事的想法、做法與快樂生活的關係。
3. 試述快樂老人與家庭關係。
4. 試述老人對家庭生活的貢獻。
5. 試述老人的財產管理方法。

參考文獻

一、中文部分

李宗派（1988），《美國老人問題與福利措施》，臺北市：中華民國高齡學學會。

江亮演（1988），《老人福利與服務》，臺北市：五南圖書出版公司。

江亮演（1990），《快樂的老人》，臺北市：臺灣省政府社會處，中華日報社出版部。

江亮演（2004），《老人福利講義》，新竹市：玄奘大學自印。

江亮演（2005），〈臺灣老人福利之演進與發展〉《社區發展》109期，臺北市：內政部社區發展季刊。

徐立忠（1986），〈老人學與老年醫學〉《社會建設》43期，臺北市：內政部社會建設季刊。

張隆順（1988），《瞻望老人心理世界》，臺北市：中華民國高齡學學會。

二、日文部分

森岡清美（1967），《家庭社會學》，東京：有斐閣。

那須宗一、增田光吉合編（1972），《老人與家庭社會學》，東京：垣內出版社。

三、英文部分

J. Tunstall (1966), "*Old and Alone*", Sociological Study of old people.

Riesman, D. (1954), "*Some Clinical and Cultural Aspects of Aging*".

The A. J. S. T. (1963) "*Special Committee on Aging*", United States Senates Development in Aging.

Z. S. Blau (1956), "Changes in Status and Age Identification", A. S. R. xxl.

Schaefer, R. T. and Lawn (1998), "*Sociology (6thed)*", New York: The Mc Graw-Hill Companies Inc.

第五章
快樂老人的社會參與

　　為了充分瞭解老人所受各種影響力的複雜化，我們必須注意老人生活周遭的環境與文化的關係，也就是除了老人個人的內在因素，如生理或心理上的現象之外，還須瞭解其外在的社會因素。我們的社會盼望老人成為什麼樣子的老人？這些盼望有什麼依據，以及他們與老人服務工作者遭遇到的問題有什麼關係，這些都是我們要研究的地方。

第一節　老人之就業與志願服務

　　依據筆者在 1988 年所做的臺灣老人生活意識之研究調查，發現男性老人現在有工作而想繼續工作下去的理由，想要有收入者占 79.31%；對工作很有興趣者占 16.09%；對健康有益者占 0.97%。這與日本男性老人有差異，他們以對健康有益者和為收入者很接近，前者占 23.00%，後者占 33.00%。所以我們男性老人再工作大部分是為了生活。這可能是日本所有老人都有老年年金，而我們老年年金制度卻還不很普遍之因。同時他們的老人可能對工作與健康的認識較我們老人清楚，這可從先進國家超過百歲以上的長者之調查而得知，因有勞動的老人較為健康而長壽。

　　其次從老人再就業的種類來看，我國老人再繼續工作的種類以自營工商服務業為最多占 47.15%，再次為農林漁業占 42.18%；臨時工才占 5.21%，常僱工

人占2.73%。這也與日本老人再就業種類有很大不同,他們是以清潔工為最多占43.80%;其次為守衛大樓管理占36.60%;醫師占6.67%;製造工占6.63%;電器有關管理工作占0.21%;其他占6.09%。

一般來說,老人再就業的推薦者是以自己原服務的公司或單位介紹者為最多,占36.70%;其次為親戚朋友介紹者,占17.60%;自己去找者,占15.80%;職業介紹所介紹者,占12.70%。因此,老人退休以後自己家裡又沒有什麼工作可做,想工作者就必須依賴上述如原服務公司、工廠、單位,或親戚朋友、職業介紹所介紹或自己找,才能獲得工作的機會。

通常老人再就業之待遇或工作內容都較未退休前差者為最多,不是年輕人不想做或無法做的,就是待遇低,因此,老人想工作就必須有此認識與覺悟,我們應把它看做是為自己的健康而工作,所以不計較這些待遇,才是真正有意義的老人工作。

我們從上述的看法,老人的工作也就是老人的勞動是可分為有報酬性與無報酬性兩種,前者是以自己的勞務獲取報酬之薪資,屬於此類的老人都是為經濟生活的收入,以及賺取零用金的為多。而後者是自己的奉獻不求任何報酬,以志願犧牲來為他人服務,屬於此類大多是想消磨時間或與他人獲得互動,以及為健康或自己的理想、信仰而自願犧牲時間、勞力,像擔任志工(義工)、參與其他社會服務、參加宗教活動……等。

一、報酬性的老人工作

(一)**為他人工作**:如為工廠、公司,或其他單位工作者,可透過再就業訓練、職業介紹所介紹,或原服務單位、公司、工廠,以及親戚朋友推介或向老人人力銀行登記……等方法取得再工作機會。通常要為他人工作獲得報酬也要考慮到自己的經驗、能力……等條件,以及人家所要求的條件,因為這是僱與被僱雙方面的問題,不是我們單方面的條件或看法、想法而已。

(二)**老人工廠**:政府或民間團體所辦,專為老人工作而設的老人工廠或老人工作室(有些縣市、鄉鎮有如此設施),老人可就近參加工作,可依時、日計酬或按件計酬,也可依自己能力選擇工作內容。這些不但有工作而且有酬可拿,並且可與同輩老人互動,對身心健康有很大幫助。

(三)**老人創業**：依照老人的學識、知識、經驗以及生活活動的意願，老人個人或老人共同去創業，至於創業資本、場所以及其他所需之費用，有關單位應該酌予補助或貸款。其產業種類可分為：(1) 陶藝；(2) 園藝；(3) 木工；(4) 養豬；(5) 養魚；(6) 養雞、養鴨、養鵝；(7) 養牛、羊、鹿；(8) 其他如手工藝、紡織、共同商店公司、旅社……等。

其創業方式：

1. **個人創業**：獨資自己經營上述有關產業。
2. **共同創業**：幾個志同道合的老人共同出資經營上述有關產業，如老人商店、老人打掃公司、老人共同經營之旅社、飯店、老人農場、老人牧場、老人球場、老人游泳池、老人古物商……等（江亮演，2004）。

二、無報酬性的老人工作

依照老人的興趣、時間、能力、經驗……等等，自願參與無任何報酬的工作（志工），包括勞心與勞力，如當志工（義工），協助社會整理環境，參加社會福利有關之服務，包括在宅（居家）服務、訪問孤兒院或養老院……等，以及社會教育工作、法律諮詢、財稅服務、康樂指導、自然資源及文化財產之維護保存……等等。參與志願服務工作（志工）之老人他不但是貢獻者（contributor）而且也是受益者（bene-ficiary），因為他可以消磨時間，也可以促進人際關係，有社會互動機會，亦可使他有手腦並用而不易老化的好處，所以老人參與志願服務工作功能，其人性的利益（human benefit）大於經濟性的利益（economic benefit）。因此，自己不必再為經濟生活而工作者，為了自己的心身健康，為了社會利益，應該多多參與社會志願服務活動，這樣不但生活得充實有意義，而且心身健康生活愉快。

第二節　老人的教育

俗語說：「活到老，學到老。」老人教育真是一發揮「活到老，學到老」的教育，而這種教育也會使老人感到其生雖然有涯，但其知卻是無涯的境地，尤其科技發展的現代社會，更需吸收日新月異的新知，才不致落伍而能適應變遷

劇烈的社會，尤其老人更須為學、為做而忙，這樣不但有使用頭腦機會不易罹患癡呆症，而且可發揮老人潛能，增進老人心身健康，貢獻社會。當然，這個「為學」，不論是宗教、文史、哲學、藝術、醫學或其他，完全依照老人個人的興趣和需要而定，並不受到時間或年齡限制以及經濟上的負擔，或以善用空閒時間，而不受學習的效果大小所影響，使老人進入忘我、忘老之境。

我們的老人福利不但在求所有的老人都有所「養」，有所「安」，有人「敬」，有所「為」，有所「用」，而且更需要使所有的老人都有所「樂」，有所「學」。因此，當前推行老人福利較為積極的先進國家，均以促進「老人終身所得安全」與「老人終身不斷教育」，為其國家社會政策有關老人福利的雙重目標，所以他們特別重視老人再教育的問題。推行老人再教育是時代的潮流，也是最具時代意義的一種積極性老人文化生活的福利措施，例如老人學校、老人大學、老人文教研習、老人空中教學、老人技藝訓練、老人學術性講演、老人教室、老人圖書館等。這樣的老人教育，一方面可充實老人個人的知識、技藝或發揮其個人的潛能，另一方面可增進老人心身健康或生活情趣，以及提高老人文化水準。老人不斷的學習、不斷忙碌可美化人生，弘揚自己社會文化，使我們的社會更安和樂利。

由上述情形可知老人教育是一種福利性、休閒性、適應性、模範性、創造性及時代性的事業，所以，我們今後應努力的方向，必須：(1)訂定老人教育有關法規與立法；(2)改變一般人對老人教育的觀念；(3)擴大老人教育範圍與類型等。至於老人教育類型如下：

一、退休人員大學或職業學校

這些學校由志同道合的退休人員創辦，有錢出錢有力出力，大家一起把它辦好，所以學校教職員及受教育者均為退休人員。課程標準與普通大學或職業學校相似，並可增設老人需要課程增加其特色。這種教育類型可以說是「老教老」、「老學老」的教育，也是一件非常有意義的事業。由於教職員都是退休人員，所以辦學成本降低，學費比一般學校便宜，又多少受到政府及一般社會人士、團體之捐助，所以一般老人都能負擔得起學雜費。至於學校或畢業資格，有關機關可酌予承認，因為老人教育主要並不是文憑，而是給老人有再接受教育的機會及打

發晚年的無聊時間。

二、安養院所的老人教育（老人大學）

院民儘量參加院內（機構）所設立的大學式教育，並可按院民的能力、興趣……自由參加不同程度的班級，這樣院民不但可打發時間，而且可學習到很多知識，如人際關係、健康管理、社會活動、法律常識以及各種技藝……等，對老人的心身健康有很大幫助，尤其對老人精神生活方面更為充實。

三、定期講座或補習班

老人應積極參加每週上課或演講一次以上，每次 2～3 小時，期限在一年以下的講座或補習班。這種老人教育每滿若干人以上就可開班，場所可借用一般學校、教會、社會福利機構、社會教育機構（文化中心）等地方。課程內容應注重在專業或專門知識方面，如書道、盆栽、木工……等。修畢發給結業證書。必要時可由有關人員推介工作。上課或講座時間，原則上以每週六下午或星期日為主。

四、老人空中教育

在大眾傳播媒介應增設老人教育課程。空中大學或專校亦應增設老人選修課程，讓老人有參加空中教育機會，修完學分亦可發給結業證書或學分證明，甚至可酌予承認其資格。

五、老人學校

想受教育老人達到一定人數時，可要求鄉鎮市區公所辦理老人學校，凡居住在該鄉鎮市區居民年滿 60 歲以上 85 歲以下者均可申請入學，入學考試採用證件審查及體檢方式。學費全免，只收取教材費用或郵資之一部分。利用鄉鎮市區內之職業學校或高中學校上課，由學校老師或退休老師義務上課。修業期限四年，分通學部各科每週授課一天（星期日），及函授生每年發講義十次，每年到校五次以上，每次一天（星期日）。畢業後發給初級或高級部老人職業學校畢業證書，並可申請升學（畢業資格與一般學校相同）。課程包括共同科目如國文、英

文……等，及專業科目包括農業、工業、商業、健康管理、趣味與教養、年金與法律有關常識、社會服務……等課程。

六、老人大學

老人大學並不是專門為老人所開的大學，而是年滿60歲以上80歲以下，或85歲以下具有就讀大學能力者（程度者），可參加或申請各大專院校入學考試或就讀（選修），這種老人大學分為兩類：

(一)**正式生**：按各大專院校入學以及老人入學優待辦法之規定，參加必要之入學考試，而入學在校期間按規定參加各種考試（期中、期末），修滿必要之學分而畢業者，可獲得一般大專畢業資格或學位。

(二)**研究生或旁聽生**：無學籍不以文憑及畢業資格為目的而申請隨班就讀的老人，這類老人是不需參加入學或期中、期末考試，畢業又無畢業證書或學位，只有學分證明書而已。

參加老人大學之優點為可與年輕的大專生一起上課，滿足其未曾進入大學而現在有機會進大學上課的盼望。但缺點是必須與其他年輕同學一樣準時上課。

老人大學學生可由政府編列預算補助其學雜費，並規定學校應減免其學費，以及入學考試降低錄取標準辦法，或以書面審查核准入學的方式，以鼓勵老人就讀，如美國社區學院大部分是老人以及業餘人員就讀的地方。

七、老人圖書館（或老人圖書車）

各鄉鎮市區公所可酌設專供老人使用的圖書館或圖書室，或在各級圖書館內設置老人圖書服務部門，提供老人借書服務；若老人行動不便無法前來使用者，亦可以服務到家方式提供老人圖書服務，外國大部分採用電話聯絡為多。除了老人圖書館（含圖書室）外，還可設置移動式老人圖書車（老人巡迴圖書車），這種車也可以與兒童巡迴圖書車合併，每週排定時間，到各區域供老人使用（江亮演，2004）。

八、老人教室

老人可利用各種老人福利設施或社區活動中心作為老人所需之教室，並聘請

專業教師指導或由幾位志同道合的老人一起研究學習，如烹飪、插花、歌唱、寫字、作詩……等。

九、老人學習性俱樂部

老人參加與學習有關的俱樂部，學習各種有趣或需要的新知識及技能，其場所、師資、指導人員等，有關機關應積極提供。

十、老人教育研究會

老人參加各種定期或不定期的老人教育研究會，並提出老人意見，以便改進老人教育有關措施。

十一、老人退休前教育

老人未退休前可依自己身心狀況及性向、興趣、經驗，參加老人再就業訓練及學習各種技能，使退休後能順利轉業。

十二、臺北市的老人教育

(一)長青學苑

臺北市政府為培養老人生活情趣，擴大老人生活領域，增進新知，陶冶身心為宗旨，並以弘揚中華文化國粹，傳播民俗技藝為目的，而自 1983 年 4 月 1 日起辦理長青學苑。其辦法如下：

1. **學員**：凡設籍臺北市，年滿 60 歲以上老人均可報名參加，並依其需要及興趣決定班級。
2. **學制**：每屆二學期，研習期滿發給「遐齡碩學」紀念證書。
3. 研習所需書籍、資料、文具等概由學苑統一供應。
4. 所需器材、茶水由學苑免費提供。
5. 學員每學期每一課程酌收工本費新臺幣 1,000 元，年滿 70 歲以上殘障老人及低收入戶者學費全免。
6. **上課地點**：為便利學員參與研習。上課地點分設於臺北市東區、西區、南區、北區長春文康活動中心，及選用各區理想場所以及臺北市進出口

同業公會，或臺北市基督教女青年會青藤俱樂部等處開班授課。

7. 研習項目：

(1) 文史組：文學、歷史、哲學、宗教⋯⋯等。

(2) 社經組：社會福利、經濟、工商⋯⋯等。

(3) 語文組：中外語言、文字學⋯⋯等。

(4) 技藝組：書法、繪畫、琴法、棋藝、歌唱⋯⋯等。

(5) 科技組：現代科技知識⋯⋯等。

(6) 衛健組：飲食營養、衛生護理、健身運動⋯⋯等。

(7) 師資：以老人教老人、老人學老人為主，必要時再請其他專家或學者
擔任教學。

(二)私立遐齡學園

1. 宗旨：以促進老人善用時間，增進新知，以及適應社會變遷為目的。

2. 性質：以研究老人及老人講座為主。

3. 研究方面分為公共關係組、海內外交流組、老人福利理論組、老人福利
政策組等四組。

4. 講座：分為趣味、技術、知識等三方面。

(三)老人大學

臺北市政府社會局與國立臺灣大學及國立臺北大學（原中興大學）合辦，
於1987年8月，在原中興大學法商學院開班供老人上課，效果十分良好。臺北市
政府擬自1988年3月開始與各大專院校合作，推行老人大學教育措施（江亮演，
2004）。

十三、高雄市的老人教育

(一)長青學苑

高雄市政府以及高雄市基督教女青年會為發揚「活到老，學到老」的精神，
擴充老人學習領域，以陶冶身心充實精神生活，而達到社會福利，老吾老以及人
之老的精神，於1982年12月起合辦「長青學苑」。其辦法：

1. 對象：以年滿55歲以上（男女不拘）對老人教育有興趣者。

2. 修業期限：以6個月為一期。

3. 上課地點：高雄市女青年會、高雄市老人活動中心，及高雄市立仁愛之家。

4. **費用**：一學期 1,000 元，但 65 歲以上、貧民及殘障者半價優待。

5. **課程**：分為語言研習、技藝研習及課外活動。

(二)老人講座

　　高雄市政府為促進老人善用時間以及增加新知，利用老人活動中心定期或不定期舉辦老人講座，其內容有關老人醫療保健、宗教、人生哲理……等，對推行老人教育貢獻不少。

十四、其他縣市的老人教育

(一)**松柏書院**：彰化縣為充實老人生活內涵，增進生活情趣，於 1983 年特設立老人「松柏書院」，分設國語、太極拳、南管國樂、書法等班。凡年滿 55 歲以上縣籍民眾，不分性別均可報名參加。

　　各班每半年為一期，每學員一期最多修 2 學科，一學科以 2 學分計算，修滿一期可得 4 學分，若修滿 16 學分（四期）即頒給「松牌」，滿 12 學分頒給「柏牌」，滿 8 學分頒給「竹牌」，滿 4 學分頒給「蘭牌」，並分別贈給獎品。同時亦有全勤獎，以資鼓勵。每學期每學科學費 600 元，但年滿 65 歲以上者或低收入戶老人、仁愛之家老人等均可享受免費優待。64 歲以下 60 歲以上之老人可半價優待。

(二)**各種教育性老人講座、俱樂部等**：各縣市在中央社會司督導、補助之下，推行各種老人講座或補習教育，使老人獲得一般或專門性知識及技能。尤其老人自動組織有意義且有益於老人文康方面的俱樂部，如南北管國樂俱樂部等，更有顯著表現。

(三)**松柏學苑**：臺中縣政府與霧峰私立茲明商工補校合辦老人「松柏學苑」，利用該校已有教室設備、師資，白天辦理老人進修，並備校車接送。其辦法如下：

1. **學制**：每 5 個月為一學期，每年 8～12 月及 2～6 月各一期，每年辦二期，每位學員一學期最多修 2 門學科，一學科以 2 學分計算，修滿一學期最高可得 4 學分。

2. **學費**：每一學科收費 1,000 元（低收入戶老人及 60 歲以上老人另有減免優待）。

3. **開課項目**：有語文研習，包括英文基礎班、會話班及國語班等，技藝研習包括書法、國畫、太極拳、棋藝、健康韻律操等班。

(四)臺中市老人文康中心也有辦理類似臺北市長春文康活動中心所開的課，如書法、繪畫、外語……等科目。

(五)臺灣省醫師公會理事長李克承創立新竹老人福利協進會並策動新竹市組財團，創立新竹市松柏學苑，並設有簡易美語會話班、書法班、國語班、山歌班、國畫班、樹石園藝班、識字班、說書班，每班以研習一年為期。除讓老人繼續進修、增進新知外，還可以作為兒孫好榜樣。

(六)臺北縣或其他縣市亦有類似上述的老人文康中心或其他老人教育有關的活動，增進老人進修、學習機會。

(七)**老人大學**：1987 年 7 月臺北縣政府與輔仁大學合辦老人大學，有電腦、語言等班，深受老人喜歡。同時臺灣省政府自 1988 年起與各大專院校合辦，擴大老人大學等老人教育服務。

(八)**其他**：如各地的社區大學、各級政府與大學合辦的短期大學、社區與大學結合之退休社區大學等。

第三節　老人的休閒娛樂

老人由於年老，不但工作或其他的活動機會減少，而且生理有關的需要時間，如睡眠、飲食的時間也縮短，所以空閒時間大增，對老年生活之安排增加不少困難。老人不需要很多的空閒時間，卻有很多時間，年輕人需要很多空閒時間，卻沒有很多時間。因此，老人如何安排他（她）的生活，如何利用空閒時間，這是現在老人生活一大課題。

通常國民生活時間可分為：(1)睡覺、飲食等生理上不可缺少的生活必要時間；(2)工作或學業、家事等生活上必要拘束時間（必須受限制之時間）；(3)上述生活必要時間及拘束時間之外的趣味、健康等娛樂休閒的自由時間等生理、勞動、休閒三種時間。現在由於科技的發達，家事、工作或通學等時間都比以前縮

短，除了睡覺以外，飲食時間也漸漸在縮短中，因此一般中年人的空閒時間也越來越多，尤其是上班週休二日制之普及，家事勞動時間之減少，以及國民意識之提高，使空閒時間越來越多，因此，如何善用此空下來的時間，做有益於個人的健康或滿足自己的興趣的事、參加各種社會活動，尤其老人為預防社會疏離或被社會孤立，更須運用這些時間，從事自己想做的活動。

在老人娛樂休閒活動中，其活動時間以收聽收音機、看電視、看新聞報紙或雜誌所花的時間最多，每日平均約 2～3 小時，其次是休息、養神等每日平均約 1 小時，再其次為趣味、娛樂活動等每日平均約 30 分鐘，再其次是健康有關的體操、爬山、散步……等每日平均約 5～6 分鐘，最少是社會服務活動，每日平均只有 4～5 分鐘。

一、老人俱樂部

(一)社區長壽俱樂部：各縣市老人為了獲得聯誼休閒活動及其他服務，如慶生、健康檢查、各種文康及有益心身健康之活動……等等，有必要參加這種社區長壽俱樂部。

(二)長春俱樂部：各縣市退休之軍公教人員為獲得各種服務與照顧，有需要參加長春俱樂部。

(三)社區松柏俱樂部：臺北市老人為增進休閒康樂活動，有需要參加「松柏俱樂部」，可享受到圖書閱讀、說書、繪畫、品茗、聊天、琴、棋藝等娛樂活動。

(四)其他：如高雄市也有類似上述的老人俱樂部活動。

二、老人有關的團體或中心，老人為享受各種文康活動及其他服務，必須參加下列活動

(一)各縣市老人會。

(二)中華民國老人福利協進會分（支）會。

(三)老人休閒中心。

(四)老人交誼中心、文康中心。

(五)其他老人有關的組織。

三、老人節活動

老人要積極參與老人節活動，如集會慶祝、郊遊、登山……等活動。

四、各種優待

搭乘各種交通工具、遊覽觀光地區、娛樂場所門票等半票優待，及從事個人或老人團體旅遊或康樂……等活動之優待（內政部社會司編，2003）。

五、旅遊活動

積極參與老人遊覽及觀光旅遊等活動。

六、老人運動會

參加老人運動會，增進心身健康。

七、其他

如利用巡迴文庫……等。

第四節　老人的社會服務

為不使老人天天都是星期天，有必要走出門外，經驗不同的日常生活，以促進心身之健康。

一、友情訪問

老人個人或老人團體定期或不定期訪問其他社區（地區）的老人，促進相互交流增進友誼。或定期訪問臥病以及獨居老人，使這些不幸或孤獨老人過著溫暖生活。

二、整理公共環境

老人團體定期或不定期清掃公園與其他公共場所，以及從事社區營造。

三、社會調查與研究

調查老人的需求、社區的需求，作為改善老人福利及改善社區之參考。

四、與中小學生交流

老人團體定期與中小學生會談，促進雙方正確認識，增進友誼。

五、組織老人有益團體

老人為謀其福利促進心身健康，必須組織有益老人的團體，如老人激勵會、社會福利推行協進會等。

六、與社會福利機構聯誼或建立關係

如與各仁愛之家老人或少年輔育院學生，以及育幼院院童、啟聰、啟明，或其他殘障福利有關的學校學生等交流，獲得心身健康愉快生活。

七、參加志工（義工）活動

老人個人若有空閒時間又能幫助他人者，可參加極有意義的志工（義工）工作，這種活動不但可收助人為快樂之本的服務意義，而且也可運用時間充實自己的晚年生活，而達到心身健康之益處。

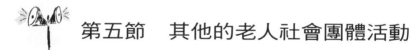

第五節　其他的老人社會團體活動

老人除了上述之社會活動之外，還有其他的團體活動，如政治、宗教等。

一、政治活動

有人說人類是政治動物，所以不管是家庭或社會，都有支配與被支配的現象存在，老人當然也不能例外。依據筆者1988年的臺灣老人生活意識之調查研究，發現男性老人對政治活動比女性老人為高，而年齡愈高其對政治活動就愈少。老人對政治的活動愈熱心者其老化的速度愈慢，生活也較愉快（江亮演，2004）。

二、宗教活動

宗教是具有哲學性的價值，也是信仰來世的一種人類行為，它不但可使人類日常生活更有意義，而且影響到我們社會之倫理、經濟、政治、教育、藝術等各方面的行為，尤其是道德行為。

(一)宗教的特徵

通常宗教有下列幾個特徵：

1. **儀式**：為了使所信仰的神更為神祕，所以有各種儀禮，而這些儀禮並不一定是合理行為。

2. **愛人（利他）**：宗教是講積德做善事，把慈善事業的倫理體系化。

3. **信徒自己神化**：信徒常常認為自己是神的化身或神的兒子、神的部屬……等，以提高身分來安慰自己，並以求來世之幸福。

4. **神器**：為表示所信仰的神之偉大或傳統，而有各種神器，使一般人敬畏。

麥斯・偉伯（Max Weber）認為宗教信仰不但是觀念上的信仰，而且表示其所占的主要地位，也就是它不但是以知聖乃至靈性認識（gnosis）為基礎，而且是真誠（pistis）相信受救世主之啟示與願受神的約束。所以信仰是依傳統、教典、教義來行動。同時常與咒語巫術，尤其常與舞蹈、歌唱、音樂、神像連結在一起。

(二)宗教的分類

宗教以信仰的神之多寡來分的話，即可分為一神教與多神教；若以宗教行為來分即可分為咒語巫術與祭司，以及預言者。咒語巫術師是以咒語巫術為手段，使鬼神依其法意而行動；祭司是職業性為神服務；預言者是以說教為主的人。若以宗教教主（名稱）而分，即可分為道教、佛教、基督教、天主教、回教……等。

宗教在我國來說，是以民間信仰為主，而這種信仰又不是純粹我國創立的道教，也不是純粹佛教，而是以儒家思想為主混合道教佛教為一體的宗教。在道教方面是以神仙之說為中心，加上陰陽五行、讖緯、醫學、占星等之說或巫之信仰，有以不老長生為目的的咒語巫術性傾向，是注重現世利益的自然宗教。最早

的道教稱為「太平道」、「五斗米道」，是具有咒語巫術性以救人為主的宗教。

(三)我國民間信仰的神職人員

在我們國內民間信仰常見的神職人員包括道士、法師、乩童、尪姨、鸞生（扶鸞）等，大都以替人治病為多，也有替人相命、相風水地理……等。同時這些神職人員為人治病、相風水地理的方法，可分為問神、落地府、進花園、貢王（與邪神鬼魔打鬥）、脫身（魂魄被惡鬼所擄而向惡鬼討回來）、送流蝦（以蝦供神以祈產婦母子平安）、輦轎（以輦轎抬神而神用輦轎柄在砂盤或米糠上寫字指示）、觀落陰（把想到陰府者用催眠方式使其到陰間查案或查事情原因）、牽亡（把亡故者之靈魂透過尪姨的乩童，與其家族或其他親戚朋友說話）……等。通常做上述這些活動的地方（場所）是於鸞堂（壇）、私人的寺廟或住宅為多。而其他宗教如佛教、基督教、天主教、回教等神職人員較為單純，活動地點也較固定。

(四)我國民間信仰的神

在國內的民間信仰所信奉的神以道教、佛教系統的神為多，如：玉皇大帝、瑤池金母（王母）娘娘、伏羲、神農、黃帝、三界公、太上老君、釋迦牟尼佛、觀音佛祖、藥師佛、藥王、玄天上帝、浮佑帝君、孔子、碧霞元君、關聖帝君、齊天大聖、太子元師、天上聖母、保生大帝、三山國王、包公、註生娘娘、地藏王、城隍爺公、五府千歲、三府千歲、輔順將軍、延平郡王、陳靖姑、三姑娘、痘公婆、庚申爺、土地公……等。至於其他的宗教如佛教、基督教、天主教、回教等所信仰的神就較單純，不像民間信仰這樣複雜繁多。

(五)我國老人的宗教活動

一般來說年齡愈大其宗教信仰愈誠心、愈熱心，除非他（她）沒有行動能力，不然其參加活動的比率是比其他人為高。老年人因人際關係以及精神生活活動上的需要，必須有宗教信仰。尤其老人大部分都相信死後有另一個世界，而認為如果沒有在未死亡之前向神贖罪，死亡後會受因果報應而下地獄受盡痛苦。通常女性老人參加宗教活動比男性老人為高。

在國內老人信仰民間信仰者最多，其次為佛教、道教、基督教、天主教、回教……等。日本是一個佛教氣息很濃厚的國家，其社會一般老百姓都對佛祖，尤其是觀音菩薩非常尊敬，他們的觀音佛祖有很多類，有一種觀音稱為保護老人的

觀音菩薩，觀音右手牽著男性老人，左手牽著女性老人，凡是老人想避免得到老人慢性疾病，或已罹患老人疾病者向「護老觀音」祈願的話，即可預防及治癒，尤其是老人癡呆症，因此很多老人都非常信仰「護老觀音」，目前日本有三十三處的寺廟有奉祀這種「護老觀音」神像，老人團體常常組團遊覽這些「護老觀音」的佛寺，一方面可祈福保祐不患或治癒老人病，一方面又可旅遊，增進身心健康，一舉兩得（江亮演，1990）。

　　在國內的老人之參加宗教活動程度在任何時間都參加的，是女性比男性多，但時常參加或偶爾參加或全無參加的，卻是男性比女性多。

關鍵詞彙

・志願服務　　　　　　　　・退休人員

・老人學校　　　　　　　　・老人教室

・遐齡學園　　　　　　　　・老人休閒

・松柏俱樂部　　　　　　　・護老觀音

・老人工廠　　　　　　　　・定期講座

・老人大學　　　　　　　　・老人學習性俱樂部

・老人講座　　　　　　　　・長壽俱樂部

・老人社會服務　　　　　　・共同創業

・老人空中教育　　　　　　・老人圖書館

・長春學苑　　　　　　　　・松柏學苑

・長春俱樂部　　　　　　　・民間信仰

自我評量

1.試述報酬性老人工作內容。

2.試述無報酬性老人工作內涵。

3.試述老人教育意義與其種類。

4.試述臺北市、高雄市及其他縣市的老人教育。

5.試述老人的休閒內容。

6.試述老人的社會服務。

7.試述其他的老人團體活動。

＊＊＊＊＊＊＊＊＊＊＊＊＊＊＊＊＊＊＊＊＊＊＊＊＊＊＊＊＊＊＊

參考文獻

一、中文部分

內政部社會司編（2003），《社政年報》，臺北市：內政部發行。

江亮演（2004），《社會福利導論》，臺北市：洪葉文化事業公司。

江亮演、余漢儀、葉肅科、黃慶鑽編著（2001），《老人與殘障福利》，臺北縣：國立空中大學。

江亮演（1990），《快樂的老人》，臺北市：臺灣省政府社會處、中華日報社出版部。

江亮演（1988），《老人福利與服務》，臺北市：五南圖書出版公司。

江亮演（1988），《臺灣老人生活意識之研究》，臺北市：臺灣省政府社會處、蘭亭書店。

江亮演（2004），《老人福利講義》，新竹市：玄奘大學自印。

饒穎奇譯（1982），Marcella Bakur Weiner 等著，《老人服務》，臺北市：中華民國社區發展研究訓練中心。

二、英文部分

Blan, Z. S. (1956), "*Changes in Status and Age Identification*", A. S. R. XX1.

Ciuca, A. Die (1965), "*Gerontologischen Landkarte der Rumanischen*", Volksrepublik.

Louis Lowy (1979), "*Social Work with the Aging*", N. Y.: Harper & Row. Publishers.

第六章
老人福利制度與措施

第一節 老人福利服務概念

　　為培養老人的人際關係，改善其家庭生活品質，防止老人家庭破裂以及促進老人心身健康與社會安定，必須加強在宅及社區老人福利服務。

　　我們都知道，若把一位健康的老人收容於安養機構內過著團體生活，不但要花很多費用，而且使老人離鄉背井，告別住慣而有感情的地方，與親友鄰居隔離，其無奈與憂傷可想而知。同時據統計，每年花在安養機構內每一位老人身上的費用，比在機構外（社區）救助的老人多出九倍。又因收容老人的安養機構（院內）之設備、服務人員的素質以及服務態度等，不但院內老人很難適應、精神生活也難滿足，而且常致院方與院民發生衝突，造成社會一般人對政府所推行的老人福利措施打了折扣。為避免這些缺點與充分造福老人起見，除殘障或臥病等非一般家庭能力能照顧之老人，由政府收容在機構或以社區方式照顧外，儘量不收容健康老人，而以居家福利或社區老人福利來服務，如此，不但可減少政府的負擔，而且還可由老人的意願選擇服務的方式，來接受政府或地方人士的照顧。至於有關老人福利服務可分為下列幾項：

一、服務方式

(一)社會個案工作

社會個案工作（Social case work）是依老人個別的內外環境，找出其問題的因果關係，提供專業服務來幫助老人解決問題，增進老人個人及其家庭的福祉之一種技巧與方法。所以是一種「質」的服務，大都用在比較特殊或嚴重的老人問題方面，如心理疾病、家庭破碎等的老人服務。

(二)社會團體工作

社會團體工作（Social group work）是一種協助老人個人解決生活適應問題，也是藉透過團體互助經驗、協助老人發展社會意識的一種方法。其目的是幫助老人個人的成長與治療老人個人心身及社會適應等問題，因此其團體種類可分為：(1) 娛樂團體，提供娛樂性團體活動；(2) 訓練休閒活動之技巧團體，透過導師、教練的指導，以任務取向為主的團體；(3) 教育性團體（Educational group），幫助人們獲取更多的知識與學習更複雜的技術之團體；(4) 解決問題及決策團體（problem-solving & Decision Making group），透過團體會議方式發展出對案主的處遇計畫，如何蒐集更多資源，改善服務輸送系統、協調有關機構而決定達成機構的決策等，是其重要的工作過程；(5) 自助團體（self-help group）是自願參與的小團體，以互助方式來達成其特性目的之團體；(6) 社會化團體（Socialization group）是發展或改變團體成員的態度或行為，使其變得更為社會所接受，如社會技巧發展，增進自我信心等團體；(7) 治療性團體（Therapentic group）是運用透視分析、人類行為、團體動力知識、諮商等技巧來改變成員的行為之團體；(8) 社會行動團體（Social-Action group）以發揮老人本來潛能，解決老人生活環境中某些問題的團體；(9) 會心團體（Encounter Group）是團體成員關係非常密切，並且自我坦露的一種團體經驗，其目的是在增進人際覺知，也是一種敏感度訓練的團體（江亮演等，1995）。

(三)社區工作

社區工作（Community Work）是以組織、社會結構與倫理為基礎，敦親睦鄰，互助合作，改善社會風氣，以科學的根據，重視社會安全、居民健康幸福，而以新的理想設計與安排，促使其自行發展，也是以民主為內容，以平等自由公

平方式動員居民人力、物力、財力，從事互相照顧、共同努力的一種過程。現在社區工作都注重在老人長期照顧的社區照顧，如機構式、日間服務式（托老、托護）及居家式（在宅服務）等照顧，促進老人在地老化方面。

二、老人福利組織與結構

老人福利的組織與結構，應依老人日常生活所面臨的困難，按老人的需求提出因應的福利對策，不過由於篇幅關係，下面只就老人福利的領域為中心，加以介紹如表6-1：

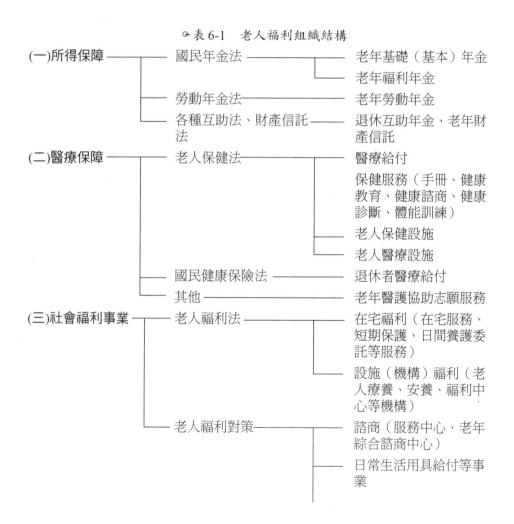

◆表6-1　老人福利組織結構

(一)所得保障	國民年金法	老年基礎（基本）年金
		老年福利年金
	勞動年金法	老年勞動年金
	各種互助法、財產信託法	退休互助年金、老年財產信託
(二)醫療保障	老人保健法	醫療給付
		保健服務（手冊、健康教育、健康諮商、健康診斷、體能訓練）
		老人保健設施
		老人醫療設施
	國民健康保險法	退休者醫療給付
	其他	老年醫護協助志願服務
(三)社會福利事業	老人福利法	在宅福利（在宅服務、短期保護、日間養護委託等服務）
		設施（機構）福利（老人療養、安養、福利中心等機構）
	老人福利對策	諮商（服務中心、老年綜合諮商中心）
		日常生活用具給付等事業

- 社會活動參與事業（老人俱樂部、老年人力運用中心、資訊中心、老人工廠等機構）
- 設施利用（老人靜養、休養休閒、老人旅社等設施）
- 老人住宅居住設備資金貸款事業
- 自費老人之家、老人人力開發、老人人才銀行
- 社區照顧（長期照顧）與在地老化服務

(四)勞動對策
- 老年僱用安定相關法律
  - 60歲以上者退休指導、65歲繼續僱用促進
  - 國家援助（老年僱用確保助成金、多數僱用獎勵金、退休僱用促進助成金、特定求職者適用開發助成金）
- 能力開發 —— 生涯能力開發給付、老年能力再開發訓練
- 就業諮商、就業輔導
- 農村老人生涯活動 —— 結構轉換能力開發對策

(五)住宅對策
- 同住對策 —— 公營住宅，提供三代以上同堂家戶居住
- 近鄰居住對策 —— 公營雙人住宅供應以親子家庭優先
- 老年夫婦、獨居者對策 —— 提供特定目的之公寓、單身獨居老人公寓
- 福利因應住宅 —— 現成公寓改造為老人住宅

(六)生涯學習 —— 高齡老年教育 —— 老人教育助成事業

(七)租稅優待
- 所得稅 —— 老人、本人之配偶扣除、老人撫養扣除、老年年金扣除
- 其他租稅減免優待

(八)其他———┬───老人福利經費來源
　　　　　　├───老人福利工作人員的培養
　　　　　　└───老人福利事業調查研究

 ## 第二節　老人勞動就業、年金與所得

一、老人就業

(一)保障老人僱用、就業機會

為保障老人僱用與就業機會，有必要推行下列措施：

1. **延長退休或僱用年齡**：修改法令，延長公教人員及勞工退休年齡之同時，應建立提前退休健全制度，使被僱勞動者有彈性退休選擇，亦可充分利用老年人力與經驗，減少浪費人力資源而對國家社會發展有所助益。

2. **獎勵僱用老人措施**：對繼續僱用65歲以上老年勞動者或僱用退休後之老年者，政府補助薪資以資獎勵，以提高老年再就業機會。

3. **因應延長退休或僱用年齡所帶來的高年勞動者心身機能的變化，而應積極改善職場環境**：為防止高年勞動者的勞動災害，應普及工業輔導、保障高年勞動者工作安全，所以應先改善及開發職場設備與機器，建立高年者職場環境改善資金融資制度等，促進資方改善老人工作職場環境，保障老年人工作安全。

4. **多種型態的僱用與就業機會的保障**

　(1) 促進再就業：考慮高齡者僱用的困難，政府應以國民就業輔導機構為中心，積極推展老年就業諮商，健全老年職業介紹體制以確保老人就業機會，尤其因應老人的就業需求作多元化的就業輔導。因此，對業主作具體個別求人的勸導，提供求職老人資訊或僱用老人的助成獎勵措施，促進老人再就業機會。

　(2) 提供高齡期有關的裁量僱用機會：由老人自己選擇或考量，並運用派

遣老人去工作的特例制度，或運用老年職業經驗中心，透過老人的職業經驗知識、技能，提供短期僱用的就業機會。尤其是在公立國民就業輔導機構設置老年期僱用就業支援中心，對在職中的中老年者，能在其高齡期依其能力，有各種可自行選擇實現其勞動工作的各種職業生活設計之指導或協助。

(3) 提供社區老人的臨時或短期的就業機會：依人力開發人才銀行的支援，就老年的就業需求，提供與社區日常生活有密切關係的臨時或短期的就業機會。以及創設老人就業、老人照護（介護）支援事業，尤其全國各地老年人才中心或人才銀行提供老人就業機會。

為了保障地方中高年者多元需求的僱用與就業機會，作為社區中高年者僱用支援事業，各縣市應指定地區事業團體，透過各縣市的各種活動來協助老人成功就業。

(4) 支援勞動者高齡期及退休後的生活設計：在職的老年人應早作準備，因此有關機關單位除應提供必要資訊外，對屆齡退休者也應援助其生涯規劃或生活設計（須鄉昌德，1989）。

(二)促進老年勞動者透過其生涯規劃發揮其潛能

1. **透過長期職業生活來開發能力**：以有關職業能力開發促進法及職業能力開發基本計畫為基礎，支給能力開發給付金，推展企業有關的計畫性職業能力開發，依中高年勞動者受僱獎勵金支給方式來推展個人自發性職業能力開發。同時各縣市應設置職業能力開發服務中心，提供有關職業能力開發的資訊、諮商等援助，透過老年勞動者本身或企業來推動職業能力的開發。

2. **實現充實（豐富）的職業生活**：促進健全週休二日制度的普及與每年取得有給休假，減少特定外勞人數，達到年間總勞動時數為 1,800 小時或每週 40 小時以下，以及繼續向著縮短勞動時間（時數）邁進，尤其除了特殊措施對象事業外，應全面實施每週勞動 40 小時的制度，並且應普及有給休假制度以及勞工休閒活動，以利老人就業。

3. **發揮受僱就業的女性能力**：以男女共同參與勞動的觀念為基礎，運用女性勞動者，尤其老年受僱就業的女性應受到保障，積極給予企業有關的

指導。同時在僱用的領域中，應保障男女均等機會與待遇同工同酬的政策。為了援助日增的潛在女性求職者之再就業為目的，推行因應女性多元需求的職業介紹功能體系之「女性主義」女性至上的事業。

4. **推展職業生活與家庭生活並行的支援對策**

(1) 拓展育嬰休假制度與介護休假制度：以育嬰休假制度及老人或殘障者介護休假的勞工福利有關的法律為基礎，推行育嬰休假及老人、殘障者介護休假的支援。

(2) 職業生活與家庭生活並立並重的支援事業：以育嬰與介護等假作為職業生活與家庭生活並重並立的支援事業，即很容易取得育嬰休假或介護休假的制度之同時，也應容易達到職場復歸等健全制度與環境，而使育嬰或介護老人或殘障者的勞動者有繼續就業機會，因為介護殘障的子女或家族老人，才不致因為介護工作而失去繼續工作的機會。

5. **健全完整多元化工作型態的環境**

(1) 健全完整可自由選擇的打工勞動對策之環境：打工勞動對策所關的以改善短期短時間勞動僱用管理有關的法律，及為改善短時間勞動之僱用管理所應推行的方針為基礎，積極實行與檢討改進外，也應檢討老年勞動者派遣事業制度，以利老人打工制度的推展。

(2) 運用資訊網路開發普及遠距離（在家使用電腦終端機而不用到服務機構上班）勤務型態工作：以與地方政府共同利用的電信網路，普及推展中高年者新僱用就業型態之指導、輔導（日本總務廳編，1998）。

(三)老人就業與創業

●一般老人就業與創業

1. **老人就業**

(1) 老人職業訓練：在老人未退休前兩年內，調查及測驗老人性向，並依其生理、心理健康及興趣意願等分類，訓練適合老人工作的各種職業，以便退休後轉業，增加再就業機會。受訓期間，公家機關單位者一律留職留薪，私人機構單位者一律留職半薪；若資方無法負擔者，由政府補助之。

(2)老人免費職業介紹：各鄉鎮市（區）設置為老人提供就業資訊、介紹就業及追蹤輔導機構，以助老人就業。

(3)老人人力銀行：運用老人知識與經驗再為社會服務，凡60歲以上具有相當知識與特殊技能或經驗，以及老人自行申請者為對象建檔，當公私立各機關學校單位舉辦某些活動時，即由該人力銀行當局選派適當的「老年才俊」前往主持或指導。老年才俊每年舉辦20小時以上研習及一年兩次以上的座談會，交換工作心得。同時按老人的意願及興趣、知能、經驗等，推介或輔導老人擔任適當工作。

(4)其他：如研究開發老人適合的工作，舉行老人生產、就業有關會議、籌措經費編列預算以應開支等。

2. 老人創業

依老人學識、知識、經驗、技能及其生產活動的意願，獎勵老人創業。至於創業資本、場所以及其他所需費用，可向有關單位申請補助或貸款。其產業種類可分為：

(1)陶瓷工藝：協助其設備及成品的推銷等工作。

(2)園藝：協助取得場所及優良花木等品種、栽培技術，以及花木產品之推銷。

(3)木工：協助設備、工具、技術及成品之推銷。

(4)養牛、養豬、養鹿、養羊、養魚、養雞鴨鵝等畜牧漁業：協助個人或團體經營，並對其經營資本畜類品種，經營管理技術、生產品推銷等工作給予必要的幫助，以增加老人收入。

(5)其他：如手工藝、紡織、經營旅社、餐廳、游泳池、資源回收、打掃公司等事業之輔導。

3. 老人就業、創業有關的俱樂部

為促進老後生活富裕，提高老人謀生能力，促進老人心身健康，以及社區交流為目的，推行組織老人就業、創業有關的工藝、陶藝、瓷藝、繪畫、插花、園藝、醫療保健、家畜飼養、寵物飼養等俱樂部（江亮演，2004）。

● **安養機構（院內）老人就業與創業**

1. **職業教育與訓練**

   (1) 定期或不定期聘請專家舉辦老人職業教育講座，增加新的知識。

   (2) 分農、工、商、家事等科，按院民的意願興趣、身體、性向等情況分別教導院民，訓練院民有一技之長。

   (3) 建教合作，利用商人的資本、技術、機械、設備等訓練教導老人技能。

   (4) 身心障礙院民須先給予醫學和職業重建，然後給予職業輔導。

2. **老人工作室或老人工廠**

   (1) 老人安養機構設置適合老人工作之各種機械或設備的老人工作室或工廠、工作中心，供院民自由參加從事生產工作。並分計件、計時、計日、計月等給予報酬。院方除收取必要之維護費用外，其餘利潤全歸參與工作的院民，以保障院民的利益。

   (2) 向政府機關學校或其他團體以及廠商等，包攬適合老人工作的事物，供老人在院內（機構內）工作，如裝訂書籍、印刷、製造、裝訂或其他機器零件組合等，提高利潤，增加院民收入。

   (3) 除提高院民工作機會或工作待遇外，須考慮到院民工作環境的安全。

   (4) 院民有意而且有工作能力參與院內之老人工廠、老人工作室的作業者，應給予工作機會，不得藉故拒絕。

   (5) 工作中遭遇意外傷害者，應立即送醫，院方除有社會保險外，應負一切醫藥費及損害賠償責任。

3. **老人就業服務**

   (1) 介紹老人就業，調解老人就業有關的糾紛，解答院民就業上的疑問，提供院民就業資訊，爭取院民就業機會等。

   (2) 對有必要調整工作的院民，給予適當指導而協助其選擇職業，並給予適當的教育與訓練，使其獲得理想工作。

   (3) 院民有特殊技能、手藝，或可代人管家、照顧小孩、商店等，而有意外出工作之身心狀況又良好者，院方須推介其外出工作。經院方推介或自尋獲得工作者，可長期或短期在外工作。長期在外工作達一個

月以上者,可留籍停養,暫停其主副食費及其他福利至其歸院為止。若短期外出工作者,可分為住宿院外與住宿院內兩種,前者為住在外面晚上不回來;後者是晚上回來住宿。短期外出工作者,雖可留籍留養,但其所得收入除交出總額的 10% 作為全體院民福利金外,院方或院內員工不得藉故要求捐獻財物。

4. 公共造產

分農藝、園藝、林業、養殖業等事業,由有意工作院民分工合作,共同經營,所得利益歸全體院民及院內員工所有,院方除收取必要之費用外,所得收入不得移作他用或歸院內員工私人所有(江亮演,1988)。

5. 其他

(1) 邀請院民參加老人職業有關會議,聽取院民意見,作為院內老人就業、創業等輔導之參考。

(2) 使院民有機會參加職業或工會的活動。

(3) 舉辦老人就業,生產有關教學、研究、參觀或觀摩等活動。

(4) 使院民有重溫家庭家務,如烹飪、看小孩等家庭生活機會,並推介和安置老人於短期寄養家庭生活。

(5) 使院民有參與各種宗教活動機會,如為寺廟、教堂工作等。

(6) 使院民有參與公民政治、政黨、慈善事業、社會工作、社區等活動機會。

(7) 促進院民趣味或娛樂等活動,如盆栽園藝、蒐集郵票、美術或工藝、體育、老人運動、讀書、音樂、電視、寵物飼養等活動(江亮演,2004)。

二、老年年金

老年年金制度的功能是保障老人老後所得,也是保護老年生活安全的最好辦法。

在高齡化社會,年金制度是維持老人生活費用來源,也就是老人所得最好的保障,老人有年金,自然就不必全靠子女或其他的人來扶養或救助,其生活就有尊嚴,否則年老多病,又沒有所得收入來源,而工業化社會家庭結構的核心化,

子女的經濟能力以及親子關係的疏遠等等，要如傳統農業社會那樣養兒防老或受到子孫們的晨昏定省孝敬是相當困難的，因此，最好以社會保險方式來推行年金制度，以保障老年生活安全。

一般先進國家都有各種年金制度來保障弱勢或年老國民的生活安全，其年金種類各國不盡相同，不過主要的年金種類可分為：

(一)國民年金制度中的老年年金

國民年金也稱為基本（礎）年金（國民基礎年金），是以老年年金為主，並與身心障礙（殘障）者年金、遺屬的各種年金或各種津貼所構成的社會安全制度。

國民年金一般是以20～60歲的全體國民或特定外國人為對象，繳納一定金額的保險費達到25年而且年滿65歲以上老人，就可申領「老年年金」給付。其每月給付金額大小即依其繳納保險月數多少，及其領取的年齡而定。通常是以65歲為給付年齡，但可提前或延後申領，若提前者可領取「減額年金」給付，若延後者可領取「增額年金」給付。不過有些國家卻是凡達到某一年齡的國民就必須加入國民年金保險，而達到某一定年齡就可每月領取一定金額的老年年金給付。

年金是長期給付的制度，並且是隨著物價漲跌調整的保險制度，尤其老年年金是可領到死亡為止，因此老年年金制度是最能保障一般老年生活費用來源的一種社會保險制度。

(二)勞動年金制度中的老年勞動年金、國民基礎年金

凡是參加勞動有關的保險，如勞工、農、礦等社會保險，繳納保險費達25年，年滿60歲以上而退休者，按其投保年數、薪資給與特別的「老年勞動年金」給付。若65歲以上老人還可在「老年勞動年金」上支給「國民基礎年金」。

(三)退休互助年金

依法退休者，可領取比照勞動年金支給方式的「退休互助年金」。

(四)附加（補足）年金

以保障維持以往所得水準為目的，所採取依報酬計算比率的一種年金制度。也就是彌補每月勞動年金給付與以前所得的差額，以維護退休前的生活水準之年金制度。

(五)其他

如個人保險或年金、同行企業年金、協約年金等年金制度。

三、老人所得

老人的收入除上述的有酬就業創業等工作、老年年金、個人的保險等外，還有下列收入：

(一)現金收入

1. **不動產收入**：不動產收入在老年來說是一種重要的所得來源。在臺灣約有60%以上的老人有不動產收入，因我們老年年金制度未普遍推行，所以依靠不動產收入作為其全部收入者超過30%以上。

   我國有18%公教人員退休優惠存款利息，也可視為個人年金或不動產，也是公教退休老人的所得來源之一。

2. **公共救助**：以低收入戶生活補助的公共救助為主，其對低收入的老人提供現金給付，是低收入老人主要收入來源，也是低收入老人生活費用的重要來源。

3. **其他收入**：包括退伍軍人給付、退休人員家屬的現金給付等。

(二)實物收入

1. **政府提供的實物轉換服務**：除如醫療照顧，老人健康照顧，低收入老人照護、老人長期照護等補助或優待，減少老人支出負擔外，其他還有食物券和老人公共住宅福利措施，也對低收入老人提供重要的實物轉換服務。

2. **私人提供的實物轉換**：非官方的民間對老人的服務大都以實物轉換為多，包括照顧和對被照顧家屬的服務，其次是提供減免費用的住宿優待。這些都是減少老人經濟上的負擔，對老人有很大幫助。

3. **耐久性消費財**：房子是老人不動產之一，在臺灣的老人有房子的比例相當高，大約有75%的老人有房屋所有權。不過轉換此不動產而成為收入來源是非常困難的。因此變通辦法是將房子抵押，折損為每月固定的年金收入（逆貸款），不但可留住在自己家中，亦可增加收入，不失為老人收入變通方法，如美國透過聯邦承認的儲金和貸款協會，使擁有房產

的老人在其家中「按月領取以目前市場房價為基礎的固定比例之收入」（Schulz. 1988）。不過必須考慮死後留給子孫的房子之剩餘價值偏低的問題及抵押房子的年金所得，醫療救助的資格審查是否有計算房地產，因為在美國有些州，房子的剩餘價值是可計算進去的。

(三)財稅

老人的收入也會受到財稅政策的影響，尤其是所得較高的老人，可從對他們收入有利的財稅條款中獲利。如很多老人終身受惠於財稅政策，將貸款給付和房屋稅列入免課稅收入，並將私人年金收入和社會安全年金收入置於優先課稅項目之外。此外，減稅也特別有利高收入老人，在美國，有三十一個州對老人、殘障者或某些家庭提供免徵財產稅的優待（李開敏等譯，1996）。

第三節 老人醫療保健

一、老人的生理與心理疾病

老人福利基本服務，也就是老人最起碼的福利服務，簡單說是維護與保障老人心身的健康。由於老人的「老化」所帶來的各種疾病及生理功能喪失的程度比一般人多而嚴重，所以老人使用醫療資源比一般人多出很多，因此，老人最需要也就是老人需求最迫切者，就是營養與醫療保障。通常生理健康與否是與心理健康有互為因果的關係。

老人生理健康與心理健康的因素相當複雜，遺傳因素、環境問題、人格與社會環境、教育程度與知識，以及國家的醫療保健政策，尤其科技的發展等都有密切關聯。從影響「老化」的社會環境、社會因素來說，庫巴斯（Kuypers）及賓德遜（Bengtson）在 1973 年的社會衰退症狀主張時，說伴隨老化而來的生理變化及其對老人所產生的社會意義之間有相互作用，如圖6-1。

從圖6-1可知老人受到A、B、C、D、E等社會環境與社會因素影響，而會走上第一階段有能力脆弱減退的感覺，然後會產生F懷疑過去適應方式及G的前所未有的依賴之第二階段依賴外在情境釋義，然後又受到H視年老為依賴人口的社會壓力而走入第三階段，接受無能的社會標籤，然後就會產生老年須依賴機

構或認為學習而來的知識技能也是無助於事,以及年老多病的依賴角色,而進入
第四階段,喪失或萎縮先前技能而導致依賴角色。所以,老人的生理疾病罹患原
因,除遺傳、生理老化等因素外,還有受其他社會環境社會因素,如公害、社會
壓力,以及心理的壓力所影響。

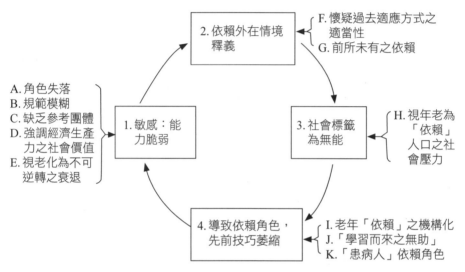

◎ 圖6-1　人類老化與生理、社會關係圖

◆資料來源:J.A. Kuypers and V.L. Bengtson, 1973: 181-201。

(一)老人生理疾病

1. **老化原因**:(1) 衰竭或體能耗損,即人體如同機器已變舊或耗損磨損嚴重
   而毀壞;(2) 體能漸衰至限界,即生命力有限已消耗怠盡,是一自然老化
   的結果;(3) 新陳代謝不良,即新陳代謝障礙有害人體廢物之累積所致;
   (4) 免疫力減退,即隨著年齡增加致使體內抗體的免疫系統衰退,無法抵
   抗病毒所致;(5) 細胞退化,即細胞分裂能力隨著年齡增加而減低;(6) 膠
   原僵硬,即體內膠原隨著年齡的增加而變僵硬失去彈性,促使老化速度
   加快;(7) 突變,遺傳要素(D. N. A)發生突變,尤其更多細胞產生突變
   時,即會引起器官的變化;(8) 人體內恆定(Homeostais)發生變化,即
   節制血液酸鹼值(Blood Ph)、血糖(Blood sugar)及脈搏跳動率(Pulse
   Rate)的能力隨著年齡的增加而逐漸減退;(9) 消化系統腐敗,即消化系

統不良或腐敗會影響營養的不良，而致身體衰竭；(10)其他，如自由基等因素，罹患各種癌症。

2. **老人生理變化**：年老多病，「老」與「病」常連結在一起。老人常見的生理變化有：(1)皮膚：隨著年齡的增加而變化，如變黑、變粗等；(2)血管動脈硬化：隨著年齡增加，膽固醇含量也會升高，而致動脈硬化；(3)內分泌及新陳代謝異常：因生理上的老化致使肝臟等功能退化，影響到內分泌及新陳代謝，產生糖尿病、痛風等疾病；(4)高血壓：由於隨著年齡增加，血液濃度也增高，容易發生高血壓疾病；(5)鼻、喉、舌功能退化：由老化致鼻腔、咽喉等黏膜萎縮及舌頭味蕾神經的退化；(6)腫瘤：生理老化，細胞發生變化，加上內分泌、血壓不正常，容易罹患腫瘤及癌症；(7)牙齒疾病：老化致牙齦萎縮、齒質變化，容易發生牙周病等疾病；(8)腎臟病：老化所引起的血液循環、血壓不正常，引起腎臟的負荷而容易發生腎臟病；(9)肌肉及骨骼疾病：由於老化致發生肌肉萎縮或骨骼疏鬆等疾病；(10)呼吸系統疾病：因胸肌萎縮、肺活量減低等易引起肺氣腫；又空氣污染致肺葉碳化、易罹患支氣管炎、肺炎合併症等疾病；(11)消化系統：由年齡增加致胃的收縮力減弱，大小腸擴張，胃或脾臟硬化等，使唾液、胃膽液、腸液分泌減少，食物不能完全消化，以致營養不良，產生疾病；(12)心臟病：因老化，血脈阻塞，心瓣和心肌自身障礙，使心臟發生疾病；(13)神經系統異常：由於老化細胞數減少或死亡，腦機能退化，各部神經常有麻痺現象的疾病產生。

●老人慢性疾病的特徵與種類

1. **特徵**：(1)初期症狀不明顯，難以覺察；(2)潛伏期長，必須作長期治療；(3)年輕或抵抗力強時，不覺得痛苦，但年老時，其痛苦會影響到日常生活；(4)容易導致殘障而長期依賴他人；(5)要恢復健康需要長期照護與復健；(6)常常影響到經濟上、心理上、生理上的壓力與負擔。

2. **種類**：(1)循環器官疾病，如動脈硬化症、高血壓、心臟病（心絞痛、心肌梗塞、心臟衰竭）、癡呆症、腦血管障礙（腦血栓、腦出血、腦缺氧、高血壓、失智症）；(2)新陳代謝及內分泌疾病如糖尿病、肝病、痛風症、肥胖症、慢性腎臟病、尿毒症、攝護腺肥大；(3)消化器官疾病如

食道、胃、舌、腸、十二指腸潰瘍；(4) 惡性腫瘤（各種癌症）；(5) 呼吸器官疾病如肺氣腫、肺結核、慢性支氣管炎；(6) 骨關節疾病如骨質疏鬆症、骨關節炎；(7) 眼疾如白內障、青光眼、老花眼；(8) 其他，如耳中積水、耳聾、牙周病、皮膚病、意外傷害等（江亮演，1990）。

(二)老人心理疾病

(1) 急性及非預期的壓力：如失去配偶、親友等社會支持系統或失去社會角色，變成無角色的角色，或失去健康、獨立、經濟性所得等體能與自立能力；(2) 慢性壓力：如長期遭受經濟性剝削、通貨膨脹、不當醫療給付的壓力，及生理上受害，被虐待、侵害、劣質醫療等壓力與社會上對老人刻板印象的傷害以及受到角色轉換的傷害等之壓力；(3) 無生活目標或無自我實現精神，生活無趣或醉生夢死度日；(4) 老人晚年進取心較差，依賴心很強的個性，而沈迷於物質生活；(5) 無法回顧其過去人生，而以關心以前所發生事件來逃避現實；(6) 具有絕望及嫌惡社會的心理危機傾向；(7) 對死亡的恐懼之心理壓力。

●老人心理變化特徵

1. 漢米爾頓（G. Hamilton）認為老人心理老化有下列心理特徵：(1) 保守；(2) 對健康或經濟問題感到不安；(3) 有輕度妄想症；(4) 感情怪異；(5) 常陷入回憶沈思中；(6) 興趣範圍縮小；(7) 適應能力減退；(8) 有消極罪惡感；(9) 癡想等。

2. 作者認為除漢氏的老人心理特徵外，還有下列老人常見的心理現象：(1) 容易忘記最近發生或做過的事；(2) 時常談及往事；(3) 純以自我為中心；(4) 喋喋不休；(5) 缺求知欲望；(6) 缺求成功欲望；(7) 對機械、電器不感興趣；(8) 儘量避免新的刺激；(9) 不喜歡自己的生活受到干擾；(10) 有恐他人介入的排拒感；(11) 懷疑社會變化；(12) 感情與心情變化莫測；(13) 無法控制情緒；(14) 依賴心重；(15) 容易流淚哭鬧等。

●老人心理疾病的特徵（症狀）與種類

1. 特徵：(1) 在心理病態上有記憶力喪失、憂鬱、幻想幻視等精神異常現象；(2) 在身體上有疲勞、便祕、呼吸困難或急促、虛弱、疼痛、失眠等症狀。

2. 種類：(1) 憂鬱症，是藉悲傷情緒及各種內在障礙所呈現，有食慾不振、睡眠困難、動作急躁或遲緩、焦慮、虛弱等現象；(2) 酒癮或藥物依賴，主要是心理不安以酗酒或以藥物來減輕其心理壓力，而造成酒癮或藥物依賴。酒癮或藥物依賴症者，一般都會有躁動焦慮、恐慌、憂鬱、注意力差，甚至有抽搐現象出現；(3) 腦損傷症即功能性的神經損害，此症通常有譫妄、失智、慢性阿茲海默症或者格林茲（Crentzfeldt-Jakob）的多發梗塞性痴呆症等症狀出現；(4) 類精神疾病，是一種被害妄想型的精神疾病。其症狀有精神分裂、孤僻、多疑被害感等；(5) 躁狂症，其情緒是高昂或亢奮，而有極端衝動、不眠、精力增加、精神興奮的躁動，而且講話快速，有相當敵意及明顯被害妄想或幻覺或幻想、幻聽、幻視現象；(6) 人格異常，如人際關係不良，有過度衝動及不穩定如自戀型及邊緣型人格異常；(7) 精神官能症，是常潛在憂鬱或器官上有問題的徵兆，因有此焦慮致使防衛機轉崩潰，而產生官能失調現象；(8) 其他精神障礙症等（李開敏等譯，1996）。

老人生理、心理疾病的預防與治療等服務是老人福利最基本的工作，可依老人需要運用社會個案、社會團體、社區工作而給予醫療保健服務。

二、老人醫療保健

(一) 一般（院外、機構外老人醫療保健措施）

1. 老人保健

(1) 老人保健講座：以普及老人健康知識為目的，以老人及其家屬為對象，由醫師、保健員、營養師、護士等人員講授有關老人生活安排、飲食生活方式及簡易疾病預防方法，以及治療、機能回復方法等內容。

(2) 老人心理、生理健康服務中心；各鄉鎮市（區）指定一所適當醫院，專門為老人解決或預防心理或生理有關疾病問題，必要時應將患者送往有關機構收容治療。

(3) 居家老人家庭護理訪問：訪問居家臥病老人，指導老人家屬如何洗擦老人身體、變換臥姿及預防生瘡等照顧介護方法，和老人機能回復訓

練之方法。

(4) 老人健康諮詢及服務：各公私立大型醫院設置老人服務或社會工作部，為老人及其家屬介紹醫師、安排老人住院、解決老人醫療費用，以及答覆老人健康有關的諮詢等服務。

(5) 老人健康、衛生訪問：定期或不定期派遣醫護人員到老人家中作老人健康或衛生上的訪問，若發現問題，應加以糾正或協助、指導，必要時應把患者送往有關機構收容醫治。

2. **老人醫療**

(1) 免費老人精神病院或養護院所：不分貧富、性別，把精神不正常的老人收容在精神病院或養護院所內，以減輕老人家庭負擔及維護社會安全。

(2) 免費老人傳染病醫院及療養院：不分貧富、性別，把患有肺結核、麻瘋及其他傳染性疾病之老人，收容在院內療養，以減輕老人家庭經濟負擔及維護人類健康。

(3) 老人慢性病及急病救治：在大型公私立醫院或特約指定醫院內，設置老人慢性病及急病救治設備與人員，以醫治高血壓、心臟病、胃病、糖尿病、老人眼疾、老人中風或中毒、刀傷、灼傷、扭傷、骨折、急性心臟病等老人，並依老人病情給予開刀手術或長期治療。若經濟欠佳老人應酌情減免一切所需之費用。

(4) 加強老人醫護巡迴車：醫護巡迴車應定時定點或不定時不定點巡迴醫治偏僻離島地區老人或臥病老人疾病，並依老人經濟能力酌情減免醫療費用。

(5) 擴大公私立醫院老人科設置：大型公私立醫院應設置老人科，專門醫治老人疾病，服務內容應包括老人健康檢查、老人長期治療、老人眼科及骨科等，並按老人經濟能力酌情減免醫療費用（王文蔚等，1980）。

(6) 老人居家照護：在家（宅）不健康或臥病老人，政府或民間慈善團體派遣護理人員到老人家中幫助照護。

(7) 老人社區照護：為促使社區居民關心自己社區老人而不使老人離鄉背

井，及結合社會資源來照護不健康或臥病老人，應推展長期或短期的老人照護事業。

(8) 老人醫療費支給：年老多病，老人患病率高於一般人，而且負擔醫療費用的能力又比不上一般人，所以在全民健保之醫療保險自付部分之費用應由公費支出，使老人容易獲得醫療保健之保護，以此為目的之一種措施。

3. 老人健康檢查

各縣市每年定期舉辦 65 歲以上老人免費健康檢查，檢查後須再個別指導或精密檢查者，應給予免費診斷或指導。若須醫治者，其醫療費用按老人經濟能力酌情減免。

4. 老人白內障手術及費用補助

以因白內障而失明的老人中，可以動手術之低收入者為對象，手術費或手術後配眼鏡的一切費用由政府負擔。

5. 老人機能回復訓練

臥病老人當中以腦中風、腦溢血的後遺症而致生活受到障害者最多。對這些老人若能及時給予適當機能回復之重健訓練，就有相當程度回復的可能。因此我們應委託各仁愛之家或老人福利中心辦理院外老人機能復健訓練，使這些老人都能達到社會復歸的目的。

6. 老人保健醫療綜合對策之開發

(1) 舉辦有關老人保健醫療之研究、調查或會議。

(2) 具備老人健康檢查、保健講座，以及老人疾病醫治之綜合老人醫院之開發（江亮演，2004）。

(二)院內（機構內）老人醫療保健

1. 健康檢查

(1) 院民入院（仁愛之家）時，須先健康檢查，並保存此項檢查紀錄。

(2) 院民入院後每年須定期健康檢查一次以上。

(3) 院方須保持院民健康、預防老人生病，必要時須送特約醫院或其他醫院檢查或治療。

(4) 新進工作人員須健康檢查。

(5)院內工作人員每年須定期健康檢查一次以上。

(6)廚師、調理師每年須定期檢查大便一次以上,以防寄生蟲之傳染。

(7)院民須定期或不定期接種、打預防針。

2. 飲食營養衛生

(1)食品種類或調理方法,須考慮營養及院民身體狀況或需要,以及其嗜好。

(2)調理須依預定菜單而實際提供院民飲食物品。

(3)調理及配膳須合乎衛生。

(4)保存食品新鮮度不使其腐敗或變質。尤其外面贈送的食品須先檢查後才可供院民食用。

(5)擁有100人以上規模之安養或療養機構,須置營養師一人以上,以計算院民營養或設計菜單。100人以下之機構,可酌置營養師,但無營養師之機構,其供食內容、營養價值之計算或調查方法,每月須受營養指導員指導,其營養指導員由院轄市或縣市政府指派之。

(6)對殘障或重病院民,須供應適合該院民使用之食具或食品,以及看護、介護等服務。

3. 衛生管理

(1)院民之衣類或寢具,須時常保持清潔、衛生。

(2)使用過之寢具、衣類、寢室、食器等,須經消毒後方可供院民使用。

(3)院內自設之供水設備,應比照自來水廠之水質檢查,經過濾淨消毒等衛生上必要之處理後,方可供院民使用。

4. 生活指導

(1)院民諮商、指導服務中心,指導或幫忙院民解決困難及適應環境,提高院民生存興趣及其生活目的。

(2)對院民應按其身體或精神條件,給予復健或防止老化訓練,並設置復健中心、復健人員及復健器材等設備。

(3)院民日常生活場所,應按其需要設置保暖設備。

(4)每週須替院民洗澡或擦拭兩次以上。

(5)除具備教養、娛樂休閒設備外,須舉辦適宜老人活動,如老人運動

會、園遊會等活動。

(6) 定期召集院民及工作人員（員工）舉行院民生活管理及改善或檢討
會，並採納院民建議，徹底改進院民生活。

5. 老人醫療管理

(1) 醫務室應設在老人寢室或休息室附近。

(2) 醫務室除必要之設備，如病床、藥品及器材外，須置專任及兼任醫師
或專任護士 1 人以上。若 200 人以上院民之機構，專兼任醫師或專任
護士要 2 人以上，依此類推。同時機構除設置內科外，牙科、眼科亦
應酌設。必要時應送醫院治療，如重病、白內障、綠內障等。

(3) 醫師及護士平時須掌管院民醫療、保健、護理及生活起居、院民疾病
等個案資料，及醫療保健研究或改進工作，並協助社工員之專業工
作。

(4) 醫師應按院民病情醫治，必要時應洽請有關單位協助。

(5) 須按院民人數多寡設置足夠病床，通常平均 30 院民設有 1 病床。

(6) 各收容老人單位須設立重傷病救治醫療基金，以應重傷病院民長期住
院、手術、治療、病後靜養、復健之需。

(7) 院民可依全民健康保險法或其他規定法律享受減免醫療費用之優待。

(8) 醫務室設置院民健康醫療諮商人員，答覆院民疑問，介紹醫師，安排
住院等工作。

(9) 醫務室須有救護車，但救護車不准作為他用或當作員工交通車或主管
專用交通工具之用。

(10) 各收容老人機構，須擁有特約醫院一所以上。

(11) 院民患有精神病或傳染病以及其他妨害院民全體健康之病者，須送與
該病有關的醫院或收容機構收容治療，以維護全體院民健康與安全。

(12) 社會工作人員須協助醫護人員為院民做職業、團體、物理、醫學等之
治療或復健工作。

(13) 病後需照顧之院民，院方（機構）應妥為照護，如營養、看護等。

(14) 需裝補義手、義肢、義牙、義眼以及眼鏡之院民者，須給與補裝並免
費提供輔助器材等服務。

(15)為解決醫務室醫師之不足，可以獎學金方式，委託大學醫學院培養醫師，畢業後須回指定機構服務若干年，否則可依契約請求賠償。同時亦可由慈善基金會撥款補貼醫師待遇，聘請合格醫師到老人收容機構服務。

6. 老人精神健康管理

(1)增加實際接觸服務院民的員工名額，一般每20～30院民配置工作人員1名或工友1名。身心障礙（殘障）院民每5～8人則配置監護工1人。

(2)員工須以服務院民為榮的精神及態度，親切服務院民。

(3)增加院民文化、教育康樂活動或參與志工的機會，如提供老人爬山、社區活動、休閒娛樂、藝術、宗教、老人露營、志工服務等活動機會（江亮演，1988）。

(4)各收容老人單位（機構），須有夫婦合住房間或親友來訪會客、住宿房間的設備，以使老人夫婦相互照顧及會見親友之方便。

7. 老人收容機構員工職務及行政管理體系圖表如圖6-2～6-7所示。

三、其他

(一)職能治療

職能治療（Occupational Therapy）亦稱為「作業治療」，係指運用生理及心理病患或身心障礙（殘障）者的興趣與潛能，從事各種具有建設性、教育性意義的活動，以及帶有娛樂性的手工藝之一種服務或治療，也就是透過這些活動與工藝訓練和自助的自我生長活動，以達到：(1) 協助傷殘者利用漫長住院或療養期間，從事建設性教育性活動；(2) 藉這些活動使病患或肢殘、心智障礙者，尤其精神病人恢復其對人對事的興趣與信心；(3) 加強生理傷殘者肌肉及動作的聯繫功能；(4) 培養其對工作的容忍性；(5) 訓練其日常生活動作，如吃飯、穿衣、洗澡和操持家事家務；(6) 發掘傷殘者的職業潛能，並引導其走向職業重建、自力更生的途徑。

(二)安寧照顧

安寧照顧（hospiecare）是醫院對臨終之末期病患提供舒適、尊嚴、安詳中無

痛苦的安息服務之活動。以如此理念、目的以及愛心的原則使病人走完其人生，而且家屬亦能在工作人員的輔導下重新適應喪親的生活。

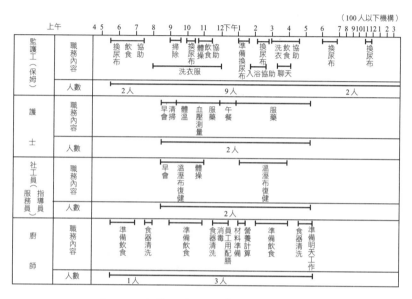

⌖ 圖6-2 療養院老人日常生活與員工職務

⌖ 圖6-3 安老院所老人日常生活與員工職務

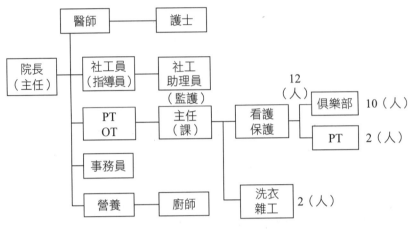

◦圖6-4　老人療養院行政管理體系

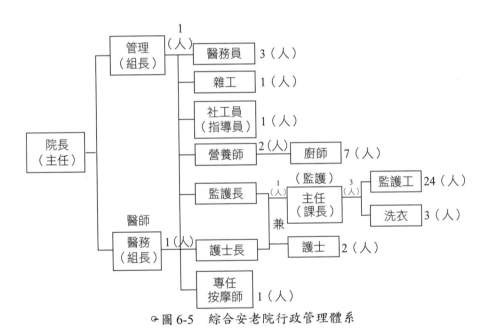

◦圖6-5　綜合安老院行政管理體系

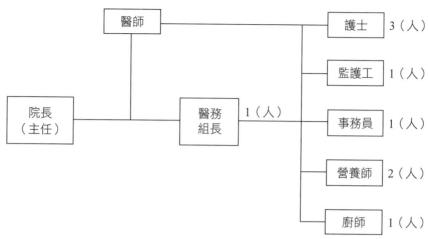

◦圖 6-6 自費或低費安老院所行政管理體系

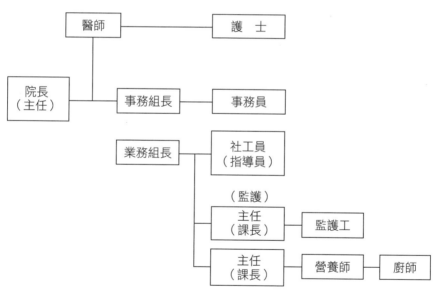

◦圖 6-7 綜合安老院所行政管理體系

 ## 第四節　老人社會福利事業

一、老人社會福利服務

(一)在宅服務

須救助的老人在宅服務可分為：

1. **身心障礙（殘障）或臥病老人的在宅服務**：家庭服務（居家服務）即對身體或精神上有嚴重缺陷而且日常生活無法自理，其家屬又無法照顧的低收入老人，政府或慈善團體免費或低費派遣家庭服務員前往訪問，或幫助老人生活上必須處理的事務。其服務內容包括：(1) 老人飲食的處理；(2) 替老人洗澡；(3) 替老人洗衣服、修補衣服；(4) 老人的衛生及護理服務；(5) 整理或打掃老人住宅；(6) 老人外出的保護；(7) 替老人購物；(8) 協助處理老人身邊事務；(9) 其他。

2. **身心障礙（殘障）或臥病老人機構式或社區式的日間照護（day care）以及居家服務**：機構照顧是收容在老人機構的短期照顧，而居家照顧是在宅照顧，日間照顧是介於收容機構與在宅服務之間的工作，老人白天可到有關老人福利機構，免費或低費接受飲食、洗澡、生活指導、休閒娛樂活動、復健等服務，晚上回家，使老人達到社會復歸及減輕老人本身或家族精神及肉體上的痛苦之效果。主辦單位由鄉鎮市（區）公所，但可依實際情況與需要委託其他團體辦理。財力大之鄉鎮市（區）應擴大辦理。

3. **老人日常生活用具免費提供（是支援福利服務）**：政府對身體上有嚴重缺陷之身心障礙（殘障）或臥病而日常生活均需他人幫忙之老人，對防止其身體機能之退化及減輕他人之幫助，不分貧富，政府應免費供給或租借日常生活所需的用具，如老人特殊睡床、床單、枕頭、浴槽、熱水器、熱水瓶、便器、氣墊床、手杖、老人用尿布、棉被等。

4. **身心障礙（殘障）或臥病老人入浴服務**：政府或慈善團體對重度身心障礙（殘障）或長期臥病而自己無法洗澡，家庭又無適當老人洗澡設備或

幫助老人入浴者，派車送老人到公私立老人福利收容機構洗澡，或派巡迴老人洗澡車到老人家中為老人洗澡。費用可依老人經濟能力減免。

5. **身心障礙（殘障）或臥病老人短期保護服務（喘息服務）**：平時由家族照護，但照護老人的家屬因病或外出或其他原因，短期無法照護者，可將老人寄養在公私立老人福利機構短期照護設施中給予照護服務，或派在宅服務員到老人家中幫忙照護。福利機構者原則上以一週為限，但可申請延期，期滿由其家屬領回。費用按老人家庭經濟能力減免，以減輕老人家屬精神上或肉體上及經濟上的壓力。不過寄養期滿而無理由故意不領回老人之家族，即由有關機關單位代老人向法院控告家族遺棄外，可將老人送往老人療養等機構收容。

6. **身心障礙（殘障）或臥病老人津貼**：對未被收容的重度殘障或臥病老人，由政府每月發給身心障礙（殘障）或臥病老人生活或照護（介護）津貼，支助老人介護費或生活費用，減輕老人家庭經濟負擔。

7. **獨居老人在宅服務**：

(1) 老人看護人員之派遣：對因一時生病而無法處理其日常生活之獨居老人，政府應派遣看護人員到老人家中處理老人飲食、掃地、洗衣、購物、日夜間看護及醫院聯絡等事務。此項工作由各鄉鎮市（區）主辦，平時做好獨居老人調查及獨居老人生病時願意前往看護者，尤其是護士等之調查、登記，待需要時通知其前往幫忙，並由公所發給看護工資（鐘點費），志工（義工）即發給交通費或飲食費。

(2) 老人居家服務員之派遣：定期或不定期派遣老人在宅服務員，或志工（義工）前往獨居老人家中訪問，或幫助老人處理日常生活上必須處理事務，如飲食、洗衣、打掃、購物、外出保護等服務（江亮演，2004）。

(3) 老人電話服務：對獨居老人為消除其寂寞或保護其安全，以及避免意外事故發生，各鄉鎮市（區）公所有關人員定時定日或不定時打電話向獨居老人問候，若發現可疑，應立即通知社工等人員前往探視處理有關事務。若獨居老人因貧無能力裝電話機者，可由政府免費裝設。

(4) 老人供食服務：對社區老人，尤其是獨居老人，鄉鎮市（區）公所或

慈善團體，每週免費或廉價供應適合老人飲食之飯菜3～5次，以減輕獨居老人經濟及體力之壓力。

(二)社區服務

1. **一般老人之家庭服務**：一般老人若有需要他人服務，如外出看病或購物、旅遊等，可向政府或有關單位、團體申請，派遣適當社區服務人員幫忙，費用依老人家庭經濟及實際需要情形酌收。

2. **女性或喪偶老人服務**：為減輕老年女性的精神壓力或喪偶老人的喪偶之痛，政府或有關團體提供老人經濟、就業及必要的日常生活用具，以及休閒娛樂等服務外，應透過互助團體、健康服務、居家服務、特殊照顧（如日托、被虐待保護）、屆齡退休方案、生活技能訓練、緊急處理等活動提供服務。

3. **退休老人服務**：

    (1)規劃退休程序及開創屆齡退休前之身心輔導。

    (2)所得、醫療、就業等保障的規劃與推動之服務。

    (3)修改不利退休人員有關法令。

4. **老人法律服務**：

    (1)社工員促進老人獲得法律協助。

    (2)有關人員應尋找相關法律及做好轉介給律師的服務。

    (3)對老人推行不需要律師的訴訟程序，減輕老人的負擔。

    (4)政府應直接或間接提供法律服務。

    (5)律師及律師公會應對老人提供免費或低費的律師服務。

    (6)其他，如擴大社區老人法律服務或直接性法律服務。

5. **犯罪、暴力受害老人之協助**：

    (1)推行預防犯罪、暴力之措施。

    (2)對處理老人遭受攻擊、財物被偷竊、被詐欺或剝削、恐嚇案件時，專業人員需有特殊敏感與技巧，以免老人遭到二次傷害。

    (3)協助犯罪、暴力受害老人從心理和情緒上的衝擊中獲得復原。同時協助老人得到福利作為損害補償與協助老人從犯罪行為者中，如獲得醫療照顧之補償、居家服務費之賠償等使老人復原或參與司法程序。

(4) 對被虐待老人，有關專業人員應努力與其家庭成員一同解決問題，以及動員社區支持服務或非正式資源來協助家庭照顧老人。

(5) 以寄養服務作為預防犯罪、暴力受害，尤其作為被虐待老人保護的措施（江亮演，2004）。

●其他

1. 為增加或提高老人生活水準及生活情趣，應推行下列事項：(1) 發揮老人能力，提高老人生趣；(2) 尊重老人，敬愛老人；(3) 重視家庭倫理道德，維持老人家庭的地位；(4) 解除老人孤獨寂寞，增進老人與一般居民交往機會；(5) 增進老人健康管理及復健工作，指導老人家庭家屬照顧臥病老人或一般老人日常的生活；(6) 加強老人生活扶助（救助工作）；(7) 開發老人職業及加強老人就業、創業等輔導；(8) 調查瞭解老人的需要；(9) 加強老人各種諮商；(10) 提高老人知識及教育；(11) 加強老人趣味及娛樂活動；(12) 擴大老人社會參與；(13) 加強老人宗教活動服務；(14) 加強訪問老人家庭等。

2. 設立老人問題諮商中心或加強綜合服務中心之服務。

3. 鼓勵老人參與社區活動、社會活動，如老人俱樂部等。

二、老人社會福利設施

促進老人的健康、醫療保健、復健、休閒娛樂、休養、旅遊、住宿、職業等的目的，必須設置下列機構或特約機構：

(一)**老人福利中心**：提供老人有關各種諮詢及增進老人健康，提高老人教育以及方便老人復健等為目的，所設置的綜合性多元性福利服務中心。內部有醫療、復健及各種休閒娛樂設備，供老人使用，使用時原則上免費。該中心亦有提供老人巡迴圖書車及洗澡車等服務。

(二)**老人靜養之家**：在風景區或溫泉地區設置老人短期保健及靜養場所，低費提供老人住宿如 long stay。

(三)**老人休閒中心**：免費提供老人娛樂休閒上必要之知識及活動場所，尤其復健部門是為其特色，通常是社區老人俱樂部活動基地。

(四)**老人工廠**：或稱為「老人工作中心」、「老人工作室」、「老人工作所」

等，使老人的經驗、知識、技能有再利用機會，是提供適合老人能力及希望
工作的場所。工作內容包括家具或玩具製造、金屬加工、木工、雕刻、土
木、紙箱製造、電子材料及器材組合、自行車或機車零件之製造或組合、印
刷、裝訂書籍、皮革等工作。老人可依意願選擇按月、按日、按時計酬，待
遇從優。老人在此工廠工作，不但可獲互動的人際關係和成就感，而且還可
獲得所得收入。

(五)**老人旅社**：在各都市或風景區、觀光區設立老人旅社飯店或特約老人旅社飯
店，低費提供老人旅遊，住宿之用（王文蔚等，1980）。

(六)**長期照護的老人療養院或社區照護機構**：收容60歲以上身心有嚴重缺陷，
日常生活需他人照顧，而在家照顧有困難的老人，通常費用依老人家庭經濟
能力減免。

(七)**老人安養機構（仁愛之家）**：收容身心及環境上、經濟上理由，在家生活
有困難的60歲以上老人為對象，提供日常生活所必要之服務，如衣、食、
住、行、娛樂、醫療等服務。這些老人平時不必他人特別照顧，只是身心機
能有些減退與家屬無法一起生活，或因扶養義務人無法負起照顧責任，或因
無依無靠又無財產、無謀生能力等非收容無法生存之老人。費用依老人家庭
經濟能力減免，原則上低收入戶老人是免費的。

(八)**低費老人安養機構**：低費老人之家等機構是利用者與設施機構經營者簽訂契
約，但利用者必須年滿60歲以上，夫婦者一方須滿60歲。此種機構一般分
為全部由院方（機構）提供飲食、日常生活上必需品之供食者與利用者具有
自炊（自己煮飯）的能力與意願，該機構只提供廚房及設備而由院民（老
人）自炊者等兩種。前者院民生活費及機構設備、人事等費用，按老人本身
或家庭經濟狀況收費，但費用很低；後者設備利用費、人事費以及日常生活
費，原則上自己負擔，但一切費用不高。這類機構營運費大部分由中央或地
方政府負擔。

(九)**自費老人安養機構**：自費老人之家可分為公立公營、公立私營（公辦民
營）、私立自（私）營、私立公營等四種類。自費老人安養機構是以年
滿60歲以上老人為對象，但其配偶不在此限。收容人數原則上為50名，建
築及設備須依法辦理，即耐火耐震為準。除公共設備外，寢室原則有衛浴設

備（套房），寢室原則上每人平均 7.425 平方公尺以上，原則一人一室（夫婦二人一室）。提供老人日常生活必要之食物及健康管理、衛生管理等服務。自炊者除飲食自理外，其他所提供的服務與非自炊者相同。收費依機構與使用老人之契約，但不得超過政府所定最高收費標準收費。機構除設置專任負責人、事務人員外，須有醫師、護士、社工、監護工及其他必要之專業人員。

(十)**老人復健或休息之家**：在風景區或溫泉區設置老人短期保健場所，是低費提供老人住宿，健康上必要之知識及體檢、復健、休閒娛樂等服務場所（江亮演，1988）。

(十一)**其他**：(1) 如老人臨時收容所，以收容迷路流落外地或因一時外出而又無帶錢致無錢住宿、生活、回家的老人之服務；(2) 老人療養機構，提供臥病癱瘓老人療養的地方。

第五節　老人住宅福利

　　為今後老人的需要，我們必須推行專為老人家庭生活方便所建的公營老人住宅制度，及老人社區照顧制度，並以低收入而無住宅老人為優先。在建築方面也須考慮老人可以跟其家族同住的設備，使老人有與家族一起生活享受天倫之樂的機會。

一、公營老人住宅或近鄰居住住宅

　　為保持老人身心健康與生活安定，老人住宅設備必須考慮到能適合老人居住的條件，並且以低收入而無住宅老人三代同堂或親子家庭為優先租借，但對象的條件必須年滿 60 歲以上，或民法上有下列親屬之一的低收入者為限，即：

(一)配偶年滿 60 歲以上者。

(二)18 歲未滿的子女者。

(三)身心障礙（殘障）者或精神病患者。

　　租借期間及租金由縣市政府訂之，但租金不得超過市面的 30%。

二、退休社區老人公寓

在交通方便、風景優美地方，建立老人所居住的住宅社區，供老年夫婦或獨居老人居住，並可分為公營或私（民）營老人社區。前者是租給老人居住，租金按老人經濟能力酌情收費，一切均以契約規定經營；後者是把地賣給老人自己建築住宅或把建好住宅賣給老人，而由團體或公司管理，這種民營社區住宅雖可買賣，但只限老人及其配偶居住，或者老人死後，依契約房子捐獻給政府或團體公司，以防年輕人占住老人社區住宅，而失去老人社區的意義。

三、老人寢室設備費用之貸款

不分貧富、性別，凡60歲以上老人所專用的寢室須改建或修理者，其必要費用，無法負擔時可向政府貸款。但貸款金額最高不得超過實際所需費用總數的80%，貸款利率年利4%以下或免利息，償還期間十年，可分期攤還。

四、低收入之臥病、身心障礙（殘障）老人住宅改建貸款

為適合低收入臥病或身心障礙（殘障）老人居住而須改建寢室時，其所需費用可向政府貸款，但金額最高不得超過費用總額的80%，貸款利率年利3%以下或免利息，十年內償還，可分期攤還。

五、老人家庭購屋貸款

一個家庭中有年滿60歲以上老人同住，具有購屋分期攤還本金、利息能力者或有參加軍公教或勞工等保險者，不分貧富均可向政府申請建築自宅或購屋等貸款。住宅面積每戶以150平方公尺以下為限，貸款利率及償還期間，按軍公教或勞工等購屋住宅貸款辦法辦理（江亮演，1988）。

六、其他

如獨立式老人公寓，退休旅館（retirement hotels）、單人房宿舍（single room occupancies）、集合住宅（congregate housing）、共同住宅（shared housing）、寄宿之家（licensed boarding homes）等提供老人居住地方，以解決老

人住宅問題。

第六節　老人生涯學習

　　俗語說：「活到老，學到老。」老人生涯學習、老人教育真是「活到老，學到老，做到老」的學習教育，而這種學習、教育也會使老人感到其生雖有涯，但其知卻是無邊，尤其科技發展的現代社會，更須吸收日新月異的新知，才能適應社會而不致落伍。而為能適應變遷劇烈的社會，老人就必須為學、為工作而忙，才可發揮老人的潛能，增進老人心身健康，貢獻社會。當然，這個「為學」，不論是宗教、文史、哲學、藝術、醫學或其他自然、人文社會等科學，完全是依老人個人的興趣、需要而不受到時間或年齡限制，以及經濟負擔等壓力，或不受學習效果的大小所影響，以善用老人自己的空間時間，進入忘我、忘老之境的學習教育。

　　我國的老人福利，不但在求所有的老人都有所「養」、有所「安」、有所「敬」、有所「為」、有所「用」，而且更需要使所有的老人都有所「樂」、有所「學」。因此，當前推行老人福利較為積極的先進國家，均以促進「老人終身所得安全」與「老人終身不斷學習教育」為其國家社會政策的主要目標。所以推行老人學習、老人教育，是一種時代潮流，也是最具時代意義的一種積極性老人文化生活福利的措施，如老人學校、老人大學、老人文教研習、老人空中教學、老人技術訓練、老人學習性演講、老人教室、老人圖書館等。如此老人的學習與教育，不但可充實老人個人的知識、技能或發揮其個人的潛能，而且可增進老人心身健康或生活情趣，以及提高老人文化水準。同時老人不斷學習，不斷的忙碌，一方面可美化人生，弘揚社會文化，另一方面也可促進社會更安和樂利。

　　老人學習教育是一種福利、休閒娛樂、適應社會生活、創造文明社會以及合乎時代潮流的專業，所以，我們應朝下列方向去加強與努力：

一、修訂老人教育老人學習有關的政策與法規

　　我國老人福利法中，有第七條規定各省（市）縣（市）主管機關應視實際需要設立並獎助私人，設立扶養、療養、休養及服務機構，辦理老人扶養、療養、

老人社會福利

休閒、康樂、聯誼以及老人綜合性服務。第十八條規定老人得以其知識經驗貢獻於社會，社會服務機構應儘量介紹或協助。第十九條規定有關機關團體應鼓勵老人參與社會、教育、宗教、學術活動，以充實老人精神生活。上述這些法律雖與老人文化教育之福利有關，但一般對老人教育、學習的觀感及作法，與先進國家相比仍然有很大差距。所以，我們有必要修訂老人學習教育有關的法律，使其與其他有關單位相配合，提供老人學習教育有更多的機會。

二、改變一般人對老人學習教育的觀念

要促進老人學習或教育發展，必先改變一般人對老人教育的觀念，使大家都能認為：

(一)老人學習教育是社會福利事業的一種。

(二)老人學習教育是社會教育的一種。

(三)老人學習教育必須適用各種社會資源。

(四)老人學習教育須與社區充分配合。

(五)老人學習教育是使退休後老人再接受教育或學習研究的機會。

三、老人學習教育類型

(一)退休人員大學或職業學校

學校完全為退休人員所辦，全校不但教職員工均為退休人員，而且接受教育的學生也都是退休的老人。課程標準雖與普通傳統大學或職業學校相類似，但其教育類型卻是「老教老」、「老學老」的教育，是一種非常有意義的教育。由於教職員工都是退休人員，所以辦學成本低，學費又比一般學校便宜，同時又受到政府或民間團體或社會人士的捐助，因此，一般老人都能負擔得起學雜費。至於學位或畢業資格，有關機關可考慮承認或不承認，因為老人教育主要目的並不在文憑，而是讓老人有打發晚年空閒無聊時間以及接受充電的學習或教育機會。

(二)大學式的養老院所

把養老（安養）院所變為「老人大學」，使老人精神生活方面更能滿足，如：

1. **榮譽國民之家大學**：收容在榮家的老人，依其學習意願、興趣、心身健

康狀態分班授課，成為一所以榮民為主的大學，促進院民心身健康。

2. **公私立安養機構大學**：把在安老院所中的老人分為兩種類型，一是接受教育的老人，一是不接受教育的老人；前者若人數不足，即將其寄托於其他實施老人教育之機構，接受老人教育。

(三)定期講座或補習班方式之老人教育

每週講演或上課一次以上，每次 2 小時至 3 小時，期限原則上為一年以下，每滿若干人就開班，場所可借用學校，課程內容注重在專業或專門知識方面，修畢發給結業證書，必要時可推介工作。上課或講座時間，原則上以每週六下午或星期日為主。

(四)老人空中教學

在目前我們所推行的空中教育或遠距離教學體制中，增闢老人教育有關課程供老人選讀，畢業時可比照空中大學學生發給畢業證書或結業證書。

(五)老人學校

分一般與函授兩部分，可由鄉鎮市（區）公所辦理。利用農工商等職業學校上課，凡住在該鄉鎮市（區）之居民，年滿 60 歲以上 85 歲以下者均可申請入學，入學考試以證件審查及體檢代替。學費全免，只收取教材費或郵資之一部分。修業期限四年，一般之通學部每科每週上課一天（星期日）：函授部學生一年發講義十次以上，每年到校面授五次以上，每次一天。畢業後發給初級或高級職業學校程度之畢業證書或結業證書，並可申請升學。課程科目包括：共同科，如國文、社會思想、英文、歷史、地理、心理學、法律常識等。專業科目，如有關農業、工業、商業等專業科目以及其他科目。

(六)老人大學

我們要辦的老人大學，並不是專門為老人所開的大學，而是年滿 60 歲以上 80 歲或 85 歲以下具有就讀大學程度並有興趣有意願者，都可申請各大專院校入學或旁聽生，所以老人大學可分為下列兩類的學生：

1. **正式生**：按各大專院校申請入學或報考辦法之規定而錄取入學，並且在校期間必須依學校規定參加期中、期末等各種考試，而修滿必要之學分後才能畢業，並獲得大專院校畢業資格或學位。

2. **無學籍的旁聽生或研究生**：不以取得文憑學位為目的老人，可申請為各

大專院校隨班就讀的旁聽生或研究生，但這類的學生不需要參加學校所規定的各種考試或審查，畢業後無學位或畢業證書，只有學習經過的證明書而已。

老人大學學生可由政府編列預算補助學雜費，同時應訂定各級學校，減免學生（老人）的學費與降低老人入學考試或入學資格標準的規定，以利老人就讀。

(七)老人圖書館（或老人圖書車）

各鄉鎮市（區）設立老人圖書館或在各級圖書館內設置老人圖書服務部，專供老人借書之用。若老人行動不便無法來圖書館借書者，亦可服務到家方式為老人借書服務。

除了老人圖書館以外，我們還可以設置移動式的老人圖書巡迴專車服務老人。老人圖書巡迴專車也可以與兒童圖書巡迴車合併，每週排定地點、時間，按時間表到所定地點供老人或小孩借書。

(八)老人教室

利用各種老人福利活動中心，尤其是多功能綜合性的老人福利中心或社區活動中心，設置適合老人各種需要之趣味教室，作為老人學習研究或活動之用。同時應聘請專家學者來指導，或由幾位志同道合的老人一起相互學習、研究各種知識與技能，如烹飪、插花、唱歌、寫字、作詩、繪畫等。

(九)老人學習性俱樂部

提供老人各種學習場所、師資、輔導人員，使社區老人有機會學習各種有趣的或需要的新知識及新技能。

(十)老人教育研究會

定期或不定期舉辦老人教育研究會，邀請老人參加，聽取老人意見，以便改進老人教育措施事宜。

(十一)加強退休前之教育

在退休之前，依老人心身狀況及其性向、意願而加以訓練或教授各種學科，使其退休後能順利轉業，保障老人生活安全（江亮演，2004）。

第七節　老人福利的經費來源

　　沒有經費什麼工作都無法推行，雖然有很好的計畫或有熱心推行社會福利工作人員，但若沒有錢便很難發揮功能，因此，想要做好老人福利工作，就必須先籌足所需的經費。老人福利的經費來源可從下列項目去規定或籌措：

一、政府預算

(一)在老人福利法中應明文規定政府應編的老人福利經費。

(二)各級政府的年度預算中，應編列經費，辦理老人福利事業。

(三)加強推行公共造產，以地方之收益，舉辦地方之老人福利事業。

(四)老人俱樂部之費用，政府應酌予補助。

(五)由政府補助經費之設施，應有效執行預算，並嚴格審核其使用情形，以增實效。

(六)老人健保費或健康檢查及免費醫療之經費，應由政府負擔。

(七)照顧貧苦無依老人，就原列救助經費項下撥支，並運用小康或安康計畫等有關之預算支應（內政部社會司編，2003）。

二、福利基金

(一)平均地權所徵收之土地增值稅與地價稅，作為特定社會福利基金，做推行老人福利之支援。

(二)鼓勵企業家以財團法人方式，設立老人福利基金會，協助老人福利事業之執行與發展。

(三)就原已立案之各種慈善及福利基金會，應撥出部分經費推行老人福利工作。

(四)有關福利、救助基金會，其基金之運用與工作重點之分配，可由政府採聯合會報方式，作有計畫之分配，並應一部分用於老人福利事業。

三、民間捐款（捐助）

(一)鼓勵社會人士捐資興辦老人福利事業，並予以獎勵。

(二)由宗教、福利、救助等民間團體組織、籌募老人救助與福利之款項,舉辦各種老人福利措施。

(三)在所得稅及遺產稅法中,對捐助有關老人之公益慈善款項或財產,應予以減免稅捐。

(四)由國內外社團或機構所捐的有關老人所需之救助物質,應予免稅或免關稅進口。

(五)運用社區內的動力、財力、人力來安養無依無靠老人,並增進康樂活動(內政部社會司編,2003)。

四、老人負擔

(一)對一般老人利用各種福利機構時,可酌收較低費用。

(二)家境較佳而需他人照料或退休之孤獨老人,在其死亡後捐給政府或慈善機構之財物,可作為推行老人福利之經費。

第八節　老人福利工作人員的培養

　　為瞭解老人的需求,尊重老人人格,工作人員對待老人,應如對待自己的親人一樣,用親切、和藹、熱忱精神與態度去照顧老人,處處以老人為前提,為老人服務。所以我們必須加強老人福利工作人員的正確觀念和提高工作人員的素質,以培育理想而優秀的專業人才。

一、建立專業制度

　　為提高服務品質應建立證照專業制度,所以老人福利工作人員,應選拔優秀且受過相關的專業教育與良好的專業訓練者擔任。若非專業人員,必須加強職前與在職的專業訓練來彌補其專業教育與訓練之不足,而使其能勝任工作。至於監護工(安養等機構照護老人之人員),也應接受專業教育與訓練。同時對在職人員之進修研究也應訂定鼓勵辦法,以提高工作人員素質而維護服務老人品質,保障老人權益。

二、開辦專業知能訓練班

　　舉辦老人福利專業知能訓練班，授以「個案紀錄分析與處理」、「訪談方法與技術」，以及老人福利和老人生理、心理或與老人有關之科目。增加工作人員處理老人問題的能力。

三、積極推行老人家庭或安養機構服務

　　鼓勵大專院校及民間團體組織志願服務隊或配合實習課程，經常前往老人家庭或安養機構展開服務。

四、訓練服務老人之各種志工（義工）

　　對仁愛工作隊或志願服務人員，予以短期之講授，授以老人福利服務及醫療保健等常識，提高服務品質。

五、加強大專院校老人福利專業課程

　　大專院校之社會學系或社會福利學系、社會工作科系，以及社會學、社會福利、社會工作研究所，應增設老人福利、老年學、老人個案工作、老人心理學等課程，以培養專業人才（江亮演，2004）。

六、推動老人問題研究

　　成立老人問題研究中心，以從事老人問題及服務方式之研究，包括就業、休閒娛樂活動、教育、生活安排、社會服務、經濟安全等各方面的學術研究，同時協助公私立老人福利機構設計各種老人福利有關的服務。

七、重視老人福利有關業務考察、研究與實習

　　派遣優秀老人福利工作人員前往先進國家研究、考察或實習有關老人福利事業，取人之長補己之短，促進我國老人福利之發展進步。

八、健全專業人員人事制度

制定合理之專業工作人員升遷等制度，使優秀人才能夠有發揮才幹的機會。

關鍵詞彙

- 老人社會個案工作
- 老人人力銀行
- 老人機構內（院內）服務
- 老年年金
- 老人公共救助
- 人體恆定理論
- 白內障
- 類精神疾病
- 精神官能症
- 老人居家服務
- 老人長期照護
- 老人自費安養
- 老人生涯學習
- 老人空中教學
- 老人圖書車
- 專業制度
- 老人安寧照顧
- 老人工廠
- 附加年金
- 胸肌無力症
- 人格異常
- 老人旅社

- 老人社會團體工作
- 老人創業
- 老人就業
- 退休互助年金
- 無角色的角色
- 骨質疏鬆症
- 憂鬱症
- 躁狂症
- 老人社區照護
- 老人供食服務
- 老人安養機構
- 老人低費安養
- 老人教育
- 老人學校
- 老人俱樂部
- 老人短期照護
- 老人社區工作
- 老人公共造產
- 膠原僵硬症
- 藥物依賴
- 老人日間照護
- 老人療養機構

- 老人公寓
- 老人大學
- 老人職能治療

- 退休老人大學
- 福利基金

* * * * * * * * * * * * * ✏ 自 我 評 量 ✏ * * * * * * * * * * * * *

1. 試述老人社會福利服務方式。

2. 試述老人福利組織與結構。

3. 試述保障老人僱用與就業機會之措施。

4. 試述老年勞動者如何透過其生涯規劃而發揮潛能？

5. 試述老人就業與創業方法。

6. 試述老年年金的種類與老人所得的種類。

7. 試述老化原因與老人生理變化以及老人慢性病的特徵與種類。

8. 試述老人心理變化特徵及老人心理疾病的症狀與種類。

9. 試述一般老人的保健醫療措施。

10. 試述機構內老人的保健醫療措施。

11. 試述老人的社會福利服務。

12. 試述老人的社會福利設施。

13. 試述老人的住宅福利服務。

14. 試述我國老人生涯學習服務應加強與努力的方向。

15. 試述老人福利經費的來源。

16. 試述老人福利工作人員培養之道。

* *

參考文獻

一、中文部分

內政部社會司編（2003），《內政統計通報》，臺北市：內政部。

王文蔚、江亮演等（1980），《臺灣地區老人福利問題調查及對策研究報

告》，南投縣：臺灣省政府社會處發行。

白秀雄主編（1988），《高齡人力研究與規劃論集》，臺北市：高齡人力研究規劃小組印行。

江亮演（1988），《老人福利與服務》，臺北市：五南圖書出版公司。

江亮演（1990），《快樂的老人》，臺北市：中華日報，臺灣省政府社會處。

江亮演（1995），《老人福利工作》，臺北市：自編。

江亮演（2004），《老人福利講義》，新竹市：玄奘大學，自印。

李開敏、王玠、王增勇、萬育維等譯（1996），《老人福利服務》，臺北市：心理出版社。

徐立忠（1983），《高齡社會與老人福利》，臺北市：臺灣商務印書館。

許榮宗（1990），《臺灣省推行老人福利工作手冊》，南投縣：臺灣省政府社會處。

關銳煊（1985），《老人工作手冊》，臺北市：張老師出版社。

釋聖嚴（1991），《學佛群疑》，臺北市：東初出版社。

釋聖嚴（1991），《正信的佛教》，臺北市：東初出版社。

饒穎奇譯（1982），Marcella Bakur Winer 等著，《老人服務》，臺北市：中華民國社區發展研究訓練中心。

二、日文部分

三浦文夫譯（1972），Nesta Roberts 著，《老人問題》，東京：東京大學出版會。

朝吹三吉譯（1974），Simon de Beauvior 著，《老い》，東京：人文書院。

山室周平譯（1974），Peter Townsend 著，《居宅老人の生活と親族網》，東京：垣內出版社。

全國社會福祉協議會研究會編（1979），《老人ホーム處遇論》，東京：日本全國社會福祉協議會。

小室豐允編（1988），《老後の生活設計》，東京：中央法規出版株式會社。

鶴見俊輔編（1988），《老いの生きガた》，東京：筑摩書房。

須鄉昌德編（1989），《社會福利の基礎知識》，東京：法律文化社。

全國社會福祉協議會老人福祉施設協議會編（1991），《老人のデイケア》，
　　東京：日本全國社會福祉協議會發行第三版。

小室豐允主編（1992），《老人の在宅介護》，東京：中央法規出版社出版第
　　二版。

小室豐允主編（1993），《老人の健康と心理》，東京：中央法規出版社出版
　　第四版。

日本中央總務廳編（1997），《高齡社會白書》，東京：大藏省印刷局。

三、英文部分

Arthur M. Horton J. (ed) (1982), “*Mental Health Interventions for the Aging*”, N. Y.:
　　praeger publishers.

Blan. Z. S. (1956), “*Changes in Status and Age Identification*”, A. S. R. xx1.

Ciuca. A. Die (1965), “*Gerontologischen Landkarte der Rumanischen*”, Volksrepublik.

Danie Sinick (1977), “*Counseling older persons: Careers Retirement*”, Dying, N. Y.:
　　human sciences press.

Helen Padula, (1983), “*Developing Adult Day Care*”, Washington. D. C,: The National
　　Council on the Aging. Inc.

Louis Lowy, (1979), “*Social work with the Aging*”, N. Y.: Harper & Row. Publishers.

第七章
老人社會工作技巧與服務

第一節　老人（年）個案工作與管理

社會變遷，尤其是少子化、高齡化社會的來臨，老人問題如老人照顧的問題、老人福利機構收容量與服務品質的問題等，引起社會的重視，為能滿足老人與其照顧老人的家族之多元化需求，政府不得不重視老人長期照顧問題而推展社區照顧，促進老人成功地在地老化。為要達到如此地步，就必須以個案工作、團體工作以及社區工作的技巧與服務來因應老人與家族的需要。所以，老人（年）個案工作發展的社會基礎是來自於下列因素：(1) 去機構化、機構社區化；(2) 老人福利工作委外；(3) 社區工作服務分散化；(4) 多元在宅（居家）服務需求之增加化；(5) 照護照顧分散化多元化；(6) 社會支持與照顧者需求認知增強化；(7) 成本經濟考量化；(8) 其他：如國際化、時代潮流化等。

一、老人（年）個案工作的意義與功能

(一)老人（年）個案工作與管理的意義與其工作過程

1. 老人（年）個案工作意義：老人（年）個案工作（aging case work）是依老年人個別的內外在環境找出其問題的因果關係，而提出專業服務包括案主參與服務選擇、計畫、社會資源結合和輸送管道、評估與確認可行

服務方式與技術等，一種直接服務之助人過程。

2. **老人（年）個案管理意義**：老人（年）個案管理是強調工作程序的工作方法，透過此過程深入瞭解個案管理運作的實質內涵。高迪理（1994）曾指出，個案管理與傳統個案工作的特性有異，如表7-1（陳燕禎，2007）。

表7-1　個案管理與個案工作之特性比較

	個案工作	個案管理
服務對象之問題型態	・較為單一 ・單一資源即可解決	・多重、複雜 ・無法有效的使用不同資源、服務者
問題性質	治療性、矯治性	危機性、復健性、教育性
處置重點 （取向）	・問題 ・失功能	・未滿足之需求 ・現有之能力、資源之運用
服務目標	・協助案主解決問題 ・治療案主	・促成案主使用不同資源、服務之能力 ・教育、培育案主重視改變之潛能
主要服務工作方法	面對面之諮商輔導	評定、計畫、協調、連結
診斷評定	深入心理層面	・較淺但實際 ・基本內在情境
處置時間	一般較長	短期性
實務工作者之主要角色	・治療者、安撫者為案主之最主要資源協助來源者	・促成者、教導者 ・試圖結合案主及其他相關資源者
培育案主運用資源	較為被動	較為主動
記錄表格	開放性	具體、明確、詳細
資訊文件	半結構式	結構式

◆資料來源：引自高迪理（1994），P.149。

3. 老人（年）個案工作管理過程

老人（年）社會個案工作是社會工作者透過一連串的工作過程以提供協助或服務。對於個案工作過程的劃分，各個學者的看法不同，有的是以工作過程的時間階段來分，如初期階段（initiation stage）、中期或核心階段（the middle or core stage）、結束階段（termination stage）（Northen, 1982: 306-8;

Compton & Golaway, 1975: 275）；有的是以工作過程所採步驟來分，如申請和接案（application intake）、調查與研究（study and investigation）、評估（assessment）、處遇（intervention）、結案（termination）與持續服務（follow-up service）（廖榮利，1983）。不論以時間階段或以步驟劃分個案工作過程均不互相抵觸，反而是互相關聯，現將兼兩種劃分法整合於圖7-1中：

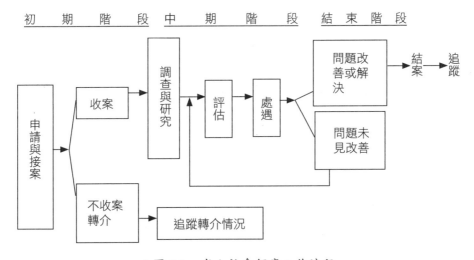

初　期　階　段　中　期　階　段　結　束　階　段

◎圖7-1　老人社會個案工作流程

(二)老人（年）個案工作管理的功能

1. **解決嚴重性（severity）問題**：老年個案工作或管理是可以幫助問題較為嚴重的老年人解決或減輕其問題，例如：嚴重失智症老人或有攻擊性嚴重的精神病老人，或心理變態嚴重的老人解決其問題或減輕其症狀。

2. **協助持續性（duration）問題**：老人（年）個案工作或管理是可協助有持續性問題的老年人，中斷或消除其問題的繼續惡化，或減輕其痛苦症狀，如嚴重的慢性病或癌症，給予必要之支援外，同時給予精神上的支持，使其問題不再繼續惡化。

3. **獲得廣泛需要的機會（scope of needs）**：為滿足老年或其家族的多元需求，應運用老人（年）個案工作或管理，一對一面談等機會，提供廣泛有關的各種知識，增加老年或其家族的見識以及參與社會各種活動機

會，提高老年人適應家庭、社區生活環境的社會適應能力。

二、老人（年）個案工作管理之目的與目標

(一)目的

1. 增強案主獲取及運用資源的能力、技巧及動機，減低其運用資源的障礙。
2. 強化社會支持網絡發展，創造更豐富之資源網絡與整合。
3. 監督、評估服務之提供，以提升服務輸送之成本效益。
4. 針對高危險個案，提供危機性的個別化處遇。
5. 消減嚴重性或持續性的老年人問題，提高老年人見識與參與社會活動機會。

(二)目標

1. 評估老年人需求，促使其獲得「適當（切）」層級之資源照顧服務。
2. 增加案主（老年人）家庭獲得及使用資源，並降低案主與家庭運用資源之障礙。
3. 減緩或維護案主生活功能。
4. 預防案主意外事故及合併症之發生。
5. 延緩長期照顧案主（老年人）使用收容機構之照顧，降低照顧成本。
6. 減低長期照顧案主（老年人）不當使用門診，或急診頻率或浪費醫療資源。
7. 減低長期照顧案主（老年人）不當使用其他社區照顧，如社區日間照顧（day care）機構或在宅服務等資源，減少社區照顧資源浪費（江亮演，2004；陳燕禎，2007）。

三、老人（年）個案工作管理者之角色與其處遇（置）策略

(一)角色

老人（年）個案工作管理者應扮演的角色如下：

(1) 長期照顧需求評估者；(2) 長期照顧服務諮商者；(3) 長期照顧服務管理者；(4) 長期照顧服務監控者；(5) 長期照顧計畫協調者；(6) 個案代言者；(7) 資源

開發者；(8)計畫教育者等。

(二)處遇(置)策略

1. **策略原則**：可用性、有效性、可近性、可接受性、可負荷性、可完成性等。

2. **操作須考量**：時間、地點、潛在障礙(阻礙)，可能的解決方法。其執行原則：(1)考量服務之個別化；(2)考量服務輸送之周延性，是否涵蓋案主所需資源；(3)服務不浪費，節省成本，不浪費資源；(4)增強案主的權能；(5)服務持續性連貫性；(6)其他如使用者付費，可負荷性等。

Moxley(1989)提出5A's切入：(1)可用性(availability)；(2)充足性(adequacy)；(3)適當性(appropriate)；(4)可接受性(acceptability)；(5)可近性(accessibility)等(陳燕禎，2007)。

四、老人(年)個案工作管理之評估

(一)評估

1. **評估案主的問題與需求**：透過會談與診斷技巧，讓案主獲得適合個人服務，建立工作關係及最佳社會資源運用。

2. **評估**：包括蒐集資料及分析資源與問題。

3. **評估方式或活動**：家訪、會談、拜訪相關人員等。

(二)需求評估流程

老人(年)照顧個案工作管理的需求評估分為：(1)接案評估與判斷；(2)會談調查研究；(3)需求評估；(4)訂定服務計畫；(5)目標與評估；(6)計畫實施；(7)危機管理；(8)結案評估(Parsons, Jorgenson & Hernandz, 1994)。

● **樂斯和莫爾(Rose & Moore, 1995)提出五個階段**

(1)訂定服務契約；(2)需求評估；(3)服務或處遇計畫；(4)連接或轉介案主適當資源；(5)監督個案以確認服務的輸送與使用。

● **巴雷和明庫(Ballew & Mink, 1998)提出個案工作管理六個階段(王玠等，1998)**

1. 建立關係。

2. 評定確知案主的各種狀態。

3. 計畫以及執行。

4. **取得資源**，其策略分為：(1) 連結（connecting）開啟關係採取行動；(2) 協商（negotiating）爭取協助；(3) 倡導（advocacy）請求支援獲得服務。

5. 整合，檢視協助與資源而有效運用。

6. 結束關係的結案等。

●**顧林（Greene, 1991）提出個案工作管理八個階段**

1. 確認案主實況及需要與外展服務。

2. 個別與家庭評估及診斷。

3. 服務計畫與資源確認。

4. 連接案主需求的服務。

5. 服務的運作與協調。

6. 服務輸送監督。

7. 倡導以獲得服務。

8. 評估。

五、老人（年）個案工作管理者專業上常見的問題與障礙

(一)工作者的內在障礙

1. 個人價值觀的過度涉入。

2. 個人思想、觀念、態度、行為等的人格性偏差。

3. 個人情緒，精神之不穩定。

(二)工作上的負荷

1. 工作量過多。

2. 工作時間過長。

(三)專業上的壓力

1. 專業上知識技能之不足。

2. 專業磨練經驗不足。

3. 開發或運用資源的能力不足。

(四)社會關係上

1. 與同事間或機構間人際關係不佳。

2. 與案主或其家庭無法建立良好的專業關係。

3. 與社會有關機關、機構之關係不良。

(五)服務運作上之困難

不同身心障礙類別及失能程度在實際運用上有差異而無法判斷，適當處遇（置），其他如壓力不易調適、行政壓力、監督功能不彰、倡導工作不易等（江亮演，2004；陳燕禎，2007）。

第二節　老人（年）團體工作

一、老人（年）團體工作定義

老人（年）團體工作（aging group work）是一種互動或協助的社會工作直接方法，不僅可協助老人個人解決生活適應問題，滿足需求，而且也可透過老人團體的互動經驗，協助老人個人發展社會意識或啟發其社會參與的動機與能力。

二、老人（年）團體工作特質與功能

(一)特質

1. 老人（年）團體工作是一種方法，所以，有工作程序、步驟與技巧。

2. 老人（年）團體工作是目標取向，幫助個人滿足情緒，扮演好個人角色，培養個人社會適應能力與發展社會意識。

3. 老人（年）團體工作是透過成員互動，在社會工作者協助之下，形成互助體系團體，以協助老人個人解決問題或社會適應（江亮演、曾華源，2001）。

(二)功能

1. **滿足老年人個人心理之需求**：在團體中彼此互助力量和凝聚力之下，促進團體成員之歸屬感和安全感。

2. **培養老年人個人社會適應能力**：在團體中可獲得知識與技能外，成員也

可學習參與團體能力、學習與人合作，並為其行為負責（Yolom, 1975; Northon, 1988）。

3. **提供驗證事實的機會**：老年人個人在團體中可學習到新行為、想法和體驗，以獲得他人的回饋與評價。

4. **提高社會意識，培養民主情操**：團體中可提供機會讓個人關心社區事務，學習履行社會參與和社會責任，並在團體互動中，透過尊重個人表達意見權力，及學習尊重他人的方式，促使其民主生活與精神的素養（江亮演、曾華源，2001）。

三、老人（年）團體工作的種類

杜謝蘭和李威（Toseland & Rivas, 1998）認為大多數的團體工作都著重在臨床實務工作上，其焦點在治療與支持工作，少放在社會性目的、娛樂性目的和教育性目的上。依查斯措（Zastrow, 1992）之分類可分為下列種類（曾華源，2001）：

(一)娛樂性團體

娛樂性團體（recreational grop），其目標是在提供老年人的團體活動，以便成員能夠享樂和活動。這種活動是自發性，不需要領導者。提供這樣的團體通常是提供空間和設備如YMCA、YWCA、社區中心或學校等，提供活動場所或設備供老年人做非正式的比賽及開放式的遊戲等活動。其目的是提供老年人有娛樂和互動機會，促使老年人心身健康，減少老人問題之發生。

(二)訓練休閒活動技巧團體

訓練休閒活動技巧團體是透過導師、教練的指導，以任務取向為主。其活動包括：高爾夫、籃球、美工、游泳、電腦等專門性娛樂技巧訓練，而不是一般社工訓練，提供的團體包括YMCA、YWCA、童子軍、社區活動中心以及各級學校。其目的是提供老年人娛樂機會外，也可教導其他老年人休閒娛樂技巧與方法。

(三)教育性的團體

教育性的團體（educational group）：以幫助老年人獲得更多的知識及學習更複雜的技術為目的。通常由專家學者擔任團體領導者，其教育訓練內容包括：親

職教育訓練、決斷訓練、稱職家長技能訓練、志工訓練。此種團體的領導者通常是指導性為主，是透過團體之互動和討論來增強成員的態度能力與其練習。

(四)問題解決及決策團體

問題解決及決策團體（problem-solving & decision marking group）：是一任務取向團體，其目的是培養老年成員之決定與解決問題的能力，所以使用團體會議方式來發展出對案主（成員）的處遇計畫，並且要使成員對團體互動過程感到興趣或有利害關係，否則難收其效。

(五)自助團體

自助團體（self-help group）：是自願性團體，採小團體（5～8人），以便相互協助和達成特殊目的。通常由同儕（同輩）組成，一起來相互協助，滿足共同需要，克服共同障礙或生活阻礙的問題，而帶來社會或個人的改變，例如推動者或次團體成員和其需要沒有得到滿足時，自助團體常會提供物質協助和精神支持，所以常常是訴求導向，透過成員表達價值或意識型態，來達成個人認同的增強感（ehanced sense）。李斯曼（Riessman, 1987）認為自助團體之明顯特質有：(1)非競爭性，有合作導向；(2)反精英和反科層；(3)著重內部一些有問題的人從團體中和團體經驗來解決問題。

卡茲和邊達（Katz & Bender, 1976）指出，自助團體有下列幾種類型：

1. 著重自我實現或個人成長的團體，如酒友會（戒酒會）、賭友會（戒賭會）等等。

2. 著重社會倡導的團體，並非解決自己本身問題或與他人的人際關係問題，而是爭取公益的團體，如福利權利組織、綠化運動組織、對抗酒醉駕駛的車禍受難者協會、身心障礙福利聯盟等或協助立法修法有關的組織，如倡導新服務、改變機構政策、減稅運動團體或爭取權益團體等等。

3. 著重創造選擇另一種生活型式的團體，如同性戀團體、非婚的老伴團體。

4. 流浪者天堂提供一個避難所的團體，給想尋求保護者免於生活壓力等。

5. 由幾個團體特質組織而成的團體，如單親家庭團體、乳癌患者團體、紅斑性狼瘡患者團體，AIDS患者團體、獨居老人以及老夫老妻家庭團體。其目的是在增進團體成員個人成長、倡導和睦社會等。

(六)社會化團體

社會化團體（Socialization Group）其目標是發展或改變團體成員的態度或行為，使其變得更能為社會所接受，即發展社會技巧，增進自我信心等，如針對養護中心老人激勵他們使他們願意參與各種活動等。

(七)治療性團體

治療性團體（Therapeuitic Group）由嚴重情緒困擾或個人問題的人組成，領導者必具相當技巧，透視分析能力、人類行為和團體動力知能、團體諮商能力者擔任，而以運用團體工作來改變老人之行為。此種團體是深度探討個人問題，並發展一種或更多策略來解決或改變成員個人態度與行為。如有精神病或有精神病傾向的老年人之治療團體。

(八)社會行動團體

社會行動團體並非以解決自身問題或與他人的人際關係問題，而是促進成員本身發揮有效的功能，以解決生活環境中某些問題為主（Knopka, 1972; Garvin, 1988）。其是針對老年人家庭，公開要求老年參加聯合座談會，提出對社會公眾有效之建議，尤其社會福利、教育福利、消費者福利等的法律問題提出高見，以利向有關機關建議修或訂法律而爭取大眾的權益。

(九)會心團體

會心團體（Encounter Group）和敏感度訓練團體（Sensitivity Training Group）是一成員關係非常密切，自我坦露團體經驗的團體。其目的在於增進人際覺知，其特色是強調分享「此時此刻」（here and now）的經驗和感覺。團體成員彼此關係親密、信任，並且個人覺知在團體中行為的原因，及他人行為反應之原因，如短期老年人旅遊、參觀、座談、學習研究、技藝觀摩等之團體（曾華源，2001）。

四、老人（年）社會團體工作技術

培泥爾（Pernell, 1962）認為老人（年）社會團體工作技術可分為程序性（procedural）技術和互動性（interactional）技術兩種，而這兩種技術是互為關聯的。

(一)程序性技術

是指方法論上和知識上團體工作進行的步驟，包括資料蒐集、研判與決定團體目標、處置與報告等等。

1. **組織團體的技術**：包括如何確認成員的可能需求，計畫進行團體方式與次數、環境布置、團體人數、團體活動、次序及團體目標等工作。

2. **催化團體各階段發展技術**：包括確認團體各階段之特色與需要達成團體發展的任務，如開始階段要促成成員相互認識、協助團體建立規範目標、訂定團體契約等等，結束階段上協助成員回顧團體經驗與學習改變。

3. **團體開始與結束的技術**：包括團體進行的程序，每次團體開始和團體結束時可用的方式等。

4. **團體評估技術**：如何掌握團體成效，並加以呈現。故包括記錄技術、確定評估指標等等。

(二)互動性技術

是指適當的反應團體中個人或團體需求，亦即催化團體成員，有效的互動溝通，使團體能順利進行。互動性技術可分為以下三點（何長珠，1980；Tosland & Rivas, 1999）：

1. **反應的技巧**：主要在於表達對團體互動過程的投入與瞭解，使工作人員能被成員接受，甚至作為團體行為的示範。其技巧有專注、傾聽、複述、反映、澄清和摘要。

2. **互動的技巧**：其目的在於引導和控制團體的互動。其技巧有解釋、連接、阻止、設限、聽取眾意、保護、支持和聚焦。

3. **行動的技巧**：主要是用來推動團體進行的方向。其技巧有指示方向、摘要、建議、發問、面質、調解、示範、提供訊息、重新定義、探測（probing）。

第三節　老人（年）社區工作與社區照顧福利服務

一、老人（年）社區工作

(一)工作原則（步驟）

1. **掌握老年人問題焦點與對策原則**：掌握老年居民共同目標、角色、行動動態與問題等訊息。同時，須取得第三者協助外，還須具備具體計畫與解決問題能力。

2. **個別化與自決原則**：須應老年人個別差異做個別處理，以提高效果。同時以老年人為主體由社區老年居民自己來決定處理問題方案。

3. **整體利益與資源協調配合原則**：一切行為態度均以全體老年人利益為前提，善用社會資源，加強社會資源的協調與配合達到工作目的。

4. **老年居民參與與民主自由方式進行原則**：老年居民一起參與活動，並由老年居民多數意見來決定工作之進行。

5. **社區老年人需要原則**：依社區老年人實際之需要而推行。

6. **訓練人才原則**：除老年居民參與外，需培訓社區老年領導人才。

7. **消弭社區老年居民不滿原則**：解決社區老年居民所不足或不滿的問題，促進社區進步。

8. **宣導、溝通原則**：為推展老年工作順利減少阻力，必須加強宣導及溝通。

9. **其他**，如巴利斯（Paris, 1963）的社區工作原則

   (1)認識和接觸社區老年或其他人士，取得接納與合作。

   (2)蒐集社區老年生活有關資料，並分析和獲得初步的計畫。

   (3)發掘社區中的老年等領導人才。

   (4)激發社區老年居民承認其問題之存在。

   (5)協助社區老年居民討論其呈現的問題。

   (6)協助社區老年居民確認其最迫切的問題所在。

(7) 促進社區老年居民的自信心。

(8) 協助社區老年居民決定行動方案。

(9) 協助社區老年居民確認其本身具備的潛能與資源。

(10) 協助社區老年居民以自己力量解決自己的問題。

(11) 增進社區老年居民自我互助的能力。

(二)工作方法

1. **認識老年工作課題與解決老年人問題途徑**：認清老年問題重點與內容，並找出解決最有效方法。

2. **規劃與蒐集資料**：依具體可行辦法而加以有系統計畫、設計，以調查訪問蒐集有關資料訊息供作參考。

3. **組織與宣傳**：把有關機關機構、人員及老年或一般居民組織化、制度化，以利工作之推行。同時加強宣導、廣告、溝通，促使大眾瞭解，減少阻力。

4. **瞭解民心**：瞭解老年居民需要或不滿及其真心話，以便參考改進。

5. **推行與記錄**：由機關或社區機構來執行，並發動所有社區資源來配合，以達目標。同時把調查研究資料，實際推動方案與組織各種機構情形、重大活動經過、工作大事、各種資源配合情形，以及工作效果與評估等記錄下來，並提出報告（江亮演，2001）。

(三)工作內容

1. **老年教育**：以學校、社區活動中心、文康中心、社區大學等為教育活動場所，並普遍推行老年教育。同時提供圖書館（車）服務，以及推行電影或電視之老年教育。

2. **職業指導**：與工商企業配合，培訓有關師資或教導人員，促進老年生產技術、手工藝等訓練，並給予必要之創業或就業輔助，如資金融資、產品行銷等輔助。

3. **社會福利服務**：協助老年家庭解決經濟與其他的社會問題，或改善老年居民的地位，以及增進老年福利與幫助需照顧的老年人或團體。

4. **衛生保健服務**：改善社會與經濟條件，如老年居住環境衛生之改善，老年傳染病（流行性感冒、SARS、肺炎……）防治，以及衛生保健教育之

推行等等。

5. 其他，如住居建築及設計服務、老年家政服務、休閒康樂服務等。

二、社區照顧福利服務

　　社區照顧是在該社區內（地點）由社區的居民或機構（照顧者）來照顧社區內居民（被照顧者），尤其老人與身心障礙者為主的一種社區居民自動自發助人的社區照顧福利。

　　社區照顧之被照顧者通常以老年人為多，而且照顧老年人一般可分為健康的老年人與非健康即臥病（癱瘓）老年人。照顧的地方（地點）可分為社區內的老人收容福利機構短期照顧、社區日間照顧中心（機構）照顧（day care），以及家庭，即居家或稱在宅照顧服務等如圖 7-2。照顧者機構即由機構相關人員在機構內給予必要之服務；社區日間照顧機構即社區日間照顧中心（day care center）照顧者，即該中心的有關人員給予必要之服務，也就是老年人白天在該中心接受服務，晚上回家由家族照顧；在宅照顧者（居家服務）即由家族或由在宅服務人員到家來照顧。

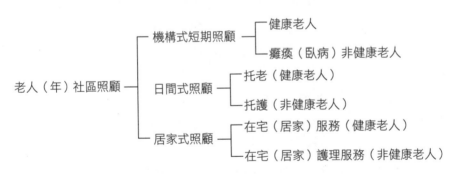

◦ 圖 7-2　老人社區照顧體系

　　為減輕照顧費用負擔，及能促進家族參與照顧，而不使老年人有被遺棄感，通常除萬不得已才送老年人到收容機構外，一般人是採用短期機構收容或社區日間照顧與居家照顧的照顧方式居多。現在老人福利的主流是社區照顧也就是長期老人照顧福利，因此，短期機構照顧及社區日間托老、托護式照顧或居家式照

顧，是目前國內最重視也最受到老人或其家族所喜歡的照顧模式。不過因各地方政府的重視程度不同與財力的差異，除了少數縣市，正積極推展日間照顧、居家照顧的福利外，大部分縣市日間照顧式或居家式的照顧福利事業並不普遍。

(一)短期保護（照顧）機構

●設立目的

短期照顧機構是針對照護臥病老人等的家族，因生病或生產或長途旅行等，一時無法照顧臥病老人時，代替家族照顧臥病老人的一種福利機構。這種短期照顧設施大都附設在療養院所或有療養設備的老人安養或日間照顧中心等機構為多。其主要目的是要方便照顧臥病老人的家族與減輕其負擔，以及提高老人照顧與其家庭的福利品質所設立。

●利用資格條件

短期照顧事業剛開始時，是以照顧臥病老人的家族因生病或生產等理由為使用資格條件，後來逐漸放寬到出外旅行以及照顧者疲累等私人理由之使用條件。利用期間原則上以一週為限，必要時可延長或再利用。費用只飲食費由利用者負擔，但私人理由如旅行或照顧疲累者原則上，包括使用費、飲食費等一切費用均由利用者自己負擔。不過若惡意遺棄老人者，如過期不接回等情形者，即由收容機構向法院代老人提出告訴。

●服務內容

一般短期照顧機構所提供的服務主要內容是飲食、排泄、入浴等之照護，必要時也可提供醫療機構同樣的服務。但在提倡充實在宅老人保健等社會福利對策的今天，同時也促進了短期照顧事業的大幅度擴大。

●利用者屬性

使用短期照顧機構究竟哪些人或哪種家庭生活者較多，在基本屬性來看（以日本為例）：

1. 老人

   (1)老人的身心狀況：視力或聽力不好、睡眠有障礙、雖有食飲但飲食不很正常、大小便雖普通，但卻無氣力、語言雖然瞭解其話意但不是很通順，以及有點孤僻、自私、寂寞自卑感者。

(2) 日常生活動作：雖自己可慢慢走路，但案主脫衣服等有些地方需他人幫助。飲食還算可以，但入浴、排泄等不是很自由，有些地方需他人照料者。

(3) 行動障礙（害）：自己的房間與廁所會搞亂、家人和親友分不清會搞錯。失禁而會弄髒衣褲，不重視清潔衛生。有幻想邪念，不是事實卻認為是事實。會說謊，所說的話一半以上是假者。

2. 照護（顧）者（家族）

(1) 照顧者身心狀況：從老人的立場來看照顧者的身心狀況，照顧者常因照顧老人而疲累，在疲累或腰痠背痛時大都會停止照顧老人。

(2) 照顧者及配偶的經歷、現職：照護者結婚前是公教人員，結婚後任職民間研究機構，無時間限制，可依自己的意思一週做（上班）三天或四天，沒有間斷一直工作到現在而配偶是公教人員者為多。

3. 家庭狀況

(1) 家庭結構：除老人之外，還包括兒子、媳婦或孫子女。

(2) 經濟狀況：中等或中等以上。

(3) 住宅：有自己的住宅或住宿舍為多。

4. 其他，如照顧與照顧意識

一般家庭雖照顧老人的人手不是很足夠，但都認為照顧老年父母是天經地義的事，不忍心把老年父母送到安老或療養機構收容，所以，忍耐著照顧老年父母的壓力，一直到老人的身心狀況惡化到不容易在家裡照顧為止，因此，有些人會利用日間照顧機構，白天由機構照顧，晚上才由自己家人來照顧，不但可減輕照顧的壓力，而且也可減少照顧費用。不過利用日間照顧的家庭，與利用在宅服務人員照顧或自己在宅照顧的家庭，照顧者一旦生病或生產或出外旅行以及照顧累了時，若對短期照顧機構有充分瞭解與利用意願（識）者，就會選擇利用短期照顧機構，來減輕其照顧的壓力或解決其生病、生產、外出旅行，以及疲勞而無法照顧老年人的問題。

●利用者的期待

1. 除了臥病老人之外，其他有需要照顧者也能收容，如需照顧之失智者、智能障礙、肢體殘障者等。

2. 照顧期間延長，從一週延長到十天。

3. 費用減免，利用費用應依老人家庭經濟實況減免，並儘量以補貼方式，補助一般經濟普通或低收入家庭，減輕其負擔。

4. 手續簡化，若是管轄居民則不用任何證明，力求簡便手續方便居民。

5. 普設社區短期照顧（保護）機構，以方便社區老人。

6. 利用次數，希望短期照顧機構一年可使用幾次，以利老人照顧及減輕家族照顧老人的壓力。

7. 其他的福利服務，如無法享受照顧之失智老人提供飲食、護理訪視，以及提供喘息服務，使照顧者有休養機會，促進家庭功能之提升等等。

(二)社區日間照顧事業

　　一般對老人收容機構有偏見，因此，要建立日間照顧機構，就必須先使社區居民對日間照顧事業有充分瞭解，所以，需要從機構營運上及建築物上下工夫，如把大廣場、會客室、會議室、復健室等設置設備集中在一樓，以便與社區交流，同時有利托老、托護事業之推行。對進住老人機構或日間照顧服務機構的利用者來說，在基本處遇上是尊重其自主性，保障其人性化豐富的老後生活。因此，不但要追求使用者、入住者的身體方面照顧，而且也要求精神性、社會性、經濟性，全面之照顧。所以，從上述的保障與其照顧觀點來看，是極重視強化社區交流與機構的普遍化、社區化以及入住老人或利用者的處遇方法。

　　雖然努力在推行各種社區交流或機構社區化，但是在社區交流與機構社區化組合當中，其主要任務有三，一是保障入住者或利用者過著人性化有尊嚴而豐富的生活；二是把機構作為社會資源開放給社區，廣泛地貢獻社區福利；三是與社區居民共同來思考社區問題，促進社區居民福利行動（運動）、提升社區福利等。在這樣的立場之下，就必須推展獨居老人供食（含會餐）服務、臥病老人提供入浴等支助服務，與老人短期保護等事業。這些事業不僅僅是行政單位的委託，而且也是社區依其所需或各種福利行動（運動），與社區福利發展協會或行政單位一起創造出來的福利事業（小室豐允，1990）。

●日間照顧事業之實況

1. **背景與契機**：由於不少老人在家無支助人手或設備無法入浴，或獨居老

人必須供應飲食，否則無法攝取適當營養，但社區卻無法依個別需要而提供充分的援助。同時老人福利設施又以獨居老人身體衰弱要提供飲食，或入浴服務有困難作為理由而拒絕支助。同時從醫院退院的老人需要復健，但家族因照顧老人人手不足卻苦無支助機構，在如此情況之下，為因應老人實際需要而促進老人日間照顧事業之產生。

2. **日間照顧事業之推行與其內容**：剛開始推行日間照顧事業時，因未使得居民充分瞭解日間照顧的事務，因此，有不少不同的反應，有些很冷淡，但也有些盼望幫忙他（她）們，不過，當事者是擬在實踐當中去找到正確的努力方向，所以，就毅然決然地實行這種日間照顧事業。

日間照顧事業的服務對象，是以65歲以上有心身障礙、日常生活無法自理、失智或獨居的老人為主，給予日間照顧服務或機構短期收容。通常日間照顧中心（day care center）除收容重度心身障礙者外，大都是把社區需要日間照顧，如托老、托護或復健等老人，接來日間照顧中心（機構）而給予必要之服務，一般是收二十人左右，早上8～9時接來，下午4～5時送回家裡（少數老人是自己來自己回去或家族接送）。所以，日間照顧中心的員工體制上是監護工三人、照顧人員一人、接送交通車司機一人，接送臥病身心障礙者（附升降輪椅）的交通車司機一人以及志工二人等，費用依老人經濟能力減免。其服務內容、時間如下：

> 上午　7：30～出發去接老人
> 上午10：00～12：00與使（利）用者老人早會座談、測量血壓、入浴
> 　　　　　　　以及其他活動等等
> 上午12：00～午餐、午休（午睡）
> 下午　2：00～3：30復健、體能訓練、參加中心活動（唱歌、跳舞等）
> 下午　3：30～5：00點心喝茶時間、志工與中心員工座談會

●使（利）用者與家族的反應

實行日間照顧事業以後，對利用者、進住者以及家族、志工、社區、行政機關等都有很大的變化。

1. **利用者與其家族的變化**：對利用者全體來說，有參加日間照顧者，不但對事物的看法或思考方法都有很大變化，而且對其生存也開始有把握與喜悅。有些老人，因中風後半身麻痺、語言有障礙的後遺症，雖與子媳等家人同住，但卻人手不足，而臥病在家，後來聽取保健衛生人員，或在宅服務人員的勸導，及參考有利用過日間照顧中心的親友意見，才改變臥病老人對安養、療養機構是老人的倉庫等可怕不良之刻板印象，而與保健衛生人員和家族一起到日間照顧中心參與使用者行列，並在臥病癱瘓老人的特殊浴槽內慢慢泡湯，與老人們一起吃飯、唱歌、復健、做手工藝、玩小遊戲等，使自己活出信心，也增加不少元氣，快樂地等著明天的到來。從此以後一日都沒缺席過，使用一年以後，開放自己，脫離了臥病的生活，並與朋友交流或從相互鼓勵中獲得重生。又有些獨居卻患了阿茲海默（Alzheimer）症（失智症），常常忘了東西而日常生活有困難的老人，利用日間照顧中心以後，不但會使用自宅的浴室，也會按時間睡覺休息，並不會在晚上亂跑。有些老人雖然有配偶在一起過著老夫老妻的核心家庭生活，但因配偶一方脊椎受傷，下半身麻痺癱瘓，有時兩腳硬直相當痛苦，雖透過在宅服務員的推介而成為日間照顧中心使用者，但起初是相當抗拒照顧中心的服務，後經過中心的負責人及工作人員的勸導，再加上配偶的陪伴，終於習慣中心的生活。經過半年後，不但喜歡入浴或復健，而且也感覺到有朋友的存在，而成為合群快樂的老人。另外，有一些患白內障且開過刀的獨居老人，由於視力的關係，吃飯、入浴或外出都有問題。後來經過在宅服務員的介紹而成為日間照顧中心的使用者，在中心雖有點悲傷，但卻學會彈鋼琴，也會唱歌，變成一位活躍的老人。

   利用者所組織起來的「感恩會」，是在機構、志工、社區福利發展協會、鄉鎮市區公所等的協助支持之下，依利用者們的要求或意見所創立起來的日間照顧事業內容之一，除感謝中心及其他相關單位之恩惠外，也是促進利用者福利的一種自治會。

2. **進住者之改變**：日間照顧服務事業剛開始就進住日間照顧中心短期照顧的老人，早上體操後就開始座談，並透過進住者的自治會人員說明機構

的想法與做法，然後就協助老人入浴或飲食等，並提供老人與社區交流的機會，談談其過去在未到機構來之前的臥病、獨居等經驗與現在的快樂生活作比較。日間照顧短期服務機構，剛兼辦短期收容照顧業務時，必須對進住者個別打招呼。在機構中有些老人經過三個月仍然找不到親密的朋友，也有人欲退住（退院），使擔當的員工不知所措，有些員工提出與日間照顧服務（托老）老人同樣服務行程的建議，即喜歡寫字老人就給他（她）有習字機會，並且每週定期舉辦茶會、桌球（老、殘用）活動，或與日間（托老）利用者交流等意見，最後機構決議儘量與日間照顧一起行動（活動）。這樣一來，加強了短期照顧進住者與日間照顧被服務者之交流，而促使其生活的大改變。

3. **以志工為中心的社區之變化**：日間照顧服務事業不能缺少志工的協助，從社區的問題由社區居民共同思考的立場來看，志工是與我們一起為提升社區福利品質最接近的協助者，因此，有日間照顧事業就有志工服務的組織出現。加入社區福利發展協會派遣志工、社區的志工團體組織，以及每週擔任支援工作的志工，是鄉鎮市區社區福利發展協會每個月評鑑，使用日間照顧服務中心之老人生活改善變化情形的必要幫助者。現在，參加志工團體的居民當中，有人曾經也聽過使用日間照顧服務的消息，也有不少人希望以自己的力量來參加協助社區福利發展協會的志願服務工作。

4. **行政的變化**：日間照顧服務事業之行政策略，剛開始時鄉鎮市區公所非常關心，但由於居民的利用度高，所以把日間照顧服務的復健部分，定位在老人保健法之「機能回復訓練事業」內，使鄉鎮市區在預算方面有委外的經費。也有不少鄉鎮市區認為日間照顧服務入浴部分，是獨自事業而適用於「入浴服務事業」內，因此，不但老人復健或入浴能制度化，而且也作為地方政府獨自事業，而促使「小型日間照顧服務事業機構（中心）」的創設與發展。這樣的行政對策不但大大改變日間照顧服務品質，而且也因此背景促使中央對老人福利或在宅福利的重視，與增進地方社區福利志工之重要角色。

5. **追求小規模日間照顧服務事業（以日本為例）**：日間照顧服務事業剛開

始也經過不少波折與阻礙，如人數不足、使用者身心狀況或機構設備、接送以及人員等體制之限制。像使用人數不足，有人提出每週服務兩次（二天）的修正意見，但光就機構的問題，不是機構關係者有意見，就是政府社區福利有關者有意見，不然就是鄉鎮市區公所有意見，無法取得共識。後來幾個鄉鎮聯合舉行利用者、家族、志工、在宅服務員、保健衛生員、鄉鎮民代表、社區福利發展協會以及機構擔當者、進住老人及其他相關人員之「日間照顧服務事業利用者會議」，會中有老人說明其利用後的感想、或認為日間照顧生活是多麼快樂，而且盼望著明天快到來心情。而志工也有人認為其工作是很愉快、很喜歡此工作。鄉鎮市區志工營運委員代表也願意協助，最後大家決議擬積極協助日間照顧服務事業，推展日間照顧服務工作，同時也決議營建（建立）充分因應社區需求之日間照顧中心機構。自此以後，使用輪椅者，也能不使用輪椅就能搭汽車或其他交通車來參加中心的活動。同時社區的居民也有不少人參加日間照顧中心（day care center）的志工，而擬利用中心的居民也增加許多，中心的設備也有不少改善，所以新的利用者人數也增加。

我國今後最需要的是鄉（農）村社區也能適用之小規模的日間照顧事業制度。雖然有些鄉鎮市區利用短期保護事業的床位每日限收二人，但是此措施是暫時性權宜作法，不是制度化。所以，政府應該站在推行在宅福利的一環而去修正國家的福利制度，使鄉鎮尤其是鄉村能適用小規模的日間照顧服務制度（江亮演，2006）。

不過適用上述制度的鄉鎮也不是一切OK，所有問題都能解決，因為其一制度也有限，不是每一社區實態都能適合，例如日間照顧事業是否也能適用於年紀較輕者，此涉及到制度是否有彈性，這是一大問題；其二中央財政負擔越來越吃重，擬把原為中央集權式的社會福利預算，改為地方分權式的地方政府來負擔，這種新做法鄉鎮財政是否能負荷？也是一大問題。

(三)老人在宅照護

在家老人分為健康與非健康兩大類，通常除一般少數健康老人使用在宅服務員作為其整理環境、家務之在宅服務或托老等日間照顧外，很少使用在宅照顧服務，所以這裡所陳述大都以非健康的老人家庭（在宅）照顧（護）為主的福利服務。

老人 社會 福利

●需照顧（護）老人的狀況

1. **人口結構的高齡化**：已開發或開發中的國家的人口結構越來越老化，65歲以上的老年人口越來越多，其在人口總數所占的比率越來越高。以我國人口結構來看，到1993年9月底65歲以上的老年人口有148萬多人，占總人口之7.1%，已達聯合國世界衛生組織所訂的高齡化社會（老人國）指標。其後老人的比率也逐年增高，到2002年9月底增加到201萬多人，占總人口的8.95%；到2004年5月底增加到211萬多人，占總人口的9.74%；到2006年底增加到228萬多人，占總人口的10.00%。行政院經建會2004年推估我國老年人口，至2021年將達到402萬多人，占總人口的16.88%；2027年老年人口將達490萬多人，占總人口的20.69%，即每5人當中就有一位老年人。到2041年時老年人口將達660萬多人，占總人口的30.25%。

從上述的高齡化社會之快速變遷來說，將會引發許多新的需求與問題，因此，政府及民間必須注意這些社會新趨勢，而要未雨綢繆及早做好規劃與因應對策，尤其是需照護老人之有效的福利措施。

2. **後期老人人口的增加**：老年人口可分為65～74歲的「前期老年人口」與75歲以上的「後期老年人口」兩類。若後期老年人口增加率提高的話，即病弱，尤其癱瘓臥病的老人比率就增高，也就是需要照護（介護）的老人增加。

3. **老人的疾病與需要照護的老人**：人類因老化的關係，一般從45歲以後其患病率就逐漸增加，65歲以上的老人患病率約50%（千人之中有512人），約二人就有一人患病，75歲以上的老人，患病率更高一點約55%（千人之中有554人）。再從看病（去看醫師）率來看，65歲以上的年齡層看病率約18%（在10萬人當中約有1萬8千多人），75歲以上的老年層其看病率更高約20%（在10萬人當中約有2萬多人去看病）。

上述的患病率和看病率也包含需照顧有關的癡呆之失智老人，如臥病、臥病但會起床、失禁、明顯視力減退、明顯聽力減退，以及失智老人。這些老人當中失智老人占多數，其次依序是臥病但偶爾會起床、臥病而無法起床、明顯視力或

聽力減退等老人（江亮演，2006）。

推估老年人人口的增加之同時，臥病或失智的老人也會隨其老年人口之增加而增加，即國民平均壽命的延長，超過75歲以上者逐漸增加，患病率，尤其臥病或失智老人也會隨著平均壽命的延長而增多。若從性別來看，女性平均壽命都比男性高5～6歲，將來臥病或失智的女性老人之照顧（介護）更是一重大問題。

除老人養護機構老人之外，在宅或入院（醫院）中需照顧的老人，而其中臥病或失智老人是占絕大多數，所以對這些在宅照顧的老人（臥病、失智）不但需給予入浴、換衣服、排泄、室內活動援助、飲食、變換體位（臥病老人）等照護（介護）服務者，其人數會越來越多，而且服務的複雜性也會越來越高。因此，對需要照顧（介護）老人，簡單來說：

1. 隨著老年人口的增加，即75歲以上後期老年人口，今後會明顯增加（大增）。

2. 老人罹患身心障礙的得病率也會隨著年齡的增高而提升。

3. 高齡化社會結果，需要照護（介護）的老人，今後會逐漸增加。

⬠ 老人的家庭狀況

1. 老人居住型態

(1) 老人居住方式的改變：依內政部歷年「老人居住狀況調查」發現，住進老人福利機構者1996年為0.9%，2000年增為5.5%，2002年達7.5%。獨居者1996年占12.3%，2002年降為8.5%，2005年又升至13.66%。僅與配偶同住者1996年占20.6%，2002年降為19.5%，2005年又升至22.20%。與子女同住者1996年占64.3%，2002年降為61.7%，2005年又降為60.36%。與親朋同住者1996年占1.4%，2002年升至2.6%。其他，1996年占0.5%，2002年降為0.2%。從上述情形來說，獨居或僅與配偶同住或進入老人收容機構者會逐漸增加，而與子女同住者會逐漸減少。因此，將來如何因應這些獨居或老夫老妻家庭的老人身心或日常生活需照顧者是一重要課題。必須家族及政府的老人福利政策與福利行政措施相結合，才有辦法照顧老人的未來生活。

(2)臥病老人居住型態：依作者2007年老人居住型態調查研究發現，65歲以上臥病老人當中，在宅生活者約占53%，在醫院入院中約占28%，進入療養等機構者約占19%。所以臥病老人一半以上是由家族來照顧（介護），但今後獨居或老夫老妻家庭增加，要在家裡照護越來越困難。一般來說最好的照護（介護）場所是家庭，若要使老人能夠在宅照護，就必須提供老人能夠繼續在家生活下去的各種條件或環境，例如實行「照護保險」（介護保險）制度、組織鄰居或鄰里就近照顧組織（團體），加強家族連帶照顧責任，推展新三代同堂（三代同鄰）、在宅照護志願服務集合式住宅（congregate housing）即多功能住宅、寄養家庭（adult foster family care）即精神醫療體系之一住宅、居家式（在宅）照顧之家，以及機構短期照顧和社區日間（托老、托護）照顧等等。

2. **生活週期**：生活週期會隨著時代而改變，依臺灣文獻與內政部人口統計資料，例如以國內來說，二次世界大戰之前與戰後作比較，會發現有很大差異，即戰前「扶養老年父母之扶養期間」大約5年，但到2005年時已達20年以上。同時守寡（寡婦）期間，也從戰前的3年，增至2005年時的8年。若老人身心有障礙又無適當的生活場所者來說，即老人照護（介護）的長期化，對老人家族之老年父母扶養期間或寡婦守寡期間有相當衝擊。

3. **女性就業**：在宅照護有關問題常牽涉到女性的就業。從家庭生活週期來看，40～50歲女性是照護（介護）老年父母的年齡層，但是女性進出社會增加，職業婦女年年增多，以目前有60%以上職業婦女的現況來說，在宅老人照顧（介護）越來越困難。從支助需要照顧老人的家族現況來看，家庭的客觀狀況大大改變，改變的方向即是家族照護老年父母的困難度越來越明顯而深刻化。臥病老人等需照護的老人確實帶給家族過重的負擔，因此，必須強調支援在宅照護服務，來減輕家庭客觀狀況的變化與負擔，而促進臥病老人的安適生活（江亮演，2006）。

●老人與家庭的照護（介護）意識

要瞭解老人家庭的客觀狀況，實行在宅照護等之福利服務者，就必須先瞭解老人與其家庭照護有關的意識，充分清楚瞭解其家庭客觀狀況。從60歲年代與30歲年代兩個年齡層分開調查（2007年老人生活意識調查研究）其照護老人的意識來看，即老人自己臥病（癱瘓）時，是依賴誰來照顧呢？60歲年齡層回答，即男性是以配偶占70%以上，其次是媳婦、女兒者約占25.2%，再其次是家政服務員、在宅服務員、日托福利機構等約占4.8%；女性的回答有61.5%是媳婦、17%是女兒、10%是配偶，其次是家政服務員、在宅服務員以及老人福利機構人員等約占11.5%。從這些情形來看，60歲年代的人想依賴照護的人是家族者占大多數。

又若非接受照護不可時，要不要家族以外的如家政服務員、在宅服務、福利機構等人員來照護，其回答，不需要者其理由（男女）為家族照護就夠者約占63.4%，不希望他人進入自己的家庭者約占10.3%，討厭與他人說話者約占8.8%，因可利用福利機構者約占4.4%，不知道者約占2.1%，其他占11.0%。

以30～40歲年齡層為調查對象，調查其父母臥病時，主要由誰來幫忙照護，不論是父親或母親全體有90%以上的人回答是由家族或親族來照顧。這比60歲年齡層的人期待由家族來照護的比率還要高。而實際上也大致與此情形相同，大都是由家族來照護為多。

但是只家族照護就能勝任嗎？有30%以上認為不可能，這和實際由家族照護之間有很大的距離，因家族的客觀條件是無法照護，但因老人的期望和子女的責任感或經濟能力等原因，而勉強由家族來照護，其照護品質也可想而知，因此，在宅照護（介護）等福利服務必須重視老人或家族之意識，以及老人家庭的客觀條件。

●老人在宅照護（介護）的課題

需要照護老人在家裡生活最基本的支援者是家族，但有些家庭是心有餘而力不足，有些家庭其子女是勉強照顧（護）老年父母，但並無孝心，所以其照護品質堪慮，因此，本文即以家族或親族為中心，對在宅照護事項加以探討。

1. **在宅照護的目標**：老人儘量居住在自己住習慣的家庭環境中，和周圍的人同樣生活，要做到如此，必須具備下列條件：

(1) 充實老人本人的照護需求。

(2) 減輕老人家族過重的照護負擔。

(3) 維持照護一定品質。

為了滿足上述的條件，非充實福利服務等措施不可。

2. **在宅福利服務**：在宅福利服務也稱為「在宅服務」（domiciliary），是為高齡者或身心障礙者能繼續維持其在宅生活的生活品質，所提供的各種社會福利服務。狹義的在宅服務是指以在宅需要援助的照護者為對象，提供社會福利之在宅福利服務和保健、醫療領域之在宅療養及養護等服務而言；廣義的在宅服務是指以一般高齡者為對象，提供增進健康或生涯有關的預防性、福利性以及在宅改造等服務而言。

因應人口高齡（老人）化或社會以及家庭的變遷，所產生的新福利需求而提供在宅福利服務。邁入 1970 年代以後，是由機構的照顧政策轉為在宅照顧的政策，而展開了在宅福利服務的主流時代。在此在宅服務之前後，已有老人日常生活用具給予事業及身心障礙兒童短期收容照顧事業、重度身心障礙者日間照顧服務事業，以及高齡者在宅服務等事業之推展。而此身心障礙兒童短期收容照護事業、重度身心障礙者日間照護事業，以及高齡者在宅服務事業等即是目前在宅福利服務的三大福利事業。同時 1970 年起因石油的危機，致使先進發達國家負債大增，中央政府無法負擔龐大的社會福利事業經費之預算，所以英、美、日等國家不得不修正社會福利政策，由中央集權轉為地方分權，將本來由中央負責的擬定政策及經費預算，大部分轉移到地方政府，除可減少中央的社會福利預算之外，同時也可推展福利事業委外或民營化、去機構化、福利社區化等工作，並以社區照護作為主流福利事業，因此，促進了在宅照護療養等服務事業之發展（江亮演，2006）。

在宅照護事業可分為有酬服務與免費志願服務兩類，這幾年來先進國家對上述有酬服務也好，免費志願服務也好，都積極推廣擴大，尤其配合其老人保健法，使老人保健醫療服務事業有相當程度的擴展。

但是平均壽命的延長，需要照護（介護）老人人數不斷的增加，其支援老人家族的客觀條件也越來越困難，這種情形是可想而知的。所以，今後對各種老人在宅服務的擴充乃有其必要（小室豐允，1990）。

3. 各種服務的連帶關係

推行在宅照護（介護）有關的各種連帶服務，包括兩種內容，其一是保健醫療與福利服務的連帶關係，其二是社會行政，非營利民間團體與企業團體以及居民等公私部門之連帶關係。

此課題深具意義，是一個對象一個援助者，即一對一的服務方式，這是今後高齡化社會無法避免，所以須形成家庭、近鄰、社區或非營利民間機構或企業團體、公家機關等，所謂的服務網即是保障老人所有生活所需的事業。為了所有老人（含身心障礙者）能夠舒適地在社區內生活，今後行政機關或非營利民間機構及企業團體以及居民等，必須聯手營造服務環境與體系，和充實照護內容來照顧老人，否則無法滿足老人的需求。

保健人員在社區扮演著很重要的援助者角色，所以社區必須有保健醫療網，作為照顧老人等個案主導者，運用社會資源，依案主的個人特質和社區的支援（助），共同協力組成支助老人的團隊照護服務老殘的居民。

在宅的老人照護（介護）服務是社會行政機關與志願服務團體所結合的細密服務網，而志工的健康管理、專業人員的派遣等所需要的經費，地方政府應以福利費用名義全部負擔。

從心理衛生諮商員、保健人員、有酬服務人員以及志願服務人員等立場來說，都是強調必須連結在宅照護（介護）服務等服務網，但是必須透過實踐的效力。若保健醫療與福利服務的連結是很重要者，那麼公私部門的連結、角色的分擔，是今後必須重視的課題。

通常提供各種服務的機關、單位或福利機構，可分為四大類型，即行政型、認可（許可）型、市場型和參與（加）型。福利事務單位或保健衛生院所屬於行政型；社會行政機關許可民間之社會福利協會，或醫療照護院所的福利機構之立案，屬於認可（許可）型；志願服務活動屬於參與（加）型；有酬服務屬於市場型或市場型與參與（加）型之間的市場參與（加）型。

現在被重視的是市場型的在宅照護，也就是所謂人力開發產業的服務。促進民間企業之人力產業擴大其發展背景，即是因應多元化的老人或老人家庭的需求，以及公部門的行政型或認可（許可）型的服務，無法滿足老人或其家族需要，而市場型的服務使用門檻低利用方便，若費用合理，即可成為未來居家照顧

老人社會福利

福利的主流。

● 在宅照護（介護）技術

1. 照護內容

(1) 照護（care）：照護是對無自立能力即失能（disability）者提供滿足其健康有關的，或身邊照護（介助）以及社會性需求等各種服務之意。通常是對機能上須依賴他人所提供能滿足其需求的服務。一般是把照護當作福利服務由從事的人員去做，所以，其內容可分為健康上、身邊照顧、社會性需求等三種服務。但有關對應健康需求者是屬於醫療或護理的領域，必須由醫師、護士來擔任，其具體內容不明。對應身邊照護者即屬於家族或身邊能幫上忙者的照顧領域，家族或懂得照顧者就可擔任，所以其服務也沒有具體內容。對應社會性需求服務，需考慮到調整人際關係、介紹社會資源等，是屬社會工作領域，應由社會工作人員來擔任較為妥當，不過其具體服務內容也不明確。上述三種服務內容所指的「機能上之依賴可測出其對他人之依賴需要程度」，適用於測定其「日常生活能力」（ADL）或「精神機能」等程度，也就是可瞭解被照顧者是否有自立能力或依賴他人的程度。而照護功能是要促使被照護者日常生活中依賴他人的部分能夠達到自立的境地。介護與照顧、照護都是相同的意思，不過要在介護內容說明清楚並不容易，若要瞭解照護（介護）內容，只能從擔任老人之家等老人收容機構的監護工，或在宅服務員的實務內容去探討才能明白。雖然如此，但一般都能接納的具體性照護內容，可歸納為表 7-2 之五大基本業務，即：(1) 身邊照護介助業務；(2) 家務援助業務；(3) 健康管理業務；(4) 生活諮商（相談）業務；(5) 照護（介護）計畫業務等。至於培養照護（介護）人員教育訓練課程即包括下列必修之護理、家庭及社會福利等科目，如表 7-3。

⌐ 表7-2 介（照）護福利師（監護工）基本業務

基本五領域	基本性知識之必要	行動需求之充實	精神面需求之充實
1.身邊介助業務	對象理解（生理、心理）	・排泄（換尿布） ・入浴、清拭、洗臉、穿脫衣服等 ・刮鬍子、理髮、剪指甲等	・身體上的煩惱 ・性的因應（對付）
2.家務援助業務	家政學概論	・飲食、購物、整理床鋪 ・掃除、洗濯、私務整理、衣類補修 ・金錢管理	・食物諮商（特別飲食） ・營養諮商 ・生活費諮商
3.健康管理業務	・護理學 ・醫學知識	體溫、脈搏、呼吸、血壓測定、急救處置、安寧照護、復健、接送、醫療機構聯絡	健康相談、勸導服藥、治療獎勵
4.生活相談業務	對人援助技術	・家族聯絡、家庭關係調整、近鄰人際關係調整 ・各種社會資源之動員、說明、信函代筆等	・消除精神上之不安 ・社會活動獎（鼓）勵生活照顧援助
5.介護計畫業務	・個案記錄方法 ・連結專門職專業部門	・個案記錄、個案會議、實習 ・各職員之聯絡、調整，對象者參與活動計畫過程	

◆資料來源：日本社會事業學校聯盟資料。

⌐ 表7-3 介（照）護福利師（監護工）之教育科目

區分	選修科目	必修科目		
教科		護理	家庭	福利
科目	社會福利實習、家庭經營、住居及成人護理其中任選一科目	・護理基礎醫學 ・基礎看護（護理）	・家庭概論 ・被服（棉被衣服） ・食物	・社會福利概論 ・社會福利制度 ・老人介（照）護 ・社會福利援助技巧 ・社會福利實習（一） ・社會福利實習（二）

◆資料來源：日本社會事業學校聯盟資料。

(2) 照護與監護工的關係：老人醫療養護機構的監護（照護工），在療養、養護機構的設備及營運基準中就有照護（介護）項目的處遇方法，也是老人進入療養、養護機構時作為照護（介護）介紹說明的一種員工勤務體制。雖未介紹說明照護的內容，但是照護的用語已是法律上通用的名詞。介紹說明時也沒有介紹擔當照護的員工，不過擔任照護工作應該是屬於監護工，這是不會錯的。再從監護工的主要業務內容來看，如表7-4，其主要業務是包括排泄、配膳、膳食幫（支）助（介助）、飲食後之整理、護理、入浴幫（支）助、員工之間的通報與聯絡、掃除、衣服穿脫幫助、理髮美容等幫助（小室豐允主編，1990）。

表7-4 療養養護老人之家監護工主要業務

項目	主要業務內容	百分比（%）
1	排泄介助（護）	13.8
2	配膳	7.1
3	飲食介助（護）	6.8
4	吃飯後之整理	6.0
5	調理（煮飯）	4.7
6	入浴介助（護）	4.4
7	員工（職員）間報告聯絡	4.3
8	掃除	4.0
9	衣類穿脫介助（護）	3.5
10	理髮、美容等介助（護）	3.5

◆資料來源：東京都老人綜合研究所「老人之家員工勞動有關調查」（1974）。

2. 老人家庭服務（在宅服務）員的服務內容：老人在宅服務人員服務內容與監護工的主要業務不同，即其所規定的內容包括下列業務：

(1) 家務：家務有關的照護工作，如幫忙飲食、洗或修補衣服、打掃或整理整頓住宅、身邊事務的幫忙、購買日常生活必需品、與醫療機構聯絡或陪老人去醫院看病，以及其他家務必要之處理或老人之照護（介護）等等。

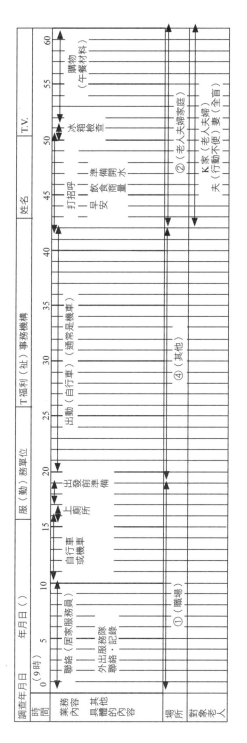

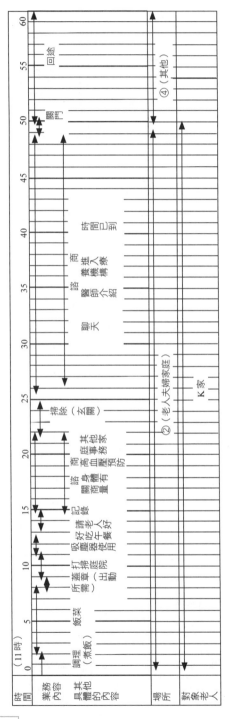

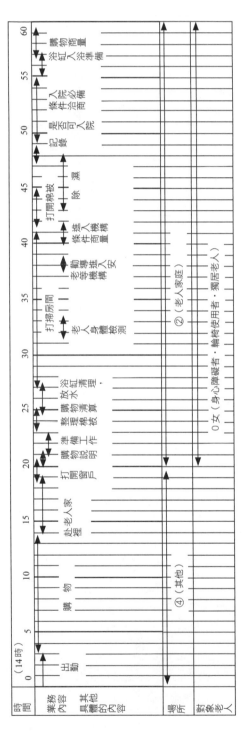

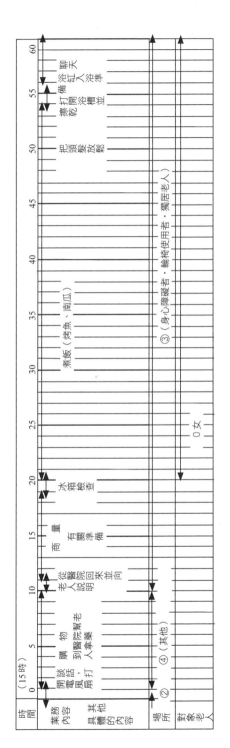

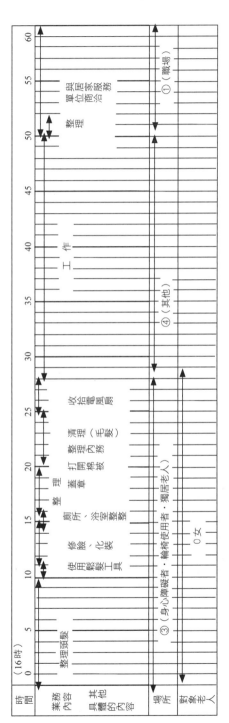

● 圖 7-3 老人家庭服務員業務內容

(2)諮商（相談）、勸導與建議有關之事務：以家務之援助、身邊周圍事務之幫助為中心，提供諮商、勸導或建議之必要服務。

實際上被派遣的家庭服務員（在宅服務）所服務的家庭，約有半數是比較健康的一人獨居老人，所以服務內容與需照護的在宅老人不同，需照護老人的家庭服務員之業務內容如圖7-3，具有在宅照護（介護）方法的內容在內。雖提到照護人員及監護工以及家庭服務（在宅服務）員的業務內容，而實際上，卻無依其工作來規定其照護內容，但可在需照護老人，與其家族重疊照護的實踐中，去區別出鄰接領域之護理、或社會個案、或社會團體工作等社會福利技術之獨自領域。

(四)老人在宅照護之身邊介入協助（介護）

對於老人的身邊介入與協助，其內容的範圍相當大，可從入浴、排泄、飲食、走路的介助（護）來說明：

⬠入浴介助（護）

1. **對老人入浴有何意義**

   (1)入浴的功（效）能：有解放感，如一面洗澡、一面唱歌；其次是維持清潔，預防細菌病菌的感染，並且還有生理性效果，像促進血管擴張、按摩等效果。不過因入浴有溫熱作用，常引起內臟機能障礙，所以有病的老人入浴前必須醫師同意。

   (2)目的：清除皮膚表面的不良物質、摩擦促進血液循環及筋骨肌肉的適度興奮、刺激末端感覺器官獲得快感，與精神愉快助長抗病意願、可觀察全身狀態早期發現疾病早期治療，以及促進信賴的人際關係等。

   (3)應注意事項：入浴前、後身體檢查以策安全、室內溫度及室外的風力之注意，尤其是脫衣換衣的更衣室、浴室內之溫度調節更需留意。為免滑倒，所以地面也要注意。同時儘量給予入浴介助（護）、浴池等水溫應保持在39～40℃之間、沖水時應上下均衡等。

   (4)方法（程序）：整理浴室內環境與準備適溫的洗澡水，確認準備（洗澡）的狀況、脫衣服的幫助、洗頭髮洗身體的協助、從上而下用適度溫水沖洗、擦乾、按摩背部與腳部，及洗後陰部的乾燥、整理頭髮

（吹乾）、梳頭髮、幫忙穿衣服以及入浴後之觀察等。

(5) 其他：水溫高度42～45℃（高血壓、神經過敏、失眠要注意）、微溫34～37℃（須有暖氣裝置），一般的水溫是40～43℃。其次是入浴時間，數分到十數分，但入浴後必須做好身體保溫（肩、頭）及頭髮的乾燥，沖溫水時須從手開始慢慢到心臟（從離心臟最遠地方開始沖水）地方，但有腦貧血、腦充血症狀時立即中止入浴。更衣用的衣服尊重其本人的意思、入浴的準備必須用心、手腳指頭也須洗乾淨。同時如要搬動接送老人時，必須下有墊被、上有毛巾覆蓋等。

2. 安全入浴

(1) 特別是老人入浴更需注意的是：飯後1小時以後才能入浴、洗澡時間以5～7分為限不能太長、水溫不能過高（36～39℃即可）、室內溫度須保持20℃以上（尤其是冬天）、不能過度疲勞（太疲勞不適洗澡），以及洗澡完畢（入浴）後須保持安靜約30分鐘才能離開浴室。

入浴→血管收縮→血管擴張血液量增加→
內臟、血管因反射而收縮→血壓的循環增快→心跳增加

(2) 血壓變化（室溫23℃、水溫36℃者血壓較不會變化）：若水溫高、入浴時間又長，會如上述增加心臟的負擔及增高血壓等症狀發生。

(3) 水壓：水壓與水的深度成正比，但水壓增加會引起肺壓的增加，肺壓增加反而會使肺活量減少。因此水壓不但會直接壓迫到人體較脆弱的腹部、胸部，而且也會影響到血壓，尤其會壓迫到靜脈。所以有心臟病、高血壓、動脈硬化者或老人，在入浴之時要特別注意水壓。

(4) 其他：如需洗手背，因手背常有污垢必須洗乾淨；同時要注意皮膚不要受傷外，也要做按摩、擦些保護皮膚的潤滑劑，以及保溫，並且出浴後更需保溫與安靜（小室豐允主編，1990）。

●排泄協助（介護）

1. 換尿布

(1) 必須準備使用之物品：如尿布、擦布、清洗用乳液、溫水、尿布回收車等等。

(2) 操作：打開尿布，依老人的身體狀況及其喜歡側臥方位，慢慢地把尿布取下。若有排便者即好好擦洗，陰部部位一定要從陰部的前方向肛門方向擦洗乾淨。其取下來用過的尿布要立即放入回收車內，若無法馬上放入時，應放在老人看不到的床下，待換尿布完畢時再放入回收車。尿布儘量不用免洗用後丟掉的尿布，而用一般可回收再利用的尿布，但回收放入回收車時必須把尿和大便分開，不可混合在一起，以免增加洗尿布的困難。取下用過的尿布後，要擦洗老人時必須用微溫的水，清洗擦乾後用爽身粉灑抹；若皮膚有異常時應聯絡護士來塗藥膏。清洗擦乾後把老人恢復仰臥體位，以品質良好新尿布換上，但必先看一下，確認放置位置是否正常無誤後，才把新尿布裝好，以免束縛到腰部或腹部，及減少老人大腿部位的疼痛。最後是整理老人衣服、枕頭及寢具（棉被）等，若這些衣服枕頭棉被有被弄濕者即應換掉。換尿布工作完成後，即分別處理所蒐集的用過尿布及糞便，以及清洗用過的毛巾被單等。

(3) 注意事項：清洗乾淨後需充分晒乾或烘乾，換尿布時注意平面不可有凹凸情形，尤其在交換時須注意腰背部是否有凹凸情形，以免影響其睡眠。同時換尿布時不要被外人看到，老人在側臥體位時，要注意壓在下面的上下肢體以免麻痺。清洗摩擦腰背部到皮膚發紅能促進血液循環即可。發現皮膚、大便、尿有異常時，應聯絡護理人員並接受護理人員的指示。其他即用過的尿布不要直接碰到皮膚，以免感染細菌。

2. **尿布的品質之選擇**：如能保溫並且具有吸水性、有柔軟性不傷害肌膚，可看出大小便顏色之白色布料、耐洗、容易洗或易乾燥及整理方便等之尿布。

●飲食之協助（介護）

1. 配膳介助（護）

(1) 介助之員工要以老人多吃一口而喜悅的態度、在快樂氣氛中鼓勵飲食。尤其是臥病老人，更應留意其飲食意願與態度。

(2) 老人起床也有個人差異，但平均以60度起身的話，因老人自己身體支持力不夠而容易跌倒，所以起床時先在其膝蓋下方放枕頭以固定身體，起床時下顎稍微向上仰即可。若要坐在椅子上者，須從床上先把腳放下90度，然後把老人身體移到椅子上。若是側臥者，吃飯時即用右側臥的方位來飲食，這樣比較方便餵食。

(3) 飲食介助之前須一方面說明菜單，另一方面準備圍巾及濕手帕。

(4) 飲食之前後用茶水潤喉。

(5) 主食以白飯或稀飯為主，副食每餐各一類，依老人吃飯的方式一面聊天一面協助其吃飯。若老人自己會吃少量者，即以半介助方式來進行，以免湯匙被咬到而失去吃的趣味。

(6) 營養劑應在飲食最後才給老人吃，並且溫度要冷一點較適宜。

(7) 飲食完畢時，與老人一起說聲謝謝。

(8) 確認要不要給藥吃，若自己會飲食，由其自己吃藥。

(9) 最後，飲食後喝杯茶，並且手或嘴巴要擦乾淨，保持清潔。

(10) 健康的老人，飲食後給他睡10～15分鐘。

2. 主食最適合的溫度

(1) 白飯：從保溫飯鍋盛飯（起出）時，適宜的溫度是72℃，一般盛飯後經過30分鐘，溫度會降到41℃以下，會影響到新鮮（好吃）度。

(2) 稀飯：盛起來其最適溫度是62～65℃，但經過30分鐘以後就降至47℃，會影響到新鮮（好吃）度。

(3) 其他：如茶水、開水也要在最適溫度使用。

●移動（步行）介助（護）

這裡是以輪椅代步之介助為主（小室豐允主編，1990）。

1. 使用輪椅應留意事項

(1) 須先確認排檔是否正常。

(2) 輪椅停止時一定要弄好排檔以免危險。

(3) 雖然弄好停止的排檔，但常常前輪的位置不穩定，所以必須留意。

(4) 輪椅是高價格之物，要定期擦油、清洗，做好維護工作。

(5) 其他。

2. 從睡床移到輪椅之方法（如圖 7-4(a)～(e)）

介助（護）者的腰不能彎曲，用膝蓋之屈伸來介助老人，但為防止介助者腰痛，必須注意下列事項：

◆ 老人一邊麻痺者，即以坐著的位置把正常那一邊靠近輪椅後坐上輪椅。若要從輪椅移到床上，即正常的那一邊先靠床，以便移動至床上，如圖(a)。

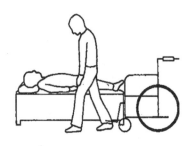

(a) 一邊麻痺（單腳）者，即坐著位置把健全的那一邊腳靠近輪椅後坐上輪椅（若要移到床時，即健全那邊的腳靠近床的位置）。

◆ 要移動時，先把老人抱起、扶起之同時彎曲其膝蓋，並把腳垂下，如圖(b)。

(b) 抱起來之同時即將膝蓋彎曲而腳向下垂。

◆扶起老人之後,選擇最適合的座位,並立即取得站的位置,如圖(c)。

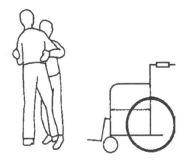

(c)扶起老人後,選擇座位,並立即取得(使其)站立的位置。

◆取得站的位置後先確認,如圖(d)。

(d)取得站立位置後(時)先確認。

◆然後把老人移到輪椅上,使其坐上輪椅,如圖(e)。

(e)然後把老人移動到輪椅上,使其坐上輪椅。

圖7-4 輪椅介助(從睡床移到輪椅)

3. 輪椅從外面移動到室內的方法（如圖 7-5(a)～(j)）

◆ 平地，從後面慢慢向前方推，如圖 (a)。

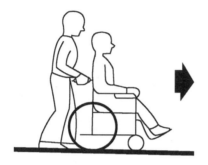

(a) 在平地，從後面慢慢向前
推。

◆ 砂石路，即把前輪抬高離地面，從後面靜靜地向前推，如圖 (b)。

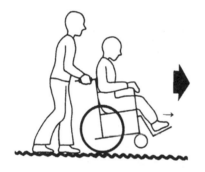

(b) 砂石路，即把前輪抬高離地面，
然後從後面靜靜地向前推。

◆ 頭無法固定的老人，即背向後面拉著走，如圖 (c)。

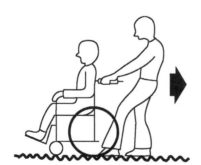

(c) 頭無法固定的老人，即背向
後面拉著走。

◆上坡，即從後面身體向前微傾，一步一步向前推，如圖(d)。

(d)上坡，即從後面身體向前微
　傾，一步一步向前推。

◆下坡，坡度不大者，即向前拉著輪椅一步一步慢慢走下坡如圖(e)（若
　坡度很大者，即拉著輪椅向後一步一步走下坡）。

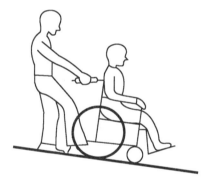

(e)下坡，坡度不大者，即向前拉
　著輪椅一步一步慢慢走下坡
　（若坡度很大者，即拉著輪椅
　向後【背向後】一步一步走下
　坡）。

◆有階者，向上者：即抬高前輪使前輪上階，然後推著後輪前進，如
　圖(f)、(g)、(h)。

(f)有階梯，向上者，即抬
　高前輪。

(g)押著後輪使前輪上階。

(h)押著後輪向前走。

◆向下者：即押著後輪使前輪抬高（抬高前輪）後，向後拉，放下前輪再向後拉，如圖(i)、(j)。

(i)向下者，押著（放下）後輪

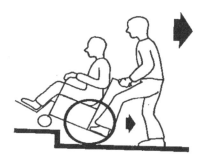

(j) 使前輪抬高，然後向
　　後拉。放下前輪然後
　　再向後拉著走。

　⌒ 圖 7-5　輪椅介助（從外面移動到室內）

　　雖然為照顧臥病（癱瘓）病患移動的需要與避免不當推拉輪椅而產生傷害，以及減輕照顧者的體力等負擔，必須如上述講究推拉輪椅的方法之外，各先進國家，尤其是歐美發展國家，也不斷地研究各種所需輔具，特別是多功能的睡床，例如歐美正在流行的「變形金剛站立床」，不但一分鐘內就能讓病床站立起來，而且可協助行動不便者下床。其功能不僅能使手術後，如髖關節手術後或其他手術後需要復健者都可派上用途，並且對中風病人也可助其起床或恢復步行等行動。

　　2008 年 11 月 17 日《自由時報》依據日本《讀賣新聞》記載，報導日本東京大學及豐田汽車研發成功的銀髮族與身心障礙者所需要之「輪椅機器人」，如圖 7-6，不但外型輕巧，而且乘坐舒適。全部共有 464 個感應器，會隨時追蹤乘坐者的重心移動方向，所以行進流暢且安靜，若乘坐者雙腳伸出輪椅外時會自動停止。另椅背有兩具攝影機有雙眼功能，看到有人招手時會判斷，然後計算方向與距離向呼叫者身旁移動。這種輪椅若大量開發製造，不但老人或身心障礙者的移動方便，而且也是老殘的福音與福利。

　⌒ 圖 7-6　輪椅機器人

 ## 第四節　老人福利機構（仁愛之家或安養療養機構）工作與服務

一、老人安養機構

(一)健康檢查

1. 院民入院（仁愛之家）時，須健康檢查，並保存此項檢查紀錄。

2. 院民入院後，每年須定期檢查一次以上。

3. 院方須保持院民健康，預防老人生病，必要時須送特約醫院或其他醫院檢查或醫治。

4. 新進工作人員須健康檢查，並保存此項檢查紀錄。

5. 院內工作人員每年須定期健康檢查一次以上。

6. 廚師、調理師每年須定期檢查大便一次以上，以防寄生蟲之傳染。

7. 院民須定期或不定期接種或打預防針。

8. 其他。

(二)飲食營養衛生

1. 食品種類或調理方法，須考慮營養及院民身體狀況或需要以及其嗜好。

2. 調理須依預定菜單而實際提供院民飲食物品。

3. 調理及配膳須合乎衛生。

5. 擁有一百人以上之仁愛之家，須置營養師一人以上，以計算院民營養或設計菜單。一百人以下之單位，可酌情免置營養師，但無營養師之設施者，其供食內容、營養價值之計算或調理方法，每月須接受營養指導員指導一次以上。營養指導員由縣市政府派遣之。

6. 對身心障礙或重病院民，須供適合該院民使用之食具或食品以及看護及介護人員。

(三)衛生管理

1. 院民之衣類或寢具，須時常保持清潔、衛生。

2. 使用過之寢具、衣類、寢室、食器等，須經消毒後方可供院民使用。

3. 院內自設之供水設備，應比照自來水廠之水質檢查，經過濾淨消毒等衛生上必要之措施後，方可供院民使用。

(四)生活指導

1. 院民諮商、指導服務中心，指導或幫忙院民解決自身所遭遇到的困難，同時指導院民如何適應環境，提高院民生存樂趣及其生活目的。

2. 對院民應按其身體上或精神上條件，給予回復機能或防止機能退化之訓練機會，並設置復健中心及復健人員以及復健器材。

3. 院民日常生活場所，應按其需要，設置保暖設備。

4. 每週須替院民洗澡或擦拭兩次以上。

5. 除具備教養、娛樂等設備外，須舉辦適宜活動，如老人運動大會等。

6. 定期召集院民及工作人員，舉行院民生活管理及改進或檢討會，並採納院民建議，徹底改進院民生活。

(五)老人健康、娛樂、教育

1. 儘量與院民一同研究學習，使安老院成為一所老人教育場所，促進老人身心健全，頤養天年。

2. 全體院民必修課程為「養生之道」、「老人保健衛生」，並以俱樂部或補習班方式辦理。除聘請專家講授外，須分組研究討論。

3. 選修課程，為詩歌、音樂、樂隊、繪畫、雕刻、舞蹈、戲劇、書法、攝影、烹飪、園藝、花道、裁縫、會計、簿記、英文、手工藝等等，修畢發給結業證書，介紹適當工作。

4. 利用空中教學，在空中教學節目中增設老人學習時間，或鼓勵就讀空中大學、社區大學等，讓院民利用學校或電視、收音機等大眾傳播工具自學進修，增加知識。

5. 定期或不定期舉辦教學參觀或觀摩活動，增加見識及學習興趣。

(六)老人醫療管理

1. 醫務室應設在老人寢室或休息室附近。

2. 醫務室除必要設備之病床、藥品及器材外，須置專任醫師一人以上，及兼任醫師若干人或護士二人以上。但超過二百人以上院民之單位者，須置專任醫師二人以上，護士四人以上，並每增加二百人院民則增加專任

醫師一人以上，護士二人以上，以此類推。同時不限於內科，其他如牙科、眼科亦應酌情設置。必要時亦得送醫院治療，如重病或白內障、綠內障等。

3. 醫師及護士平時須負責掌管院民醫療、保健、護理及生活起居、院民疾病個案及醫療保健研究或改進等工作，並協助社會工作人員之服務工作。

4. 醫師應按院民病情，必要時須洽請有關單位協助。

5. 須按院民人數之多寡，設置足夠病床，通常每三十人院民則有一張病床，並置看護醫師及護士輪流照顧病患。

6. 各收容老人單位須設立重病傷害救治醫療基金，以因應重傷病院民長期住院、手術、治療、病後靜養等費用之需。

7. 院民依法享受免醫藥費用之優待。

8. 院民參加老人健康、疾病保險，保險費用公立者由中央政府，私立者由中央、省市、縣市政府或鄉鎮平均分擔。

9. 醫務室設院民健康醫療諮商人員，答覆院民疑問，介紹醫師，安排住院等工作。

10. 醫務室須有救護車一輛以上，救護車不准做他用，或當作工作人員上下班交通工具或主管個人專用之交通工具。

11. 各收容老人單位，須擁有特約醫院一所以上。

12. 院民患有精神病或傳染病以及其他妨害院民全體健康之病者，須送與該病有關之收容機構收容之，以維護其他院民之健康和安全。

13. 社會工作人員須協助醫護人員為院民做職業、團體、物理、醫學等之治療工作。

14. 病後需照顧之院民，院方須妥為照料，如營養、看護等（江亮演，2006）。

15. 對需裝補義手、義腳、義牙、義眼（假眼）以及眼鏡之院民須給與補裝。

16. 為解決醫務室醫師之不足，可洽請有關單位或慈善基金會用獎學金方式，委託大學醫學院培養醫師，醫學院畢業後須回指定機構服務若干年

以上，否則依契約請求賠償及退還獎學金全部金額。同時亦可由慈善基金會撥款補貼公務員待遇低薪差額，聘請合格醫師到老人收容機構服務。

17.其他，老人安養、療養機構老人日常生活與員工職務，如第六章所列的圖6-2、6-3。

(七)精神健康管理

1. 增加實際接觸院民之工作人員或工友名額。通常每20～30人院民則有工友或工作人員一名；身心障礙每5～8人則有工友或工作人員一名。

2. 工友或其他工作人員，須以服務院民為樂為榮的精神及態度，親切服務院民。

3. 增加院民康樂活動機會或志願工作機會，如老人爬山、社區活動、休閒時間、藝術、宗教、老人露營、節日時義務幫忙、志願工作等活動。

4. 各收容老人單位，須有夫婦合宿房間之設備，以便老人夫婦互相照顧。

(八)理想的老人安養機構之行政管理體系

我們必須有理想的行政管理體系，才能做好安養機構的工作。例如老人療養機構，除了一般安養機構必須設置之院長或主任、醫師、護士、社工員、監護工、事務員、營養師（士）、廚師、工友等人員外，必須設置各種治療、復健人員（PT、OT）。而綜合安老機構除了必須設置之院長或主任、管理部門之事務員、社工員、營養師（士）、廚師、監護人員，以及醫務部門之醫師、護士等人員外，還須設置專任之按摩師。一般安老機構即須設置院長或主任、醫師、護士、事務人員，以及業務部門之社工員、監護人員、營養師（士）、廚師等人員。而自費或低費的安老機構即須設置院長或主任、醫師、護士、社工員、監護工、營養師（士）、廚師以及事務等人員。

二、療養機構（養護）

(一)照（看）護或治療

由專業醫師或護士來負責，尤其插管、氣切等均由專業有經驗者來做。

(二)慢性精神病患福利服務

通常由心理治療師（psychical therapy, P.T）或行為治療師（behavior therapy,

B.T）、團體治療師（group therapy, G.T）及職能治療師（occupational therapy, O.T）等治療師來負責治療。

(三)失智症老人福利服務

講究照顧技巧如把老人當作幼兒來照顧，並為預防其走失給予佩戴「走失手鍊」及「急救手鍊」，同時成立通報中心等。

(四)洗腎老人服務

重視洗腎等醫療設備及洗腎醫護人員技術與服務品質等。

(五)心身障礙者服務

重視特殊教育及矯治與諮商，物理治療設備與治療醫護人員素質、輔具（輪椅等）之提供，以及職能與職業訓練。

(六)聲音與語言障礙者服務

給予心理及行為或語言等治療。

(七)其他

如無障礙或與上述安養機構之健康檢查、飲食營養、衛生及生活、醫療、精神健康之管理，老人健康、娛樂、教育，以及理想的老人療養機構行政管理體系等（江亮演，2006）。

三、自費或低費安養機構之行政管理體系

參見第六章所列的圖6-4～6-7所示。

第五節　社會福利服務、醫療保健、老人所得保障制度之結合與老人社會工作

一、社會（老年）福利服務

社會服務，尤其是社區照顧有關之老人福利收容機構（含短期照顧）、日間托老（托老）與日間照護（托護）之日間照顧（day care）中心及居家服務（在宅服務）與居家護理（在宅照顧）之家庭福利服務，以及社區福利協會，與非營利

組織之老人福利服務等單位，必須聯結在一起，才能滿足老年人的各種需求之同時，也要與醫療保健，尤其是健康保險、介護保險和老年年金等制度結合，促使老人在家就能滿足福利服務、醫療（健康保險與介護保險）服務與財產信託或年金的經濟來源等老後生活之保障。

(一)居家（在宅）照顧

●家庭服務員派遣制度

家庭服務（在宅服務）員派遣制度，通常是由鄉鎮市區為主體，派遣在宅（居家）服務員，這是針對在家老人因身心障礙原因，無法過著正常生活，而提供訪視、飲食、洗澡、洗衣服、掃地或購物等家務及外出照護或協助，以及生活有關之相談、建議、勸導等老人日常生活必要之幫助的一種制度。

1. 家庭服務員的實務

(1) 由地方政府最基層的鄉鎮市區公所執行。

(2) 每位服務員擔當5～6個對象（老人）。

(3) 每週規定訪視兩次（偶發事件不在此限）、分上下午各2小時幫忙老人煮飯、洗衣、洗澡、打掃等工作。

(4) 每週兩次陪老人到老人福利機構入浴或吃飯，以及參加老人文康活動。

(5) 每星期假日參加社區獨居老人座談會。

上述家庭服務員訪視老人家庭時，須依老人個人的能力與其家庭需要而給予必要之援助，但常常在活動中遇到無法判斷或無法解決的問題，在這樣的情況下要把各種問題跟其他同事、上司或醫護人員商討解決方法。除此之外，也可利用每日朝會或個案檢討會時與其他有關人員溝通或討論，以便解決問題或修改活動方向等。

2. 家庭服務（在宅服務）需努力地方

家庭服務員也有檢討空間如：

(1) 在有限時間內能否滿足老人的各種需求。

(2) 與對象的溝通是否良好。

(3) 在流行繼續訪視熱潮中，如何去援助對象。

3. 家庭服務員必須具備的條件

(1) 要知道對方需要我們幫助哪些事務。

(2) 是否能依老人實際狀況，去選擇服務項目與最理想的服務方法來服務老人。

(3) 需瞭解社會個案工作的工作原則，如個別化、有意圖之感情表現、控制情緒、接納、非審判性態度、案主自決、保密等。

4. 家庭服務員之期望

(1) 普設（含充實）老人福利機構，以利促進老人社區生活。

(2) 改善業務以便有時間理解老人家族與其近親、近鄰。

(3) 強化社區對策獲得社區居民的理解與協助。

(4) 服務體制應具彈性，即依老人實際需要尤其是獨居或臥病老人、身心障礙者老人、緊急或夜間、星期假日照顧的願望等，必須彈性增加訪視次數、時間數、時段等，以提高實務工作之品質。

5. 其他

如大幅度增加家庭服務員，建立專業權威與建立營運體系，促使在社區生根。

● 社會（社區）福利發展協會與老人家庭服務

社會（社區）福利發展協會是以調查社會（社區）福利事業、綜合規劃、聯絡調整及協助、普及以及宣導等為目的之社會（社區）福利團體。其目的或性格，通常是明確地規定，在其社會（社區）福利發展協會基本項目（綱要）內。

社會（社區）福利發展協會一般是設置在社區內，以居民為主體，與社會福利、保健衛生以及其他居民生活相關之公私部門聯結而取得協助，以因應社區實際需要，增進居民福利為目的之民間自主性組織。

1. 社會（社區）福利發展協會老人家庭服務是其主要事業

(1) 獨居老人友愛訪問。

(2) 提供獨居老人飲食服務，而帶動其他相關服務活動。

(3) 提供在家臥病或重度身心障礙老人入浴服務。

(4) 志願服務資訊管理（志願服務資訊管理中心經營）。

(5) 在宅照顧志願人員之培訓與服務活動之推行。

(6) 失智（癡呆）老人與其家族之諮詢與諮商。

(7) 失智（癡呆）老人在宅服務。

(8) 有酬在宅照顧服務。

(9) 其他，如在宅福利服務協會的經營。

2. **志願服務中心與其功能**

(1) 作為以老人為中心的志願服務活動單位。

(2) 彌補老人福利機構之不足，尤其是收容機構之補足。

(3) 發揮志願服務的功能，如表 7-5。志願服務中心定位在社會（社區）福利發展協會的主要功能之一種單位。但從自由意識上志願服務的立場來看，其活動內容非依行政的規定與限制不可。為了說明這種現象，就必須指出下例如表 7-5 的志願服務中心所涉及的功能。

表 7-5　志願服務中心的功能

部門	內容
志願服務人員的養成	開辦志願服務講座（福利制度、社區福利、基礎醫學、照護實習技能、參觀實習）。
志願服務研習	志願服務人員座談會、個案檢討會等檢討與座談會。
需求供應管道與調整	社會福利需求的開發、志願服務的運用、糾紛的調解與勸導等。
福利資訊的蒐集與宣導	發行宣傳廣告報紙、刊物、提供資料、啟發居民意識、整理福利資訊等。
調查與研究	調查福利的需求、實況調查、調查結果之分析判斷與建議等。
相談諮商與援助（服務）	開設諮商窗口、介紹諮商人員、支助當事者團體等。
聯絡與協調	保健醫療機關、行政與相關團體之共同協調會議等等。

◆資料來源：小室豐允、淺野仁（1990），《老人在宅介護》，P.183，東京：日本中央法規出版株式會社。

從上述表 7-5 所示的志願服務中心的功能，在社區中具體地推展的是該中心

幹部之服務網活動。志願服務中心除必須瞭解居民的福利需求，而調整其供需之外，更要深入發掘居民的潛在福利需求，並舉行檢討會瞭解問題所在之同時，也要正確判斷與取得服務對象之理解，以免陷入困境。

(二)老人收容機構短期照顧

除了無依無靠又無家庭經濟能力的老人，以公費收容在老人收容機構安養或療養外，非低收入之一般老人，通常是利用老人收容機構短期性照顧，即照顧者（家族）因病或旅行，短期無法在家照顧老人（缺乏人手）者，即以寄養方式由機構短期代為照顧，費用由家族負擔，寄養期間原則上以一週為限，若有特殊原因即可延長。若逾期不把老人領回照顧，即由機構繼續照顧，並由機構向有關機關通報請求協助處理，或向法院提出遺棄老人告訴，其間所需及照顧等費用由家族負擔。

機構短期照顧費用由有關機關訂之，有關機關有義務監督機構照顧之服務品質及收費情形。同時也有義務協助收容機構向老人家族收費，及上述之遺棄老人的告訴事務（小室豐允，1990）。

(三)社區日間照顧

日間照顧（day care）中心，通常是設置在社區內，屬於社區福利之社區照顧業務。該中心內設置：

1. 收容臥病身心障礙等老人之托護部門

提供必要之照顧，如打針、換尿布、洗澡、給食（飲食）、按摩等服務。

2. 收容一般健康老人之托老部門

提供文康活動、飲食、勞作、午睡等服務，促使老人身心健康。

(1) 優點：日間照顧是在社區內照顧，照顧時間是白天，這樣家族可安心外出工作，同時晚上可自己照顧老人，老人與家族有互動機會，也不會感到被遺棄，同時費用比安養或療養機構便宜，一般都能負擔。

(2) 缺點：日間照顧必須有接送交通工具，尤其臥病或重度身心障礙老人上、下車接送較為麻煩。而一般健康老人若無接送交通工具者，就必須由家族接送或自己乘車、走路往來，才能利用日托機構，而感到不便。

二、醫療保健（含健康保險、介護保險）福利

(一)失智（癡呆）老人與其家族諮商與諮詢

1. 保健衛生機構的角色

(1) 普及與提高衛生思想與有關知識。

(2) 從事人口動態統計、營養改善與食品衛生管理有關事宜。

(3) 保健醫療護理及提高、增進公共醫療事業等有關事項。

(4) 管理母體、幼兒及老人衛生，以及國民牙科衛生等有關事宜。

(5) 衛生上試驗及檢查有關事項。

(6) 精神（心理）衛生及結核病、傳染病，以及其他疾病防治有關事項。

(7) 其他，如提高或增進地方公共衛生品質有關事項。

以上，保健衛生機構執行上述事業時，必須結合兒童福利法、婦幼保健法、老人福利法與保健法、心理衛生法，以及各相關事業機關單位之配合。

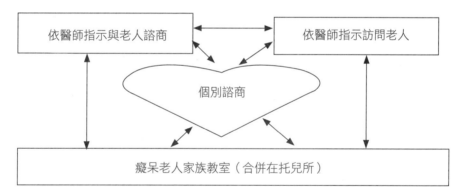

◜ 圖 7-7　癡呆老人心理（精神）衛生諮商事業

◜ 表 7-6　衛生保健院所癡呆性（失智症）老人有關的諮商表

諮商件數	老人年齡		性別		諮商主要內容		老人狀況別	
	年齡	件數	男	女	主訴	件數	狀況	件數
	50歲				入院入所相談、希望		精神病狀行動問題	

諮商 件數	老人年齡		性別		諮商主要內容		老人狀況別	
	年齡	件數	男	女	主訴	件數	狀況	件數
	60歲				介護看護方法		精神病身體疾病合併症	
	70歲				・生活全部問題 ・今後生活之不安			
	80歲				預防危機準備		其他	
					其他			

◆資料來源：小室豐允、淺野仁（1990），《老人在宅介護》，東京：日本中央法規出版株式會社。

2. 心智障礙老人援助

合乎資格者即經保健衛生機構之心理衛生人員做個別諮商、訪視，並接受社會福利事務機構（單位）支給生活（保護）津貼及在宅服務等援助，以及老人性心理疾病之治療。同時老人家族若有需要者亦可接受援助，如家族疾病的醫療、參與教導照護方法知識的家族教室或電話服務等等。

3. 在宅照護的要點（條件）

結合有關機關機構、各種服務團體，展開處遇促使老人達到生活在鄉（社區）、生活在宅的期望，而透過心理障礙老人之服務措施，使老人可在宅生活，其要點（條件）如下：

(1) 雖未罹患一般疾病之心智障礙，但無法自己去看病或治療的老人，非重視而給予醫療援助不可者。

(2) 心智障礙老人因其精神錯亂致使其親族、鄰居極為困擾，身邊照護者也有危險，而需專業者介入給予適切處理者。

(3) 誤把心智障礙老人看作非排除他（她）不可者，應加強健康教育，使其深入瞭解老人與心智障礙的症狀，使心智障礙老人有機會在社區生活。

(4) 結合援助心智老人的人力物力，並且這些助人者必須具有對心智障礙老人與一般老人同樣的瞭解，這是處遇上不可或缺的。

保健衛生機構要檢討援助事務時，必須檢討評鑑上述的要點，以便補充其活動的不足，並且要與老人在宅生活支援團體合併展開。

今後必須做好醫療機構的定期診斷醫療、服藥之管理等服務。

4. 提高社區照護（照顧）能力

神經或精神性難醫治的患者，或全身筋骨萎縮性、單邊筋骨硬化症等患者，常有全身如棒無法伸縮，或骨瘦如柴無法自由活動，或有褥瘡排膿出血的現象，但其家族少給他（她）消毒等之必要處理。尤其臥病老人常為褥瘡的疼痛，幾乎日夜無法睡覺，而照護者也常因過度勞累而身心負荷到了極限。所以，應有下列對策：

(1) 患者極為不安，痛苦激烈者，提供：①精神安定、代找主治醫師及提供在宅援助；②醫治褥瘡等之服務對策。

(2) 減輕照護家族之負擔，而提供：①保健（醫療）護士訪視；②派遣家庭服務員（在宅服務人員）服務等對策。

(3) 加強各種服務人員之募集與專業訓練，增強社區照護（顧）能力。

5. 擴大社區失智（癡呆）老人照顧

一般重度失智老人都由療養養護機構附設的日間照護（day care）中心來照顧比較多，但養護或療養機構大都是收容臥病的老人，所以，失智老人常在機構內造成很多困擾，例如有被害妄想或到處徘徊；或一下子說他的錢掉了，一下子說他（她）的東西被偷等大喊大叫，使得機構人員或收容在機構內的臥病老人難安靜或安眠，所以，必須推廣社區失智（癡呆）老人照顧業務，如推展失智老人社區日間照顧、在宅照顧等服務（小室豐允，1990）。

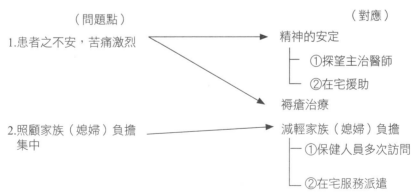

圖 7-8　老人照顧家族（照顧）之援助對策

(二)身心障礙老人之照顧

除上述失智老人之照顧外，其他的身心障礙老人之照顧（即精神病患老人照顧）：

1. 增加社區精神科醫護人員，及社區日間照顧機構與醫院之病床（位）。
2. 增加地方（社區）福利機構與住家，在醫院所保留之病床（位）。
3. 增加社區日間照顧中心病床（位）。
4. 社區各種照顧單位提供預防與癒後服務，必要時可強迫送醫。
5. 健康保險提供住宅（在宅）、住院、療養等服務。
6. 協助管理家務、健康、生活事宜。
7. 委託民間機構辦理監護工作。
8. 社區照顧提供短期機構照顧、日間照顧（托老、托護）及在宅照護（含非健康臥病老人），以及其他精神病醫院或護理之家等照顧。
9. 其他，如經常性醫療照顧、臥病老人之介護照顧、一般障礙或勞動災害老年之醫療與復健，以及各種相關之諮詢或諮商等。

●肢體殘障老人之照顧

1. 有關之諮詢、諮商。
2. 肢障老人醫療與復健。
3. 醫療機構或養護、療養機構之短期照顧。
4. 社區日間照顧中心托護照顧。
5. 肢障老人在宅照顧。
6. 介護援助服務。
7. 其他，肢障老人移動或溝通協助、肢障老人醫護機構照顧等。

(三)一般健康老人之照顧

1. **機構短期照顧**：照顧者因病或旅行等原因，無法（人手不足）照顧老人者，可將老人寄托在老人收容機構照顧，費用由家族負擔，低收入者由政府補助或支付。寄托期間以一週為限，，但有特殊原因者不在此限。
2. **日間照顧**：利用社區日間照顧中心之托老部門，日間由機構（中心）照顧老人文康、勞作、飲食、午睡等服務，晚上即回家由家人照顧。費用

由政府訂之。

3. **在宅（居家）照顧**：獨居或人手不足老人家庭，可由在宅服務員（居家服務員）免費或低費提供家務、換衣服、整理家庭環境、購物、陪伴外出或看病等照顧服務。

(四)老人醫療保健

主要是照顧老人營養（指導與援助）、身體檢查，以及各種疾病之預防與治療等福利服務，尤其健康維護與疾病治療與復健，以及照顧（介護）等服務，為保障生病前的預防與生病時的治療及病後之復健、照護（介護），所以，必須實行「全民健康保險」以及「介護保險」等保險。

1. **健康保險**：目前我國所實行的「全民健康保險」，老人也包括在內，因此老人要打預防針與疾病診斷或入院治療等，除掛號費或部分負擔者外，不必負擔醫療費用。同時低收入者保險費（健保費）、醫療費（含入院）都可向有關單位申請補助（免費）。

2. **介護保險（照顧保險）**：日本的介護保險分40歲以上或60歲以上兩種被保險人，保險費率不同，前者投保（交納保險費）20年後，後者投保一年後癱瘓者，即由保險單位提供必要之機構或在宅介護至死亡為止。這種制度可使老人癱瘓後臥病期間，不必擔心家人的遺棄或照顧不周而導致生瘡，甚至死亡等之危險事故產生，而過著有尊嚴的生活。因此，我國有需要早日推行「介護（照顧）保險」制度。

不過日本是把健康保險與介護保險分開辦理，致使許多國民認為繳納兩種保險費又是每個月繳納，感覺很麻煩又有保費負擔的壓力，因此，很多人不交保險費，尤其「介護保險」之費用。引起政府「介護保險」業務之推展有很大阻礙。因此，我國若擬訂頒行「介護保險」制度者，應該考慮健康保險與介護保險二者合而為一，修正「全民健保」法，把介護一項納入全民健保法即可，這樣雖繳交介護保險費時間提前，但因投保「介護保險」的費用金額相對減少，如此，繳納保險費的經濟壓力就減少，不繳納保險費者也就大大降低。同時保險內容也可從疾病預防、治療一直到復健、介護等，使醫療復健照顧連貫，有利老人在地老化之服務（江亮演，2006）。

三、老人所得（年金、津貼）經濟生活福利

　　為了保障老人所得，除本書所提之保障老人僱用、就業機會、鼓勵（獎勵）老人就業與創業，以及老人租稅優待和低收入老人之社會救助、老農生活津貼等福利措施外，更需要從老年年金及財產信託去加強保障老人所得，促使其老年生活之安全（如前述）。

(一)國民年金制度

　　國民年金也稱為基本年金或基礎年金，內分老年、身心障礙及遺屬等三種年金，是保障老年、身心障礙者和遺屬等生活安全的一種年金制度。使國民即全民都在所得的保障範圍之內；也是不因年老、身心障礙或弱勢遺族，而被摒棄在年金制度之外。所以，國民年金中的老年年金，可以說是保障老年生活安全最積極而最有效的一種保障老人經濟生活之制度。

(二)勞動年金制度

　　即提供勞務而依規定加入保險（保障）者，如軍、公、教、勞工、農礦等之社會保險，投保後依法退休者，即可依其年資、薪資等條件，給予不同金額之老年年金。

(三)同行互助年金制度

　　同行業在投保勞動年金保險之同時加入互助年金保險；待依法退休後，除可領取勞動年金外，還可領到互助年金。

(四)附加（補足或副）年金制度

　　以維護以往所得水準為目的所推行的一種採報酬計算比率的年金制度，也是彌補每月勞動年金（正年金）給付與退休前所得之差額，以維持退休前的生活水準之年金制度（江亮演，2006）。

(五)其他

　　如個人人壽保險或年金、同行企業年金、協約年金等年金制度（如前述）。

　　上述的社會福利，尤其若老人在宅（居家）照顧服務、社區日間照顧服務，以及機構短期照顧服務的制度健全，而服務普遍又品質良好者，即可滿足老人各種需要，而使老人可在住習慣熟悉的家中過著舒適快樂日子。同時健康保險及介護保險制度很理想者，尤其健康保險制度若附加老人在宅醫療與看護，介護保險

制度規定老人或其家族可依其需要與願望，選擇在宅介護，那麼老人一旦生病或臥病（癱瘓）時，就可透過在宅醫護、在宅介護的服務，在其家中接受治療、看護以及介護，不必離開自己的家到生疏而感到不便或害怕的地方，去接受醫護、介護等照顧服務。如此，不但不會憂慮害怕，心情也較為愉快，病情也較易改善。再者老人之家務或照顧等問題，可由社會福利服務人員來負責，而生病、臥病（癱瘓）又能在家中接受醫護、介護，若加上老年生活費用來源老人所得的保障，即有足夠生活的老年年金等可領，福利服務、醫療（含介護）保險以及老年年金保險等三位一體，三合一者，老年生活就不怕在家無人照顧、生病或臥病（癱瘓）時就不要到外面醫療或機構醫護或介護，同時也不怕老年生活缺少費用，如此，老人不但在家就有人免費或低費來照顧，生病、臥病（癱瘓）時也有人免費來家中醫護、介護，而且在家生活也有足夠的生活費，所以其生活就很快樂而可達到在地老化境地。

關鍵詞彙

- 老人個案工作
- 5A'S 切入（Moxley）
- 老人團體工作
- 社會行動團體
- 自助團體
- 機構短期照顧（保護）
- 介（照）護福利師
- 變形金剛站立床
- 國民年金
- 在宅福利（照顧）服務
- 教育性團體
- 會心團體
- 少子化、高齡化社會

- 社會化團體
- 老人社區工作
- 托老、托護
- 行動障礙（害）
- 治療性團體
- 老人社區照顧
- 輪椅機器人
- 志願服務中心
- 老人在地老化
- 社會工作師
- 問題解決及決策團體
- 社區日間照顧中心
- 介護保險

* * * * * * * * * * * * ✏ 自 我 評 量 ✏ * * * * * * * * * * * *

1. 畫圖說明老人社會個案工作的流程。

2. 試述老人社會個案工作管理的目的與目標。

3. 試述老人社會個案工作、管理者的角色與其處遇（置）策略。

4. 試述老人團體工作的特質與功能。

5. 試述老人團體工作技術。

6. 試述老人社區工作的原則與其工作方法。

7. 試述老人在宅照顧的目標與其在宅福利服務。

8. 試述介（照）護福利師（監護工）的主要（基本）業務。

9. 試述老人入浴、飲食、移動（步行）之介助。

10. 試述老人安養、療養機構的工作與服務。

11. 試述福利、醫療保險（含介護）、所得保障三合一制度與老人在地老化之關係。

參考文獻

一、中文部分

自由時報，《輪椅機器人》，2008 年 11 月 17 日記載（登刊）。

江亮演（1988），《老人福利與服務》，臺北市：五南圖書出版公司。

江亮演（1990），《快樂的老人》，臺北市：中華日報，臺灣省政府社會處。

江亮演（1993），《老人的社會生活》，臺北市：中華日報，臺灣省政府社會處。

江亮演、余漢儀、葉肅科、黃慶鑽等（2001），《老人與殘障福利》，臺北縣：國立空中大學。

江亮演、曾華源、田麗珠等（2001），《社會工作概論》，臺北縣：國立空中大學。

江亮演（2006），《老人福利》，臺北市：中華高齡學學會。

何長珠（1980），《諮商員與團體》，臺北市：大洋出版社。

李開敏、王增勇、王玠、萬育維譯，Abraham Monk 著（1996），《老人福利服務》，臺北市：心理出版社。

高迪理（1994），《個案管理》，臺北市：社會工作學刊。

廖榮利（1983），《社會個案工作》，臺北市：作者自印。

陳燕禎（2007），《老人福利理論與實務》，臺北市：雙葉書廊公司。

二、日文部分

小室豐允、淺野仁編集（1990），《老人の在宅介護》，東京：日本中央法規出版社。

小室豐允主編（1990），《老人の康健と心理》，東京：日本中央法規出版社第四版。

小島蓉子、奧野英子編（1994），《新い社會リハビリテーショソ》，東京：誠信書局。

日本全國社會福祉協議會編（1979），《在宅福祉サービス戰略》，東京：全國社會福祉協議會。

三、英文部分

Forder, Anthony (1974), "*Concepts in social Administration*", London: RKP.

Havighurst, R. (1968), "*Personality and Patterns of Aging*", Gerontologist, 8:20-25.

Kart, C.S., Metress, E.K. and Metress, S.P. (1988), "*Aging, Healthand Society*", Boston: Jones and Bartlett.

Moxley, D. P. (1989), "*The practice of case management*", Newbury Park, CA: Sage.

Parsons, R. J., J. D. Jorgensen & S. H. Hernandez (1994), "*The integration of social work practice*", USA: Wadsworth.

Rose, S. M & L. V. Moore (1995), "*Case management*", in L.Beebe & N. A.

Winchester (eds.), Encyclopedia of Social Work (19thed), pp.335-340. Washington, DC: NASW.

第八章

老人保護

第一節　被虐待老人之保護服務

　　老人虐待（older abuse）亦稱為老人暴力，係指對老人個體的生理、心理及經濟（財物）等安全有所妨礙與怠慢疏忽之對待或行為，致使老人之身體、精神及個人財務受到不利或不當之損傷或剝奪。一般而言，老人虐待的種類可分為：(1) 生理虐待（physical abuse），如身體上之傷害，包括毆打、掐、推、禁制等，以致其肉體產生痛苦；(2) 心理虐待（psychological abuse），如使用語言侮辱，造成精神、情緒上的傷害，包括威脅、辱罵、妨害自由、詛咒或其他行為，造成老人心理及情緒上極端痛苦或恐懼；(3) 性侵害（sex abuse），如非甘願的任意或任何方式之性接觸等；(4) 金錢濫用（financial abuse），即財物剝奪，是無權或不當使用老人之財物或任何老年年金的資源，包括侵占、詐騙、偷竊老人之財務等；(5) 遺棄或忽視（neglect），即指責任者故意或非故意的疏失（疏忽）對於被照顧老人的責任或義務，如省略或不關心老人日常生活所需之醫療、衣、食、住、行之提供或不給予身體與環境必要之清潔，或對無法自理生活老人遺棄於危險環境，或極度髒亂惡劣的環境中者；(6) 機構虐待，指收容機構對老人不當之處遇，包括不尊重老人意願、以威權方式管理老人作息等（李瑞金，2000）；(7) 違反基本人權，包括選舉罷免、隱私、獨力自主、生活品質權、保護與安全權等；

(8) 其他，如自虐、多重虐待等等。至於國內外對老人忽視和虐待概念定義之比較，如表8-1。

表8-1　老人忽視和虐待概念定義之比較

英國 Kent 郡社會服務部	倫敦 Enfield 自治市	高雄市政府	臺中市政府
◆身體虐待：健康照顧不當身體損害：營養不良、脫水、衰弱、衛生不良、服藥、酗酒、睡眠不足、過度疲勞 ◆身體攻擊：擦傷、骨折、脫臼、毆打痕跡、瘀腫 ◆心理虐待：侮辱、煩擾、威脅、恐嚇 ◆社會虐待 ◆法律虐待財物虐待人身剝奪偷竊財物 ◆環境虐待通風、採光不良	◆身體虐待：多重瘀傷、黑眼圈、巴掌痕、踢痕等。燒傷、挫傷、大小便惡臭、營養不良、強迫餵食、缺乏移動協助、缺乏醫療管理、強迫醫療、限制運動、強迫洗冷、熱水澡 ◆忽視：拒絕供餐、缺乏適當支持、完全忽視失能者表現 ◆心理的虐待：怒吼、恐嚇、威脅 ◆性虐待及干擾 ◆家中虐待：依賴、暴力 ◆機構虐待 (1) 個人虐待： ・身體被傷害 ・語言虐待 ・財務虐待及被偷竊 (2) 制度虐待 ・過早起床 ・就寢時間缺乏彈性 ・無供給飲料點心 ・餐食無選擇 ・晚餐過早進用 ・無法保有個人財產：如家電、電話、電視	◆疏於照料：對老人之醫療檢查、治療或處置未能適當地提供，有故意或疏忽情形；對老人之基本生活未能適當提供；老人未被接納或無互動而有不安全感；子女個人不良行為對老人造成傷害 ◆虐待：對老人施加或允許非意外性身體傷害，對老人經常厲聲惡言、辱罵、不理睬 ◆遺棄：老人無人照顧而流落在外 ◆獨居且無法自我照顧：單身無子女	◆遺棄 ◆妨害自由：非法身體之禁錮及限制 ◆傷害 (1) 施暴受重傷 (2) 施暴直系尊親屬 (3) 施暴受輕傷 ◆生理虐待 (1) 暴力行為：戳、刺、打、捶、擊、推、撞、搖、打耳光、踢、捏、燒 (2) 醫療健康照顧不當：未接受或拒絕醫療、接受太多太少或不適當的醫療 (3) 拒絕供食或強迫餵食 (4) 太熱或太冷的環境 (5) 提供過期之食物 (6) 任何形式的體罰 (7) 其他 ◆心理虐待 (1) 言語上的攻擊、威脅、恐嚇、脅迫、侮辱 (2) 侵擾 (3) 故意排斥 (4) 孤立 (5) 隔離老人、斷絕其與家人、朋友與外

英國 Kent 郡社會服務部	倫敦 Enfield 自治市	高雄市政府	臺中市政府
	·無清洗、修改衣物 ·環境清潔度差 ·缺乏盥洗設備 ·老人和工作人員衣著均髒亂 ·老人抱怨醫療照顧 ·缺乏和老人正面通溝 ·長期低人事水準 ·工作人員倫理道德低落	且無法自理生活，需人協助照料者 ◆其他需要接受老人保護服務	界社會的互動 (6) 干擾老人日常活動（如睡眠） (7) 留置有意識之老人於醫院或安養院所未加探望達六個月以上 ◆留置無生活自理能力之老人，獨處於易發生危險或傷害之環境：留置失能力老人獨處危險環境

◆資料來源：李瑞金（1994），P.16-20；高雄市政府（1999）；臺中市政府（2003）。

其次老人保護，在 1997 年我國修正「老人福利法」時，其修法的主要特色是把重點放在「老人保護」的增列專章，該法第四章第 25、26、27 條，及第五章罰責之第 30、31 條條文均有明文規定老人保護工作，如老人保護工作的服務對象為：各縣市年滿 65 歲以上之老人，有下列情形之一，以致其生命、身體、健康或自由有危難之虞者：

1. 未得到基本生活照顧或扶養者。
2. 遭受身體或精神虐待、惡意遺棄、自由限制或妨害者。
3. 獨處於易發生危險或傷害之環境，且無生活自理能力者。
4. 因患病、遭受意外傷害或緊急事故，需要立即救護者。
5. 其他經主管機關認定需要接受保護服務者。

一、老人虐待的相關理論

(一)個人內在因素理論（intra-individual theory）

個人內在因素理論又稱心理變態模式（psycho-pathology model），是強調被虐者和施虐者具有身心（身體與人格）的病症或缺陷，如毒癮、酒癮者，當老人年邁時，其成年子女行為無法自制或無法提供老年父母所需和照顧，而施虐老人。或被虐老人和施虐的人有被虐待或虐待狂者，也會產生虐待老人的情形發生，故此模

式是強調社會工作者需瞭解被虐老人和照顧老人之子女個人內在的人格特質，才能有效進行個案評估和處遇計畫之擬定，避免陷入責備任何一方之情境。

(二)外在情境理論（situational aspects theory）

此理論認為老人會被疏忽、虐待是經濟社會情況等外在環境所致，除老人身體疾病外，人際關係不佳、生活貧苦等生活危機事件是構成虐待的主因。老人因年老多病，逐漸喪失生活能力，造成家庭經濟問題或阻礙照顧者工作的壓力，這種壓力和負擔降低家屬照顧老人的意願，甚而虐待老人。居住在老人機構者，因工作人員待遇過低、福利差、工時過長、設施設備不足等外在因素，也會導致機構老人被虐待事件。

(三)暴力循環理論（the cycle of violence）

此理論常被運用於家庭暴力的原因和過程之探討。瓦卡（Walker, 1979）認為暴力行為呈現階段性發展，可分為：緊繃期（the tension-building phase）、毆打期（the battering episode）、和解期（the reconciliation period）等週期性方式循環出現，所以，施暴者行為通常是一次比一次重，使被虐者常有強烈的無力感（powerness），尤其當老人認為「家醜不可外揚」的價值觀根柢固時，對家庭成員的虐待行為就可持續忍受而不敢揭發，因此而導致被虐問題一再循環發生。

(四)社會交換理論（social exchange theory）

此理論強調人與人之間的互動，是依可能的酬賞（reward）和成本（cost）加以計算，互動的雙方傾向於追求自我利益之極大化，故當父母與子女的交換互動不成功時，握有資源或籌碼強勢的一方，通常會控制弱勢的一方，雙方衝突於是發生，而結果會導致不當對策、疏忽、虐待等事件發生。

(五)世代衝突理論（intergeneration conflict theory）

世代衝突理論，當老人與成年子女無法重新定位彼此角色時，衝突的關係就會隨時產生而且更加惡化，導致產生敵意或公開的暴力行為。尤其當成年子女無法應付年老父母罹患慢性疾病時，兩者之間的衝突就很可能發生，因兩者衝突會各自產生壓力，尤其子女一方面來自要面對自己老化過程的壓力，另一方面又要照顧下一代子女和上一代的年老父母，在蠟燭兩頭燒的情況下，就產生更大壓力，故世代衝突的虐待事件是因成年子女和老年父母之間，權利義務缺乏規範所致（江亮演，2005；陳燕禎，2007）。

(六)社會學習理論（social learning theroy）

社會學習理論認為虐待行為乃是學習（社會化）的結果。從暴力文化（violence culture）的觀點來看，攻擊行為的社會化（過程）通常發生在較低教育程度及社會經濟地位較低的族群，愈嚴厲處罰子女的父母，有可能會教養出具攻擊性的子女（李開敏等譯，1996）。例如臺灣農村早期受到傳統的家庭教育，及日據時代的男人為主的大男人教育，致使不允許太太及子女有不同意見或做法，若違背其心意者，就打罵等的虐待。在那種大男人主義的環境中，不這樣做是會被別人看不起，一般男人都是看人家怎樣打太太、打子女，自己也學習著照樣做（江亮演，2005）。

二、老人被虐待的主要因素

老人被虐待的主要原因可分為：

(一)自我個人潛在被虐待性的內在因素

1. 衛生或生活習慣不良、健康管理不善。
2. 過度依賴配偶或子女。
3. 觀念、思想、態度、行為偏差而喜歡命令控制他人。
4. 酗酒、藥物濫用之不良嗜好。
5. 不重視外表、儀容。
6. 社會關係差。
7. 心理病態、人格特質病症或缺陷，如虐待或被虐待狂等。
8. 其他如貧窮、嫌東嫌西、抱怨責難、無法表達、有嚴重身心障礙、好色、挑撥離間以及無依無靠等老人的特性。

(二)外在因素

1. 家庭因素

(1) 老人成為家庭經濟、家族的情緒及心理上的負擔；(2) 兒時受到父母虐待；(3) 配偶或子女等家族自我形象不良，或自我需求的能力受到限制，以及有酗酒或藥物濫用之不良嗜好；(4) 家族心理上未準備好因應老人長期失能之依賴；(5) 恐懼失落或恐懼控制；(6) 對老人長期失能抱持完全否認之態度；(7) 否認父母或配偶的疾病；(8) 拖延父母就醫；(9) 對父母的

問題之嚴重性有不當的反應；(10)持續抱怨不相關的問題，及拒絕同意父母進一步診斷檢查或處遇（治療）；(11)其他如施虐者具有身體或人格特質的病症或缺陷（具有虐待狂等）及上述之社會學習、社會交換等（江亮演，2005；陳燕禎，2007），以及家族對機構的要求過多，對工作人員態度不佳、長期積欠機構費用不繳、對老人從未理會關心等，而引起老人收容機構虐待老人事件的發生（陳燕禎，2007）。

2. 老人收容機構因素

(1)管理者因素：機構管理制度不良、管理人員無責任感或擔當、管理人員交代指示不明確清楚、機構欠缺明確管理規則、法令和工作執掌、臨床督導不周、管理者自以為是自我中心強、未依標準管控和預防造成老人集體性傳染疾病、服務對象不符機構收容目標和機構功能、服務量超出機構原申請之服務目標量（超收）等。

(2)機構工作者因素：工作態度不佳、對服務目標、理念不清、角色定位不明、自我情緒不穩（EQ差）、生活壓力大、人格不成熟、固執、易跟老人發生爭執和衝突、愛計較、喜歡講人家是非長短、工作量過重、工作人力不足、工作人員或各部門之間溝通協調不良、機構的職前、在職訓練或教育不足、薪資待遇低福利差、專業背景及知能不足或服務技術（技巧）不夠、個人衛生或生活習慣不良、竊取老人財物、不尊重老人隱私權、未提供適當醫療照顧、延遲老人就醫等。

(3)機構環境因素：機構環境設施設備不良、不足，如缺乏無障礙環境、活動空間不足、衛生環境不佳等（陳燕禎，2007）。

三、老人虐待的預防與處遇

老人虐待的預防與處遇可分為：

(一)法律與制度

社會工作人員先危機介入，然後採取法律與老人福利制度，如依我國老人福利法所訂的「老人保護措施」，對被遺棄、身心受到虐待或被疏忽等老人，給予必要之短期保護及安置，並協助老人對施虐者提出告訴，而依法或契約解決老人扶養問題。同時可依照老人福利制度給予必要之福利服務。

(二)環境修正

協助老人改變情境，減少傷害，如永久性無法改善居住惡劣環境或無法受到適當的扶養者，應提供老人機構安置的選擇及使用資源的機會。尤其無足夠社會支持系統、難取得日間照顧或特殊照顧服務之途徑、無法運用資源和使用公民權或社會權權利、無住屋或無寬廣空間、衛生、隱私權及有汙染和危險等公害居住環境、不能攝取足夠營養、無法取得法律資源等環境需求者，更應考慮給予環境修正之資源與機會。除此之外，也要倡導或協助老人參與老人社會政策與方案發展的機會。

(三)老人經濟保障

老人有養活自己的經濟獨立能力者，自然就可減少被虐待的發生，因此，實行國民年金即老人年金制度，是較積極而有效的老人經濟安全保障。除此之外，徹底做好中低收入之老人生活補助與生活津貼，老人特別照顧津貼以及老農津貼或老人福利津貼或無法參加國民年金的福利年金，並做好老人財產信託和老人就業輔導工作等，來保障老人經濟的安全，降低老人虐待事件的產生（江亮演，2005）。

(四)施虐者之處遇

1. **遺棄、疏忽、惡待者**：義務者若有遺棄、疏忽照顧或有惡待老人情形者，可以罰鍰、公告姓名及應接受家庭教育與輔導課程之教學。

2. 毆打、掐、推、禁制等致老人肉體產生痛苦之生理虐待，用語言辱罵、威脅等虐待，致造成老人精神、情緒上的傷害之心理虐待，以及性侵害老人者，應接受醫學治療與心理輔導及壓力管理訓練等處遇；同時依法給予制裁。

3. 侵占、詐欺、偷竊老人財物或年金資源之金錢濫用（financial abuse）者，應依法給予法律制裁，並將老人財物信託，以保障老人財產安全。

(五)機構虐待

老人收容機構對老人處遇不當、不尊重老人個人意見，而以權威方式來管理老人日常生活作息；漠視老人個別需要，以生產線方式提供統一、單調、制式的服務；侵犯老人隱私權及限制老人自由；以及工作人員藉由口語威脅、恐嚇，甚至於偷竊、勒索或集體處罰方式侵犯及傷害老人身體或尊嚴，致使老人基本權益

無法獲得保障及維護，以及身體及心理上備受機構人員凌辱與虐待者（李瑞金，1994）。這種情形有關主管機關應嚴格而徹底查辦，以杜絕不良機構虐待老人之發生。

　　除了上述處遇之外，同時也要宣傳老人保護觀念及擴展理想老人福利政策與有效的老人福利措施，並且運用公權力來維護老人基本人身與經濟安全。尤其社會工作人員應提倡及推動保護老人的社會行動，以全民力量來關心及保護老人。

　　家庭暴力發生時，自己或他人應撥打「113」內政部家庭暴力專線求援或諮詢，以獲得法律上或自我的保護。如果受害者正受到暴力脅迫或情況十分危急時，自己或他人必須在加害者不警覺的安全狀況之下，撥打「110」報案，警方就會依法派員警到場，啟動後續的保護機制。

　　總而言之，除了上述的老人虐待預防與處遇之外，還須減少或消除老人被虐的上述內在因素，和預防家庭以及老人收容機構虐待老人之上述外在因素之產生，也就是依時代需要修訂相關法律、建立社工專業權威，先把施暴者隔離、修正不合理的社工員工作規定，並講究社會工作直接服務處遇等方法，以及喚起社會大眾對家庭暴力、老人虐待事件的關心，共同來消滅家暴老人虐待來源，如此才能促進家庭與社會安定（江亮演，2005）。

第二節　老人保護的法律概念與保護網絡的建立體系（流程）

一、老人保護均以下列兩個基本法律概念為前提

(一)假定受害者是有能力者（competent）

　　例如多年的失能者自然不能親自去社會福利機構領取發放的補助金，但他不一定就是無能，無能並不等於依賴，一個四肢麻痺的人幾乎完全依賴他人為生，但不能因「四肢麻痺」而剝奪一個人的能力。

　　最少的限制選擇理論（the doctrine of the least restrictine alternative）即初級的非正式照顧體系（親屬）若能夠滿足老人需求，則第二級的非正式照顧體系（鄰居、朋友）就沒有需要了；若第二級的非正式照顧體系可以提供情感支持、金錢和物質

的幫助等服務，則第三級的正式照顧體系（政府服務組織或政治、經濟機構的介入）就不需要了。假如管理人員可以做好的工作、監護人的任用就沒有必要了；如果有限的監護人制度可以達成目標，整個監護人制度也就沒有存在的必要了；如果代理、聯合銀行帳戶或信託此類的志願過程可達成預定的目標，則非志願的過程就失去使用的價值了。因此，面對一個老人要被送至機構安置時，法院認定應該研究最少限制的使用是否可能彌補一個人所有功能不足的問題（李瑞金，1994；P.21）。

(二)國內老人保護網絡的服務現況

變遷中的老人照顧方式，將決定老人的生活品質和自主尊嚴。臺灣照顧老人的模式在經濟壓力和孝道文化規範的雙重束縛下，昔日的老人靠「家族力量」的相互照顧，由「成年子女奉養」，到今日老人期待由「政府奉養」以及需「靠自己老本」的轉變，年老父母已不再是子女的「隱含資產」，反而可能是子女全力衝刺事業發展的障礙，尤其虛弱臥床的父母，更成為子女肩膀上的重擔，所以社會已出現「家有一老，必有一倒」的現象，因此「棄養」、「虐待」或「忽視」父母的事件層出不窮，老人告子女不孝的司法案件也越來越多。

依據內政部之統計，2005 年老人保護通報專線所接獲通報的服務狀況之中，以遭到「虐待」（abuse）的比例最高，而且以「女性」老人受虐待的人數（644 人）比男性老人（498 人）多（內政部社會司，2005），見表 8-2。

表 8-2　臺閩地區老人保護網絡體系服務現況

老人保護網絡體系	服務人數			服務人次
	男	女	合計	合計
法律訴訟及諮商	324	347	671	893
驗傷醫療	85	86	171	254
個案輔導	943	1,039	1,982	4,401
個案追蹤輔導訪視	620	653	1,273	4,014
問安電話	2,290	1,811	4,101	13,583
委託安置	123	89	212	667
遺棄	125	94	219	1,557
虐待	498	644	1,142	4,110
疏忽	340	299	639	1,955

◆資料來源：內政部社會司（2005）。

二、老人保護網絡建立與其工作的流程（體系）

　　戰後嬰兒潮世代出生的人口，在 2010 年之後將陸續進入老年，都可享有高齡的壽命，不過要「活得久」又要「活得好」，因此「保護老人其實就是保護自己的未來」，現在積極推動老人保護，他日當我們老年時，也才能享有同樣的生活安全。

(一)老人保護工作介入

　　現行國內老人保護工作的實務困境為：

1. 親子關係的糾葛。
2. 對老人認知觀念的偏差。
3. 老人虐待、老人保護定義的模糊。
4. 社會工作角色常陷於兩難局面。
5. 老人相關福利資源不足。
6. 專業人力的不足。

　　老人保護工作需以「法律」為依據，因此現今老人社會工作者的角色扮演必須「多元」，其簡述如下：

1. **直接服務工作者**：社會工作者在老人保護工作中，是提供第一線的直接服務供給者，如給予經濟的扶助、緊急的安置和協助老人出庭作證等。
2. **資源連結者**：老人保護工作者經常需要扮演資源的「連結者」，例如連結老人所需要的醫療驗傷、法律諮詢、司法系統等不同專業的資源，才能滿足保護老人的多重需求。
3. **支持網絡發展者**：老人受虐大部分是因為社會支持系統網絡不足，或薄弱造成的，因此社會工作者要積極發展老人的社會系統和支持網絡，如：關心老人與家人的關係建立，提供志工的關懷服務等。

(二)老人保護網絡與其工作流程

　　老人保護網絡流程的建構，有賴政府單位與民間部門的通力合作，建立一個綿密的保護網絡。目前直轄市、各縣市政府所推動的老人保護工作流程，則因為各地資源的不同而有所差異。楊孝濚（1998）在〈從老人受虐問題建構老人保護網絡〉一文中，以「老人福利法」老人保護專章條文，探討老人保護工作流程圖：通常在老人受虐問題嚴重，生命受到立即傷害時予以接案，其他個案則轉介

至其他老人福利工作，而保護工作一般包括保護中心、緊急安置、短期安置及長期安置，而在安置之前已先做好個案輔導與個案管理工作，且轉介必須有充足的後送系統，見圖8-1。

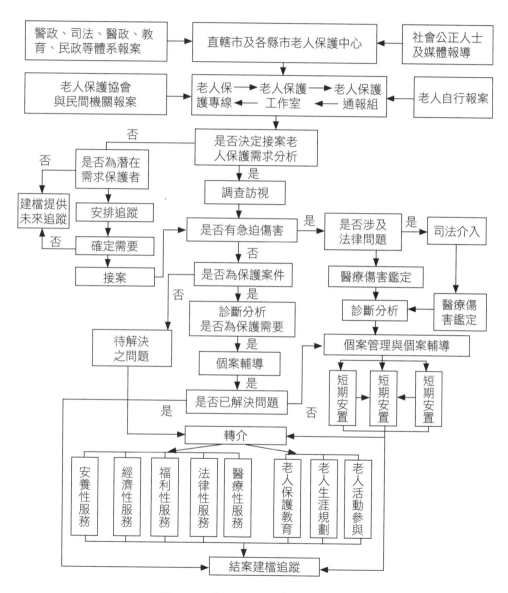

◎圖 8-1　老人網絡與其工作流程圖

◆資料來源：楊孝濚（1998），P.34。

 第三節　老人生活安全與無障礙環境

一、老人家庭生活安全

(一)老人居住問題與類型

⬠ **老人居住環境所面臨的共同問題**

1. **老人居住問題越來越嚴重**：現在的老人要有自己理想的住宅越來越困難，尤其是寸土寸金的都市，所以很多老人不是租房子，就是住在環境不良又狹小的房間裡，因此老人住宅問題已越來越嚴重。

2. **老人自宅之修繕是一大負擔**：雖住在自己住宅的老人，其生活也不見得好，因住宅的修繕或住宅有關的經常支出，對老人家庭來說是一大負擔。

3. **老夫老妻家庭增加，整理庭院等家務越來越困難**：獨居或老夫老妻家庭，其家務必須由老人自己來負責，其負擔相當重，主要是體力問題，尤其鄉下三合院住宅之清掃更是吃（力）重。

4. **老人固定居住地方越來越少**：退休後由於生活活動場所、空閒時間等問題，常常居無定所。或雖與子女同住，但子女工作上關係，必須常變更其生活場所，尤其租屋的家庭，老人要確保其固定居住地方更不容易。所以，現代的老人必須具有隨時適應居住環境的能力。

5. **老人住宅的各種設備與安全問題**：老人夏天怕熱，必須有冷氣或電風扇，而冬天又怕冷，所以，必須有取暖如暖氣、電暖器等設備。但這些電氣或瓦斯之散熱、取暖設備，須小心使用，老人因記憶力差，行動較遲鈍，不適用這些具有危險性的設備，但又不得不用，因此常發生火災等問題，尤其獨居或老夫老妻的核心家庭更為危險，所以老人住宅除要有萬全的防盜、防火、防災等設備及無障礙環境之外，更要有對外求救的設備，如房屋上有求救燈、有直通附近的派出所或社工服務單位的電話等等，以策安全。

●老年期居住地之適當與選擇條件

1. 社會經濟地位高低為準

老人居住地的選擇與其職業、地位和社會角色有很大的關係，如郊外居住者，退休前之通勤雖無不便的感覺，但退休後想要再就業的機會就不多，所以，為了再就業的方便，不得不向就業場所集中的都市中心地區移居。如果考慮到安全性、便利性或舒適性等條件者，通常是選擇舒適性高的地方居住為多。不過在都市化住宅困難情形之下，除社經地位高者之外，老年期要居住在舒適性高的都市中心地區並不是一件容易的事。

2. 同輩團體

從老年期的人際關係情形來看，一般是移向同輩團體的為多。人的年齡一高，就被工業化、都市化、機械化社會的職業團體所排除。小家庭使年老祖父母失去與子孫一起生活含飴弄孫的機會，故同年齡層的團體如安老或老人社區、老人公寓等設施，較適合老年期的生活。因為這樣的團體對老人的飲食、居住、洗衣、看護等公共性服務，能夠集中處理。我們為了確保老人的身心健康，必須建立安全而舒適居住的退休老人社區、老人公寓等設施，使老人不至於感到老年期悲哀寂寞的生活，不過要注意的是不能導致與外界隔閡，形成老人世代的社會孤立。

3. 健康狀況

老人難免與貧困、疾病等相連結，由於老人生理上和心理上的老化，使其容易罹患疾病。通常上了年紀者之健康狀況，或多或少都有不正常的現象出現，所以年老多病是很自然的現象，尤其年老者在家庭或社會的地位之低落，加上收入之減少和醫療費用之增加，在心理上更容易發生變化。一般來說，退休後若健康情形不佳，其居住的場所大多選擇在綜合醫院附近或子孫較容易照顧得到的地方；若健康狀況良好又需要或有意工作者，其居住地方大多是選擇距離就業場所較近或交通較方便的地方；若退休後不必工作或不想工作而經濟又不錯的老人，其居住的地方大多選擇郊外安靜舒適的所在（江亮演，1990）。

4. 其他老人居住環境選擇條件

    (1)建地：地勢較高，不會受到天災地變，尤其水災、雪災、風災、地震等所影響之安全地方。

(2) 交通：有老人出入方便的交通工具，如有汽車、電車、火車等交通工具的地方，最起碼汽車能達到的地方。

(3) 醫療機構：老人大多數罹患慢性疾病，所以其住居附近若有綜合性醫院或老人醫院，那看病甚至入院就較方便。

(4) 社會服務設施：在社區內有老人日間照顧等設施者，老人就容易享受到日間托老、日間照護（介護）以及老人在宅服務等福利服務。

(5) 購物或買賣市場：老人住宅附近若有購物或其他買賣的市場，老人日常生活，尤其衣、食方面消費就方便。

(6) 休閒娛樂活動中心：老人居住的地方，有老人文康活動中心或其他的老人休閒娛樂場所，老人就有機會享受老人文教康樂、休閒等福利服務活動。

(7) 社會支持系統：老人有日常生活問題，如經濟困難、受虐待、醫療保健或其他災害、急難、竊盜等時，有健全的社會支持網絡，就能幫助老人脫離困境。

(8) 社會秩序安定：老人受外來侵襲的承受能力低，所以必須選擇在竊盜、車禍、飆車、殺人、放火等事件事故較少的地方居住，以策安全。

(9) 住宅建築結構：老人住宅必須考慮到其建構方面，不但要選擇耐火、耐震的建材，也要考慮到建築的堅固而不漏水，同時廚房、廁所也要合乎老人安全使用，地板不能太光滑，且有老人行走扶木避免老人滑倒，同時也要有防盜、防火等設備。最好是住在一、二樓，若三樓以上者應有理想的電梯及寬大樓梯等，即逃生方便的建築物。

(10) 其他：如無障礙環境，使老人出入方便等（江亮演，2005）。

● **老人居住類型**

老人除了住在安老或療養機構外，一般老人的居住類型如下：

1. 三合院式住宅

這種住宅在都市已不易看見，不過鄉下，尤其偏僻的地方還有少數這種住宅，但這種住宅大多是老人居住比較多，因為年輕的子孫都外出就業、讀書等，

整年都住在都市或較發展的地區，除了過年過節或放寒暑假才回來，否則很少回來。而住在這種住宅的老人，無法跟子孫在外住在一起，或不喜歡離鄉背井，寧願老夫老妻相依為命或與幼小孫子女住在老家，一方面照顧老家或幼小孫子女，一方面過著自己喜歡的悠閒鄉村快樂生活。不過老夫老妻或祖父母與幼小孫子女住在如此住宅，一但老人或幼小孫子女生病等事故時，因人手不足會產生許多問題。

2. 公營老人住宅（公寓）或近鄰居住住宅

直轄市或地方縣市政府為保持老人身心健康與生活安定，提供設備良好符合老人居住條件之公營老人住宅或近鄰居住住宅，給低收入戶無住宅老人三代同堂或親子家庭租借，但條件必須年滿60歲以上或民法上有下列親屬之一的低收入者：

(1) 配偶年滿60歲以上者。

(2) 18歲未滿的子女者。

(3) 身心障礙者。

租借期間及租金由直轄市、地方縣市政府訂之，但租金不得超過市面上的30%。

3. 退休社區老人公寓

在交通方便、風景優美的地方，建立退休老人住宅社區，供老夫婦或獨居老人居住。這種公寓可分為公營或民營，前者租給老人居住，租金是按老人經濟能力酌情收費，一切均以契約規定辦理；後者是把地賣給老人自己建築住宅或把建好的住宅賣給老人，而由團體或公司管理，這種民營社區老人住宅雖可買賣，但只限老人及其配偶居住，或者老人死後依契約將房子捐獻給政府或團體公司，以防年輕人占住老人社區住宅而失去老人社區的意義（江亮演，2005）。

4. 拖車住宅

拖車住宅（mobile homes）大部分是停放在公園或公園附近的，雖然這些公園並不是老人專用，但有些拖車式住宅是專門給老人或租給老人使用的。這種住宅有些是有固定停放地點，有些沒有固定的停放地點，這些住宅只擁有住宅的使用權而已。不過這種拖車式的住宅優點是成本低、非正式住宅而擁有豐富的社交生活與居民意識；但缺點是缺少隱私性、空間不足、缺少接近社區與接受服務的

機會、通融性少、需會開車者、居民權力有限、權利不易轉讓、住宅維修成本高等。

5. 退休旅社與單人宿舍

退休旅社（retirement hotels）住宿費參差不一，有便宜，也有昂貴，也有些旅社是提供伙食或休閒娛樂之場所，如提供老人打牌、歌唱、舞蹈等地方。

單人宿舍（single room occupancies）漸漸被老人所重視，通常在大型的商業旅社飯店、退休旅社、老人公寓或一般公寓中，漸漸出現單人房宿舍，房間內附有家具但沒有廚房與浴室，房子也老舊破爛。因接近商業區容易找到這種宿舍，居住者大部分是中低收入者或剛出院的精神病患與老人。與一般看法不同的是，單人宿舍的居民並非流浪漢或偏差行為者，他們選擇居住的原因是房租便宜。近年來已有許多建設公司著手興建附設餐廳的老人單身宿舍，提供給低收入戶或無家可歸的老人居住。

上述的旅社與宿舍，其優點是價格合理並提供家務、伙食服務、享有城市之餐飲、交通等之便利、維持獨立與隱私的自主生活、有社交機會及鄰居支持、有全時工作人員之照顧等等。但其缺點是常位在高犯罪率的區域、房間簡陋、空間有限等。

6. 獨立式公寓

獨立式公寓（independent apartments）是提供伙食和隱私、密集照顧服務，並有共同活動室的公寓，也是政府補助興建的公寓。其優點是隱私高、品質高、租金合理、位於市中心、可建立社會網絡、可參加公寓內的活動等；其缺點是申請入住不易、要自己做飯，要親朋好友的支持等（李開敏等譯，1996）。

7. 集合式住宅

集合式住宅（congregate housing）與獨立公寓有些類似，不過集合式住宅是一種多功能且共用的住宅，其中結合了私人公寓生活與支持性服務。住宅負責人有可能是私人企業、非營利組織或政府。一般的服務內容包括：共同伙食、家務處理、緊急通報系統與交通服務等；此外，還包括個人的照顧、社會服務與個案管理。這些服務的目的是促使非健康老人留在家中，避免被收容於療養機構內。其優點是提供營養飲食、一起用餐的社交機會、可形成社會網絡的機會、可獲得協調性服務；其缺點是較適合不健康的老人，一般老人較不適合，同時有類似機

構的氣氛。

8. 合格寄宿之家與成人寄養家庭照顧

寄宿之家（licensed boarding homes）是老舊的老人住宅形式，提供個人照顧及飲食的服務；而寄養家庭（adult foster family care）是寄宿之家的一種，通常不超過六個人，與寄宿之家常是精神醫療體系的一部分，這些住宅通常有工作人員做舍監。這也是對不需要機構照顧而需要部分監護的衰弱老人提供寄宿、寄養服務。

上述這些設施，其優點包括：把需要保護的老人留在社區中照顧，延緩入住機構時間，同時提供具有家庭氣氛的居住環境以及較多的社會活動參與機會；但缺點就是缺乏規範，所以服務品質參差不齊，並且生活上也較少有刺激，其依賴也較強（李開敏等譯，1996）。

9. 老人居家式照顧之家與老人個別式照顧之家

居家式或個別（人）式照顧之家比老人集中式住宅更具機構化。這類住宅分為營利性與非營利性兩種，提供老人或衰弱以及身心障礙者24小時支持性服務。其服務內容包括房間住宿、家務處理、個人照護、個人行為監護與其他非醫療性服務。居家式照顧之家是提供1～2種個人照顧服務。這些機構之間差異很大，有些小至12個床位，大至100個床位以上；有些非常的豪華且提供多種服務，但也有些極簡陋，只提供電視做為娛樂設備，所以這些機構很難列出其優缺點。這些機構設施，對那些需要支持性服務而不需要正式醫療照顧的老人非常適合。

10. 社區安養堂設施

社會福利社區化，是現代社會發展的一種趨勢。我國自1993年起，試辦社區安養堂，民間反應良好，但此政策未能持續推廣是相當可惜的。其優點是社區安養設施不僅符合我國老人生活習慣與敬老尊賢、尊老的優良傳統，而且也可適應未來小型（核心）家庭的老人照顧需求，因此，應該建立制度且大力推廣才是（陸光，1989）。不過此類設施也有缺點，如社區居民不關心無依無靠社區老人，就不易推行。

11. 寺廟附設老人安養設施

有些寺廟、教堂作為寺廟、教堂內之神職老人或和尚、尼姑的老後生活之處，通常在寺廟、教堂附設安老設施，收容這些老人，提供各種必要之服務。另

有些寺廟、教堂是為慈善事業而附設安養設施，收容外面的衰老無依老人；也有些寺廟、教堂所附設的安養安老設施是有收容寺廟、教堂內、外兩種老人。上述這些寺廟、教堂有些是營利，有些是非營利的設施。

這類老人安養設施，其優點是居住環境優美、清靜、最適合有宗教信仰的老人安養之處，但其缺點是不同宗教信仰者不易接受。

除上述十一種老人居住類型之住宅外，還有其他居住類型，如借住親友之處或長期留宿（long stay）等住宅，政府應依老人的需要而積極提供各類型老人住宅，以滿足老人居住之需求，同時也須推行老人寢室設備費用或低收入之臥病、身心障礙老人住宅之改建，以及老人家庭購屋等貸款，以利老人居住問題之解決。

總之，家庭是老人最可依靠的安養場所，但儘管多數年老父母認為三代同堂或多代同堂的家庭形態最理想，但實際上國內老人與子女同住的比率已越來越低，老人獨居或老夫老妻同居的比率則越來越普遍。因此理想與實際是有相當落差的，這也造成「三代同堂」問題轉變為「三代同鄉」（子孫與年老父母所居住的地方相距很近，同村里或同鄉鎮），也就是所謂的「新三代同堂」（三代住在同一棟大樓不同樓層）觀念。

一般而言，老人福利安養方式有：(1) 家庭安養：即包括三代同堂、老年夫妻同住，以及獨居等類型；(2) 機構安養：即包括公費（免費）、低費以及自費等老人福利機構；(3) 社會安養：即包括各類型之住宅提供。所以老人居住除需提供包括：自費或低費安養設施、公費安養服務外，也須提供如前述之各類型老人住屋、社區日間照顧（含日托、日間照護、在宅介護）及一般在宅服務與照顧、居家護理與老人營養午餐、改善老人住宅，以及老人住宅有關的福利服務（江亮演，2005）。

(二)老人扶養與生活調適

●老人的扶養

1. 老年期的角色變化

老人因其年齡的增高與老化，導致身心健康不佳等因素，而喪失了地位與角色，變成「無有角色的角色者」，而非從社會的核心引退下來不可，尤其身心機

能的退化，致使維持自己的生活越來越困難，而需依賴他人來幫忙，這時候能幫助他的人，最主要的是其家族或親族。

2. 社會安全制度的建立

社會安全制度的建立，即老人的扶養，是由家族或親族的私人扶養轉為由國家或地方政府的公共救助來負責，這雖是世界的潮流，但是至今，在經濟性、肉體生理性、精神性無法自立的老人，除少數發達國家之外，哪一個國家不是丟給其家族或親族來扶助。

扶養年老父母，全球都有民間團體的協助，但是其援助的質與量都依：(1) 老年扶養之必要性；(2) 子女扶養的可能性；(3) 政府對老人保障之充實度等，這三種條件而有各種不同之規定。

(1) 老年（父母）扶養之必要性：為保障老人的經濟、生理、精神上的自主，對那些扶養者變為被扶養者之角色轉變時為契機，保護：①家庭週期上之角色變動；②經濟性自活（謀生）能力的喪失；③日常生活操作能力之衰退等。這三種變動發生時所產生問題依順序為：

・老年期開始之脫親性（postparenthood）：最屘的子女成家立業獨立生活期，此時，所有的子女都已獨立，父母也已完成責任與喪失角色，現在連最小的子女都離開家庭的老年父母，此時期也稱為「空巢期」（empty nest），也是有可能發生扶養問題的時期。

・老年第二期：其特徵是孫子女出生，因結婚的子女生產孫子女，老年父母就自然取得祖父母的「祖親性」（grandparenthood）角色。不過祖親性是因孫子女的誕生而被稱為「祖父」、「祖母」，進入老年期更為明顯。此時期較容易發生生理或心理上需他人照顧的問題。

・老年第三期：其特徵是退休，也就是從所就業的職業工作退下來，或從自營業主的經營權轉移交給年輕人，這是老年期生活深刻時期。

・老年後期：即配偶死別，一般女性的壽命比男性長約多 5～6 歲，尤其結婚比妻子年長者，配偶者死別之女性遭遇困難問題的比率較高。所以配偶死別對妻子或丈夫來說是謂角色的終了之意（山根常

男等編，1989）。

從工作退休喪失或減少所得收入，加上丈夫死別而無工作能力的妻子來說，是奪取了其收入來源。經濟性謀生（自活）能力的喪失，親子關係又從扶養者轉為被扶養者的角色，尤其飲食、排泄、穿衣服、入浴、外出等日常生活需人幫忙者，扶養的必要性就增高。

(2)子女扶養的可能性：過去老年父母的扶養，不管任何需要都是子女等家屬應該負責，也就是有繼承家庭財產的權利與傳宗接代的義務者便是扶養父母的義務人。這就是有權利就有義務的原則。現行民法的規定，對老年父母的扶養，配偶或子女是第一順位的扶養義務人，而對配偶和未成年子女的扶養義務就是「生活保障的義務」，除此之外都是屬於「生活扶助義務」。因此老年父母所期待的是子女在確保自己或自己的核心家庭生活之外，尚有餘力即提供老年父母的扶養。

在法律制度上雖有所改革，但仍然堅定扶養老年父母是行動規範。但是雖有扶養父母之意，卻因高度經濟成長物價高漲，扶養子女能力轉弱。地價、住宅建築費、教育費等的暴漲，要維持自己的核心家庭一定生活水準已經很困難，還要再扶養老年父母談何容易。現在夫妻核心家庭制是較理想，但是大部分的家庭仍然是與老年父母同住在一起，其中很多都不是能確保自己的核心家庭之外，還有餘力提供扶養老年父母的家庭，其與老年父母同住的原因，都是同住的共同家計，剛好能維持生計之故。

一般的國家大都採取消極態度，除非子女雖盡自己的力量仍然無法扶養父母者，政府才以公共救助的福利措施來協助，使老人不會因子女無能力扶養而陷於生活的困難。

(3)政府對老年保障之充實度：中央或地方政府的老後生活保障，包括了年金或生活保護之所得保障及老人社會福利等福利措施。老後生活保障如何充實，依老年親子的扶養期待或子女提供援助的質與量之不同而有異。公共救助與民間救助之關係，不是一方擴大而另一方縮小這樣單純。從法律上來說，廢止扶養父母的義務，如英國、瑞典政府大力推行老人福利服務之同時，其他如老人日常生活或身邊的幫忙或緊

急的援助，也要由子女來服務。

為維護老人生活，不僅僅是充分支給公辦年金，及生病時派遣護士照護（介護）人員的制度而已，而且還期待其子女幫忙老人簡單的身邊事務或作為聊天說話的對象。若所領到的年金不足老人生活所需者，老年父母也對子女要求一切生活各方面給予援助。不過經濟方面也好、身體方面也好、精神方面也好，都依賴其子女，如此會增加子女扶養老年父母之壓力，產生其生活機能上的障礙。

作為老後所得保障，以低收入戶者為對象之公共救助及與一般老人為對象之年金，以及其他社會安全照顧之津貼等給付，在我國公共救助制度的建立歷史還不長，其成熟度還低，尤其建立國民年金制度不久，要保障老人所得的確是紙上談兵。至於其他如軍公教人員退休年金，及剛起步的勞工年金等制度，除了前者之軍公教退休人員尚可保障其晚年生活費用之來源外，絕大多數的老年人無法享受年金的保障。何況軍公教人員目前還有享受不甚公平的18%優惠存款，所以還可維持中高階級的生活水準，因此，我國對老人所得保障必須下一番工夫，從整體包括軍公教、勞工、農民，以及其他一般老人等福利去建立一個完整健全又公平合理的老人所得保障制度，如訂定保障老人最低生活水準的年金額、保障老年生活品質等。

老人福利服務體系中，應以身心退化而喪失日常生活活動能力的老人為對象，提供療養院所機構和派遣在宅服務（居家護理或居家服務）人員到家等服務。但以目前國內實況，由療養機構及在宅服務所提供的資源之不足，大多數的老人都是在家由家人來服務。其中有些老人不但臥病在其狹窄的房子內，而且由種種的限制而無法進入療養機構療養，也沒有在宅服務人員來支助，因此，有些家人如妻子或兒子必須辭去工作，在家為老年的公婆、父母處理老人的日常生活。有少數的家庭成員無法辭去工作，又要協助家庭年老父母的入浴、換衣服、餵食……等日常生活，常常無法兼顧工作與老人居家照顧，因此，照顧老人的品質就會產生問題。

老人救助之公共救助與民間的救助究竟到什麼程度才算適當，公共救助與民間救助兩者之間有必要加以調整，以我國目前來說由於公共救助限制關係，所以形成民間私人救助比重大於公共救助，不過有少數的老人卻常常兩者都沒有得到，而使其生存扶助權常被犧牲。

老人社會福利

●扶養實況

1. 經濟扶養

老人扶助除經濟扶助之外，還有身體之照護（介護）以及精神性援助。而老人扶助不僅僅是以金錢為中心的經濟救助，還包括其身邊的協助或生病時以看護為中心的身體照護（介護），以及為排除孤獨感或寂寞感的精神性援助。老人的基本需求是：(1) 經濟性的安定；(2) 健康的維持；(3) 醫療保健；(4) 家庭人際關係的精神性安定；(5) 休閒娛樂；(6) 其他如教育、宗教信仰與社會互動等。不過老人這些基本需求，不是只在家裡就可滿足，例如經濟性需求，除了家人之提供外，必須依賴老年年金及其他社會安全保障之給付或生活保護之公共救助，而身體的照護除家人幫助之外，還要依賴護理人員或在家（居家）服務人員等提供服務才可能獲得滿足。但是現在很多老人都是希望在家裡受到家族的協助與幫忙。

維持老人生計的方法主要有：(1) 就業或財產收入；(2) 家族或親族的私人扶養；(3) 年金或生活保護的公共救助等三種。一般男性較傾向於就業或財產收入之自力更生方式，女性較傾向於私人的扶養情形，又年紀愈大工作的收入就愈減少，而依賴私人扶養或公共救助的老人就愈多。在我國老人收入方面，就業收入或私人扶養所占的比例較高，而公共救助所占的比例較低，但先進國家卻相反，依據 1998 年瑞典、英國、美國三個工業化國家的調查來看，65 歲以上的老人約 70% 以上有領取社會安全保障的國家及政府的給付，如年金或公共救助。老人的現金收入中，政府發給約占 50% 以上，而最低是瑞典，有配偶領取政府現金之收入男女約占 44%，最高的是英國無配偶女性約占 80%，所以我們有需要改進。

2. 身體的照護（介護）

年老多病，上了年紀後身心的各種功能逐漸退化，對健康非常不利，不但肉體上與精神上都會喪失自立的能力，而且老人的日常生活能力也會喪失，有必要提供各種服務。臥病有礙其日常的動作時，究竟誰來提供協助，這是一大課題。日本政府 2000 年的調查，一般來說，臥病在家的老人約有 90% 左右是和子孫同住，而需照護者（介護者）男性老人是由其妻子（50%）或媳婦（35%），女性老人即由媳婦（61%）、女兒（19%）來照顧為多。為何臥病在家老人有 90% 左右是與子孫同住，主要原因是無法與老年人同住者都會把老人放在療養院或安老機構。而為何照顧老人都是女性，尤其是妻子或媳婦為多，主要是一般社會認為

幫助（服務）老人是妻子或媳婦的職責之因，同時一般人也認為男性對家事較不習慣之故，因男性老人都比女性老人短命，這也是男性老人服務老年女性不多之因。不過在西方國家如英國、瑞典，幫助臥病老人看病、家事、買東西、飲食等，絕大部分是兒子為多，由社會服務人員幫忙者少。在家能受到家人的照護（介護）是老人追求滿足精神安定的一種需求，但是病人的存在不僅增加家庭的經濟負擔或照顧者的身心疲勞，而且也會提高家庭內的緊張。老人在宅（居家）照（看）護判斷的理想條件可分為：(1) 疾病的輕重，即日常生活行動尚有可能或是無人手時完全不可能；(2) 有否專心照（看）護者，有否能代替照（看）護者角色之遂行者；(3) 照護者的健康與體力之情形；(4) 照護者對病人的關心和愛心的情形；(5) 其他家庭成員的理解與協助；(6) 有無專用寢室；(7) 醫療費占家計之比率如何等。即老人的飲食或排泄有需人手時，及家內有需協助的幼兒，而配偶或媳婦又因就業無法專心照護老人者，或缺乏老人專用的寢室，而醫療費又壓迫到家計，家庭成員的精神或肉體上的疲勞所引起的緊張與內心衝突者。上述情形的家庭，政府或民間有關團體應該協助其老人進入療養機構，或以社區日間照護來援助（日本厚生勞動省 2002 年，厚生勞動白書）。

3. 精神性援助

在福利國家，臥病老人的身邊幫助主要若是由其兒子擔任者，這樣的情形一定會被批評社會福利服務之不完備，生病致使體力、氣力退化的老人，不只是幫助其身邊事務而已，而且還期待著有親切的勸導與服務，即提供比公共服務機構服務更好的居家（在宅）之家庭服務，以顯示福利機構的效果。病弱老人者，身心依賴他人的依存度高，所以家庭成員的理解和愛心有很大的意義，即以家族的勸導提高復健訓練功能與增加治療的效果。這些效果，不僅在宅的老人可看到，而且入院中的老人也能期待。但一般從老人在宅扶養的立場來看，實際上尚未發揮主要的角色，因為入院（醫院）後家族的關心就容易變弱。入院長期化者，家族去探病的次數會越來越少，真是如俗語說的「久病無孝子」。同時長期住院（醫院）老人病患者占據病床，致使其他需要入院的患者無法進來，所以這種情形不但浪費醫療資源，而且老人與其家族更加疏離。這不只是家族與老人的精神問題，也是老人無法在家裡養病治療的居住或無法請人照顧的所得（保障）經濟問題。

(三)老年期生活與婚姻之調適

●一般對老人的負面觀念

  1. **年老多病**：老人因身心機能的退化，常與慢性疾病連在一起，但慢性病並不是老人專屬的老人病，一般人也有可能罹患慢性疾病，不過老人因退化的關係，所罹患的慢性疾病較多而已，因此，一般人都有慢性病就是老人病的負面觀念。

  2. **消極健忘**：老人創造發明的創造力退化，對新的東西或刺激不感興趣，態度保守消極，同時學習認知能力也退化，記憶力越來越差，記不住剛發生的事，對複雜或數字更是討厭。

  3. **依賴**：老人身心機能老化又受到社會、家庭種種壓力而失去信心，所以希望社會、家庭給予更多的照顧與關懷。

  4. **孤獨、被遺棄感**：在家不易見到家人，在外環境又不易適應年老者外出活動，所以感到寂寞無奈或有被家人、被社會遺棄的感覺。

  5. **無能、無助、無知感**：自認自己為廢人，等吃等死，覺得老而無能無用；不但幫不了子孫的忙，又無法為社會服務的無力感，以及對日常生活適應的知識缺乏，對社會或政府所規定或所辦的活動或福利措施都不知道的無知感。

  6. **自憐、哀傷、退化感**：一般人認為老人有對自己所處的不好環境而怨嘆的自憐感，悲傷親友及老伴的不在之哀傷感，對生理、心理功能的退化之退化感。

  7. **壓力感、失落感、罪惡感**：老人對自己的人際關係，尤其家庭關係與經濟生活有壓力感，喪失家庭、社會的地位與權威，退休後自己的意見不被重視，生活懶散無聊，不愛動及自我封閉的失落感，以及以前所作所為怕死後被清算的罪惡感。

  8. **恐懼感、無望感**：老人對死亡懷有恐懼感或對養老院也有恐懼感，同時對自己有限的生命已無法發揮效用，活著沒有希望也沒有價值的無望感（江亮演，1990）。

● 調適

1. **調適方法**：(1) 積極參與社會活動；(2) 樂觀開朗（奮鬥）；(3) 身心健康；(4) 重視經濟，做好財務管理；(5) 參與老人教育；(6) 具有享福意識，重視戶內戶外運動；(7) 宗教信仰；(8) 重視日常生活儘可能與子孫同住等。

2. **成功老化的要訣**：(1) 老身：維護身心健康；(2) 老伴：少年夫妻老來伴，重視配偶感情與互助；(3) 老本：顧好老年經濟生活費來源；(4) 老友：重視老友相聚談天說笑，參與社會各種活動；(5) 老學：活到老學到老，善用時間學習新知或生活技能；(6) 其他如自我實現、自動自發、自立自強、自由自在、自娛自樂、自學自習等（江亮演，2005）。

● 老年婚姻

1. 老年期的婚姻關係與生活滿意狀況

依據內政部（1997）的 65 歲以上老人婚姻狀況之調查，如表 8-3，有配偶或同居者占 61.67%，喪偶者占 31.72%，未婚者占 4.60%，離婚或分居者占 2.01%。在性別方面，女性喪偶之比率遠高於男性，相對的，男性有配偶率或同居率較女性高；未婚者，男性占 7.92%，其中以單身榮民為多數，女性僅占 0.60%；至於離婚、分居者，男性占 2.59%，也較女性高出近一倍。不過值得留意的是，喪偶老年女性人數遠高於男性，老年婦女喪偶後的生活支持與適應問題值得關注（林如萍，1998）。

婚姻調適過程，一般研究者都認為不同家庭生命週期，婚姻的滿意度通常是呈現 U 字形現象，即婚姻的品質在子女出生後開始下降，而到子女成年後情況好轉，換言之，子女生活上的獨立緩和了親子間的摩擦，夫妻間的關係近似於婚姻初期狀況，婚姻滿意度上升（Goodman, 1993）。而老年期的婚姻狀況，即其婚姻品質與生活滿意之關係為何？陳肇男（1999）分析國內有關資料發現，已婚老人之生活滿意度指數高於其他婚姻狀況（單身、寡居、離婚、分居）之老人，而且不論男性或女性老人都是如此。Lee（1978）研究發現，婚姻滿意度對老人的生活有顯著相關，老人對其婚姻的滿意度愈高，則其生活士氣愈高，並且對女性而言影響更為顯著。老年期的婚姻滿意，是預期生活滿意的重要因素，換言之，老年夫妻的婚姻關係對其老年生活極為重要（Atchley, 1994）。

ᕓ 表 8-3　老人婚姻狀況　　　　　　百分比（%）

性別 ＼ 婚姻	未婚	有配偶（或同居）	離婚（或分居）	喪偶
平均	4.60	61.67	2.01	31.72
男生	7.92	72.78	2.59	16.71
女生	0.60	48.32	1.32	49.77

◆資料來源：內政部統計處（1997）。

2. 老年期的婚姻調適

(1)退休與婚姻

- 退休時間：依夫妻退休時間先後可分為：「單一型退休」（配偶中只一人退休）、「不一致退休」（丈夫或妻子比妻子或丈夫先退休）及「同時退休」（夫妻同時退休）（Brubaker & Hennon, 1982），而退休時間的順序對於夫妻退休生活的安排有所影響。

- 性別差異：退休對男性的影響較大，因退休前專心投入事業，退休後生活重心改變，多少會出現身心適應的問題。在傳統全職家庭主婦來說，丈夫退休會干涉到其家事，侵入其家事地盤引起困擾，但另一方面卻期待丈夫退休後有更多相處的時間，發展出新的生活方式（Fengler, 1975）。

- 婚姻品質與調適：退休後婚姻生活調適與退休前婚姻品質有關（Medley, 1977）。因退休後不管是單一型退休、不一致型退休或同時退休，配偶相處的時間多，夫妻相互會調整日常生活，尤其丈夫。雙方的婚姻生活適應會維持婚姻早期建立的模式，因此，退休後的婚姻調適，會受到先前夫妻互動關係之影響（林如萍，1998）。

(2)性生活

- 男、女雙方的性生活（活動）會隨著年齡而逐漸衰退，但到70歲仍有50%的男、女會有性活動。

- 即使性生活活躍的夫妻，性行為的次數也會隨著年齡增加而下降。

- 極少數老人沒有性趣，但對大多數的老人而言，性趣普遍比性生活

性活動高（duke congitudinal study）。

整體來說，老年夫妻會隨著年紀的增長，其性趣及性活動也會衰退，但晚年階級老年夫妻對性的表達及性活動仍保有興趣（Palmore, 1981）。老年期的性生活調適有兩個模式與特徵：

- 性的表達並不局限於性交、愛撫等親密行為，溫馨感受也是一種性的表達方式（以更廣泛之形式出現）。
- 老年期的性生活模式，可由中年期所建立的模式來推測，老年期夫妻間的性生活是延續中年階段模式而來（林如萍，1998）。

二、無障礙環境

無障礙（Accessibility）環境包含硬體與人為環境，而硬體無障礙又包括物理（physical）及資訊（information）與通訊（communication）環境，也就是指障礙者居住、工作、交通、資訊等有關之硬體設施與設備的無障礙而言（周月清，《社區發展雜誌》，2000）。

若從廣義方面來說，無障礙環境除上述物理性障礙和文化、資訊性障礙之外，還包括制度性障礙如限制參加或參與的資格限制，以及意識性障礙，如認為老人障礙者是非依賴不可者之阻礙等等（江亮演，2007）。

(一)障礙老人居住情況

1. 約有兩成左右老人的廁所、浴室必須改善。
2. 老人的廚房、寢室、大門等處也有不少需要改善。
3. 其他，如階梯、走廊、地板、客廳等處需改善者也不少。

(二)老人或障礙者住宅改善的條件

老人或障礙者住宅改善的條件主要有下列幾項：

1. **舒適**：老人或障礙者因為身心有障礙，所以，其住宅的建築與設備更需要講究舒適。
2. **身體狀況**：必須先作身心機能的評估，並預測未來身心有關情形，考慮到日常生活動作能力等而改善住宅。
3. **建築方面**：必須考慮到房地（土地）、房子構造（結構）設備、建築關係法規等。

4. **家族關係**：必須考慮到家庭成員、家庭結構、照顧者等。

5. **經濟層面**：必須考慮改善房子的經費方面。

6. **身體健康與建築的關係**：必須考慮到老人或障礙者移（走）動或輔具，以及停車的空間地點等條件。

7. **身體健康與家族的關聯**：必須考慮到在家中的地位、照顧的必要性等。

8. **身體健康與經濟的關聯**：須考慮有否職業及身心健康的問題。

9. **建築物與家族的關聯**：必須考慮到照顧空間、專用室（房間）、專用或共同廁所、洗臉室、浴室等衛生設備空間等。

10. **建築物與經濟的關聯**：必須考慮到建築之規模、內容、使用材料、使用器具品質、維護費、建築業者之選擇等。

11. **家族與經濟的關聯**：須考慮到住宅改修（善）費用支付能力（三木任一，1997）。

　　新建、增建、改建、樣式以及住宅規模等不同，其改善內容也有異，既然有改善的機會，在實施之前就必須好好檢討，與建築障礙者或高齡者住宅有豐富經驗、有實績的專門者好好商量再做決定比較安全。

(三)老人或礙障者住宅有關之諮商（相談）

1. **預約**：先用電話向諮詢單位預約，以便前往相談。

2. **擔當者之確認**：諮商之前必須先確認擔當相談的專家（專業人員）。

3. **初次會談**：要針對諮商目的、家庭的狀況、本人（老人或障礙者）的實況、日常生活照顧情形、住宅改造（改善）的想法以及房子的情況等，詳細討論。

4. **現（實）地調查**：應與初次會談之同時或隔天，要請相關人員到現場實地調查，瞭解實情以使擬出改造（改善）老人或障礙者住居構想（藍圖）。

5. **設備等之資料蒐集**：蒐集老人或障礙者住宅、房間之設備以及其他有關資料，提供改造（改善）者擬改造（改善）住宅構想（藍圖）製圖之參考。

6. **關聯機關**：包括社會福利主管機關、醫院、衛生保健單位、福利服務機構、身心障礙福利研究單位等，都與老人或障礙者住居（宅）有關。

7. **改造（改善）之檢討（討論）**：經改造（改善）老人或障礙者住居

（宅）的檢討後，雙方都有共識後就開始製圖，以便進行改造（改善）工作。

(四)老人或障礙者住宅（居）改造（改善）之助成（補助）制度

老人或障礙者的家庭一般的經濟能力都較差，其要改善住屋並不是那麼容易，若無政府的改造（改善）費用之輔助，很難達成。

1. **貸款制度**：可分為：(1) 老人或障礙者住宅改造（改善）貸款；(2) 老人或肢體障礙者更生資金貸款等兩種，並以此制度來協助老人或障礙者住宅之改善。

2. **老人或障礙者住宅改善費用補助制度**：地方政府以臥病或重度障礙為對象，發給老人或障礙者住宅改善費用，或補裝輔具費用以及對等分擔全部費用。其補助情形如下：

   (1) 浴室、廁所、門窗、寢室等之改善費：則以 65 歲以上或障礙者如四肢或內臟障礙為一、二級者，或接受補裝輔具及輪椅的障礙者為對象，發給改善費。

   (2) 廚房改善費：則以老人及下肢障礙為一、二級而需從事家事障礙者為對象，發給廚房改善費。

   (3) 室內移（走）動之設備費：為方便老人或障礙者室內之行動，則以老人、無步行能力或上下肢、脊椎障礙需使用輪椅之一級障礙者為對象，發給室內移動設備費（三木任一，1997）。

(五)營造福利市鎮（市街）巷道

1. **安全舒適的家庭生活環境**：營造出老人或障礙者在家中不會遭遇到不方便，各種家庭設備又都能滿足其安全舒適生活的需求，不但不會發生危險，而且在家內行動自如等等的家庭生活環境。

2. **社會參與環境**：老人、障礙者不但要在家生活安全舒服，而且也要參與社會活動，過著良好的社區生活，因此怎樣營造出可以自由到外面，而與一般社區居民互動，有參與社區各種活動的機會，所以必須重視社區的無障礙環境，不但街道巷弄老人或障礙者都可以自由行走，而且各種公共場所、公共設施如公園、運動場、學校等等，以及其他公共設施如交通、百貨公司、各種大樓等建設都可方便使用。

3. 其他：如重視老人或障礙者生活環境之改善等等。

第四節　老人財產信託

一、信託的定義

　　信託是一種「財產權管理制度」，因此有財產權才能作為信託財產，所以人格權或身心權等非財產權，不得為信託財產。

　　信託是將財產（金錢等）交給信賴的銀行或信託公司，在規定條件或期限交給要照顧者或者單純的代替管理、運用財產，其收益仍屬財產所有者。委託人將財產移轉給受託銀行或公司後，受託銀行或公司可依信託契約內容，為受益人的利益或特定目的管理或處分該筆信託財產。可信託的財產範圍或種類包括：金錢、金勤（務）債權及其擔保物權、有價證券、不動產、租賃權、地上權、專利權以及著作權等。信託也是一種以「財產權」為中心的法律關係。不過作為信託財產之財產權也有下列限制：(1) 需要積極財產；(2) 需為得以獨立分離並轉移之財產權；(3) 需以具有確定性之財產權等。

二、信託之目的

　　信託之目的是指委託人欲以信託達成其信託之目的。因信託行為是法律行為之一種，所以其目的除必須可能、確定之外，並應適法且具社會妥當性，否則信託行為無效（陳燕禎，2007）。

三、財產信託

　　老人財產信託是老人經濟安全保障制度之一，其優點與內涵如下：

(一)老人財產信託的優點

　　1. 信託是自我照顧和自我保護最徹底的方法。
　　2. 財產信託可以讓老人自己做好稅務規劃，代替老人管理財產，保住財產。
　　3. 愈早做信託規劃，養老愈輕鬆。

4. 老人前半生照顧子女，後半生應選擇「財產信託」讓銀行或信託公司照
   顧，生活更有保障。

5. 老人財產信託是留給自己晚年生活的一個尊嚴（圖8-2）。

(二)老人財產信託的內涵

1. 信託是以財產權為中心的法律關係。

2. 信託之委託人必須將其財產權移轉或處分給受託人（銀行或公司）。

3. 受託人（銀行或公司）必須依照委託人設立信託之意旨，管理或處分信
   託財產。

4. 受託人（銀行或公司）是信託財產對外唯一有管理及處分權之人。

5. 銀行或信託公司行為的三要件，包括「受益人確定」、「信託財產確
   定」及「信託目的確定」（見圖8-3）。

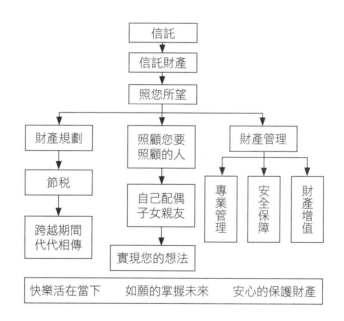

⌖ 圖8-2　老人財產信託的好處

◆資料來源：陳燕禎（2007），P. 397。

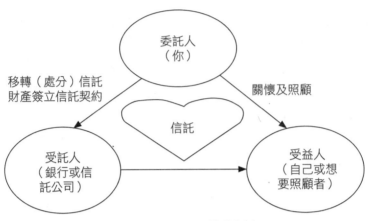

◦圖 8-3　信託的簡易概念

◆資料來源：陳燕禎（2007），P. 398。

四、可以信託的老人

　　凡有財產管理需要的人，均可以考慮以信託方式辦理。信託業者在辦理信託業務時，會收取一定的手續費用，有心想以信託方式理財的社會大眾，可以先就自己的條件預做評估，例如：財產狀況與經濟能力……等。建議事先聯絡熟悉的往來銀行或信託公司，洽詢信託相關業務的處理方式和收費標準（陳燕禎，2007）。

 關鍵詞彙

‧老人虐待	‧老人保護
‧暴力循環理論	‧退休旅社
‧機構虐待	‧身體照護（介護）
‧退休社區老人公寓	‧社會交換理論
‧成人寄養家庭照顧	‧社會學習理論
‧財產信託	‧近鄰居住住宅
‧外在情境理論	‧集合式住宅
‧世代衝突理論	‧無障礙環境

＊＊＊＊＊＊＊＊＊＊＊＊＊ ✎ 自 我 評 量 ✎ ＊＊＊＊＊＊＊＊＊＊＊＊＊

1. 試述老人被虐待的主要因素。

2. 試述老人虐待的預防與處遇。

3. 試述老人保護網絡建立與其工作流程（體系）。

4. 試述老人居住環境所面臨的共同問題。

5. 試述老年居住地之適當與選擇條件。

6. 試述老人居住的類型。

7. 試述老人扶養實況。

8. 試述一般對老人的負面觀念與老人的調適。

9. 試述老年期的婚姻調適。

10. 試述老人住宅改善條件（無障礙環境）。

11. 如何營造福利鄉鎮（市區）巷道？請說明之。

12. 試述老人財產信託的目的與內涵。

＊＊＊＊＊＊＊＊＊＊＊＊＊＊＊＊＊＊＊＊＊＊＊＊＊＊＊＊＊＊＊

參考文獻

一、中文部分

內政部統計處（1997），〈1996年臺灣地區老人婚姻狀況統計〉，臺北市：內政部統計處。

內政部統計處（2005），〈2004年臺灣地區老人保護服務人數統計〉，臺北市：內政部統計處。

江亮演（1990），《快樂的老人》，臺北市：中華日報，臺灣省政府社會處。

江亮演（2005），《老人福利講義》，新竹市：玄奘大學社會福利學系。

江亮演（2005），〈家庭暴力與社會工作直接服務處遇之探討〉《社區發展》112期，臺北市：內政部社區發展季刊。

李瑞金（1994），〈臺北市老人保護服務需求及其因應策略之研究〉，臺北市：臺北市政府社會局（專題研究報告）。

林如萍（1998），〈農家老人與其成年子女代間連帶之研究－從老人觀點分析〉，臺北市：臺大農推所博士論文。

周月清（2000），〈家庭暴力防治法與執行落差之探討－各縣市家暴中心防治工作問題與改善〉《社區發展》91期，臺北市：內政部社區發展季刊。

高雄市政府社會局（1999），〈高雄市政府社會局老人保護服務工作彙編〉，高雄市：高雄市政府。

楊孝濚（1998），〈從老人受虐問題建構老人保護網絡〉《社區發展》83期，臺北市：內政部社區發展季刊。

陳燕禎（1996），〈臺灣地區的老人保護工作：探討一個背後隱藏的問題〉《社會福利》122期，臺北市：社會福利。

陳燕禎（2007），《老人福利》，臺北市：雙葉書廊有限公司。

二、日文部分

三木任一著（1997），《障害者福祉論》，東京：大藏省印刷局。

日本厚生勞動省編（2002），《厚生勞動白書》，東京：日本厚生勞動省。

小島蓉子、奧野英子編（1994），《新い社會リハビリテーミヨソ》，東京：誠信書局。

三、英文部分

Arthur M. Horton J. (ed). (1982), "*Mental Health Interventions for the Aging*", N. Y.: praeger Publishers.

Blan.Z.S. (1956), "*Changes in Status and Age Identification*", A.S.R. xx1.

Riesman D. (1954), "*Some Clinical and Cultural Aspects of Aging*", The A.J.S.

Tunstall, J. (1966), "*Old and Alone, A Sociological Study of old people*", Washington. D. C.: GPO.

Walker, L. E. (1979), "*Myth and reality: The battered Woman*", N. Y.: Harper & Row Publication.

第九章

老人在地老化福利

第一節　老人在地老化的意義

一、老化的定義

　　老化（aging）是一進行式的正常過程，對老人的行為有很大影響，如：
(1) 生理性的老化，即生物性老化（biological aging），身體因老化而變弱，
各器官功能退化或喪失而容易導致罹患各種生理疾病；(2) 心理性的老化
（psychological aging），即隨著年齡增加導致心理上老化，造成智力、腦力、知
覺、記憶力、慾望、反應力、個性、競爭力等之退化，或因社會環境的壓力促使
心理之變化，有力不從心之感；(3) 社會性老化（social aging），即社會風俗習慣
或一般人對老人的刻板印象或負面的觀念，導致老人非從生產第一線撤退到第二
線不可，即從成就地位轉變為歸屬地位，造成老人與社會脫離，或老人不想參與
社會性活動之老人社會性老化現象；(4) 自然性老化（chronological aging），即一
出生就開始老化直到死亡，這種進行式的老化就是自然老化。

　　老化對老人生活模式有重大影響，如在生理方面即年老多病、容易生病和久
病（慢性病）致使老人疾病增加。其次在心理方面即反應能力、應對能力或慾望
動機減弱，致使適應社會環境能力降低。在社會方面即因經濟、家庭關係、社會

地位、健康以及其他因素或社會環境不良，致使老人生活壓力增加和社會風險提高。

二、老人在地老化的意義

「在地老化」（aging in place）的意義分為狹義與廣義，前者為我國長期照顧政策發展之目標，為避免世界主要工業化國家過去大量發展機構服務所導致之過度機構化之缺點，降低照顧成本，讓有照顧需求的民眾能延長留在家庭與社區中的時間，保有尊嚴而獨立自主的生活而言（蘇麗瓊、黃雅鈴，2005）；後者為除上述需機構照顧老人能延長留在家庭與社區，而不必全靠老人機構收容照顧者外，還包含為當地出生一直生活在當地，或雖非當地出生，但卻長年生活在該地區（當地）而希望（喜歡）繼續住在當地的老人，訂定在地老化政策，使公民營福利機構或社區全體居民一起來協助老人或照顧老人，推展老人在地老化之福利措施服務，使老人在自己家裡過著美滿快樂自主而有尊嚴的老後生活，無憾地走完其一生而言（江亮演，2005）。

世界主要的福利發展國家，其老人照顧政策均以在地老化為最高指導原則，認為老人應在其生活熟悉而習慣的社區中自然老化，以維持老人自主、自尊、隱私的生活品質（吳淑瓊、莊坤洋，2001）。

第二節　老人在地老化發展目標與原則

不論國家體制為何，其資源發展、服務提供、組織管理、財務支持等策略，均應支持社區長期照護體系或老人福利服務網絡體系的建構，尤其在宅服務、日間照顧、機構短期照顧、老人在宅介護、老年年金以及老人保護等，以期能「在地」的服務來滿足「在地」老人的照顧，儘可能延長他們留住家庭或社區的時間。所以「在地老化」發展目標與原則如下：

一、在地老化理念之法制化

參考國際間的發展與經驗及瞭解本國民情需求（評估需求與多元服務需要），修訂社會福利政策綱領，明訂「落實在地服務」措施，強調老、殘、兒童

少年在家照顧與保護之原則，如增訂照顧服務原則、充實居家式服務措施，和增訂社區式服務、機構式短期照顧以及介護保險、國民年金等制度與措施。

二、連結（結合）資源建構在宅照顧、社區照顧網絡

　　為提升在地老化福利服務品質，與降低服務成本，必須結合社會各種資源，尤其是民間資源，和建立在宅照顧服務、社區照顧，尤其是日間照顧服務網絡以及機構式短期照顧服務來降低服務成本，提升成本效益與服務品質，滿足在地老化老人之需要。

三、降低機構式服務之依賴

　　除機構式短期照顧外，為降低對老人收容機構，或其他福利機構之依賴與照顧之成本，有必要加強在宅（居家）支援服務，尤其是社區日間照顧、居家（在宅）護理服務與社區在宅志願服務。

四、健全在地老化財務制度

　　要順利推展社區日間照顧等之機構式短期照顧、社區式長期照護體系及在宅照顧（護理）以及在宅志願服務等，就必須健全財務制度，否則難以推展。

　　除此之外，也須健全國民年金、財產信託等制度，尤其老年年金之福利，以保障老人晚年經濟生活，如此才能促進老人成功在地老化。

五、建立老人長期照顧制度，滿足老人在地老化之需求

　　在普及與滿足老人的照顧、多元及連續的服務，以及合理公平的負擔原則之下，應整合各項照顧服務資源、建立長而可久的永續發展之長期照顧制度，以及長期照顧財務管理之健全等，以利推行老人長期照顧服務。因此，必須考慮到有關的法制、財務制度、資源開發與整合、服務輸送與社區關懷據點以及組織與管理等事項。

六、其他

　　如連結居家式、社區式、機構式及健康醫療與介護等保險之長期照顧服務制

度，改善長期照顧缺失，建立老人社區關懷據點與服務輸送體系的可近性、方便性，以及健全各種老年年金制度和結合福利、醫療、所得保障等三位一體之老人成功在地老化體系。

第三節　老人在地老化的福利措施

一、建立社會福利服務、醫療保健（含全民健保及介護保險）與老人所得保障（年金）等三合一整合之福利制度，促進老人在宅快樂生活與成功在地老化

　　除了無房子居住或非入院治療或安養、療養不可之老人者外，其餘的老人都可自主地住在熟悉的自己家裡。若平時有需要福利服務者，即可透過社區照顧如日間照顧、機構式短期照顧，或志願服務的低費或免費之服務或在宅服務；若生病或臥病老人，即可接受健康保險等所提供的在宅醫療照顧服務，或獲得介護保險所提供的免費日、夜間在宅介護服務（含免費介護機構之服務）；若退休後即以老年年金保險機構所提供的老年年金，作為其老年生活費用之來源。因此，老人平時在家有社會福利提供的在宅、日照等福利服務，而生病或癱瘓（臥病）時有醫療或介護機構，提供免費之在宅醫療或在宅介護等服務，同時日常生活有年金等作為生活費用之來源。因此老人平時不愁家務或無聊，生病時又有免費在宅醫療介護外，生活費用也不缺，所以，老人可安心而快樂地在熟悉的家中舒適生活著，而達到成功的在地老化。

二、營造理想鄉村型與都市型的老年生活環境

(一)鄉村型老年生活環境

　　各級政府或農會、漁會等機關、單位，應積極營造能吸引本地或外地的退休老人喜歡居住的鄉村環境，尤其是曾有鄉村生活經驗的退休人員，使其回歸鄉村度過快樂的晚年生活。所以，我們必須提供優質理想的住居環境與生活條件，如提供優惠的二代或三代購屋（鄉村型老人住宅）或修造房子與室內各種設備的貸款。同時，應訓練與輔導有意投入鄉村各種產業的退休者就業，以及辦理或建立

農耕或農產品推銷之資訊網絡（站），促進鄉（農）村經濟發展與提高居民，尤其是退休老人的生活水準。除此之外，更應加強社區照顧工作，尤其應以在宅服務或在宅介護、護理服務等社區福利方式，協助老人生活，促使老人在地老化。

(二)都市型老年生活環境

在都市的老人住宅與上班族的不同是，老人生活的時間幾乎都在同一場所。因此，希望有良好的環境使其日常生活容易活動，縱使健康不好也不會發生事故的安全住宅。但是，實際上退休或病癒後出院而沒有地方住的老人，及因都市再開發或土地地價高漲而被迫搬離的老人，住在充滿噪音公害，或居處狹小等惡劣環境而有害健康住宅的老人越來越多，尤其獨居老人，擁有自己的房子者不多，而常淪落為居無定所者卻不少。如果有福與子女同住者，老人也少有個人專用的房間；同時由於與家人住在一起而常發生種種衝突，無法安寧過日子的也大有人在。因此，我們要有都市老人住宅對策，提供都市型老人住宅及三代同堂或鄰居的公營住宅、老人親子家庭的公營雙人住宅、特定目的之公寓、單身獨居老人公寓，以及把現成公寓改造為老人夫婦或獨居老人居住的公寓等。同時也要推動老人無障礙環境措施，如協助改造老人廚房、臥房、廁所、浴室以及提供無障礙環境的巷道、馬路，方便輪椅族的老人獨立生活居住（江亮演，2005）。

三、建立居家式、社區式、機構式（短期）等照顧服務之連續性與服務輸送體系之可近性

為因應老人逐漸老化的多元需求，政府與民間團體應結合建構居家、社區、機構式的照顧服務模式，使老人可依失能狀況滿足其各種需要，促使其在家庭、社區、機構之間進出方便且服務連續，確保服務品質等。

國內雖設置長期照顧管理中心、居家服務支援中心、老人福利服務中心等服務窗口，但因人口老化迅速，現行之服務窗口普及性仍有不足，民眾使用之可近性仍然不高；同時，初級預防照顧服務仍較缺乏，雖內政部2005年「建立社區照顧關懷據點實施計畫」並以社區營造及社區參與為基本精神，鼓勵輔導社區內立案之社會團體普及化，設置社區照顧關懷據點，提供初級預防照顧服務，但對偏遠地區或資源缺乏地區，其服務仍然不足。

由於上述實況，我們除應把上述之居家式、社區式及機構式的長照服務，

其提供單位應解決或克服各種困難，做好服務輸送連結過程、考慮資源連結之理念、動機及具體內容等，提出有效且有建設性的各種長照服務的模式之同時，也應透社區照顧服務人力培養過程，促使居民共同參與，以及發展社區生活特色與長期照顧社區化之預防性功能，使老人留在社區生活，延緩老化及進入收容機構期間，以及減輕家庭照顧者負擔，建立健康、福利、互助的溫暖社區。因此，我們不但要做到上述的長照服務的連續性之外，也要隨時發現老人之變化與需求，隨時可就近處理或聯絡家屬共同處裡；若遇到特殊複雜個案，即應轉介至長照管理中心、社會處（局）等有關單位處理，以減少家屬選擇使用不同類別照顧資源上的障礙（蘇麗瓊、黃雅鈴，2005；江亮演，2006）。

四、本土化鄉鎮社區老人福利措施與服務

本土化（localization）是指當地住民的真實日常生活化而言，廣義的本土化是包括生活、教育、宗教、政治、經濟、法律等的在地化；而狹義的本土化只指住民的真實日常生活而已。在意識上本土化具有其共榮共存的精神。雖民主、人權、生態等等意識會延伸至社區生活、文化等等，這是無法避免。因此各地殊異之景觀、文化及人才，需要延續及創新，而社區卻深具在地性、人文性、延續性，因此，社區成為本土化所賴以延續發展的沃土，藉以對話，甚至是對抗全球的普同意志。所以，本土文化特色是包括：社區組織、地方政府、工商企業、學校機構、宗教團體、民間團體等（陳淑敏，2005）。

(一)建立鄉鎮(市區)社區照顧之村里關懷中心資源與服務網絡

●以直轄市、縣市政府作為主導整合鄉鎮市區資源之機關

由直轄市、縣市政府之強力主導及具體計畫執行，才能把縱向、橫向的資源整合起來，以利各鄉鎮市區推行老人在地老化之福利措施。

●政策由上而下，執行由下而上

村里關懷中心之社區照顧業務，應由鄉鎮（市區）、縣市、直轄市配合中央「加強照顧服務產業方案」等政策，整合直轄市、縣市、鄉鎮（市區）公、私部門、志願服務部門資源，建立老人及身心障礙者居家服務及送餐服務之各鄉鎮（市區）網絡，並由直轄市、縣市政府主導指揮督導各相關單位推動鄉鎮、市區辦理老人在地老化福利服務。

● 建立與連結老人在地老化之網絡

各鄉鎮（市區）村里關懷中心應普設在各社區活動中心，老人活動中心、村里辦公室、國民小學、公眾寺廟內。

1. 運用資源包括

(1) 正式部門資源包括：各級政府機關（含村里辦公室）、衛生所、警察機關、消防單位、公立醫院等等。

(2) 非正式部門資源包括：家族、親戚朋友、鄰居、教友、同事、同學等。

(3) 商業（含營利、企業）部門資源包括：醫療院所、護理之家、老人安養、療養機構、復健中心、營利事業單位（含超市……）等。

(4) 志願服務部門資源包括：社區發展協會、慈善協會團體、社會公益基金會、社會福利機構、居家服務委託中心、關懷中心志工隊、環保志工隊、守望相助志工隊等。

2. 服務內容

老人照顧內涵的層級類型及連續性服務，從老人與身心障礙者照顧方面可分為六個層級即：① 預防性照顧（preventive care），如保健醫療教育或疾病預防；② 基本性照顧（primary care），如健康檢查或心理、生理上之照顧；③ 次級照顧（secondary care），如疾病治療、詳細檢查（檢驗）和診斷及其他必要之治療措施；④ 三級照顧（tertiary care），如手術、開刀等；⑤ 復健照顧（restorative care），如手術復健照顧，一般居家照顧；⑥ 連續照顧（continuing care），如長期照顧，包括日間托護、養護、護理等。不過，村里關懷中心是整合上述老人照顧內涵，與其老人的需要而已，所以該中心的能力只能提供下列的服務，如圖 9-1。

(1) 館室服務包括：日間照顧、福利諮商、文康服務、復健設施（服務）、餐飲服務、休閒聯誼、保健服務、電話問安等服務。

(2) 醫療保健包括：醫療診治、一般救護、成人健檢、保健諮商、衛政宣導、居家護理、暫托轉介、流感疫苗注射等服務。

(3) 生活照顧包括：建立關懷照顧名冊、居家照顧服務、送餐服務、居家護理、安養養護（療養）暫托服務、醫療診治等之轉介（陳明真，2005）。

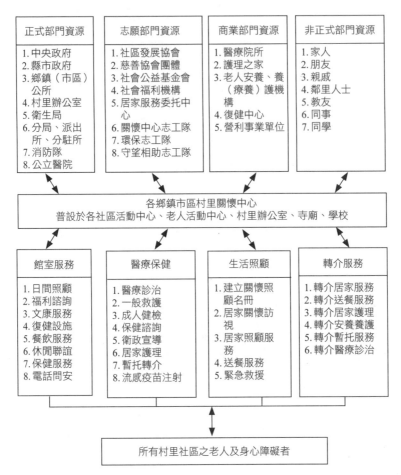

正式部門資源	志願部門資源	商業部門資源	非正式部門資源
1.中央政府 2.縣市政府 3.鄉鎮（市區） 　公所 4.村里辦公室 5.衛生局 6.分局、派出 　所、分駐所 7.消防隊 8.公立醫院	1.社區發展協會 2.慈善協會團體 3.社會公益基金會 4.社會福利機構 5.居家服務委託中 　心 6.關懷中心志工隊 7.環保志工隊 8.守望相助志工隊	1.醫療院所 2.護理之家 3.老人安養、養 　（療養）護機 　構 4.復健中心 5.營利事業單位	1.家人 2.朋友 3.親戚 4.鄰里人士 5.教友 6.同事 7.同學

各鄉鎮市區村里關懷中心
普設於各社區活動中心、老人活動中心、村里辦公室、寺廟、學校

館室服務	醫療保健	生活照顧	轉介服務
1.日間照顧 2.福利諮詢 3.文康服務 4.復健設施 5.餐飲服務 6.休閒聯誼 7.保健服務 8.電話問安	1.醫療診治 2.一般救護 3.成人健檢 4.保健諮詢 5.衛政宣導 6.居家護理 7.暫托轉介 8.流感疫苗注射	1.建立關懷照 　顧名冊 2.居家關懷訪 　視 3.居家照顧服 　務 4.送餐服務 5.緊急救援	1.轉介居家服務 2.轉介送餐服務 3.轉介居家護理 4.轉介安養養護 5.轉介暫托服務 6.轉介醫療診治

所有村里社區之老人及身心障礙者

◎ 圖9-1　臺南縣社區照顧－村里關懷中心計畫資源網絡

(二)加強鄉鎮（市區）老人在地老化對策

◆加強各鄉鎮（市區）實施在宅福利服務

1. 以居家服務為主

　　老人福利由機構服務轉向居家服務為主，並整頓相關硬體及軟體設施。硬體方面除應增加機構、醫院短期照護（short stay）病床數、及日間托老托護中心外，應規劃國中、國小學校作為「居家照護支援中心」，就近提供各種諮詢服務，同時應增加家庭訪視（訪問）人員，並結合短期照護中心、日間托老托護中心、居家照護支援中心及居家福利事業團體單位等，推動「福利都市計畫」。

2. 零臥病（癱瘓）老人方案

各鄉鎮（市區）普設職能訓練中心，使癱瘓老人有機會職能復建訓練，降低癱瘓老人或消除癱瘓老人之發生。同時，建立腦溢血、腦中風等老人慢性病之相關資訊網絡，提高居民健康保健知識。其他如充實照護人力，增加家訪人員（在宅服務員）以及居家照護諮詢志工人員等，以利零臥病（癱瘓）老人方案之推展。

3. 設置鄉鎮（市區）「長壽社會福利基金會」與加強居家、社區、短期照顧機構等之服務

為了振興居家福利服務，各鄉鎮（市區）必須設置「長壽社會福利基金會」以便支援居家福利服務，與居家醫療等相關事業之發展，以及補助各種老人活動的經費。同時，該基金會為了滿足老人各種需求，應普設居家式、社區式、機構式的老人福利服務團體或設施，並除促進其服務之連續性，服務輸送之可近性、方便性外，也須給予各方面的支援，尤其是經費方面。

●加強鄉鎮（市區）老人生活教育與長壽科學之研究

各鄉鎮（市區）設置「長壽社會推動機構」，推動「老人生命意義及健康計畫之推動示範事業」，使老人肯定生命存在的意義。同時，設置「長壽科學研究中心」，結合相關財團資源，研究老人疾病防治、照顧、照護等學術，並提出可行的老人疾病防治、照顧照護有效而可行的方法或技能。

●推動鄉鎮（市區）失智老人及一般健康老人支援與對策

營造老人能夠過著有尊嚴生活之社會環境（體系），除實行「失智老人生活保障制度」外，鄉鎮（市區）必須推動失智症醫學研究，及充實失智症老人團體之家、失智老人居家照顧服務，以提升失智症老人照護品質及保障其人權。

對一般健康老人除須推動綜合性疾病或健康管理制度外，各鄉鎮（市區）也應充實社區復健、疾病診治等的服務，提升老人生活品質與生存的意義感。同時應支援老人社會參與及就業機會（莊秀美，2005；江亮演，2006）。

●直轄市、各縣市、鄉鎮（市區）照顧資源之均衡

直轄市、各縣市，尤其各鄉鎮（市區），不但照顧機構資源無法均衡，而且其居家式或社區式的照顧資源也不均衡。所以為力求合理資源分配，應採下列方

法來推展：

1. **機構資源方面**

    (1)透過補助機制之設計，優先補助照顧機構設置不足之地區，以期引導機構資源區域均衡發展，同時也應朝向社區化、小型化發展。

    (2)對於供給低於需求之區域，檢視鄰近區域之機構資源，鼓勵民眾仍可就近使用，未來機構的發展可視區域性的需要，強化提供較為不足的服務，如增加慢性疾病、失智老人的照顧單位等，而兼顧不同類型的資源平衡。

    (3)床數較多的機構應盤點資源，鼓勵參與社區式照顧，以發展為多層級之照顧機構，提供多元化服務（蘇麗瓊、黃雅鈴，2005）。

2. **居家式、社區式照顧資源方面**

    (1)各鄉鎮（市區）擴增居家式照顧：依各鄉鎮（市區）老人之需求，擴增居家式照顧人員及團體，提升照顧品質。

    (2)普設各鄉鎮（市區）之村里關懷中心，尤其是偏遠離島地區之關懷中心的人力經費。

    (3)結合各鄉鎮（市區）之居家式、社區式、機構式之照顧，提供連續性、方便性照顧資源，以利推展老人在地老化之服務（江亮演，2006）。

五、其他老人在地老化的福利措施與服務

(一)重視老人居住環境與安全，如輔助老人住宅改善和對外聯絡與求救之安全以及無障礙環境之設備。

(二)輔助老人就業，及普設社區老人工廠、老人工作場所、老人農耕協會等，以使老人人才可再利用、增加老人收入機會，促進老人身心健康。

(三)依老人興趣與需要設置各種老人休閒娛樂以及老人教育設施。

(四)促進老人參與社區各種有意義有益身心健康的活動，如參加社區志工、老人運動會、老人訪問學校，或參與社會福利機構活動等。

(五)輔導老人宗教或參與其他社會活動。

關鍵詞彙

·老化	·都市型老年生活環境
·機構式短期照顧	·零臥病（癱瘓）老人方案
·老人在地老化	·居家式照顧
·本土化	·鄉村型老年生活環境
·社區式照顧	·老人照顧層級類型

自我評量

1. 試述老人在地老化發展的目標與原則。

2. 如何建立社會福利服務、醫療保健（含介護保險、全民健保）與老人所得保障（老年年金、財產信託）等三合一整合之福利制度而達到老人在地老化？

3. 如何營造理想的鄉村型與都市型之老年生活環境？

4. 如何建立居家式、社區式、機構式短期等照顧服務之連續性與服務輸送體系之可近性。

參考文獻

一、中文部分

江亮演（2005），〈對我國高齡化社會福利政策之期待〉《社區發展》110期，臺北市：內政部社區發展季刊。

江亮演（2006），《老人福利》，臺北市：中華高齡學會。

吳淑瓊、莊坤洋（2001），〈在地老化：臺灣二十一世紀長期照護的政策方

向〉《臺灣街誌》，臺北市：臺灣衛誌。

莊秀美（2005），〈少子高齡化社會的福利政策建構：日本因應對策之分析〉
　　《社區發展》110期，臺北市：內政部社區發展季刊。

陳淑敏（2005），〈論全球化與本土化交會下的新社區〉《社區發展》110期，
　　臺北市：內政部社區發展季刊。

陳明珍（2005），〈從資源網絡連結看社區照顧網之建構－以臺南縣村里關懷
　　中心實施運作為例〉《社區發展》110期，臺北市：內政部社區發展季刊。

蘇麗瓊、黃雅玲（2005），〈老人福利政策再出發－推動在地老化政策〉《社
　　區發展》110期，臺北市：內政部社區發展季刊。

二、日文部分

日本厚生勞動省編（2006），《老人福祉白書》，東京：日本厚生勞動省。

日本老人福祉協議會編（2007），《老人生活改善手法》，東京：彰國出版
　　社。

小室豐允主編（1990），《老人の康健と心理》，東京：日本中央法規出版社
　　第四版。

三、英文部分

Clark, M., & B. Anderson (1967), "*Culture and aging*", Springfield. IL: Charles C.
　　Thomas.

Espenshade, T. J. & R. E. Braun (1983), "*Economic aspects of an aging of population
　　and the material well-being of older persons*", in B. H. Beth & B. Kathleen (eds.),
　　Aging in Society: Selected White. New Jersey: Lawrence Erlbaum.

Havighurst, R. (1968), "*Personality and Patterns of Aging*", Gerontologist, 8:20-23.

Kart, C. S., Metress, E.K. and Metress, S.P. (1988), "*Aging, Health and Society*",
　　Boston: Jones and Bartlett.

Morgan, J. C. (1979), "*Becoming old*", New York: Springer.

第十章

近代國家的老人福利制度與措施

　　老人問題已成為世界性的問題，任何一個已開發或正在開發中的國家，都有老人問題的存在，所以在晚近的學術界已熱中於老人學的研究，各國政府及國際發展機構，亦在重視此一問題之發生與防堵。

　　各國因國情不同，各種條件、環境有異，所以每一個國家對解決老人問題的原則、增進老人福利的構想，以及制定有關老人福利的政策、法規、措施方式均不同，因此我們採取外國的作法時，必須考慮到我們的客觀條件和國情，而不能把外國人所採用方法完完全全搬回來，如此才能使我們的老人福利進行順利。下面是選擇九個國家的老人福利概況，俾資借鏡，取人之長，補己之短，使我們的老人福利措施更為理想。

第一節　聯合國的建議

　　聯合國於 1974 年發表的老年問題專家小組會議報告，建議對老年服務應採下列行動：

(一)應以「老年」代替「年老」（Aging used rather than aged.）。

(二)各國對老年人口增加所引起的社會衝突應加注意，在已開發國家，60 歲以上人口，到 2000 年時，將占總人口 16%；開發中之國家，60 歲以上人口，則達總人口 7%，但因開發中國家人口眾多，故實際老年人數，已超過已開發

國家老年人口。

(三)提高全部老年人生活品質的改進，應視為老年政策的目標，所有國家要制定改進老年生活短程目標，並認為已開發國家之短程目標，可作為開發中國家的長程目標。

(四)健康與營養，在整個生命中，「預防」為健康服務中之最根本措施，對於環境的改善及適當的營養之提高，應加注意，對老年健康服務，應與既存的衛生看護制度結合，並與社會福利服務相互溝通配合，其目標應使老年人儘可能留在自己家中及社區，受過訓練的健康醫護隊為老人做醫學服務，是老年服務的重要措施，在農村地區應採汽車巡迴服務（醫療車）的方式辦理。

(五)社會福利服務，以社區為單位之社會福利服務應與既有之各種年齡服務之制度相結合，民間計畫應與政府政策配合，現有機構如農民合作社及互助團體等應擴大其服務範圍，滿足老年人需要。

(六)教育，老年人的本質各異，因此必須採取不同方式的教育方法，以社區服務及社區資源，支援老年人的需要、對老年情況的介紹，以及如何使社區更充分參與尤應特別重視。

(七)住宅，住宅政策應考慮到老年人得到健康及社會服務之同時，亦可接近其家人、同好及鄰居。

(八)退休後的工作，退休時間的決定，根據體力標準，比年代學上的年齡更加恰當，應訂定政策利用老人的技術及經驗，以提供老年人退休後，展開另一項經驗，老年人的「終生所得安全」（Universal incomes security）應為國家政策的目標，退休後的所得不僅表示生活支出的變動，同時更積極保證負擔得起增進國民生產以及提高生活水準的一分力量。

(九)「協調」，為對老年統合計畫（integrating plans aging）中的重要方法，特別是在開發中國家現行的各項計畫，應將老年統合服務納入範圍。

(十)下面項目需要國際支援而加以研究：

1. 違建區、貧民窟及鄉村區，特別是在開發中國家老年人的需要如何？

2. 人口控制對老年人環境狀況的衝擊或含意如何？

3. 蒐集老年統計資料及發展指標，以利確立目標及辨認趨勢。

4. 建立標準定義及觀念，以備加強研究及國際間比較之需。

5. 聯合國應建立協調及交換資料制度，以提供儲藏及分發。

6. 建議在現行聯合國各機構間，特別是在老年特設機構中加強計畫及執行階層各項活動之協調工作。

7. 老年問題應適當的包括在聯合國社會部門的相關計畫內。

8. 建議建立國家通訊網，以加強聯合國與各國之間直接溝通老年有關問題（江亮演，1988）。

第二節　近代國家的老人福利制度與措施

一、英國的老人福利

英國是一個工業先進國家，老年人口增加帶來了許多社會問題，但經過英國政府的不斷努力，目前已有很完整的老人福利措施，他們的努力經過，頗多參考價值，茲將其老人福利措施陳述如下：

(一)中央政府方面

在 1946 年通過「全國保險法案」（國民年金法）及「國民健康服務法案」，以及 1949 年就已有「國民救助法案」等社會安全措施，分別對老人提供所得維持（老年年金）、健康保險（公醫）以及急難救助（國民救助）的服務，並將此三項社會安全制度構成一個「安全網」（safety net）。

(二)地方政府方面

所進行的老人福利有：

1. **養老院及老人招待所**：用以解決孤寡的老人與其他社會依賴人口的居住問題。

2. **老人醫療家庭訪視**：社工及醫護人員，定期或不定期訪視臥病、行動不便或其他需幫助的老人並給予必要的診治。

3. 其他如老年人免費或優待乘車、娛樂場所、博物館等優待老人利用。

地方政府除了上述之老人福利業務以外，可視該區域的老人問題特質而加強或重視不同的老人服務，如特別老人住宅、老人之家、心理治療、日間醫院（Day Hospital）以及在宅服務、社區日間照顧等（Marshall, T. H., 1972）。

(三)民間私人慈善事業團體所推行的老人福利服務為

1. 老人俱樂部，提供老人聚會閒談、娛樂、飲食、參觀旅行……場所。

2. 療養院收容身心障礙者或久病不癒的老人。

3. 老人家庭訪視工作，除與政府所辦的項目相同外，有的地方辦理比政府辦的更具績效，由志願工作員按期赴老人住宅訪視、協助老人收信、寫信、購物、打掃環境……，以解決行動不便孤獨老人問題，尤其在寒冬時期更為重要。

4. 「輪（車）上飲食」服務（Meal-on-wheel）老人無力自炊者，由地方慈善組織團體按日挨家挨戶以汽車運送伙食，此項老人供食服務，在老人人口密集地區最為普遍。

(四)政府與民間慈善事業團體共同推行的老人福利服務

1. 老人寄養家庭（boardingout）：此為將需要收容於安養機構的健康老人，推介至一般樂意照顧老人的家庭，作短期或長期性與寄養家庭的家族一起生活之一種制度。通常是先透過地方政府及醫院、民間團體等組織機構之工作人員，對老人以及接受老人寄養的家庭作詳細調查後才介紹，不過這種制度目前還不普遍。

2. 老人友愛訪問（good neighbour scheme）：此種為彌補家庭訪視（在宅服務）之不足的方法。通常是由附近的健康老人所組成的一種志願服務（志工）團體，這種團體主要是提供鄰近的臥病或行動不便的老人購物、煮飯……等簡單工作之服務。一般來說是免費，但是地方政府時常會支給若干的津貼。

3. 代老人洗衣服工作（laundry）：對年高體弱的獨身老人或臥病與行動不便的老人，提供免費代洗衣服的服務。

4. 老人教育：

    (1)擴充教育（further education）：利用大學師資與設備，供社會大眾接受教育，當然老人也可以去進修。

    (2)空中教育－開放大學（open University）：利用大眾傳播媒介實施教學，老人可在家裡收視或收聽。

5. 其他：如提供冷暖器機、電視機、收音機、日常生活用品等；或改善老

人家庭的廚房、浴室、廁所等設備;或指導老人家庭生活等等。

二、瑞典的老人福利

提高老年生活的質或量方面的改進或應有的照顧方面,在其他福利先進國家中,瑞典的老人福利措施最為人所稱道。

(一)瑞典國民年金及補助年金制度

此項制度是老人經濟來源。在1913年實施國民老年年金,其基本原則為:

1. 給予所有老年人。

2. 無論以前收入之多寡,一律給予相同之金額。

3. 不受有無繳納保險費之限制。

國民老年年金實行之目的是提供老人維持其基本生活,並且發揮生活保障之功能。

1960年,瑞典另外實施補助年金制度,此為針對被僱之勞工而設,並擴及公務人員,使受薪階級者退休後仍能維持在職時之生活水準,支付原則依繳納期間長短、金額多寡按此比例計算。2003年時,補助年金所發給金額可補年金給付與原收入的差額。

(二)老人住宅制度

1953年,瑞典實施老人住宅政府補助政策,到1958年加以修正,使現代化小公寓內有老人補助住宅,以扶助其自立生活為目的,其原則為:

1. 尊重個人的生活與意識,以代替集中管束方式。

2. 一本老人意願,在年輕時住慣的環境中繼續生活。其老人住宅措施內容為:

   (1)住宅津貼:以支領國民年金者為限,係視其經濟情況、配偶、子女的有無而決定。此項住宅津貼無絕對的標準,係就當地物價及政府財政狀況酌情辦理。

   (2)年金受領者專用公寓住宅之興建:自1953年起積極獎勵各縣市、鄉鎮大量興建老人住宅及與一般住宅一起之公寓建築,補助費高達80%以上。1960年起,再擴大補助範圍,其用意乃在避免使老人住宅過分孤立而造成不良的社會適應,以減少老人的厭世和自殺。

(3) 房租補助：對於合乎建築基準及年金受領者使用之公寓住宅，或住宅合作社經營之公寓住宅，政府給予40～70%之房屋維護津貼，使其房租負擔減輕。

(4) 住宅改建補助及貸款：一般性住宅改建補助及貸款辦法，老年人可優先核准。補助金較一般高2.5倍，此制度影響到老人總人數的三分之一以上的人，向老人之家及老人醫院擠而減少消極收容的老人人數。

(三)老人之家

基於1918年之救貧法及1955年之公共救助法辦理。但因欲進入老人之家者很多，所以政府當局乃另設置老人家庭服務員（在宅服務員）制度，為那些欲進老人之家而未被收容在安老機構的老人服務，2006年全國老人每一千名當中就有一位家庭服務員，其經費由政府負擔。

(四)老人醫院

老人醫院及慢性病療養所之設立，目的是鼓勵老人能徹底接受免費或低費診療，使不能在自宅療養者受到充分照料。上述服務係屬健康保險範圍，由州政府負責辦理，凡國民年金受領者在未超過住院180天者均可免費，逾期自行負擔若干元瑞幣。

(五)國民健康保險

1955年正式實施國民健康保險，其內容：

1. **醫療保障**：(1) 公立醫院住院及門診；(2) 開業醫師診療；(3) 地方醫務官及地方保健婦之診療；(4) 部分之牙科治療及醫藥。

2. **傷病津貼**：受傷或生病者發給傷病津貼。

(六)老人就業輔導

67歲為退休年齡，但依其健康及需要可延長到70歲，對老人就業輔導方面實有幫助，同時在就業安全機構方面，正在努力開發高齡者職種與訓練，並且鼓勵各企業單位儘量僱用中高齡勞動人力。

(七)老人教育

1. **圖書館服務**：1966年起，圖書館設置調查老人讀書興趣或送書到家的專門服務人員。

2. **國民高等學校**：由合作社、工會、學校團體等舉辦，部分由鄉鎮公所辦理。1972年為止，此類學校已達106所和6所分校，2004年時已達221所及15所分校。主要是提供成人與老年人繼續人文及社會科學方面的再學習機會（江亮演，2004）。

3. **開放大學門戶**：1971年起，大學不論年齡、性別採門戶開放政策，其中有很多67歲以上的老人就讀（江亮演，1988）。

4. **其他**：老人教育除採上述三項重要方式外，還透過空中教育網，如電視、廣播等，實施老人教育或推行學校式養老院、所，以及國民高等學校免費提供老人教育機會。

三、法國的老人福利

(一)在宅扶助服務

儘量使健康的老人住在自宅接受生活上的照顧，如：

1. **現物或勞務給付**

   (1) 醫療服務：免費提供在宅醫療訪問與服務，如診療或藥物。

   (2) 家事服務：以社會救助機構為主體，每月服務時間以30小時為限，由特定資格之家政人員或在宅服務之社會工作人員擔任。

2. **現金扶助**

   (1) 基礎津貼：是老年給付的附加性給付。

   (2) 住宅津貼：房租的四分之三由政府負擔。

   (3) 家事服務代金：無派家事服務（在宅服務）員之處，發給家事服務代金。

(二)老人收容措施

1. **老人寄養家庭**：把健康而需要收容安養的老人寄養在願意收容老人的一般家庭裡，與該家庭的家族一起生活的措施。

2. **安養機構**：視老人的自立生活能力之情況，收容於老人之家（仁愛之家）、老人公寓、老人療養院，作集體性的照顧。

(三)日常生活的服務

如發給日常用品及煤炭等購買券，並推行老人俱樂部、日間照顧、閒暇（休

閒）活動、娛樂、旅行……的服務。

(四)老人教育服務

　　法國的老人教育，其特色就是老人大學，一般稱老人大學為第三年齡大學（University of the 3d. Age）或稱為人生第三時代大學以及第四年齡大學（University of the 4d. Age）即供80歲以上老人，一方面安養或療養，一方面上課學習的老人大學。目前法國此類大學共有80所以上，政府為推行老人福利，促進老人社會活動，而優先實行老人教育，並寬列老人大學經費。

　　有關法國的老人大學可分為下列幾個類型：

1. 艾克士－馬賽第三年齡大學（U-3 Aix）：此大學創立於1975年，該校課程大約可分為三大科系，即社會科學系、老人學系、科學或文學及藝術學系。老人入學無任何條件限制，亦無須繳納學費，自由報名參加上課。每天上三節課，每節一小時，每週有一天旅遊活動。每週的課程都不一樣，其每週課程表均在二十天以前公布。

2. 尼士第三年齡大學（U-3 Mice）：該大學於1975年創立，其課程與其他大學相同。該校特點是強調理論與實際並重，課程與活動兼顧，尤其對老人學、老人病理學更為重視。

3. 土魯斯大學：該校於1973年創立，學生共有2,200多人，都是各行業退休的人員，平均年齡為65歲，最少只有55歲，最高齡為九十多歲。學生每學期繳納一些象徵性學費而已。該校課程內容及主旨為練習體能，防止生理機能老化，提供飲食知識與衛生常識，維護老人之營養與保健，研究文史、語文、藝術、政治、法律……等課程，增進老人對國家與時代的認識，安排從事社區活動與服務以調劑生活情趣，以及研究其他有關老人福利問題等（江亮演，2004）。

4. 其他如，醫療保健與教育結合之第四年齡大學：如各安養、療養機構之大學，即供80歲以上老人安養、療養而接受教育之大學。

四、西德的老人福利

(一)老人在宅服務

　　幫助老人整理家庭環境、洗衣服、飲食等服務。

(二)老人生活指導與諮商

在各鄉鎮地區設置老人諮詢（商）與指導機構，提供生活指導與諮商服務，解決老人生活上所遭遇到的困難。

(三)老人住居提供

提供老人公寓、老人房租津貼、老人購屋貸款，以及老人住宅修繕或擴（改）建之優惠貸款等。

(四)獎勵老人社會參與或休閒活動

獎勵老人俱樂部設置、補助老人旅行費用、設置老人福利電話，以及組織老人志願服務團隊服務社會等。

(五)老人安養機構

1. 老人之家：免費收容無依無靠無謀生能力的低收入健康老人，或低費收容孤獨或老夫老妻老人，給予衣、食、住、行、醫療、娛樂……等服務。

2. 老人療養院：以收容臥病癱瘓或行動不便缺乏人手照顧的老人為對象，給予醫療或養護。

(六)老人教育

1. 邦立大學：各邦立大學入學均無年齡限制，是老人潛心研修數個博士學位，而終老不息的好地方。

2. 國民大學（民眾大學）（Volkshochschule）：各大都市設立國民大學，供成年人業餘或退休後選課研讀。在職者由政府立法規定其公私立之服務單位應給予學費補助。

3. 老人活動中心：該中心內面，有圖書閱覽部、學術研究部、文化康樂部，以及適合老人體育運動和各種專題演講場所等設備（江亮演，2004）。

五、瑞士的老人福利

(一)老人的經濟扶助

保障老人經濟生活，原則上有：

1. 老人及遺族保障制度（AHV）與老人保障財團（Prosenec Tube）：1948年聯邦法之規定所訂定的老人及遺族保障制度，是一般國民必須參

加的強制性保險，由資方及負責管理的州與中央政府所提撥的補助金來營運。主要的任務是由中央社會保障事務局負責。而「老人保障財團」是從 1918 年開始，以慈善團體的性質援助老人經濟所需之不足經費，也是彌補「老人及遺族保障制度」之不足的一種財團。這個財團每年雖然自己也有義捐，但是中央政府也補助其經費。

2. **厚生年金**：此為專任的勞動者必須參加的一種保險。與「老人及遺族保障」合計，對現在專任勞工而收入在最低工資 65% 以下的低收入者，以年金性質發給現金。

3. **個人的儲蓄**：個人的股票、不動產等。

上面此三種老人經濟來源除了第三項個人的儲蓄以外，第一項的老人及遺族保障制度或老人保障財團，以及第二項的厚生年金均為老人的經濟扶助措施。

(二)老人扶助活動

首先是提高一般人對老人問題的關心，其次為提出救濟老人的必要手段，再其次是儘量保障老人的需求，特別是法律上的保障。

1. **年金的追加**：對特別窮困者，給予年金的追加。

2. **在宅服務的組織化**：對無法進安老機構、老人療養機構以及醫院，而需要他人幫助或代替購物之老人，必須派老人在宅服務員去幫忙，因此，有必要強化在宅服務員的組織。

3. **協助受領年金老人再就業**：對健康而有意再就業之受領年金老人，應幫助其再就業。

4. **老人教育**：(1) 老人講習會；(2) 老人知識與情報的提供之補習教育；(3) 老人空中大學，透過收音機、電視等大眾傳播媒介供老人進修。

5. **老人康樂活動**：(1) 體育運動器材提供；(2) 國內外旅行的有利條件之提供，如補助旅費、提供旅遊情報、指導旅遊或提供導遊人員等；(3) 鼓勵老人休閒或組織老人俱樂部等。

6. **老人福利電話**：定期或不定期以電話訪問獨居老人，若發覺有問題，立即與有關單位機構人員聯絡，以解決老人問題。或免費為老人裝置電話。

(三)高齡者住宅

老人住宅的有無是決定老人幸福與否的重要因素（條件），所以老人住宅對老年期生活有極密切關聯。

1. **老人特別住宅**：在都市有專門為老人住居而設的，並有負責管理服務老人的人員之老人特別住宅，使老人生活得更舒服。

2. **老人用的公寓**：在都市有醫療與家事服務人員及設備的老人公寓，供給老人租用。這種老人公寓不但健康的老人可為健康或娛樂而住進來享受，而且有病時亦可進來接受醫護人員的照顧。

3. **老人之家**：收容無依無靠無謀生能力低收入之健康老人，免費給予日常生活照顧。

4. **老人療養院**：收容中度或重度身心障礙或臥病、癱瘓、行動不自由的老人，免費給予醫療或養護服務。

5. **輕度殘障或病弱老人之養護機構**：為了減輕老人家庭負擔，對輕度殘障或病弱低收入老人給予免費收容、醫療或養護之服務（江亮演，2004）。

六、美國的老人福利

美國是工業發達、經濟富強的國家，國民所得高，人民生活水準高，社會安全制度健全，但由於醫藥科技的進步生命餘齡延長，老年人口迅速增加；又因家庭變遷，小家庭制度普遍，以及定期退休制度和高昂醫藥費用或人際關係孤立等的影響，產生了許多老人問題出來，為了老人的幸福，美國的老人福利已成為政府與民間共同關切的問題。

美國的社會安全制度中最重要的項目是聯邦政府主辦的社會保險，包括老年、遺屬（遺族）、殘廢等保險，以保障老人老後生活，提供退休後最低生活保障，老年年金給付係基於平均所得而不隨物價波動而調整。

(一)有關美國老人福利之重要立法

1. **社會安全法**（Social Security Act）：1935年訂頒社會安全法，其內容包括社會保險、老年遺屬殘廢保險、失業保險；公共救助、盲人救助、殘廢者救助；及衛生福利服務三方面。

2. 美國住宅法（U.S. Housing Act）：1937年訂頒住宅分期貸款法，加強低所得者平價住宅的興建，並對老年住宅予以特別協助，使建築設計便於老年人活動，內部設備配合醫療康樂，對外聯繫避免塵囂，租售價格特別低廉，但以供給有配偶之老年人居住為限。1961年修正法規，准許62歲以上單身之男女老人亦可租住。1966年修訂模範都市法（Model Cities Act）時，將老人住宅問題兼採取化整為零方法，於各地大量興建國民住宅時，保留若干住宅分供老人居住，就地解決。

3. 全國心理衛生法（National Mental Health Act）：1946年訂頒全國心理衛生法，其目的在協助公私有關機關，注意調查研究分析，並加強專業人員訓練，增添有關醫療設備，以預防並減少美國之精神病患者。1963年又訂頒心理衛生及低能法（Mental Health and Retadation Act），對於老年患者主張儘量少送精神病院隔離治療，改以療養方式或設立老年之家，在社區中進行治療，以利復健。

4. 老人醫療協助法（Medical Assistance for the Aged）：1960年訂頒老人醫療協助法，使貧苦老人透過社會安全法，獲得醫療協助，而對一般不合公共救助辦法規定，確需醫療服務之老年人口、而難獲得救助者，可依本去規定65歲以上之老人如有需要，可以獲得一切免費醫療，包括門診、住院、看護、外科手術、物理治療、牙醫、檢驗眼鏡（眼睛）、義肢、家庭衛生照料及其他醫療性、復健性、預防性的各項服務，其立法以救助為主，簡稱醫療救助計畫（Medicaid），1965年再修正社會安全法時，增訂醫療照顧計畫（Medicare），規定全國老人可透過醫療保險方式，由薪水中扣繳保險費，或由政府與老人共同繳納部分保險費，以便傷病時，可以獲得免費醫療。1961年訂頒的社區衛生服務設施法（Community Health Services and Facilities Act），對於各地區醫院的興建與床位的增加，亦大有裨益。

5. 經濟機會法（Economic Opportunity Act）：1964年訂頒經濟機會法，又稱為消滅貧窮法案，主要在增加貧民教育訓練和工作的機會，維持人性尊嚴，開創美好生活，工作對象雖以青年為主，但亦顧及貧苦老人，使能獲得類似之機會。

6. **美國老人法**（The Older Americans Act）：1965 年訂頒美國老人法，此為美國專以老人福利問題為核心的專法，對於老人之福利與服務時，給予全面之考慮，本法訂頒之初，相當簡單，嗣經 1967、1969、1972、1974、1975、1976……各年，不斷修正補充，內容日趨完備。

7. **高等教育法**（High Education Act）：1965 年訂頒高等教育法，使老年人口獲得相當之教育機會，很多有關教育方面之法令，均依此原則，加以研訂或修正，例如高等教育法，對老人進入大專學校不加年齡限制。高等教育資源及學生獎助法（High Education Resources and Assistance）之中，有關社區服務方案一章，規定對於老人入學可以給予免費、減費或獎助之優待。1966 年成人教育法（Basic Education for Adults Act）擴大教育機會方案規定，任何成人應使其免費完成高中教育，並予適當訓練，老年人口自應包括在內。1968 年修訂職業教育法，規定對社區中願意就業之各年齡人口，均應給予職業教育及訓練之機會，對於落後地區之老年人口，特別注重消費與家政教育（HEW. Office of Education, 1968）。

8. **國內志願服務法**（Domestic Volunteers Service Act）：1973 年訂頒國內志願服務法。美國原規定 18 歲之青年至 80 歲之老人，均可參加志願服務工作，但無薪金，每月只給生活費用。1966 年通過老年補助法，規定 70 歲以上老人，如無其他政府救助，可以獲得定額救助，但均稍嫌消極。到了 1973 年訂頒國內志願服務法，規定 55 歲以上的老年人口，可以優先輔導擔任志願工作或有酬工作。1975 年通過綜合就業訓練法，對於訓練期間之生活及就業來往交通費用，均得予以津貼，老年人口接受職業訓練及就業輔導，亦可分享其利。

9. **禁止歧視老人法**（Prohibition of Discrimination Based on Age）：1975 年訂頒禁止歧視老人法，本法原於 1967 年訂定，稱為老年就業歧視法，以防止歧視老人就業，到了 1975 年重加修訂，改稱為禁止歧視老人法，以配合老人福利之加強，規定凡動用政府公款之各種活動與服務，均不得對老年人口因為年邁的原因，而有任何歧視，以期確保老人權益。

10.**其他**：如 1962 年福利金計畫發布法，保護老年工人及私人年金制度之可靠性。1945 年軍人權利法，保護年老退除役軍人之福利（江亮演，

2004）。

(二)美國老人福利措施

●經濟方面

1. **老年遺屬殘廢保險**：此為社會安全制度主要之一環，所有受僱者及自營者均須加入保險，投保人年齡達到 62 歲時，如不願繼續工作即可退休，申請年金給付，維持老年之生活。投保人如不幸亡故或殘廢，其配偶或 18 歲以下之子女及 62 歲以上之年老父母，亦可獲得遺屬給付，以維持生活。

2. **老年救助（Old Age Assistance）**：此項救助為公共救助之一種，同屬社會安全制度之範圍。凡不屬於老年、遺屬、殘廢保險範圍及不合於領取給付規定之老人，發生生活困難時，得申請救助，救助辦法各州不同，大致規定 65 歲以上之老人，在本州連續居住若干時間以上，沒有犯罪紀錄，所有財產總值及每月收入在規定標準以下，經查屬實者，均可依照規定，按月獲得救助。

3. **一般救助（General Assistance）**：屬於地方政府之行政措施，對於需要救助之人民無分年齡、性別，根據申請酌予救助。

4. **民間舉辦老年退休年金計畫**：若干企業單位，為加強職工福利，爭取向心力，並恐受僱員工退休後所得社會保險給付，不足維持適當之生活，特透過商業保險，為其員工辦理年金保險，或由業主單方面，有時並由員工配合，按照工資自行提存老年退休基金，以備年老員工退休時增加收入。

●醫療保健方面

1. **老人醫療救助（Medical Assistance to the Aged）**：老人醫療救助，由中央政府與地方政府配合辦理，1961 年開始舉辦，各州規定大致相同，65 歲以上之老人，在本州居住若干時間，所有動產、不動產及收入在若干金額以下，經查確實患病無力醫療者，即可免費獲得門診、住院、看護、藥品、牙醫、愛克斯光（X光）檢查、義肢及其他必需之器材、藥品與服務。

2. **老人醫療照顧**（Medicare）：本措施分為一強迫性之住院保險，65 歲以上就業老人，由本人與雇主各按工資 9% 繳納保險費，老人生病住院時，每次僅付少數費用就可住院 90 天，並可在出院後接受繼續治療 100 天。二為自願性的補充醫療保險，每人每月繳費 5、6 美元，政府以同額補助之，老人生病時，一年中先付 50 美元，其他費用之 80% 由醫療保險負擔，20% 自己負擔，醫療項目包括看病、藥品、家庭健康訪問、檢驗、X 光、鐳射、物理治療、救護車服務、義肢設計（含裝置）、器材借用等等（江亮演，1988）。

3. **設立老人看護之家**（nursing Homes for Aged）：此項設施是做為醫院與家庭間之橋樑，使年老多病的老人受到充分的照顧。目前看護之家的水準頗不相同，大約可分為三類：

(1) 可作延續治療設施的老人看護之家，有醫師護士等醫療人員。

(2) 技術性護士照料的老人看護之家，有技術性專門護士照料的設施。

(3) 供食、住照顧生活行動的老人看護之家，一般僅供老人吃、住，照顧老人生活的設施（HEW Special staff on Aging (1961)）。

4. **老人醫院**

(1) 老人福士醫老所（Foss home）：音譯為「福士避死」，但現在卻是一所重症末期患者與老人病末期的醫院。美國公立西雅圖「福士避死」創立於 1975 年，現收容有百名病患，其中半數是 60 歲以上老人，每人每日收費僅 10 美元而已，比大醫院便宜 40 倍。其工作內容是照顧重於治療。

「福士避死」是來自基督教的倫理觀念，牧師在患者面臨死亡的邊緣時，替神做著一些除去患者精神的痛苦，使他們快樂地度過不久而短暫的餘生。

類似這種的醫老所，在美國有五百多家，美國政府列為獎勵的醫療事業。

(2) 拉克那‧宏達醫院（Laguna Honda Hospital Volunteers）：在舊金山的拉克那‧宏達醫院，係一座老人醫院，自 1975 年起，獲得市政府補助以後，改收容 60 歲以上手足機能麻痺的老人，床位有 1,000 個。患者

分為輕症、中症、重症三級，分別安置在病房內，每一房間容納30～35名患者。像此類老人病院，在加州共有3家。

(3) 西雅圖達可馬市退除役官兵醫院（Tocoma Veternas Hospital）：該醫院是研究老人病患及特別老人醫院的功能為其重點。目前該院收容的患者共約一千多人，平均年齡57歲。

該醫院對於雙足或雙手失去機能的老人、盲啞老人、老人精神病患者等，分別施予不同的治療和訓練，如失明的老人，平時收容12名，施予六個星期到六個月間的治療訓練，有高明醫師和心理學家指導，最後把治療痊癒的患者，交還其家屬。至於精神病老人，因其精神恍惚，所以先用腦波測量，約經過三天後，再作各種腦波記錄，慢慢對症治療，效果不錯。像此類軍部總醫院，全美國有九所，費用全免（江亮演，1988）。

至於民間的老人醫院，每家每年由聯邦政府補助幾十萬或幾百萬美元，市政府補助若干美元。

美國2000年修法訂定：「全國家庭照護護理人員支援計畫，並且在長期照護方面，從2000年開始重新平衡照護系統，同時在2002年於紐約等地方一萬多位志工當中有八千多的監察員得到資格認證，可見其重視長照監察員之制度。」

●就業協助方面

1. **提供志願服務機會**：健康老人為了經濟收入需要工作，為了自我滿足，也需要工作，為不使老人社會資源的浪費，1969年政府撥款補助公私立社會福利機構，協助已退休的60歲以上老人，在社區中從事各種志願性的服務工作，化無用的人力為有效的貢獻，志願工作人員除交通、膳食及偶然發生的必須支出外，不支任何報酬。

2. **推動寄養祖父母方案**：請60歲以上身心健康、收入低微之適當老年人，擔任寄養祖父母計畫，請老人照顧管教兒童，並可獲得相當之生活費用與工作補助，實為一舉數得。此方案可解決寄養父母之不足。

3. **擴大社區就業服務計畫**：1975年勞工部訂立老人社區服務就業法，

凡55歲以上合格而就業有困難之低收入的失業老人，能早日就業。本法規定在各社區中為合格老人創造新的工作機會，優先僱用合格老人擔任社區工作；邀請合格老人參加與推行本法有關之規劃設計工作；保證合格老人就業條件及工資水準，絕不違背同工同酬之原則及當地最低工資之標準，為使合格老人易於就業，給予必要之技術訓練，訓練期間之零用金與生活費用，及輔導就業時之交通費用，均由政府負擔。社區服務工作，原以社會、健康、衛生、教育、服務為主，後又擴及到法律諮詢、財稅服務、圖書、康樂、自然資源之維護保存、社區美化改良、改善環境衛生與反汙染、以及經濟發展、社區發展等，為老人增加許多就業機會。

4. **加強老人就業訓練與輔導工作**：以協助求職老人或貧苦老人，獲得免費，還有津貼之職業訓練，並於訓練後得到有酬的工作。

5. **鼓勵接受救助之老人，擔任工作**：過去禁止接受公共救助或年金給付等政府經濟補助老人另覓工作，但近年來鼓勵受助老人，接受額外的部分時間的工作，一以充分利用剩餘人力，一以補充公共救助，或保險給付金額之不足，每月工作收入，如在規定的一定金額之下者，可繼續獲得救助或給付金額之全部，鼓勵老年人發揮原有能力，服務社會。

6. **禁止歧視老人就業**：老年人就業，不因年齡而予不必要之歧視，若歧視，均屬違法，1978年4月美國總統已簽署法案，折衷規定未滿70歲之老人不得命令其強迫退休，此舉促使老人物質與精神上雙重滿足。

●生活安排方面

1. **改善老人伙食營養**：1972年修訂美國老人法，增列老人營養方案，規定老人局可以撥款補助，公私立非營利事業單位，為社區中60歲以上經濟困難、行動不便、不能烹飪之老人及其配偶，提供免費或價廉物美之伙食，每餐營養成分不得少於國科會所定每日營養標準三分之一，供膳方式分為集中與分散兩類。集中供膳，係在社區中選一適當場所，成立用膳地點，每週至少供應5天，每天至少供應一次熱食。分散方式，先行調查行動不便之老人，然後將伙食分別送到家，此項作法，是響應志願服

務機構所提倡之輪上伙食（Meal on Wheel）運動。同時至 2005 年依據美國老人法（OAA）每年為老人提供 1.15 億人次團體定點用餐和 1.42 億人次送餐到家服務。如此改善老人伙食活動一一付諸實施，收效甚宏大。對於能夠在家中自行備餐之老人，除配給農業部之食物糧票外，也可提供交通、代辦採購等，以改善其家庭伙食。

2. **協助解決老人居住問題**：早期的住宅行政單位，曾大量興建老人專用住宅，廉價租售於 65 歲以上有配偶而無房屋之老人使用。1961 年以後，老人專用住宅過剩，政府乃放寬限制，可租售予 62 歲以上之單身老人使用，不過近年來發現老人專用住宅集中一處，有許多缺點，故大量興建一般住宅時，須保留少數住宅，供作老人使用，既可解決老人居住問題，亦可促進老人生活與社區生活打成一片。1974 年，依照模範都市計畫法之規定，在老人福利中增列老人模範計畫。政府可贈款公私機構從事小型老人住宅的興建，並可贈款給老人整修現住住宅，同時研究設計小型示範老人住宅，供各方參考，減輕老人打掃整理之不便，並研究減輕老人自由使用房屋土地之稅捐負擔，以便滿足老人居住之需要。

3. **便利老人對外交通**：美國交通以私用車輛為主，老人外出若不能親自駕車，十分不便，若干社區福利協會及工會團體，首先發起老人乘坐公共車輛可以免費與優待之運動，各方雖多已採行，也有若干都市以非上下班公忙時間為限，然後推廣及於社會福利機構志願工作服務部門，由志願工作人員訂定時間與行程，以為社區中不良於行之老人提供服務，汽車費用由提供交通工具者負擔，或由社區福利基金及其他經費收入項下開支。但為更方便老人對外交通，2003 年老人事務局與聯邦運輸局簽約「老人運輸加強」協調方案。

4. **提高老人教育水準**：美國各級學校大部分是義務教育，老人有志向學，並無困難，但因 65 歲以上老人其教育程度偏低，難於深造。1965 年以來相繼修改教育法令，廢除大專入學年齡限制，給予老人免費優待，並加強推行職業、成人等教育，促使都市與農村之老人，如有意求學，均可提出申請。老人教育進修活動，如與就業相關，除可免除一切費用外，並可獲得生活補助。

(三)美國老人教育種類

1. **退休人員大學**：此項大學為退休人員所創辦的，課程與一般大學相近，教職員多為退休的飽學之士。

2. **老人學校**：分一般和通信（函授）二部，通常是利用各鄉鎮的職業學校或一般中學設備，作為老人教育的場所。凡住在該鄉鎮年滿60歲以上85歲（或80歲）以下男女均可申請入學。入學考試是以證件審查及體檢代替。學費全免，只收取教材費用的一部分而已。修業期限四年，一般通學的各科學生，每週授課1天（星期日）；函授生即1年發講義10次以上，每年到校面授5次以上，每次1天，畢業後發給畢業證書，畢業生可申請升學。課程除了共同科目之外，分農、工、商……等。

3. **老人補習班**：按老人需要，有各種各樣的補習班，如語言、繪畫、插花……之補習班，由老人自由登記，每滿30人就開班。課程均為專業或專門知識，修畢發給結業證書，必要時並為其介紹工作。補習場所大部分是借用一般學校，上課時間是晚上或星期六、日上下午為主。

4. **老人文化中心**：該項中心有各種老人教室，及各種活動的設備，並有指導老師，老人可以在此中心集會或研習，通常由幾位志同道合的老人在一起學習、研究有關歌唱、插花、烹飪……等。

5. **老人俱樂部**：該俱樂部通常叫做老人學習俱樂部，專門提供老人各種學習場所、師資、指導人員，使社區老人有機會學習各種有趣的或需要的新知識。

6. **老人技藝教育會**：該會提供老人技藝教育的機會、教育場所及師資，同時也是研究、檢討老人技藝教育有關的團體。

7. **老人學術演講會**：提供各種老人需要的學術性演講會，使老人吸收新知。

8. **老人講座**：定期或不定期舉辦各種老人講座，每週1次以上，每1次約2～3小時，大約為期半年以上，專門講授專門性知識及專業有關的學問。

9. **其他**：如社區學院、社區大學等等。

(四)美國老人機構

1. **設立多目標老人活動中心**（Multipurpose Senior Centers）：老人不僅需要

經濟與醫療,亦很需要休閒娛樂活動和精神的慰藉,以及其他特殊性的服務。1976年間,成立多目標的老人中心,給老人相敘交誼的場所,並且提供衛生、醫療、公共救助、社會服務、傷殘重建、教育補習、糧票配發、書報閱讀、法律顧問、財務顧問、遺產處理、司法監護及其他社會交誼等各種活動與服務,使得老人之生活安排,能與正常青壯年一般無二。多元的老人活動中心至2005年有一千多萬老人參加活動。

2. **老人日間照顧中心**:該中心是提供健康老人的托老、非健康老人的托護,如老人日常生活照顧、語言行動訓練、健康管理、疾病治療等服務,老人每天可以在中心逗留4～6小時,到了黃昏就各自回家,行動不便老人,另外提供小型巴士做為其來回的交通工具。

   此類老人照顧中心,大部分是民營,也有公辦的社區日間照顧中心之公營,每年經費半數是由政府補助。在美國像這類的中心到2005年有一萬多家。

3. **老人招待所**:美國的老人招待所,係貴族化的服務,所以訂有收費等條件。申請進住時,須繳納保證金,然後按所住日數繳租金。保證金及其他費用,得比照物價指數比率,隨時調整。其內部設備大部分都很堂皇,占地廣、環境優美、有小型游泳池、迷你高爾夫球場、提供豪華小型巴士、花園幽靜美麗、建築物均為平房,可收容中症和重症等病患的醫院,每人居住面積約30坪,居室均為套房,分別設有臥房、客廳、浴廁、廚房而浴室及寢室裝有最新的緊急呼叫設備,有醫師、護士、社會工作人員等隨時照顧老人。

4. **托、養老設施(院)**

   (1) 托老所:美國的托老所,嚴格說來係介於養老院與家庭中間,在美國有兩萬五千多所,收容人數約213餘萬人。

      這些托老所全部為民營,把老人安置在這種場所,很容易引起老人醫療保險的亂報濫請等不正常事件迭起;且有一部分黑手黨等非法組織在經營著托老所。因此美國審計部認為有大多數老人不需住進托老所,同時老人本身又不希望住進這種地方,所以建議為老人幸福與國家財政計,實有整頓減少的必要。

現行托老所的公家負擔經費，每人每月計需一千多美元，浪費鉅額的國家預算。

(2) 敬老院：以西雅圖敬老院最有代表性，該院現在 80 歲以上的日裔第一、二代美籍老人近百名，為日裔第二代、第三代、第四代有志人士互相出資建立者。

該院每日供應兩次「日本菜」，並替每一位老人洗澡，在院內的一切設備均採取日本式，連語言也是用日本語，從業人員計有 50 人以上。

類似西雅圖敬老院的型態，在美國的各民族均有經營，但以日裔美籍人士最為團結，他們組織有：「明治會」、「心會」、「心竟會」等福利團體，專門為日裔美籍老人服務，他們為感謝日裔第一代，在新大陸開天闢地，為繁榮了第二代、第三代、第四代，所以，出錢出力不遺餘力，因此第一代日裔美籍老人才能得到日本式的生活照顧（江亮演，2004）。

●其他

1. **白宮研討會議**：1961 年，甘迺迪總統召開第一次全國白宮老人會議，對美國老人生活情況及有關福利問題加以檢討，並作成許多建議，呼籲各方加以重視，對老人福利問題廣泛深入探討，各大專研究院所方面分設有關老年生理、心理、行為等科學之設施，培育專業人才，社會各界並為老人福利的立法進行催生，影響深遠，功效卓著。1971 年又舉行第二次白宮老人會議，對於美國老人福利工作，又向前邁進了一大步（Federal Council on Aging, 1962）。2005 年 2 月白宮與國會合作「強化及拯救美國的社會福利」的會議，主張改善稅制及社會福利支出制度。

2. **重視研究訓練，發展工作**：實施新政，採用新人，建立新的觀念，必須研究新的方法，才能達到目標。美國老人法訂頒之初，即已注重研究訓練發展工作，特別訂立四、五兩章條文，並撥贈大量經費協助公私非營利事業機構，從事研究發展及人員儲訓工作。

3. **建立各級老人福利機構**：為求切實普遍展開老人福利工作，特在中央衛生教育福利部之下成立老人署，在各州政府之內指定或成立一個專管老

人業務的單位，在各地社區內，以訂約、委託或補助合作方式責成有關機構負責辦理老人福利工作，每一層級、每一地區，均有負責考核及執行之單位，各單位之間為求相互配合，除衛生教育福利部與勞工部、農業部、都市住宅發展部經常密切聯繫外，衛生教育福利部及各州主管單位之內，亦分別設有顧問委員會，邀約無公務人員身分之專家學者，及對老人福利工作者有深切之經驗與興趣者擔任委員，促使各方之聯繫與工作之改進。

4. 老人福利法規：1965年7月訂頒美國老人法，對美國老人福利工作之做法及其今後努力方向，均予明確規定，其主要內容，包括立法宗旨、行政組織、社會服務、訓練研究、經費授權等項，相當完備，又經不斷修正改進，擴大工作方案，增加業務經費，使美國老人福利工作得以順利推展。

七、日本的老人福利

日本可以說是高齡化社會，因社會的變遷使大家庭變為核心家庭，在這種環境下老人擔心其老後的生活者越來越多，又因工商業的發達，使社會產生了許多社會問題，如失業、公害、勞動災害……，老人深受這種變遷的影響，身心受到傷害而對老人福利的要求或關心的人逐漸增加，因此從事社會福利者非更加努力應付國民的需求不可。

日本在現行的社會保險中，屬於老人福利的有厚生年金、國民年金與福祉年金。厚生年金以經常僱用員工5人以上的事業單位為對象，被保險人投保20年（礦工15年以上）或40歲（女子及礦工為35歲）以後投保15年以上之被保險人退休時，則自60歲起支付年金，而後者應支付原來年金額的80%，但60歲以上未滿65歲的在職者，也可按第一級至第五級標準報酬，分級支付其年金額的20～80%。國民年金以自營業者，農業者及其他公共年金制度所未能包括在內者為對象，對於保險費繳納期間及免繳保險費期間合計在25年以上者，從65歲起予以支付，其給付金額因無相當於厚生年金的報酬比例部分，採用定額制。福祉年金，是已達高齡而無法納費之年金者，與未能符合納費制年金給付要件者（無資格參加國民年金者）為對象之免繳保費的年金制度，其金額由國家負擔。

在滿 70 歲時予以支給，但其本人或負扶養義務者有一定收入以及從其他公共年金制度受領一定數額以上的年金時，則對此種年金的支給有所限制（日本全國社會福祉協議會，1979）。

　　日本對於老人的保健醫療服務，在其老人福利法中規定，65 歲以上的老人，每年舉辦健康檢查一次，分為一般診查與精密診查，前者一律免費，而後者對於收入高的老人仍徵收實際需要費用。對於老人特有疾病之對策中，有實施老人性白內障手術費的支給制度，但以無法支付手術費而失明的低收入者為對象。

　　在 1972 年，全國 46 個都道府縣中的 37 個縣，6 個指定都市，合計 43 個地方政府，已用各種方式實施老人醫療費用的公費負擔部分負擔制度，因此一措施的影響，政府已將老人福利法中的部分條文修正，積極的推行老人減免醫療費制度。

　　日本的老人福利方面，除了上述措施外，尚有下列幾種措施：

(一)**老人家庭服務（在宅服務）員的派遣**：對於老弱、身心不健全、傷病等原因無法自營其日常生活，又無法找到適當的照顧者之低所得老人，派遣家庭服務員幫忙其飲食、衣服清洗及修補、生活上的商談、勸導……的免費服務。

(二)**臥病老人短期保護**：日常照顧老人的家族或照顧者，因生病、生產、旅行等原因，一時無法在家照顧老人時，可將臥病老人送到附設在安老機構內的臥病老人短期保護所寄養，寄養期間以一週為限，費用按老人家庭經濟狀況酌情減免。

(三)**日常生活用具供應**：依老人需要免費提供特殊設計的睡床、浴槽、熱水器、大小便器、枕頭、輪椅、枴杖等。

(四)**日間服務事業**：把虛弱老人定期送往安老機構或社區日間照顧中心接受老人體操、物理治療、工作治療、娛樂活動、陶藝製造、老人俱樂部……的活動項目，晚上回家，這樣一方面晚上可享受家庭的溫暖生活，另一方面白天可在安老機構或社區日照中心享受各種有益身心健康的活動（財團法人老人福址開發センター，1979）。

(五)**老人供食服務**：對於獨居或臥病的老人定期供應飲食，費用部分，有些地方全部由地方政府負擔，有些地方是半價或徵收三分之一費用，這種服務對獨居或行動不便或無法自炊的老人助益不少。

(六)**洗澡服務**：在家中無法洗澡的老人，由洗澡巡迴車為老人洗澡或安老機構或

老人福利中心派車送臥病或行動不便老人到該機構或中心，接受醫師檢查，認為可入浴者，由工作人員或護士送老人到特殊設備的自動洗澡浴槽為老人洗澡，省時省力，洗好後休息片刻，經醫師的許可再把老人送返其家。費用按老人家庭經濟而酌情收費，低收入者一切免費，一般老人半價優待。

(七)**老人福利電話**：對獨居老人以電話聯絡，若發現有問題，馬上聯絡有關單位協助解決。

(八)**老人監護人員的派遣**：獨居老人一時生病，無法處理日常生活事務時，派人到老人家中幫忙照顧老人日常生活。

(九)**老人就業**：高齡者免費職業訓練或職業介紹所，免費提供各種諮詢指導、職業介紹、介紹後的保護（追蹤）、老人適職調查研究……，為老人職業服務。

(十)**老人俱樂部**：為促進老後生活更豐富，身體更健康，知識更高深，娛樂更精采，社交更廣泛，而有各種各樣的老人俱樂部由政府提供活動場所及經費。

(十一)**老人創業**：為促進老人經驗、知識，再為社會貢獻，所以鼓勵老人創造各種產業，如陶器、園藝、木工、養魚、養豬、養牛……，政府提供資金，協助老人創業（財團法人老人福祉開發セソター，1979）。

(十二)**老人運動大會**：為維護老人健康，增進生趣為目的，以各縣市政府為單位，推行老人運動大會。

(十三)**日本老人教育**

1. **老人大學分通學與函授二部**：入學資格年在60歲以上，最高不得超過85歲，其他無任何條件限制。學費全免，只收教材費的一部分、學生自治會費及函授郵資。全部修業年限為四年。通學部學生各科系每週上課一天，函授生一年發講義九次，每年到校面授二次，每次二日一晚。課程分共同必修及專業學科，其課程有：

   (1) 教養講座（共同科目）：老人教育、文化學、人權、社會活動、健康管理……等科目。

   (2) 園藝：花草、水果、蔬菜……等科目。

   (3) 自然學科：環境、公園、自然保護、病蟲害……等科目。

   (4) 生活學科：衣、食、住、行學科、手工藝學科、消費與生產、人際關

係……等科目。

(5) 福祉學科：家庭與法律、老人福利、老人俱樂部……等科目。

(6) 陶藝學科：練土造型、燒成技術……等科目。

(7) 課外活動：詩、歌、手藝、花道、書法……等科目。

2. **高齡學院**：其組織及課程或學費與老人大學相同，唯一不同之處是，此類學院是屬於老人福利的設施，均由政府辦理。

3. **老人圖書館及巡迴老人圖書館（車）**：政府規定各地教育單位應設置老人圖書館或在普通圖書館內設置老人圖書部，供老人研究借用。同時要設置巡迴老人圖書車，供行動不便或偏遠（僻）地區老人使用。

4. **老人福利綜合中心**：以經營老人大學為其主要活動之一，其課程分為必修與選修二類，必修者包括老人問題、政治、經濟、社會、時事問題等；選修者包括社會福利、園藝、手工藝等科目。入學者限60歲以上老人，每一科學生約50～60人，一年畢業，授課時間每週1天。此外，則從事實習及康樂活動，以多與社會及文化接觸為原則。

5. **老人活動（福利）中心**：日本各地設有老人活動中心，分為A、B、特A型三種，由各地社區或私立機構創辦。內部有專為老人提供各種教育服務，並分免費或低費二種，不足經費由政府補助。

(十四)**養老院**

1. **特別養護老人之家**：免費收容65歲以上身心受到嚴重傷害，而日常生活需他人照顧，但在家中又無法受到適當的照顧者。該機構具有便利上述老人居住及生活的特殊設備，尤其醫療、護理及復健……的設備更為齊全，而工作人員均為專業化人才。

2. **養護老人之家**：免費收容，身心有障礙，且家庭環境及經濟理由無法在家受到適當的扶養之65歲以上的老人。其設備與特別養護老人之家相近。

3. **低費老人之家**：收容中、低收入之60歲以上的健康老人，這種老人之家分為A型（供食）及B型（自炊）兩類，費用部分，A型是按老人家庭經濟情況而減額。B型是飲食費用由老人自己負擔，其他費用按老人家庭經濟情況減免。

4. **自費老人之家**：通常須收容10人以上，而且須供應老人日常生活上必要之服務，因領年金者日增且所領金額越來越多，希望進入自費安養機構者有增無減，而對收容機構的要求也逐漸多元化，因此為適應這種潮流，自費安養機構越來越多，其建築物之講究、內部設備之完善、風景之優美，工作人員之訓練及服務態度之講究，以及費用之高，真是令人驚奇（江亮演，2004）。

(十五)**老人福利中心**：分為Ａ、Ｂ、特Ａ型三種，內部設備及服務項目，是免費提供老人保健、醫療、復健、娛樂等等的地方，日本每一鄉鎮（市町村）均有一所以上的這類機構。

(十六)**老人休養（靜養）之家**：風景區溫泉地區等設老人休養之家，廉價供老人做保健休養場所。

(十七)**老人休息所**：免費或低費提供老人娛樂，增進身心健康的地方（財團法人老人福祉開發センター，1979）。

八、以色列的老人福利

　　以色列因老年人口日增，到1978年老人人口占全人口總數9.2%，所以其老人問題之嚴重可見一斑，因此在1978年9月成立老人福利處，隸屬勞工福利部。

(一)以色列老人福利處之組織

　　分為由部長為首的公共委員會暨專業執行組。委員會成員包括九個勞工聯盟、九個代表政府官員及專家學者所組成，委員會分六個分會，即：(1)新聞及公共關係；(2)退休準備；(3)就業服務與休閒活動；(4)法律事務；(5)社會服務；(6)研究發展。

　　至於執行機構，即設置文化、屆齡退休、新聞、就業及規劃等部門（王文蔚、江亮演合著，1980）。

(二)老人福利處業務

1. **生活諮商與生活扶助服務**：推動各種諮商服務及互助之社會安全網。
2. **法令、政策修改及創設新法令**：修正不適合老人所需要的法令及創設有利進行老人福利或適合老人所需要的新法令，以適應老人特殊需要。

3. 規劃退休程序及開創屆齡退休前身心輔導

(1)印發屆齡退休預備刊物、手冊，以增進將退休者認識及瞭解，使退休者有所準備。

(2)訓練輔導退休者之專職人員，藉以結合社會心理學等工作之技巧。

4. 老人參與及社會經濟活動：

(1)調查適合老人之各項活動。

(2)尋找老人繼續參與社會活動之可行途徑。

(3)開創老人就業機會。

(4)發展老人休閒活動之各種事業（王文蔚、江亮演合著，1980）。

5. 老人教育：

(1) 人人大學（Everyman's University）：是每一個國民都可以進去就學的大學，不分男女、貧富、職業的成年人，都可依自己的興趣，願望進入大學上課。內面分普通陶冶與職業陶冶二部。

(2) 老人活動中心：提供老人醫療衛生、福利、康樂、補習教育、老人書報服務、法律服務、退休前輔導，以及一般老人有關的講座、老人教室、老人教育等之服務。

6. 其他：如老人安養、療養機構等。

九、韓國的老人福利

韓國近年來，由於生活科學和衛生保健方面等的不斷進步，平均壽命普遍提高；但在新陳代謝的社會變遷下，職業上退休的年齡反而提前，因而使老人的人口增加。這些老人雖然克盡自己能力，以免生活匱乏，但仍然很難應付意料以外之急難發生，為使老有所終，韓國政府直接進行養老院和敬老優待制度，並且實施國民福利老年人退休金制度，同時積極訂頒老人福利法。在上述所推行的措施，主要有下列幾項（金弘植，1979）。

(一)社會上的老年保險

具有代表性的是老年人救濟金的保險制度。現在職業性保險有公教人員、軍人等，在退休時，按年資發給退休金以外，並可每年領取終身俸。醫療方面，對於勞工及其眷屬和軍公教人員所扶養的老年人，已經有醫療保險制度。一般勞工

的老年人，占投保總人數 15%，公教人員的老人家族，占投保總人數 6.3%。

(二)政府扶助制度中的老人福利

以生計保險法及醫療保險法來說，以無生活能力者及低所得榮民為對象，政府透過這些保險之措施予以扶助。

有關對國家有功的軍警人員，例如作戰受傷軍警及陣亡軍警的遺族，國家也給予某種補償與各方面的援助。

1. **就施行保護情形來說**：全國 50 所以上養老院內，住有 65 歲以上孤苦無依的男女老人，每人每天可配合給白米二升、麥粉一升及其他食物，另外給與韓幣 2,500 元左右副食費。葬喪費或平時之被服費、燃料費，均由福利基金會支付。老人醫療費及文康衛生設施的費用，按年齡遞增支給。

2. **就生計、保險來說**：凡無生活能力，也無人扶養者，而可自行生活者為對象，全國至今共一、二十萬名 65 歲以上的男女老人接受保護，他們每天可領取白米三升、麥粉一升及其他食物，每家每月副食費、燃料費等支給韓幣 3,500 元。至於低收入的老年國民現有十多萬人，他們每戶每月可領韓幣 2,500 元的燃料費，及享有醫療保險的各項優待。

3. **就醫療保險來說**：公立養老機構的老人，由政府負擔全部的醫療費用及其生活費用。對低所得的單獨生活（獨居）老人或私立養老機構老人，醫療保險中的住院及門診由國家負擔 50% 醫藥費。

4. **就輔導就業來說**：對殘障軍警及戰亡軍警與愛國志士等，凡對國家有功者之遺族，國家支給補償金，目前對醫療保險、收容等也有一定優待辦法，其他老人也有受到輔導及支援。

(三)社會互助中之老人福利

目前已擴充到全國各地並在政府輔導之下，從 1979 年 7 月 1 日開始實施的新生活互助福利事業，及 1980 年 5 月 8 日發起的敬老優待制度等。在民間主持的社會扶助事業，有一定的救助活動、社會福利館及各種諮商中心的設置。在全國 70 歲以上的老人，有乘車、觀光區入場費、公立機關的規費、理髮、沐浴及娛樂場所等，全部以半價優待。

至於敬老優待制度，完全是為了老人而特別建立的。同時對貧窮與病患者由社區中的居民彼此相互照顧。

民間捐獻踴躍，大部分的捐款作為民間福利基金，及提供給失業的不幸老人生活費或公私立養老院經費，以及設置老人休息堂（敬老亭）。

(四)老人自助的福利事業

由老人自行舉辦的自助福利事業，全國約有六千多所敬老堂，300個以上老人教室及休養康樂所。

(五)老人教育

1. **老人學校**：該學校附設於護理學校內，每週六下午上課，一年畢業，課程分醫療保健、繪畫、音樂、園藝、手工藝等等。有學生作品陳列室。不收學費，經費來源為政府補助及各界人士所捐獻的。必要時可介紹老人工作。實際上這種學校是等於老人補習班性質。

2. **老人補習班**：依照老人的興趣與需要有各種補習班，由老人自己選擇，每科目人滿30名就開班。有收補習費。

關鍵詞彙

- ·輪上飲食
- ·老人醫院
- ·在宅服務
- ·民間老年退休年金
- ·老人教室
- ·老人俱樂部
- ·人人大學
- ·國民年金
- ·安養機構
- ·老人公寓
- ·退休人員大學
- ·老人家庭服務員
- ·低費老人之家

- ·擴充教育
- ·家事服務代金
- ·福利電話
- ·拉克那、宏達醫院
- ·托老所
- ·老人圖書車
- ·老人寄養家庭
- ·在宅扶助
- ·國民大學
- ·老人看護之家
- ·老人講座
- ·老人創業
- ·老人自助福利

- ・老人友愛訪問
- ・基礎津貼
- ・厚生年金
- ・老人福士醫老所
- ・老人招待所
- ・老人運動會

- ・補助年金
- ・第三年齡大學、第四年齡大學
- ・老人特別住宅
- ・老人學校
- ・老人短期保護
- ・自費老人之家

✎ 自 我 評 量 ✎

1. 試述聯合國對老年服務的建議。
2. 試述英國老人福利的主要措施。
3. 試述瑞典老人福利的主要措施。
4. 試述法國老人福利的主要措施。
5. 試述德國老人福利的主要措施。
6. 試述瑞士老人福利的主要措施。
7. 試述美國老人福利的重要立法。
8. 試述美國老人福利的主要措施。
9. 試述日本老人福利的主要措施。
10. 試述以色列老人福利的主要措施。
11. 試述韓國老人福利的主要措施。

參考文獻

一、中文部分

內政部社會司（1979），《老人福利措施與立法之研究》，臺北市：社會司。

王文蔚、江亮演合編（1980），《如何辦理一般老人福利服務》，南投縣：臺灣省政府社會處。

江亮演（1988），《老人福利與服務》，臺北市：五南圖書公司。

江亮演（2004），《社會福利導編》，臺北市：洪葉文化事業公司。

江亮演（2004），《老人福利講義》，新竹市：玄奘大學自印。

江亮演、余漢儀、葉蕭科、黃廣鑽編著（2001），《老人與殘障福利》，臺北縣：國立空中大學。

金弘植（1979），〈韓國老人福利之研究〉，臺北市：社會安全季刊。

二、日文部分

日本全國社會福祉協議會編（1979），《在宅福址サービス戰略》，東京：全國社會福祉協會。

財團法人老人福祉開發セソター老人福址講座，第二編，《老人福址對象的現況》，東京：財團法人老人社會福祉開發中心。

三、英文部分

HEW, office of Education (1958); "*Education on the Aging*", U.S. Government Printing office.

HEW. Special Staff on Aging (1961): "*Patterns for progress in Aging*", case study, No.1 A Community Nursing Home.

Federal Council on Aging (1962): "*Report to the president How the Government works for older people*", HEW.

第十一章

我國現行的老人福利制度措施與老人生活服務內容及方法

　　臺灣光復後整頓日據時期的救濟機構，辦理救濟事業，初有位於臺北市南港的臺灣省救濟院（後遷移到臺北縣屈尺），後改為省立臺北救濟院。同時各縣（市）也先後成立同性質的救濟機構。1947年臺灣省政府社會處成立，為簡化機構，將各縣市救濟機構合併或撤銷；並於1948年分設高雄、花蓮救濟院。同年又於新竹市設立省立習藝所，以及在澎湖設立澎湖救濟院。高雄救濟院於1949年遷至屏東並改為屏東救濟院。同年又把接收日據時代的慈惠院改組，併入各地公、私立救濟院。至1961年底為止，臺灣省共有公立救濟機構6所、私立救濟機構26所。1974年把縣立彰化救濟院改為省立，連同臺北救濟院及1971、1976年分別輔導臺中、基隆、臺南等設立市立救濟院，至1981年為止，公立者有9所，私立者25所。迄1976年，除臺北市外，臺灣省政府為因應社會需要，把各公、私立救濟院改為「仁愛之家」。後來有些縣立救濟機構，因業務內容變更，收容對象不同，及因其他因素而改為省立。至1998年，因精省而把省立仁愛之家全部改為國立。一般或貧窮老人福利方面，從1965年以後重視院外救濟及社會救助方式，以及敬老尊賢的發揚。至1972年小康計畫、1973年安康計畫的推行以及1980年頒行「老人福利法」、「社會救助法」，以後老人福利更向前邁進一大步。1993年的中低收入老人生活津貼、1994年的社會福利綱領的核頒、1995年老農生活津貼和全民健保、1998年加強老人安養服務方案、1997、2000、2002年

老人福利法的大幅度修正、2002年的敬老福利津貼暫行條例訂定，以及2004年頒行的勞工退休金條例、社會救助法修正、2008年國民年金等，使老人福利更為落實。

第一節 老人福利政策與法規

　　光復後到1965年以前，大多數因襲憲法及社會救濟法等的大陸時期救濟，以及重視社會保險政策，如1920年的地方自治實行法：「……老人之人，或以五十歲為準，或以六十歲為準，隨地所宜，立法規定之，此等人悉有享受地方供養之權利。」1924年建國大綱昭示二、建國之首要在民生……十一「土地之稅收、地價之增益……皆為地方政府之所有，而用於經營地方人民之事業，有育幼、養老……。」民生主義育樂兩篇補述，第二章第二節養育問題。丁、老人問題，分為：「(1)老人退休問題；(2)養老制度；(3)養老院等。」1945年國民黨第六次全國代表大會通過民生主義政綱，及戰後社會安全初步設施綱領，都是以社會保險為重點。1958年以後較為重要的有下列政策與法規：

(一)1958年為保障公務人員及勞工生活，公布「公務人員保險法」（1974年修正）及「勞工保險條例」（1968、1973年修正）。

(二)1965年中央頒行「民生主義現階段社會政策」：甲、社會保險；丙、社會救助；十二、「改善公私立救濟設施，並推展院外救濟，救助貧苦、老幼人民維持最低生活。」十三、「擴大貧民免費醫療。」十六、「修訂社會救助法……改善其救濟方式。」

(三)1968年國民黨中央十屆二次全會通過「加強國民就業輔導工作綱領」，三、激發國民就業意願：「(六)……勞工保險之殘障、老年、以及遺屬給付，應改為年金制。」

(四)1969年國民黨中央十全大會通過「現階段社會建設綱領」：乙、社會建設之內容：「(1)實踐民生主義之社會建設事項。(2)擴大公保勞保對象範圍，以及擴展社會福利服務。(3)發揚孝親、尊賢、敬老、慈幼之美德……。」

(五)1972、1973年臺灣省及臺北市為消除貧窮的政策，而推行「小康計畫」、「安康計畫」（內政部社會司編，1976）。

(六)1976年為加強照顧貧民生活及醫療與安養照顧之政策，訂定「當前社會福利服務與社會救助業務改進方案」。

(七)1977年為照顧軍公教人員、勞工及弱勢國民，修正「所得稅法」第四條條文內容。

(八)1979年訂定「復興基地重要建設方案」。

(九)1980年為健全「社會救助法制」及積極推展「老人福利」，而頒行「社會救助法」替代「社會救濟法」及頒行「老人福利法」。

(十)1981年為促進社會經濟發展，訂定「貫徹復興基地民生主義社會經濟建設方案」。

(十一)1983年為加強照護老人居住問題，內政部公布「長期性和連續性的照顧」及「社區支援式的服務」。

(十二)1993年為照顧中低收入老人生活之政策，頒布「中低收入老人生活津貼實施辦法」。

(十三)1994年行政院為政策性宣示老人福利服務，尤其是老人保護方面的加強，而核頒「社會福利綱領」（2004年修正）。

(十四)1995年為照顧老年農民生活及全民健康之政策，頒行「老年農民生活津貼法」及「全民健康保險法」。

(十五)為促進老人福利法更為健全，1997、2000、2002年三次大幅度修正老人福利法。

(十六)1998年行政院為因應獨居老人問題，依據老人福利法及國軍退除役官兵輔導條例，通過「加強老人安養服務方案」。

(十七)2000年為加強安寧照顧服務，頒行「安寧緩和醫療條例」。

(十八)2002年為保障中低收入老人生活，訂頒「敬老福利津貼暫行條例」。

(十九)2004年為保障退休勞工生活，頒行「勞工退休金條例」；同年為加強保障低收入者生活而修正「社會救助法」（內政部社會司，2003）。

第二節 老人機構照顧（老人收容服務）

日本投降，臺灣光復，政府接收及整頓日據時期在臺灣的救濟機構辦理救

濟工作，但初期仍以收容和貧民救濟服務為主。到了民國五十四年頒行「民生主義現階段社會政策」，以後才漸漸地重視院外收容以及一般的老人福利服務，如居家服務、中老年人就業輔導、老人醫療保健等服務。老人收容機構通常分為公費與自費，公費方面又分為公立及私立，前者由省市政府督導編列預算辦理；後者即均由其自籌支應，但辦理成績優良者由政府獎助，或由政府委託收容公費老人。

一、公費老人安養機構

省立（已改為國立）除臺北、澎湖、屏東、彰化、花蓮等仁愛之家（原救濟院）外，還有市立及縣立的老人安養機構，如臺北市立廣慈博愛院、浩然敬老院，及臺北縣立、基隆市立、臺中市立、臺南市立、高雄市立等的仁愛之家。私立老人安養機構兼收公費老人者，有臺北仁濟院、桃園、臺中、嘉義、臺南、高雄、基隆（博愛）等的仁愛之家。公費老人安養機構大都是以無依無靠無財產又無謀生能力的老人為對象，由機構提供免費的衣、食、住、醫療、休閒等生活服務。以上老人收容機構式的照顧者，到目前為止共有 50 家 8,607 床（由地方政府辦理）。

二、自費老人安養機構

公私立老人自費安養機構或收容機構附設自費老人安養設施的地方，如國立臺北仁愛之家、彰化仁愛之家、臺南市立仁愛之家、臺北縣立仁愛之家……等，都有收容自費老人安養。自費安養以有納費能力之 65 歲以上的老人為原則，並有一定的收容條件與資格，不過私立者限制較寬。公立者須設籍本國的單身及無子女在臺的老年夫妻，與退休之公教人員、歸國僑胞等之資格限制。收費分為：(1) 一次交納，以利息作為食宿費，離開時歸還本金；(2) 按月繳納所需費用。服務內容：(1) 食衣等實質生活；(2) 康樂、環境、宗教活動等精神與休閒生活；(3) 醫療保健服務；(4) 諮商心理衛生等專業服務。

三、身心障礙老人收容

國立彰化仁愛之家、花蓮仁愛之家、各縣市立仁愛之家所附設身心障礙老

人收容設施，及彰化養護中心以及其他各公私立身心障礙老人收容機構等等，都有收容身心障礙老人，尤其是臥病癱瘓的老人。以上身心障礙老人收容機構共有241家18,936床（由地方政府辦理）。

四、榮譽國民之家

簡稱為「榮家」，免費收容老弱身心障礙之退除役官兵，使其得頤養天年。其業務1982年以前是由省（市）政府負責，1982年以後改為退除役官兵輔導會主管，以上的榮家共有18家，12,200床（由退輔會辦理）。

五、養護機構

公私立養護機構至2005年止共有755家28,811床（由地方政府辦理）。

六、長期照護機構

公私立長期照護機構至2005年止共有19家1,263床（由地方政府辦理）。

七、護理之家

公私立護理之家至2005年止共有267家18,306床（由地方政府辦理）。

第三節　老人經濟保障健康及照顧福利服務

一、經濟條件

(一)發放各類生活津貼

(1) 中低收入老人生活津貼新臺幣3,000元或6,000元（由地方政府社會局辦理）；(2) 老農津貼新臺幣4,000元（由農委會辦理）；(3) 榮民就養給與新臺幣3,550元（由退輔會辦理）；(4) 敬老福利生活津貼新臺幣3,000元（由內政部辦理）。

(二)推動國民年金制度

為保障老人、身心障礙者以及遺族生活，擬推動國民年金制度，該國民年金

法已於 2002 年 6 月送立法院審議，2007 年立法，2008 年 10 月起實行，預計可保障 384 萬人。

二、老人健康及其他照顧福利服務

(一)健康維護（至 2005 年止）

(1) 老人健康檢查，配合全民健保給付一年一次（由地方政府辦理）；(2) 30 項重大傷病醫療費用免部分負擔（由中央健保局辦理）；(3) 老人流感疫苗接種免費（由衛生署辦理）；(4) 中低收入老人 70 歲以上參加全民健保（內政部全額補助）；(5) 中低收入老人重病住院看護費補助（由地方政府辦理），低收入者每年最高補助新臺幣 216,000 元，中低收入每年最高補助新臺幣 108,000 元。

(二)居家式的照顧

(1) 居家服務：一般家庭有失能老人或身心障礙者之照顧（由內政部與地方政府負責）；(2) 送餐服務：中低收入老人每日一餐 50 元（由地方政府辦理）；(3) 緊急救援連線：中低收入獨居老人（由地方政府辦理）；(4) 無障礙設施改善：中低收入老人（由地方政府負責）；(5) 居家護理（由衛生署辦理）；(6) 居家安寧療養（由衛生署辦理），以上至 2005 年止約 106,000 人受益。

(三)社區式照顧

(1) 社區安養堂及日間照顧中心（由地方政府辦理）；(2) 輔具資源中心（內政部有 5 個中心，各縣市有 22 個中心）；(3) 喘息服務（由衛生署辦理）；(4) 復康巴士（由地方政府辦理）；(5) 交通服務（由地方政府辦理）；(6) 定點餐飲服務：中低收入老人由地方政府辦理；(7) 到宅評估輔具服務（由地方政府辦理）；(8) 電話關懷服務（由地方政府辦理），上述的服務至 2005 年止約有六萬人以上受益。

(四)其他老人照顧福利服務

1. 老人社會參與服務
   (1) 開設長青學苑、各種教育之講座、松柏學苑、老人大學、社區大學等（由地方政府辦理）。
   (2) 新設老人文康休閒活動中心、長壽長青俱樂部、老人會館等（由地方政府辦理）。

(3) 鼓勵長青志願隊（由地方政府辦理）。

(4) 其他如，老人會、老人福利協進會、老人交誼中心、耆瑞福利會等活動。

2. 老人優待

(1) 老人搭乘水、陸、空公共交通工具半價優待（由交通部、內政部及各地方政府辦理）。

(2) 老人遊覽觀光地區及觀賞影劇門票優待（由中央及地方政府辦理）。

(3) 其他，如老人節優待活動等。

3. 喪葬服務

我國不但是重視「養生」，而且也是重視「送死」的國家，所以很重視公墓、火葬場、殯儀館的設施與美化，同時也建立健全的法規等，其措施如下：

(1) 公墓方面

　① 舊墓原地更新；② 舊墓遷建；③ 舊墓地整理美化；④ 舊墓地除草補助；⑤ 獎勵興建公私立納骨塔。

(2) 火葬場方面

　① 普設火葬場；② 設置新式的火葬場；③ 加強火葬場管理。

(3) 殯儀館方面

　① 普設殯儀館；② 增設現代化殯儀館。

4. 其他

如，老人問題巡迴講座、長青叢書編輯、敬老活動專輯編纂等（內政部社會司編，2003）。

總之，臺灣的老人福利之演進與發展，可分為清代、日據時代以及光復以後等三個時期。而每個時期都有其特色，清代是重視在貧困老人的收容與災荒時的老人救濟。日據時代即重視老人收容機構的整合與管理，及疾病老人的貧民施醫以及受災老人的救濟。光復初期因反共大陸政策無法充分提供社會福利資源，尤其是老人福利方面，大都依據大陸時期或日據時代的政策與福利措施，而偏重於消極的收容與災害的救濟。一直到「民生主義現階段社會政策」訂定以後，才漸漸地由院內收容等消極福利，轉向一般院外收容等等的積極福利邁進，特別是 1980 年頒訂「老人福利法」後才漸入正軌發展。在經過 1979、2000、2002 年

前後三次修法以後，我們的老人福利才更為落實。

 ## 第四節 特殊老人

一、老人生理疾病預防服務

(一)注意事項

1. **觀察**：觀察是服務患病老人最基本的工作。不但要觀察老人的心理或社會關係方面的現象，而且還要注意在日常生活中其身體的健康狀況。對過分神經質的老人雖然要有客觀的判斷能力，但是對感覺較差的老人也不能忽略其各種變化。尤其對老人的體溫、脈搏、呼吸、血壓等的正確掌握是非常重要。這不僅是要保持其正常的數值，還要觀察當天情緒的好壞、表情、講話情形等，若與平日不同者，更需要留意。

2. **寢室**：老人的房間，在現在社會是很難顧慮到寬大的空間，尤其是安老機構，常常二人或幾個人同住在一個小小的房間，所以要每日整理整頓得很清潔整齊是很不容易，因此，人出入較多的老人寢室更需要注意清潔衛生。如果安養機構中，一旦有人生病，很容易感染到他人，為了患者安靜治病以及不傳染給別人，所以必須暫時移到靜養室，同時也須注意室內的溫度、濕度、換氣（空氣流通）、採光等。

3. **睡床**：患病的老人也好，照顧他的人也好，睡床是一重要的事。一般來說，患者是使用較低的睡床，但必須避免彈力較強的彈簧床或通氣不良的睡床。如果是重度患者，應以腰部為中心，用塑膠布及小白布作為床單。而棉被要輕而溫暖，並且要蓋到肩及喉嚨，這樣老人才會感到舒服。

4. **老人身體的梳洗**：梳洗可使老人愉快，尤其對患病的老人更為重要。如盡量使他自己洗頭髮、刮鬍子、使用化粧水、面霜、洗澡等，有時候患者想自己做，不必人家替他做，可是不敢開口，因此，照顧他的人必須注意到這種情形。

5. **照顧看護者之身心健康**：照顧者的心身狀態會轉移到患者身上，所以，

這些人不管是公、私之生活都須用心自己管理自己，有關係到心身疲勞的都須好好解決，因此，正常的私生活、合理性的工作，不要消耗太多精力，好好準備照顧患者。又，每日要注意體操、良好的工作姿勢，養成良好的習慣。同時在患病的老人面前，不要忘了笑容，每天認真地從事服務工作。

6. **有關人員的團體行動**：幫助病患的醫師、護士、營養師、社會工作人員、家族……的人，每人都有其不同角色，這些人都必須扮好自己應有的角色，互相幫忙，分工合作，做好服務老人的工作。

(二)對急性疾病老人之服務

1. **發現**：老人疾病在性質上亦有突發性的發病，照顧看護者須依日常的觀察，預先瞭解其異變而做好對付的準備是非常重要的事。但是實際上在發作時，並不是說誰要來處理這件事，而是自己本身要做應急處理，常常要具有保護者的心（精神），及被保護者自己保護自己的心（也就是信心）。自信不足的老人常常難逃死亡的命運。但是，應急的處理，在醫師、護士未到來之前，短期間內不能忘記的是冷靜，然後判斷應該做什麼，什麼事不可以做，那時的判斷項目是出血、呼吸、脈搏、痛苦、意識等。

2. **處理**：照顧看護者應與醫護人員合作，應急處理後，從醫護人員所交代的照顧注意事項，是必須留意觀察，同時照顧的人必須盡自己應有角色，定期向有關的醫護人員報告，若有異樣不能移動他而應立刻聯絡，聽取正確看護指示。看護、照顧不充分、不適當者，即會引起老人第二次感染、第二次傷害等。

3. **與家族或關係者聯絡**：照顧看護者常常想自己一個人來解決問題就可以，但是對老人來說，他是家庭的重要人物，也是社會上有人格的人，所以，有問題時，必須與其家族及有關機構（醫院）、機關聯絡，給予最適當的處理，因此，平時必須做好情報交換（資訊），建立良好的關係，以便緊急時可以派上用途。

4. **依情形而作必要之轉案（院）**：醫療界也有處理病患限制，所以，必須考慮到設施的能力，必要時，應找適當時機轉到其他適當的醫療機構。

緊急時應請求救護車來支援。若老人家族不想轉院，即有關機構也須強迫轉院。雖然也有轉院以後病情並無起色，甚至於更壞，或其家庭經濟的原因而不想轉院等情形，但是，仍然要利用社會福利政策或設施，或說服而把患者移至專門醫治之場所。因此，有必要使老人、老人家族以及有關機構相互理解。

(三)慢性病老人之服務

老人病多數是慢性病。大部分平常並無症狀感覺而病卻在暗中進行的為多。其原因也很複雜，常常有併發症發生，治療也較困難。而治療老人病，也必須同時使其有自信心。因此，除了讓他知道病因病情，同時也要讓他天天過得愉快，所以治療老人病必須講究治療生理疾病及促進其心理平衡的技術。

●服務的重點

1. **注意事項：**

   (1)床傷（褥瘡）：長期臥病床上，由於衛生不好或身體衰弱或營養以及血液循環不良，容易產生皮膚病而腐爛或生蟲。但是照顧他的人可以預防避免這些皮膚病的產生，如保持患者清潔衛生，時常移動身體位置或按摩，傷口的治療……，每日細心照顧等。

   (2)排泄：一般來說患者都不喜歡他人幫忙排大小便的事。但是有時候非他人幫忙不可，所以酌情給予協助，這對其醫治疾病有很大的影響。因此，看護時必須考慮到其本人的羞恥心及自立心。

   (3)清潔：衰弱老人容易被細菌感染，照顧者要定期替他洗澡，同時每天要保持其口腔、陰部的清潔，並且也要適當清洗或處理其指甲、鬍子、耳垢、眼睛等。對不能洗澡者應定期給予洗擦，並且要注意寢室、衣服、床鋪、被單……等之衛生。

   (4)給藥：從老人疾病的特徵來看，有幾種病是要長期服藥。看護者要在適當的時間給老人服藥，不但要正確的藥量，而且要有正確服藥方法。正確的是指經醫師的指示去做之意思。老人雖然有些很會遵守，但也有不少的老人自己無法服用藥品，必須由他人幫忙服藥。所以，看護者必須詳細看拿回的藥品所標示的注意事項，或在購買藥品前與醫師商量，然後才給老人服用。

2. **對苦痛之處理**：對不易治療的病也要多少給他減輕痛苦，尤其看護他的人必須注意下列幾項：

(1) 保持其體溫：依醫師的指示，在發熱時給他水枕、冰袋。若發冷時即給其電氣毛被等，減輕患者之痛苦。

(2) 氧氣提供：呼吸困難，給予氧氣筒，使患者呼吸系統發揮功能。

(3) 濕毛巾：依醫師的指示，不引起患者皮膚疼痛的範圍內提供溫的濕毛巾或冷的濕毛巾，來防止感冒及皮膚過份乾燥。

(4) 通便：排大小便有困難時，尤其是臥病癱瘓者，必須給予通便。

3. **運動**：生病時只給予安靜會使身體機能衰退。若能運動的話即可促進血液循環及新陳代謝，補充營養。但是運動時須按醫師或治療師的指示，在適當時期做適量運動。運動在狹義方面，可以看做是復健，但是也必須考慮到自然的原理，尤其是意願。

4. **精神生活的服務**：老人的確是一方面接近死亡，另一方面自立更生越來越困難，需要依賴的程度越來越大。若生病的話，其心理上的不安是會無限的擴大，其問題不是有無力感，就是以自己為中心，任性的生活使其人際關係更加惡劣。因此，必須具有人類的愛之照顧技術。我們不但要瞭解老人的不安與心情，而且要與老人建立互相信賴的關係。親切與專心聽取老人的意見是照顧老人的重要條件，儘量幫助使老人精神愉快地生活著。

5. **設備或工具**：良好的設備與工具是老人健康管理有密切關係。這不但可節省人力、時間，而且可以直接幫助老人，如電動睡床、特殊浴槽（自動洗澡機）、完全自動的洗衣機等的設備或工具，還有各種大小便便器、床單、自助工具等等。

6. **報告、記錄**：對慢性病，尤其對照顧方法與工作流程，以及醫師適當的治療之判斷等，記錄和報告是非常重要。在各種服務都有必要把客觀的狀況記錄下來。可以的話，儘量作記錄簿，作為分析或判斷的參考。報告不僅僅是醫師所需要，而且也可向有關的人提出報告（江亮演，1988）。

●老人慢性疾病的種類：較具代表性的老人慢性病有下列幾種

1. **高血壓、心臟病（循環系統）**：這些病危險性高，死亡率也很高。若日常生活加以留意即可降低其危險。

2. **關節炎、神經痛**：這些疾病雖與死亡無多大直接關係，但是非常痛苦。所以必須早期發現早期治療。

3. **消化器官疾病**：雖然也有潰瘍類的疾病，但是常常因膽囊炎等引起消化力減退而生病的為多。

4. **肺結核病**：老人的結核以炭化症狀為多。不過體力衰退時就必須留意，尤其是不能忽略了團體生活之保健衛生的管理。

5. **糖尿病**：這種疾病是會產生想吃但不能吃的精神性衝突，因為如此常常會使其人際關係更加疏遠，所以，必須瞭解其苦衷。

6. **梅毒**：老人，尤其是癡呆老人患此種疾病者不少，但是也不必過分擔心，照顧這種病者可使用塑膠手套，但是手指有傷口時就更需留意，充分消毒後才能接觸到病人，以免被傳染。

7. **癌**：也可以說是最終疾病，老人癌雖然也有變化很慢的情形，但是若能正確把握病情的惡化，給予必要的住院治療，也許可以延長其存活時間。

8. **腎臟病、膀胱炎**：這些病會引起體溫稍微升高，老人患病時會不時叫苦。所以，必須預防其感染，若感染到這些病者，須吃藥治療。

●食療與營養指導：在老人來說，常因飲食的改善而治癒或減少痛苦的情形，所以，有必要作適當的飲食治療與營養指導

1. **貧血症**：長期間獨自生活而不重視飲食者，常會患貧血症，如偏食或不吃魚、肉的老人，以及吃甜食而使血糖值上升影響食慾……等等。這些人其貧血不僅僅是缺乏鐵質，而且其蛋白質的成分也不夠。所以，要給他多吃蛋、豆類、豆腐類、肉、乳酪、豬肝等食物。

2. **糖尿病**：糖尿病患者，一般是中度的為多，所以，更須注意飲食才不致惡化。每月二次，每次連續三天作飲食記錄，並把高熱能的食物漸漸減少，不要給他有空肚子或強制感而使其愉快的飲食，以便控制其身體狀

況。

3. 肥胖症：糖果或水果吃得太多，使其肥滿度超過30%，同時也會引起心臟肥大或高血壓等疾病。所以要減少飲食，減肥到肥滿度20%以下，以使其體重接近中等以下。短期間內減肥太厲害，體重減輕的話，會使其體力降低，腹部無力，所以應以一年間來減肥為佳。通常開始減肥第一週減輕五〇〇克至一公斤，然後每個月減輕一公斤。減肥時除了控制飲食外，應儘量外出散步，不可以在白天睡覺。

4. 高血壓、腎臟病、心臟病：最需要食物治療的疾病是高血壓，通常高血壓、腎臟病、心臟病等疾病，若飲食時減少食鹽的量，即其病狀就有明顯的改善，所以最好不要食用鹽漬物或鹽分較高的食物，油炸物也要少吃為妙。同時應多食用醋、檸檬、豆菜、青菜、生薑等食物。

5. 流質食物、軟食：急病者需要飲用流質、軟食等食物。若胃腸或牙齒不好者更需要軟食之物。手不自由、顏面麻痺老人也需用流質食物（江亮演，2004）。

二、身體機能障礙（害）老人之服務

腦出血後遺症引起的半身不遂、麻痺、神經痛以及其他慢性疾病所引起的機能障礙，或骨折後遺症等外傷所引起的行動障礙（上下肢殘廢）或因病、外傷等而致聽力、視力、語言等之障礙。

老人病的特徵是容易發生併發症，常常有兩種以上的疾病在身，例如，腦出血後遺症不但會產生半身不遂，而且會引起語言障礙或視力、聽力障礙。身體上有一種的障礙對老年的生活來說已是十分困難，何況是雙重或多重殘障的老人。所以，對這些老人的服務就必須更加留意與努力。

老人的生理疾病或障礙對其精神有很大的影響，也就是生理與心理有相互作用，例如：腦出血後遺症而半身不遂老人，自己行動不便而顯得自暴自棄，容易發脾氣，甚至罵人打人，或者與此相反，反應得很消極或無力感，沒有自力更生的意願。因此，照顧他的人，必須正確抓住老人現狀，分析探討其病歷過程，瞭解其生活歷程，判斷診斷其病狀而找出服務的途徑而努力去服務老人。

身體機能的障礙依障礙程度可分重度、中度、輕度，並依其程度的不同以適

當的方法來服務，如對重度者要一對一服務其飲食、排泄、入浴以及其身邊的照顧等。中度者一人服務一位以上老人，輕度者即視需要的情況處理。不過要有完備的設備、用具以及服務知識與技巧，並且要考慮到老人的心理因素。通常殘障老人有三種類型：①依賴型；②反抗型；③無反應、無氣力型等。不管哪一類型，我們必須理解殘障者實況及親密服務以及給老人適當的心理反應，其服務方法如下：

(一)依賴型

1. 對其要求，必須採取傾聽而表示同感的態度，但不要直接答覆，如向某某傳達。

2. 給他（她）知難而退的作法。

3. 給他（她）有參與各種活動機會。

(二)反抗型

有關的人員，尤其安養機構的負責人、物理治療師、工作治療師、心理治療師、社會工作員、指導員、護士，以及其他人員必須集會檢討案主社會復歸有關事宜如：

1. 他（她）所想的社會復歸是什麼？

2. 身體的狀況之分析。

3. 經濟條件如何？

(三)無反應、無氣力型

對這類的老人若採取強硬手段要老人接受，相反會使服務者與老人之間關係有負面的結果。為了提高服務效率首先從訓練來建立關係。

1. 復健訓練

平行臺步行、健身腳踏車、跑步機等訓練老人腳部的伸屈以及上下之運動。

2. 指導使用按鈕式的廁所

指導老人自己如何使用按鈕式的廁所，使其自立生活。

3. 精神生活的促進

如帶出戶外散步、聊天、作些趣味活動⋯⋯等促進精神愉快。

4. 個案工作

對精神診斷結果認為是準癡呆症者，雖然其身體狀況是中度，但自己卻無能

力判斷自己行動的老人，照顧他（她）的人必須有正確認識，作綜合性判斷，提出針對計畫照顧老人日常生活。

三、視力、聽力、語言障礙（害）老人之服務

　　視力、聽力、語言障礙（害）老人與生俱來的並不多，大部分是進入老年期後患病引起的，因此，要確立老人自己的生活方式很不容易，尤其要克服障礙學習新知識更為困難。目前老人安養機構對這些老人很少有特別指導，同時對療養院所老人所提供的建築物、設備、工具、用具，都不夠標準，老人使用很困難。實際上這些設備、工具、用具，一般健康的老人使用都感到不方便，何況是殘障老人。最近幾年來視力障礙的老人年年增加，其中老人性白內障而弱視的老人增加比率最大，對老人生活影響嚴重，如上廁所、洗臉、吃飯等，每天行動範圍等等都受到阻礙，不過這些老人可參加老人俱樂部、復健訓練、娛樂等而與健康老人一起來指導或活動。最難服務的老人是患有妄想或遺忘症的患者，自己的東西常常忘記在哪裡而以為被人家偷走，懷疑心重，常常引起糾紛而人際關係不好。

　　從照顧殘障臥床老人來看，最重要的是如何彌補其殘障（所缺）之心，也就是如何治療其心理，尤其對聽力或語言上的殘障者，必須不怕麻煩一再地反覆同樣的話，有耐性地指導老人，這樣才能達到效果。而對視力障礙（害）者來說，服務的人可以用耳朵來代替其眼睛使老人際關係改善（江亮演，1988）。

四、精神障礙（害）老人之服務

　　精神障礙（害）是指因各種的精神病、神經病、精神薄弱等所引起的精神狀況之偏差而言。

(一)服務很困難的精神障礙老人

　　在老年期容易因生理或心理之老化所引起的腦部變化。因此，年齡的增加與精神障礙（害）患病率成正比。同時精神障礙（害）與身體疾病也會重複，即身體上的疾患與精神障礙（害）有些人是會同時出現。一般來說精神障礙（害）可分為腦之器質性變化所引起的精神障礙（害）與機能性的精神障礙（害）。1970年精神醫學會議時把精神障礙（害）分為下列幾種：

　　1. **腦萎縮性老年精神病**：(1)輕度器質性腦障礙（害）症候群；(2)中度老年

癡呆；(3) 重度老年癡呆。

2. **腦動脈性精神病及腦血管障礙（害）**：(1) 輕度器質性腦障礙（害）症候群；(2) 中度器質性腦障礙（害）症候群；(3) 重度器質性腦障礙（害）症候群。

3. **急性錯亂狀態。**

4. **初老期癡呆**：(1) 阿茲海默症（Alzheimer）；(2) 比克症（Pick）；(3) 漢丁頓症（Huntington）。

5. **情感精神病**：(1) 晚發性憂鬱症；(2) 晚發性急躁症。

6. **精神分裂症**：晚發性分裂症。

7. **妄想症候群。**

8. **神經症（急性心因反應，反應性精神病）。**

9. **高年齡期所發現的人格變化。**

實際上不管居家（在宅）服務也好，機構收容服務也好，要對上述這些精神障礙（害）老人提供服務的確困難，因其人格偏差，不論要適應社區也好，適應機構也好，適應社會也好，的確是一種困難的事。雖然工作人員都很認真，也使用不少基本工作方法與技術，花了不少工夫，對重度的精神障礙（害）患者仍然沒有什麼影響，但是，相反的，若不很熱心服務則其障礙（害）就會更加惡化，結果就非送進精神病醫院治療不可。

(二)精神障礙（害）老人服務之方法

1. **問題的瞭解**：對服務對象在服務之前必須有正確的服務觀，精神障礙（害）是與正常不同，其是脫離正常的軌道，所以服務時不是有絕對預測基準。而輕度老人癡呆是否任何老人安養機構都能提供服務，雖然這種老人不能稱為有病而是性格偏差而已，但是也不能說一定每一安老機構都可收容，因為每一安老機構各有其設備、人員、能力、社會資源等等之不同，和每一老人所需要的、所要求的條件也不一樣，因此，不是每一安老機構都可收容癡呆症老人，也不是每一癡呆老人都可進入安老機構生活。

2. **服務過程**：不論是個案也好，治療也好，都有一定的順序，例如個案工作，必須經過接案（含轉案）、蒐集資料、診斷、服務計畫、服務、評

估等過程，在這過程中必須具備建立專業可信賴的關係之技術與態度，更需要舉行服務討論會，和遵守管理原則等等。同時不管障礙者多少年齡，其極感困惑時應給與安全感以及支持他（她），並且尊重對方。

	治　療　法							
	電擊療法	藥物療法	行動療法	工作療法 職業療法	社會療法	環境療法	團體精神療法	個人精神療法
精神病性憂鬱病	最	最		重	重	重	可	可
急躁病、輕躁病	最	最		重	重	重	可	可
妄想症	可	最	可	最	最	最	可	可
精神症性憂鬱病		最		最	最	最	最	最
不安狀態		最	重	重	最	最	最	最
恐怖狀態		最	重	重	最	最	最	最
強迫狀態	可	最	重	重	最	最	最	最
身心症		可	可	可	可	可	最	最
性的障礙（害）		可		可	可	可	最	最
人格障礙（害）		可		可	可	重	最	最
腦器質性疾患		可	重	最	最	最	重	可

‖‖‖最適合治療法　　▨其他重要治療法　　■可利用之治療法

◆清水信澤，J. A. Whitehead 合著（1975），《老人精神障害》，東京：醫學書院，P. 101。

　↻圖 11-1　精神障礙（害）老人容易適用的治療法（方法）之種類

3. **精神醫學之診斷**：一般來說臨床診斷是很重要，老人有適應不良問題，大部分是因生理上或心理上的老化所引起，所以有必要精神科醫師、臨

床心理治療師等作臨床診斷。

4. **老人與環境的相互作用之評估以及創造治療的環境**：老人與環境，大都是指老人與人際關係為多，也就是老人的疏離感，因此，要診斷評估老人問題者，必須注意調查其與家族之間的關係以及與服務有關的人員之關係。環境不好壓力太大者老人的病況就會惡化，因此要減輕精神障礙（害）老人之障礙（害）者，就必須改善其生活環境而做好環境治療。同時儘量給患者參與各種活動機會，如參加俱樂部，參加治療團體活動以及外出散步等，創造老人生活環境。

5. **精神障礙（害）老人服務與方法**：服務精神障礙（害）老人並無決定性方法，大都是依對象所遭遇到的問題採取個別化方法來處理。其中除了電（擊）療法及藥物療法之外，行動療法等方法很適用於老人之治療，前面的圖11-1為最適用於精神障礙（害）老人之治療方法種類。

除了上述的治療方法之外，還有音樂治療法和演劇治療法等（江亮演，1988）。

五、有心理性、社會性問題老人之服務

老人有經濟性或生理性問題，尤其是住居，家庭關係的原因無法自立生活，又沒有可支持其生活的關係人時，就必須進安老機構安養或接受院外救助。上述問題，大部分的老人隨著進入安養機構或接受救助而解決，但是有些人卻因心理性或社會性問題不但沒有解決其本身的問題反而更加顯著或嚴重，尤其被收容於安老機構的老人，例如，同寢室若有一位心理不正常的老人存在的話，其他室友就無法安寧，或因未滿規定年齡無法得到福利的保障，又無謀生能力，雖有需要救助但礙於法律規定無法救助，因此，針對這些因心理或社會因素所引起的問題，我們必須找出適當方法加以照顧，其照顧服務方法可歸納為：

(一)**人際關係**：老人的人際關係可分為家族、親族、鄰居、朋友、志工（義工）等關係，若一般老人即家族、親族、鄰居的關係是最重要，老人與家庭的關係不好，或與社區居民沒有來往，即有孤立感，所以，如何促進其人際關係非常重要。而機構內的老人，不但室友之關係或機構的人際關係極為重要，而且與機構外的關係，如家族、朋友等人際關係也是很重要。因此，機構工

作人員不僅要在老人進來時應詳細調查分析瞭解該老人的性別、年齡、經歷、心身健康等狀況，作妥當安排居住場所或生活方式，尤其對有心身或社會性問題老人更應特別留意，以免影響到其他老人，同時也要促進其院內外的人際關係，如與室友或機構內院民之相處以及維持院外親友的關係，避免孤獨感。調整老人的人際關係，也可從培養老人的生涯、自主性生活態度以及相互扶助的精神與習慣，也可從老人的各種活動之參與而增加其生活領域與精神生活的品質等著手。

(二)**性的問題**：老人的性機能雖然會隨著年齡的增高而減退，但其性的慾望並與一般青壯年差不多，可是一般都把老人的性問題忽略掉，這對其精神生活或心理衛生有不良的影響。所以，希望大家能重視這方面的問題，尤其希望安養機構的人員能重視院民對「性」之關心或異性感情有關的問題，而提出具體有效的方法出來，並且對院民之間的戀愛、結婚也須把它當成是人際關係的一種正常的現象。

(三)**經濟問題**：年老多病，一般來說，年齡愈高其醫療費就愈高，可是年齡愈高其工作所得就愈低。因此，年齡與支出成正比，但年齡與所得卻成反比。如果老人有年金或儲蓄以及財產等的收入者，也許還可自立生活，否則就必須依靠子女供應，若子女不願意或無能力奉養，自己又無謀生能力者，就必須依賴政府或他人來提供生活資源，因此，有經濟困難的老人，如何保障其生活，如何服務而使其能與一般人相同過著文化而健康的生活，這是老人福利的重要課題（江亮演，2004）。

第五節　臺灣老年人常見的生理疾病與防治

俗語說：「年老多病。」所以老年人是常常與疾病連結在一起，這是因為老年人的生理以及心理方面之老化所致。通常所說的「老人病」並非老年人專有的疾病，而只是老年人較常見到的慢性病而已。至於老年人常見的疾病有：

(一)**循環器官疾病**

1. **動脈硬化症**：(1)心血管症；(2)腎血管症。
2. **高血壓症**：腦血管障礙症。

3. **心臟病**：(1)心絞痛；(2)心肌梗塞；(3)心臟衰竭。

4. **癡呆症**：(1)腦組織變質性症；(2)腦動脈硬化性症；(3)酒精性中毒症。

5. **腦血管障礙**：(1)腦血栓；(2)腦出血；(3)一時腦缺血（氧）；(4)高血壓腦症。

(二)新陳代謝及內分泌疾病

1. 糖尿病。

2. 痛風症。

3. 肥胖症。

4. 慢性腎臟病。

5. 尿毒症。

6. 攝護腺肥大（只限於男性）。

(三)消化器官疾病

1. 食道、胃、腸疾病。

2. 十二指腸潰瘍。

(四)惡性腫瘤（各種癌症）。

(五)呼吸器官疾病

1. 肺氣腫。

2. 肺結核。

3. 慢性支氣管炎。

(六)骨關節疾病

1. 骨質疏鬆症。

2. 骨關節炎。

(七)眼疾

1. 白內障。

2. 青光眼。

3. 老花眼。

(八)其他

如耳中積水、耳聾、牙周病、皮膚病等等。

由於老年人常見的疾病種類很多，篇幅有限無法一一介紹，只選擇老人比較

重視的老年人癡呆症、老年人心臟病、老年人高血壓症、老年人白內障、老年人攝護腺肥大以及糖尿病等六種疾病，作簡單的說明如下：

一、老年人癡呆症

老年人癡呆症是指老人由於大腦控制力減退，引起腦細胞減弱，導致大腦中樞機能萎縮，影響到記憶、取向力、忍知、推理及判斷等能力的障礙，而引起事物之處理、日常生活的適應之困難而言。美國精神醫學學會在 1980 年對老人癡呆症所訂的診斷準則為：(1) 足夠引起其社會或職業功能障礙之認知能力的喪失；(2) 記憶障礙；(3) 最起碼有抽象能力、判斷或其他高度腦皮質功能，以及取向力等精神功能其中有一項是障礙；(4) 意識沒有障礙；(5) 很清楚地可找出其病因者或無法斷定，但可推想其病因者。

通常 65 歲以上老人患有輕度癡呆症者約有 2.6～15.4% 之間，重度者約有 1.3～6.2% 之間。年齡增加，其患病率也隨著增加。臺灣地區依據調查大城市為 5.7%，城鎮為 10.9%，鄉村為 3.6%。

(一)老年人癡呆症的病因

1. **腦組織變質所引起的疾病**

    (1) 阿茲海默症（Alzheimer）。

    (2) 比克症（Pick）。

    (3) 漢丁頓症（Huntington）。

阿茲海默症是老年人最常見，占了老年人癡呆（失智）症的 60% 以上，而女多於男，發病時期多半在 60 歲以上老人。其病因雖有神經學、精神醫學、內分泌學、遺傳學……等專家之研究，但還沒有共認的定論，一般的推測與此病有關的因素有：

    (1) 社會因素：貧、病、營養不良、社會關係疏離。

    (2) 心理因素：精神生活環境、人際關係、休閒娛樂。

    (3) 遺傳因素：骨髓增生性疾病、唐氏症（Down's Syndrome）。

    (4) 體質、免疫系統因素：免疫系統控制力減退。

    (5) 病媒感染：如慢性濾過性病毒（Slow Virus）的感染。

    (6) 中毒：毒性物質如鋁、鉛等的慢性中毒。

(7) 外傷：如頭部外傷破壞了正常的腦組織。

(8) 其他：如食物長期感染，使腦組織纖維化等。

(二)老年人癡呆的預防與治療

1. **預防**：因老年人癡呆大都是阿茲海默症，病因不明，無法對症下藥，只做好預先防治，但少數癡呆症如內分泌性疾病、腦瘤、藥物中毒及某生理物質缺乏所引起者，應早期預防或診斷而給予正確治療。同時亦應注意到社會生活環境及自然環境，使物質與精神生活都沒有缺乏，並且使病媒感染或公害中毒以及車禍等傷害減至最低，即可以減少老年人癡呆的產生。

2. **治療**：老年人癡呆症雖然迄今尚無理想的治療法，但常被醫護人員用來治療此類疾病的方法有：

   (1) 對症治療：注意患者全身營養，治療其身上疾病，如有行為障礙、精神症狀者（失眠、吵鬧……），應給予適當的精神藥物以保持其生理、心理之穩定。

   (2) 生理行為治療的應用：利用其還存在的智力、記憶力而有技巧的反覆輔導支持他，以補其記憶、取向力及處理事物之障礙。

   (3) 對家屬的協助：給予患者家族情感上支持、技術上的指導、心理方面的諮詢、經濟上的補助、就醫方面之指導……等（中華民國社區發展協會編，1987）。

二、老年人心臟病

心臟是專門負責輸送血液至全身各部組織的器官，但是其本身也需要血液來供應氧氣和營養，通常是靠三條冠狀動脈來負責，若冠狀動脈發生硬化，變成狹窄或阻塞，如此就會產生冠狀動脈性心臟病（缺血性心臟病或動脈硬化性心臟病）。

年齡增加，則冠狀動脈硬化性心臟病的發生率就會增加，如狹心症、心肌梗塞、心臟衰竭。

(一)病因

●可避免（可控制）的因素

1. **主要的如**：高血壓、高脂血症、吸菸、肥胖、糖尿病、心臟肥大、左心衰竭、休克、心律不整。

2. **次要的如**：服藥物（服用避孕藥者）、運動不足或過多者、Ａ型人格傾向者、壓力太大者。

●不可避免（無法控制）的因素

1. **年齡**：年齡大，生理的老化原因。

2. **性別**：女性平常較重視保護，所以發生率較男性為低。

3. **遺傳**：家族史中有人患此病者，發生率就高。

4. **其他**：無法瞭解的因素。

●可引起發病的因素

1. 咖啡、濃茶。

2. 酒。

3. 血色素過高。

4. 血小板黏性增加。

5. 高尿酸。

6. 甲狀腺機能低下。

7. 地理因素，如天氣、自然環境不良、公害……。

8. 情緒。

9. 疲勞過度。

(二)症狀

●心絞痛（狹心症）

1. 發生疼痛的部位是在胸骨的中央或向上三分之一的部位或其後面，特別是第三或第四肋骨附近，有時包括整個前胸，特別厲害者，會放射到頸、下巴及上肢部位。至於疼痛的感覺是「緊」、「悶」、「壓迫感」、「透不過氣」、「窒息」，其痛常是鈍滯而持續不會如針刺刀割般的痛。同時其發作的時間也因人而異，其疼痛持續時間也不會超

過30分鐘，超過30分以上者即可能是急性心肌梗塞症。

2. 類型：由於發作頻度、時間與疼痛程度可分為：

(1) 典型的心絞痛：在運動時才會發作，休息後很快就會消失。

(2) 不穩定型心絞痛：痛的時間持續較久，發作頻度忽然增加，以前所用的藥物不再奏效，容易導致心肌梗塞。

(3) 夜間型心絞痛或臥式心絞痛：躺著時才會發生。

(4) 非典型心絞痛：只胸痛，但不具典型的特徵，與運動的關係較不密切。

(5) 異型心絞痛：在靜止時發作者為多，其特點是發作時心電圖之變化與典型的狹心症相反（中華民國社區發展協會編，1987）。

● 急性心肌梗塞：急性心肌梗塞是一種急症，也是一種重症。通常發作時會引起各種併發症，如心臟衰竭、休克、心律不整、傳導阻礙和心臟破裂等

(1) 發生部位是在胸部、心窩，或左胸。

(2) 症狀：有些人發作時會有上述併發症，甚至於死亡，來不及送醫，但也有些人毫無併發症，只是輕微的胸悶而已，其主要的關鍵乃在於冠狀動脈阻塞的部位、心肌梗塞的大小和位置而定。如果心肌梗塞的位置重要，範圍又大，就會跑不動跳不遠，心臟功能急速減弱而引起心臟衰竭、肺水腫、休克和心律不整等的重症現象。

● 心臟衰竭：心臟如同水源的水塔，如果發生毛病，不但不能蓄水而且也不能輸送水供人家使用

(1) 發生部位是在心臟。

(2) 症狀：是心臟功能受損，若血流蓄積在肺循環中，其壓力就會提高，很可能變成肺水腫，發病猛爆，病人急喘，口吐血痰。若心臟損壞是慢慢進行的，蓄積在肺部的血量也是慢慢增加，則發生心臟肥大，阻礙身體末梢的污血流回肺部的速度，致使污血聚留在末梢的血管中而導致肝臟腫大或下肢腫脹，或腎功能惡化、腹水等現象。

(三)防治

♣ **心絞痛**：找出冠狀動脈硬化症的危險因子如高血壓、高血脂肪、糖尿病、抽菸……等而加以控制或治療，使其動脈硬化的速度遲緩或停止，則可減少心絞病症之發生。至於發生之後治療方法可分為：

1. **內科（西藥）療法**：用西藥藥物治療，如用硝酸甘油脂舌下片、硝酸鹽製劑、交感神經抑制劑等。

2. **外科療法**：先作冠狀動脈攝影檢查，確定動脈硬化程度後再行開刀，作主動動脈冠狀動脈繞道手術。

3. **中藥療法**：辛夏仁湯、柴胡加龍骨牡蠣湯等治療狹心症。

♣ **急性心肌梗塞**

1. **內科（西藥）療法**：若有併發症者，如心律不整、心臟衰弱者也必須同時治療。通常治療心肌梗塞的藥物有阿斯匹靈、鈣離子拮抗劑、硝酸鹽、毛地黃、利尿劑……等。

2. **外科治療**：服用藥物後仍然無法改善者，應考慮作外科開刀，即作「冠狀動脈繞道術」手術。

3. **生活方式的調整**：匆忙繁重的腳步應該放鬆，壓力重量的工作似乎要拋在腦後，戒菸、少喝酒、大魚大肉少吃，高脂肪的食品不要多吃，適當運動、散步，需要服藥應照醫師的規定按時服藥。

4. **中藥療法**：苓甘薑味湯、柴胡桂枝湯加吳茱萸、茯苓等治療心肌梗塞症。

♣ **心臟衰竭**

1. 避免罹患會引起心臟衰竭（無力）的疾病，如高血壓性心臟病、動脈硬化性心臟病、瓣膜性心臟病、心肌梗塞、心絞痛、感染性疾病（如病毒、細菌、黴菌等之感染），以及急性心肌炎、腎臟病、甲狀腺機能亢進等。

2. **中藥治療**：如同狹心症、心肌梗塞所用的中藥治療。

3. **西藥藥物治療（內科治療）**：服用利尿劑、毛地黃、血管擴張劑。

4. **生活方式調整**：適當休息、禁食太多鹽分和水分等食物。

三、老年人高血壓症

　　高血壓是指隨著心臟的收縮與鬆弛時在其血管中所承受的壓力之謂。一般人在正常休息時之血壓,高壓為100～140,低壓為60～90。依世界衛生組織的定義,血壓在高壓160,低壓95mmHg以上者為高血壓。但血壓的高低與年齡有密切關係,不過年齡並不是完全的影響因子,一般在65歲以後,血壓是不隨著年齡而增加。65歲以上的老人之血壓,男性大於高壓160低壓100mmHg,女性大於高壓170,低壓90mmHg者認為高血壓,應該接受治療。

(一)高血壓症病因

　　高血壓症可分為二大類:

1. 原因不明高血壓,亦稱為本態性高血壓,此類約占90%以上。

2. 原因清楚高血壓,亦稱為續發性高血壓,如腎臟病、腎上腺疾病、先天性主動脈狹窄、老年人主動脈硬化造成腎血管硬化所引起的高血壓症。

3. **只收縮壓增高的高血壓**:因年齡大影響主動脈的彈性,常造成收縮壓增高,但舒張壓卻不高的情形。不過此類高血壓除年齡之外尚有下列因素的影響,如憂慮、甲狀腺功能亢進、發燒、合併有主動脈粥樣硬化、主動脈瓣閉鎖不全、動靜脈瘻管、開放性動脈導管、完全性房室傳導障礙等。

(二)高血壓對各器官的影響

1. **對小血管的影響**:會造成血管攣縮,內膜纖維化,使管徑狹窄,甚至造成動脈粥樣硬化。此種變化,容易在心肌、視網膜、腎臟、胰臟、腦部出現。

2. **對心臟的影響**:可導致左心室向內增厚,造成心臟肥大或冠狀動脈粥樣硬化,而致心臟衰竭或肺動脈壓增高而造成下肢水腫、肝臟腫大。

3. **對主動脈的影響**:造成主動脈中層的壞死,形成動脈瘤或腹主動脈、冠狀動脈、腦動脈的粥樣硬化。

4. **對腎臟的影響**:造成腎硬化及慢性尿衰竭、尿毒症。

5. **對腦部的影響**:造成腦梗塞、腦栓塞、腦出血、蜘蛛膜下腔出血。

6. **對肺臟的影響**:造成肺水腫、肺血管病變或肺結核、尿毒症對肺之傷害等。

(三)高血壓嚴重性的分期

高血壓的嚴重度，和血壓的高低並沒有絕對的關係，而卻與終端器官的影響程度有關，這可由表 11-1、11-2 可知（中華民國社區發展協會編，1987）。

∿ 表 11-1　高血壓嚴重性的分期

分別	血壓	終端器官的影響			
		視網膜病變	心臟	腎臟	腦部
Ia	舒張壓 90－150 mmHg	無	正常	正常	正常
Ib	舒張壓 150 mmHg	無	正常	正常	正常
II	任何高度的高血壓	第一期病變	較輕微的心臟變大	正常	正常
III	任何高度的高血壓	第二期病變	中等度到嚴重的心臟變大，心電圖上可見左心室肥大的徵象	輕微的腎病	中風
IV	任何高度的高血壓	第三期病變	慢性心臟衰竭	嚴重的腎功能不足	－
V	舒張壓高通常大於 140 mmHg	第四期病變	－	快速腎功能惡化	腦病變

∿ 表 11-2　常用口服降血壓劑的血流力行作用

藥物	心　跳	心搏出量	周邊阻力	血漿量	腎素活性	腎絲球濾過率
˙Diuretic drugs Furosemide or ethacrynicacid	○	○	－	－	＋	○
˙Thiazide (short term)	＋or○	－	＋	－	＋	－
˙Thizide (long term)	○	○	－	－	＋	－
˙Adrenergic inbibiting drugs clonidine	－	－	－or○	＋	－	○

藥物	心　跳	心搏出量	周邊阻力	血漿量	腎素活性	腎絲球濾過率
Guanethidine	－	－	○	＋	－	－
Methyldop	－or○	－	－	＋	－	○
metoprolol	－	－	＋	○	－	－or○
prapranolol	－	－	＋	○	－	－or○
Reserpine	－	－	－	＋	－	
Vasodilating drung						
Hydralazine	＋	＋	－	＋	＋	＋or○
prazocin	＋or○	○	－	－or○	－or○	○

○：不變　（－）：減少　（＋）：增加

◆資料來源：1987年4月臺大醫院內科主任連文彬教授提供。

○ 表11-3　高血壓危險的治療

高血壓危象	選擇藥物	應避免藥物
(1)加速增高的高血壓（惡性高壓）	Sod. nitroprusside Diazoxipe Hydralazine Reserpine	
(2)高血壓性腦病	Sod. Nitroprusside Diazoxide Trimethaphen camylate	All adreneigic in-hibiting drugs, such as metoprolol propranolol, methy ldopa, clonidine, Reserpine, quanethidine
(3)高血壓危象併有肺水腫或急性左心衰竭	IV furosemide or ethacrynic acid. Sod. nitroprusside Trimethaphen camylate	Diazoxide Hydralazine
(4)高血壓危象併有腦內或蜘蛛膜下出血	Sod. nitroprusside Trimethapen camylate Hydrazin	All adrenergic inhibiting drugs.
(5)因吃了促進catecholamine釋的藥物或MAD inhibitor及由pheochromocytoma造成的高血壓危象	Phentolamine phenoxybenzamine Sod. nitroprusside	All adrenergic Inhibiting drugs

高血壓危象	選擇藥物	應避免藥物
(6)高血壓危險併有急性或末期腎臟疾病患或併有子癇	Sod. Nitropursside Diazoride methyldopa Hydralazine	Trimethaphen camylate
(7)急性主動脈剝離	All adrenergic inhibiting Drugs	Hydralazine diazoxide

◆資料來源：1984 年 4 月臺大醫院內科主任連文彬教授提供。

(四)高血壓的症狀

1. **初期**：罹患高血壓的患者，通常在初期是不會有明顯的自覺症狀，只偶爾會感到頭痛、目眩、耳鳴、失眠、後頸部痠痛等而已，但因人而有不同的症狀。

2. **中期以後**：有左心室肥大、呼吸困難、浮腫、心臟無力、狹心症、心肌梗塞、眼底病變、眼底出血或白斑、視力減退、蛋白尿、腎不全症、尿毒、腦中風、腦栓塞……等病狀。

(五)高血壓症的防治

1. **預防**

   (1) 控制血壓：維持正常的血壓。

   (2) 減少誘因：如生活方式的調整、飲食的控制如勿吃太鹹或高脂肪食物、勿過度疲勞、情緒穩定、精神生活愉快、適當運動、勿抽菸或喝過多的酒，以及分娩或性交的注意等。

2. **治療**

   (1) 藥物治療：西藥方面如利尿劑、抗交感神經劑、非交感神經性血管舒張劑、交感神經阻斷劑、節前神經抑制藥物。中藥方面如三黃瀉心湯、大柴胡湯、桃核承氣湯、七物降下湯、釣藤散、黃連解毒湯、真武湯、半夏白朮天麻湯（適胃腸虛弱者）、當歸芍藥散（限女性用）、八味丸、人參湯合苓桂朮甘湯等。

   (2) 食物療法：減少食鹽攝取量，少吃含食鹽成分較多之加工品、冷凍製品、鹽漬物等。其次是減少卡路里（熱量）的攝取量。減少抽菸或戒菸，同時少喝酒或濃茶、濃咖啡等。

四、老年人白內障

人體在眼球內面瞳孔之後面，有一塊水晶體，正常時它是透明光亮，如果水晶球變為混濁者，就是白內障。任何人都有可能產生白內障，但最常見的一種就是「老年性白內障」，這是眼球的組織因年齡增高而退化之故。

(一)種類

依形成原因而分：

1. **先天性白內障**：因遺傳因素或胎生時期的感染到病毒所致，有些人一出生，其水晶體已是混濁或大白，有些人則由輕而重逐漸變為白內障。

2. **外傷性白內障**：水晶體因受強力震盪或水晶體囊破裂，前房水倒灌而造成白內障。

3. **併發性白內障**：眼球的其他組織有毛病而影響到水晶體，如葡萄膜炎、陳舊性的網剝離症，或糖尿病等造成的白內障。

4. **中毒性白內障**：長期服用某種減肥藥或類固醇藥物而影響到水晶體的新陳代謝作用，所造成的白內障。

5. **老年性白內障**：因老化的原因所造成的白內障。人到了 60 歲者有一半患有中度白內障，到了 80 歲以上，即有 100% 患有中度的白內障。

(二)症狀

眼睛水晶體因沒有神經，因此白內障不至於有痛覺。

1. 初期：視覺模糊，看物時似乎旁邊都有個影子，視力惡化、畏光、眼睛容易疲勞的現象。

2. 中期：視力隨光線明暗而變化，由於混濁位置之不同，有些病人在暗處，視力反而較好，有些相反。

3. 後期：多視症，一個東西看成兩個以上，甚至於視力降到 0.3 以下者。

(三)防治

1. **預防**：在胎生時期避免病毒之感染、避免眼部外傷或併發症，或避免藥物中毒而傷害到眼睛，注意身體之老化及眼睛之運動等。

2. **治療**：白內障至今仍無有效的藥物可以控制，其治療方法，唯有開刀手術一途而已。根據統計，70 歲以上的病人，約有 40% 需要手術，但手術

也須講求時機，只要白內障的眼睛視力已降到 0.3 以下者即可動手術。有少數白內障會引發急性青光眼或葡萄膜炎，這時就必須馬上手術，才能挽救眼睛。

白內障摘出手術可分為兩種，一是把白內障連表面的**囊**整個摘出來，稱為**囊內摘出法**；一是把前**囊**劃開，將白內障擠出、灌洗及吸引，稱為**囊外摘出法**。

手術後必須配鏡，白內障摘除後，眼睛雖一片亮麗，但物體仍然朦朧不清，必須用鏡片矯正，使得光線能再度對準焦點在網膜上。配眼鏡的方法有三種：(1) 普通眼鏡；(2) 隱形眼鏡；(3) 人工水晶體等（中華民國社區發展協會編，1987）。

未來因科技的發達，使白內障手術更為簡易理想之同時，藥物治療也有可能有效地醫治白內障的疾病。

五、老年人攝護腺肥大（前列腺肥大）

男人由於年齡的增加而致生理方面產生了老化，影響到攝護腺功能的減退，而有攝護腺肥大，這種生理現象會造成程度不同的尿痛、尿頻急、尿後餘滴不盡，甚至小便困難（瀦尿症），這種情形稱為攝護腺肥大。

(一)攝護腺肥大的預防

1. 愈早預防效果愈好，若能在中年以前就開始預防攝護腺肥大，即其效果就很大。如果已知攝護腺肥大了也不必緊張，只要保健防範其繼續增大或惡化就可以。
2. 須預防泌尿道發炎或做好衛生保健。
3. 避免食物太油膩辛辣，而多食用植物類食物，如青菜、水果、植物油。有些人認為多食南瓜子、腰果、胡桃、杏仁、花生等食物可減少罹患攝護腺肥大的機會。
4. 避免喝酒、抽菸過量，因菸、酒會引起攝護腺變化或充血、浮腫。
5. 每天有適當的運動，適當運動可避免陰部受到壓迫、鬱血。
6. 不要禁尿，避免膀胱裝太多小便，有尿意就須解小便，使膀胱肌肉常在鬆弛的狀態中，並保持大便通暢，使陰部無壓迫感。
7. 精神常保持愉快（臺灣省政府社會處，1984）。

(二)治療

1. 控制尿道發炎。

2. 勿隨便服藥，濫用藥物會引起病狀更為嚴重。

3. 勿酗酒，酗酒會引起病症惡化。

4. 勿抽菸過度，否則會引起陰部充血更加厲害。

5. 定期檢查，可瞭解病情，控制病情。

6. 每天適度溫水坐浴，減少攝護腺充血狀態。

7. 避免浮腫壓迫尿道，減少併發症。

8. 開刀手術，為使小便暢通舒服，最好而一勞永逸的方法是開刀，但開刀時須預防感染。

9. 病症較輕者可經內功理療，運功按摩使小便暢通。

10. **中藥療法**：八味丸（不適於胃腸衰弱者服用）、大黃牡丹皮湯（適便祕下腹壓痛者服用，亦可與八味丸併用）、桂枝茯苓丸（適下腹部有壓痛者服用）。若只醫治膀胱炎者，可用豬苓湯（對血尿者亦有效）、五淋散（豬苓湯服用無效者可用本劑）、豬苓湯合四物湯（適慢性膀胱炎者服用）、豬苓湯合桃核承氣湯（適便祕又是慢性膀胱炎者服用）。若尿道結石者可服用豬苓湯、芍藥甘草湯等藥劑。

六、老年人糖尿病

糖尿病是身體新陳代謝失常的一種複雜的神經內分泌疾病，由於自身胰島素生產量減少，致影響血液中的糖分之增加，因而形成糖尿病。至於為何胰臟會減少生產胰島素之原因，迄今未明，因此糖尿病到目前尚無特效療法或藥物。糖尿病患者多數是死於併發症。患糖尿病會影響到腦部、腎臟、膀胱、皮膚、骨關節、眼睛、牙齒、自律神經、心臟循環器官等等。

(一)預防

1. **運動**：要適當運動，使體內的器官功能正常以及排除不必要體內糖分及其他廢物。

2. **食物管制**：少吃高脂肪、高熱能、高糖分食物、多吃鈣質、植物類食物。

3. 預防腎臟功能的退化。

4. 注意自律神經的障礙，減少尿路失禁、膀胱蓄尿、尿道發炎的發生。

5. 妥善保護心臟循環器官，避免障礙，尤其下腿部的保養，以免被感染。

6. 及早補充鈣質，以防風濕性關節炎、腰椎及膝關節的骨刺之生長。

7. 注意牙周病，以免營養失調。

8. 多吃蔬菜水果，增進健康。

9. 預防低血糖症之產生（江亮演，2004）。

10.其他。

(二)治療

1. **外科治療**：病情嚴重者可考慮到外科治療，開刀手術，如截肢術等。

2. **內科治療**：

   (1) 西藥：①Ａ用降糖劑；②胰島素注射；③瀉藥。

   (2) 中藥：①大柴胡湯（適初期患者服用）；②白虎加人參湯（適初期患者、口渴、喜歡冷飲、多尿者服用）；③防風通聖散（適肥胖者服用）；④八味丸（適精力減退、夜間排尿次數頻繁、糖尿病已進入相當程度者服用。可與其他藥劑合併服用）；⑤八味地黃湯（適喉乾、飲水多、尿量多、腰痛、精力減退者服用）；⑥小柴胡湯加麥門冬五味子（適胃腸弱、食慾不振、容易疲勞、上腹漲滿者服用）。

3. **食療法（食物療法）**

   (1) 多吃花生。

   (2)昆布、海帶、南瓜、紅豆等一起煮放鹽後飲食。

   (3)玉米鬚煎服（當茶喝）。

   (4)豬胰湯（香港陳存仁博士所著《津津有味譚》一書中，有玉米鬚三十公克與豬胰臟、腰子一個煎服可治糖尿病）。

   (5)西瓜（適初期患者，若再加中藥白虎、人參湯更有效）。

   (6)常食用南瓜或南瓜子炒熟後食之（江亮演，2004）。

以上六種疾病是一般老人比較重視的疾病，當然老年人的重要生理疾病還有很多，但這裡不一一加以介紹。不過由於老人人口越來越多，社會越來越老齡化，我們除了要重視老人居家護理，建立老人居家護理的制度外，更重要的是應

早日建立老人醫療福利體系，使醫療與福利結合。雖然我們目前有推行設立老人保健門診、成人血壓檢查、健康檢查、個案管理、醫療服務、衛生教育等，但是需要在這些成就的基礎上再加努力，普設老人醫療衛生保健機構，設立專門研究老人生理、心理、社會有關的問題之機構，以及推廣老人健康照顧包括居家護理、住院、在宅等之照顧服務，同時建立轉介體系等，達到做好國民生理疾病的預防與患病後之妥善醫療照顧，尤其是老年人的醫療保健服務。

第六節 臺灣老人特殊身心問題與調適

一、心理疾病

一般來說，大部分的老年人都能自然（成功）地老化，但是有少部分的老人由於種種的喪失，與心理上的壓力無法承受，而產生機能性精神病（functional psychosis），導致「腦部併發症」（brain syndrome）或「慢性腦部併發症」（chronic brain syndrome）的疾病使其行為和情緒的改變，無法如正常的老年人一樣生活。這些疾病的病徵包括老衰、記憶力衰退、認知功能改變、抑鬱與情緒不穩定、妄想與幻覺，以及因老年腦部疾病或腦血管疾病所造成的行為改變。上述病症目前並無什麼特效藥，也很難找出真正發病原因，所以若要預防這些疾病的發生或治療，只有注意營養平衡與需要以及本身的心理上調適，避免各種困擾或生活環境之改善，並給予有利之社會環境與心理之刺激。

二、老人心理性、社會性問題

老人如前述有經濟性、生理性，尤其是住居、家庭關係的原因無法自立生活，又沒有可支持其生活的人者，必須進安老機構安養或接受院外救助。上述問題大部分的老人會隨著進入安養機構或接受救助而解決，但是有些老人卻因心理性或社會性問題，不但沒有解決其本身的問題反而更加顯著或嚴重，尤其被收容在安老機構的老人。至於如何減少或預防上述這些問題產生，可從下列幾方面去努力：

(一)人際關係

老人的人際關係可分為家族、鄰居、親族、朋友、志工等的關係，若一般老人家族、親族或鄰居的關係不好即有孤獨感，所以如何促進老人的人際關係是非常重要的。因此，老人必須培養其正確人生觀、做好生涯教育、培育其自主性生活態度以及相互扶助的精神與習慣，並且從參與各種社會活動來增加其生活領域與精神生活的品質。

(二)性的問題

老人的性機能雖然會隨著年齡的增加而減退，但是其性的慾望並無顯著的降低，可是一般人都把老人的性問題忽略掉，這對老人精神生活或心理衛生有不良影響，因此，對老人喪偶再婚……等，應把它當作是正常現象，尤其老人自己要有此正確的觀念。

(三)經濟問題

年老多病，一般來說，年齡越高其醫療費就越多，可是年齡越高其工作所得就越低。因此，年齡與支出成正比，但與所得卻成反比。如果老人有年金或儲蓄以及財產等的收入者，也許還可自立生活，否則就必須依靠子女或他人之供應，若無法獲得子女或他人之供應而自己又無謀生能力者，就必須依賴政府或社會慈善團體或其他的善心人士提供生活資源。所以老年人要儘量為自己晚年生活準備一些老本，否則晚年生活就不會快樂（江亮演，1990）。

三、老人特殊的心理問題與調適

老人由於老化的關係，對心理或環境的壓力之適應能力減弱，因此容易受到個人生病、沒工作、沒有親戚朋友往來……等，及家庭經濟、子女的態度、居住場所、婆媳之間、家族之不和、喪偶、子女的遠離……等，以及社會環境之惡化、鄰居缺少來往、孤獨、好友之死別……等等因素而受不了，導致產生許多老人特殊心理問題出來。

(一)老人心理之特殊問題

1. **孤獨感**：由於老人空閒時間多，而年輕人又忙於工作，雖然與家族住在一起卻找不到可以談天說話的家人，鄰居又少來往，所以老人常常呆坐在門口或巷內，顯著非常寂寞無奈的樣子。

2. **被遺棄感**：在家好不容易見到家人回來，在社會又因工商發達、馬路等又不易適應年老者外出活動，同時由於老化喪失了參與社會各種活動的興趣，因此有被家人或社會所遺棄的感覺。

3. **依賴感**：老人因老化，在生理上喪失了不少機能，不但體弱多病，而且耳目機能退化而在心理上又受到社會、家庭種種的壓力而失去信心，所以希望社會、家庭給予更多的照顧與關懷。

4. **無能感**：老人自認自己為廢人，成天閒著等吃飯，靜待死亡的來臨，對自己無自信，覺得老了、無用了。

5. **無助感**：自己覺得不但幫不了子女的忙，而且又無法為社會服務，貢獻社會。

6. **無知感**：一般老人的教育程度都不高，不但對日常生活適應的知識缺乏，而且對社會或政府所規定或所辦的福利措施都不知道。

7. **病痛感**：年老多病，身上常有慢性疾病，健康情況每下愈況，容易疲勞，因此使老人精神意志消沈，失去人生之希望。

8. **自憐感**：只看到自己所處的不好環境而怨嘆自己。

9. **哀傷感**：悲傷親友及老伴之死亡。

10. **退化感**：生理機能的退化，致使聽力不好、老花眼、語句含糊不清、動作遲緩、反應慢……等。在心理機能的退化，致使失去求進步、求成功的欲望與參與活動的動機。

11. **壓力感**：有些老人由於子女的不孝或其他原因，自己還得工作養活自己，非使經濟獨立不可而有經濟壓力。

12. **失落感**：喪失家庭、社會的地位與權威等，而自己的經驗及所擁有的知識也已落伍，退休後收入有限或全無，自己的意見也不被重視而有失落感，因此生活覺得懶散、無聊、不愛動及自我封閉。

13. **罪惡感**：以前所做的壞事，怕死後被處罰下地獄。

14. **恐懼感**：老人對死亡懷有恐懼感。有的老人對養老院有恐懼感，因為自己不喜歡進去住。

15. **無望感**：老人覺得自己是快死亡的人，談什麼都沒有用，活著沒有希望，活著沒有價值（張隆順，1988）。

(二)老人心理之調適

●**老人心理學家紐卡廷（Neugarten）把人的人格分為四類型**

1. **整合型**：係指那些內心充滿生命而又有幹勁有能力處理日常生活的人。
2. **依賴型**：係指那些常依賴指望別人來滿足自己的人。
3. **衝動型**：係指那些過分追求成就的人，不僅想控制自己的命運，而且也想控制周遭的環境。
4. **散亂型**：係指那些無法控制自己情緒的人，而又不能做事的人。

把上述四類型歸納起來，可分為調適良好型與調適不良型：

●**調適良好型：包括整合型、依賴型及衝動型**

1. **積極者**：老人往往較容易表現自己看不順眼而批評。此種人屬於激動性格的人，不但嘴巴嘮叨，還可能會罵人。
2. **樂觀者**：感受到社會的關懷，注意自己的休閒活動，喜歡遊山玩水。
3. **健康良好者**：較喜歡外出，有一定的休閒活動，一定的老人團體聊天敘舊，故較願意與人家談話。
4. **經濟良好者**：較為開朗，不為物質生活所苦，亦較有安全感，可隨心所欲遊玩。
5. **教育程度較高或知識較高者**：其休閒活動較多，看新聞、報章雜誌多，故他們瞭解社會變遷，適應社會環境較容易。
6. **男性長者**：享福意識重，若其身體狀況尚可者，則極易往外散步或運動、遊玩。
7. **宗教熱中者**：居住於寺廟附近長者其宗教活動時間占其生活之大部分，在心理上的調適也較有所寄託，因此較為達觀。
8. **與子女同住者**：較不孤單，心理較健全而樂觀。大部分時間都花在幫忙做家事、陪伴照顧孫子女為多。
9. **防衛態度長者**：這種老人大多是因怕傷害或影響到自己與家人的利益或不願深入談論與自己有關的問題，處處預防或保衛自己。
10. **重視日常生活者**：除了有經濟之累或身體因素外，大部分的老人都喜歡晨跑、做早餐、看書、看報、帶小孩、做午餐、午睡、看電視、散步、

訪友……等。

11.有平凡子女的長者：平凡的老人較容易享受到天倫之樂。子女成就不高
的老人較沒有很好的安養機會，而子女成就較高的老人卻因子女工作忙
碌或旅居國外，有些老人自己老伴早就去世沒有人陪，反不如有平凡的
子女來陪伴好（江亮演，1990）。

● **調適不良型：係指散亂型**

1. **消極者**：這種老人心境較平和，但較可能過著「過一日算一日」或「逆
來順受」的人生。

2. **悲觀者**：有病痛老人就會感受到自己是多餘，社會的不重視，而怨天尤
人，自怨自艾。

3. **健康欠佳者**：較不喜歡外出，其休閒方法也較屬靜態，同時其性格也較
沈默，如在家含飴弄孫、看電視等。

4. **經濟較差者**：較難與人親近，生活也較缺乏嗜好或樂趣。或許，物質上
的滿足永遠是在生活中最重要的部分。

5. **無學歷之長者**：較會自卑，但在待人上反較客氣和善，不過其生活圈較
小。

6. **女性長者**：生活型態較固定，久之則較為乏味，又較被動，無法自己尋
求社會資源，生活圈子屬於家庭，也較為嘮叨型。

7. **太熱中於宗教者**：這種老人通常女性比男性多，不但一天到晚都花在宗
教活動內，而且金錢上的捐獻也較一般老人為多，容易與年輕子女發生
衝突。

8. **非與子女同住者**：較孤單，若又是一人住，則更為寂寞。他（她）不但
認為社會不重視他（她），而且較易覺得子女不孝順而悲觀。

9. **孤獨閉塞者**：老人一人在家，覺得無聊而寂寞，他（她）們多半認為無
法與年輕人溝通。他（她）們很少出門，行動也不方便而經常有沈思的
現象。

10.**消沈者**：對自己的過去和未來不抱認同和希望，經常認為「人生就是這
樣」。

11.**無奈者**：老人對於周遭環境雖然有其看法，但卻無能為力去改善，因一切事情似乎都操縱在年輕人的手裡，他們雖然覺得「年輕人有年輕人的想法」，也不強烈反對某些與自己相左的主張，同時充滿了無奈之感。

12.**無嗜好者**：不但沒有嗜好，沒有休閒活動，精神上無所寄託，而且覺得日子過得很無聊，沒有意義也沒有什麼盼望。

13.**有生理痛苦者**：容易向他人訴苦，對生命之存續有些懷疑，雖然為病痛而治療，但對醫師及藥物並不十分信任。

●**至於調適不良者應注意改進事項如下**

(1) 走出年齡的局限，放開心胸與人接觸來往，讓自己活得更好。

(2) 多主動與鄰居聊天。

(3) 在未退休年紀不很大之前，須有一番計畫及心理準備，做好退休後生活之安排，並多與健康愉快老人接觸。

(4) 有良好心理建設，肯定自己，建立信心，不要貶低自己的價值及貢獻能力，應儘量發現自己的優點，不要太在意生理上的疾病，除了有病就醫、保養身體外，要積極思考與參加社會活動。

(5) 控制環境：培養自己正當的嗜好，要結交好友和有良好的生活計畫以及保持主動……等，去控制生活環境而不要被環境所控制。

(6) 做一位廣受歡迎的老人：日日保持愉快心情，過著快樂的日子，那麼家人、鄰居、朋友、社會人士自然會歡迎他而受到大家的尊重與接納。

(7) 培養追求新知、新觀念之慾望，多主動參與活動，擴大視野。

(8) 善用退休金或儲蓄，以穩定生活（張隆順，1988）。

(9) 建立良好家庭關係。

(10) 儘量參與家事工作。

(11) 按自己能力找一份職業（江亮演，2004）。

若能做到上述情形，自然是一位快樂的老人。

四、其他老人常見的心身疾病之服務

(一)巴金森氏症

巴金森氏症（parkinson's disccse）是一種持續退化的慢性病，其病因為：

1. 典型巴金森氏症是大腦黑核神經細胞的退化所引起。

2. 腦血管病變。

3. 先天性銅代謝異常等原因。

在症狀來說是手腳抖動不停、眼皮很少眨動、行動遲緩、走路身形佝僂、兩手僵直、身體像木頭等等。

其預防與治療上，預防大腦或腦血管等的病變；而在治療方面即用左二經基苯丙胺酸、多巴胺等藥物治療。

(二)憂鬱症

憂鬱症（depression）先天性者是一種精神性疾病；後天性者是對生活事件持負面看法的一種情緒症狀、症候群或疾病的後遺症。其症狀是睡眠障礙、生理疾病與功能衰退、喪失自尊、失去生存意義等。其預防是減少壓力、維持健康；其治療是講究睡眠良方，中西醫治療以及促進家庭互動等。

(三)其他

如焦慮症、妄想症、震顫（抖）性譫妄症等之預防與治療服務。

第七節　老人自殺的預防

臺北市聯合醫院松德院區統計，2003 年臺灣共有 3,195 人死於自殺，平均每 2.7 小時就有 1 人自殺死亡，自殺率為萬分之 14.13，是十年前 1994 年 6.85 的一倍多，這十年來我國自殺率上升超過一倍，其中又以老年人最多，其主要原因是老年「喪偶」。該院區的郭千哲醫師說：「臺北市老年人自殺死亡率比其他年齡層高；65 歲以上者占有 26.4%，其次為 35～44 歲占 20.5%、24 歲以下者占 7.2%。」顯示老年人是自殺死亡中最大的一個族群。郭千哲醫師說：「自殺老人當中單身者比率為 36.9%，比女性的 26.3% 高。自殺原因是老年的生理疾病、憂鬱、喪偶等的壓力因素。」婚姻是老年生活的重要支柱，依統計與臨床經驗，

有婚姻關係老人較不會自殺，因此生病中的老人如果喪偶，就是自殺的高危險群。郭千哲醫師說：「也有許多老人因為擔心拖累家人，走上絕路。」（鄭心媚，2005，P.173），所以，若能維護老人身心健康、家庭關係良好，尤其做好喪偶的生活調適，以及家人對老人的關心，即是預防老人自殺的最好方法。

一、老人自殺原因

其實老人自殺的原因很多，簡單來說就是失落與憂鬱。除了上述老人生理疾病、憂鬱或喪偶等生理與心理因素外，還有其他如社會地位的喪失或下降、社會關係的疏離等等也是老人自殺的原因。

(一)心身健康的衰退

生理機能衰退包括細胞減少、抵抗力變弱，感官敏感度下降、心肺功能退化、關節退化等，致使罹患高血壓、心臟病、糖尿病、腎臟病、關節炎、白內障等等的疾病。在心理方面，由於年齡增高致使精神產生障礙或精神系統衰退而產生癡呆（失智）症、巴金森氏症、憂鬱症、震動性譫妄症、焦慮症、妄想症、神經病等等疾病，因此容易發生老人久病厭世事故。

(二)退休與家庭或社會地位下降

退休不但收入減少而且年老多病醫療費用增加，須依賴子女幫忙的次數增加，同時退休後空閒時間多不知如何安排消耗時間者，在家管東管西、囉囉嗦嗦，不但引起子女等家族不滿，而且其在家中的影響力也因收入的減少而減退致使其家庭地位降低。同時因從生產，社會活動的第一線退下來，其在社會的影響力也隨其退休而減退，其社會地位也就下降。由於退休致使其家庭與社會的地位下降，影響到其精神方面的生活，因此，會產生無用感、自卑感、退縮心理以及寂寞無助和內心之矛盾，而處於需要依賴又怕依賴之間的不平衡心理就容易產生輕生念頭。

(三)社會關係的疏離

家庭結構從大家庭、折衷家庭轉化為核心小家庭，致使無法與成年子女同住而面臨空巢期的寂寞。年齡漸大又碰到親友相繼過世，甚至老伴的離去而面臨到孤單，或與家人的分開或遷居至新的環境，而面臨到生活適應的問題時，都會引起無生存價值的想法。

(四)其他

如失落感尤其失去生存目標與意義，以及個人的封閉、悲觀的個性等等，都是老年人自殺原因。

二、老人自殺的徵（前）兆與預防

(一)老人自殺的徵兆

1. 情緒不穩、暴躁。
2. 連續失眠、身心健康不佳。
3. 飲食習慣改變、食慾不振、體重下降。
4. 疲倦、精神不好。
5. 人際關係變差，拒絕他人支助。
6. 異常不斷地看醫生。
7. 完成私人事務，如打掃以前住過的舊房子、取消銀行戶頭、探訪親友、整理家庭環境，甚至交代些重要事務等。
8. 心情抑悶、服食大量藥物或飲酒消愁。
9. 表現出異常恐懼和緊張。
10. 挑剔他人，尤其是配偶或家族的行動。
11. 其他，沈思、工作能力下降、憂鬱、自殺未遂、孤單等。

(二)老人自殺預防

1. **早期發現危機早期介入處理**：多關心老人日常生活，一旦發現上述老人自殺徵兆，即馬上介入處理，以免老人問題擴散或惡化。
2. **未雨綢繆**：平時注意老人生活起居，鼓勵老人參加各種有益心身的休閒娛樂、教育、訓練、座談及擔任志工等有關活動，而預防老人問題的產生。
3. **醫療復健**：老人自殺有許多是來自「久病厭世」，因此為避免老人慢性病成為痼疾，必須提供老人身體心靈的復健措施（陳燕禎，2007）。
4. **老人喪偶的悲情關懷**：子女應重視老年父、母喪偶悲傷，應多加關懷安慰、時常帶喪偶父、母出去遊玩、散心等等。同時政府或社會團體，也應組織老年或喪偶者參與的團體，輔導其生涯規劃或喪偶者生活適應等

活動。

5. **老年經濟生活之支援**：年老多病醫療費用增加，同時退休後收入減少，老年經濟若無退休金或子女的扶養，很多老人是相當窮困，因此，除做好國民年金或各種老年年金、財產信託外，也必須鼓勵健康老人工作，尤其老人工廠的普遍化，促進或保障老人的所得，同時也須做好老人的公共救助福利措施。

6. **老人社區照顧或在宅服務**：一般健康老人勸導其參加社區托老等日間照顧外，也要做好老人在宅服務以減少家族照顧老人的壓力；同時老人可藉參加日間照顧，或接受在宅服務機會與他人互動，促進老人心身健康。若不健康的老人也可藉著社區照顧或在宅護理等服務，減少家庭的照顧壓力，以及促進老人生理與心理（精神）方面的健全。

第八節　老人的參與及愛的依附需求

一、親密與身心健康

艾力克森（E. H. Erikson）曾提出與他人建立親密（intimacy）關係是成長重要的發展任務；而馬斯洛（Maslow）的人類五大需求的生理、安全、情愛、自尊以及自我實現的需求，「情愛」需求是排在第三順位，除求生理方面和安全方面的需要後，就是求情愛，即被愛或愛人家的需求。因此，親密情愛是人類維持身心健康的重要因素。不論年齡每個人都渴望被愛、被撫觸、擁抱等等親密或去愛別人，與其他人接觸、擁抱等的親密需求，因為親密可以促進人們心理的舒暢快樂，尤其是小孩與老人更需要他人特別是家族的關心與接觸。所以，老人更需要他們關懷他（她），敬愛他（她），同時也希望有機會去接觸他人，尤其是期盼去接觸、關愛自己的家族。所以，我們除瞭解老人的上述依附需求之外，也要對老人性的需要有正確看法，因老人會隨著年齡增加雖使其性的機能減退，但其性的慾望仍然存在，因此不要給其太多壓力使其「性壓抑」，而應該多關懷老人身心平衡與健康。

二、年齡與社會參與

年齡雖然會影響其社會活動的範圍或活動的內容，但老年對其社會的參與之慾望並不會因年齡的限制而降低，尤其健康的老人，更因其退休有時間亦有經濟能力，所以參與社會各種活動是不比年輕人差。因此，如何引導老年人，從事各種有意義有益的社會活動是我們老年福利的一大課程，例如：鼓勵老人參與老人教育或指導老人生涯規劃，以及輔導老人參與志工服務和老人各種休閒娛樂等等活動，來滿足老人的社會參與需求，這是相當重要的。

第九節　其他一般老人生活服務

一、生活服務

(一)**老人房間的整理**：房間儘量合乎老人居住，不管是建築也好，房間內的設備也好，整潔衛生也好，都能合乎老人住居標準，使老人住得舒服，尤其是安老機構。

(二)**老人個人的私物之保存**：有給老人放置私物的地方，尤其是安老機構，對老人拿來的東西，有地方給老人放置，並給予妥適的保管。

(三)**衣物**：儘量給老人有自己選擇喜歡的衣物機會，這對在機構內的老人更為需要。

(四)**飲食**：為保護老人健康，對老人飲食非加以留意不可。如果老人生病就必須給他（她）特別的飲食。同時也要使早餐與晚餐之間的間隔達 10 小時以上才行。

(五)**日常生活的照顧**：對老人的飲食、穿衣服、美容、化粧、散步、運動、洗澡、排泄（大小便）、私物整理等都是照顧的項目。

(六)**災害預防**：我們要提供老人安心生活的條件，如災害時之避難、傷害預防的建築物、理想的設備……等等。

二、保健醫療服務

(一)**健康管理**：定期健康檢查、疾病的診斷與治療等之服務。

(二)**看護**：預防老人跌倒、幫助老人去看病或服藥，以及陪老人去體檢、生病時或住院時的看護等之服務。

(三)**機能訓練**：利用物理治療、工作治療等的方法來訓練老人，使其喪失的機能回復起來。

(四)**衛生管理**：做好各種消毒，如老人居住的環境或使用的衣物、用具之消毒，以及給老人打預防針或預防接種等之服務。

三、心理或社會方面的服務

(一)**個人的協助**：減輕老人生活緊張、改善老人的家庭關係或人際關係、提供正確的老人福利情報（資訊）以及解決老人各種困難等之服務。

(二)**團體活動**：促進團體成員間相互認識瞭解，改變老人不正確觀念或態度，增加老人生活知識，以達改善老人生活為目的的服務。其活動種類有健康、娛樂、學習、聚會、工作等。

(三)**社區交流**：促進老人與社區居民相互交流與參加社區各種活動，使老人有價值感，促使老人繼續努力的意願為目的之服務（江亮演，2004）。

關鍵詞彙

・健康管理	・食療
・癡呆症（失智症）	・白內障
・自憐感	・衝動型調適
・衛生管理	・依賴型病患
・心絞痛	・攝護腺肥大
・整合型調適	・散亂型調適
・機能訓練	・反抗型病患

- ·心臟衰竭
- ·依賴型調適
- ·糖尿病
- ·心理建設

自我評量

1. 試述我國現行的老人福利措施。

2. 試述我國一般老人生活、保健醫療、心理或社會方面之服務內容與方法。

3. 試述我國對特殊老人生理疾病預防服務情形。

4. 試述我國對身體機能障礙老人之服務情形。

5. 試述我國對視力、聽力、語言障礙老人之服務情形。

6. 試述我國對精神障礙老人之服務情形。

7. 試述我國對心理性、社會性問題老人之服務情形。

8. 簡述我國老人常見的生理疾病與防治方法。

9. 簡述我國老人特殊心理問題與調適方法。

參考文獻

一、中文部分

內政部社會司（1976），《當前社會福利服務與社會救助事業之改進方案》，臺北市：內政部。

內政部社會司（2003），《2003年社政年報》，臺北市：內政部。

江亮演等編纂、劉寧顏總纂、高育仁等主修、連戰等監修（1992年），《重修臺灣省通志卷七·政治志·社會篇（第一、二冊），老人福利》，南投縣：臺灣省文獻委員會。

江亮演（1988），《老人福利與服務》，臺北市：五南圖書出版公司。

江亮演（1990），《快樂的老人》，臺北市：臺灣省政府社會處，中華日報社出版部。

江亮演、余漢儀、葉肅科、黃慶鑽編著（2001），《老人與殘障福利》，臺北縣：國立空中大學。

江亮演（2004），《老人福利講義》，新竹市：玄奘大學自印。

江亮演（2004），《社會福利導論》，臺北市：洪葉文化事業公司。

中華民國社區發展協會（1987），臺北市：《社區老人醫療保健學術研討會手冊》。

臺灣省政府社會處（1984），《老人病之認識與防治》，南投縣：長春叢書。

徐立忠（1986），〈老人學與老年醫學〉《社會建設》43 期，臺北市：內政部社會建設季刊。

盛清沂整修、李汝和主修、張炳楠監修（1971 年），《臺灣省通志卷三‧政事志‧社會篇（第一、二、三冊），社會事業》，南投縣：臺灣省文獻委員會出版。

陳武雄（2003），《社會立法析論》，臺北市：揚智文化事業公司。

二、英文部分

Havighurst, R. (1968), "*Personality and Patterns of Aging*", Gerontologist, 8:20-23.

Kart, C. S., Metress, E.K. and Metress, S. P. (1988), "*Aging health and Society*", Boston: Jones and Bartlett.

Morgan, J. C. (1979), "*Becoming Old*", New York: Springer.

Special Committee on Aging (1963), "*United States Senates Development in Aging*", washingtion, DC.

Walford, R. L. (1969), "*The Immunological Theory of Aging*", Baltimore: Williams and Wilkins.

第十二章
老人福利動向與展望

　　老人社會福利事業，隨著社會的變遷與時代的需要而進入另一個新的領域，不但從傳統的愛心、關懷與慈善的消極收容安養進入到講究經濟效益，一般老人生理、心理健康之維護，老人生活品質之提升以及老人與社區的交流等，而且以老人人權的社會權之觀念來追求其更高的福利服務層次，而增加有關機關及老人福利機構的責任與壓力。

　　英國故首相邱吉爾曾經說過：「社會福利的範圍是從搖籃到墳墓」，但以著者的看法不僅從出生到死亡都在社會福利範圍之內，連出生之前、死亡之後，即從「婚前到無盡」，也就是包括擇偶、家庭福利，一直到死後喪葬、墳墓維護、墓園公園化等福利在內。因此著者認為要減除老人問題之產生及做好老人福利工作，必須運用社會資源，以社會整體的力量來參與老人福利工作，才是最有效的政策。日本故總理（首相）佐藤榮作曾經說過：「一個國家若老人福利不發達，即表示該國家社會福利不發達。」（江亮演，1988），如是以觀，老人福利不發展即其社會、國家不發展，因此，老人福利是發展的國家最重要的社會福利之一。下列是我們對老人福利必須瞭解或加強與朝向追求福利、年金與醫療保險（健保含介護）三合一制度，促進老人在地老化的方向去努力。

老人 社 會 福 利

 ## 第一節　高齡化社會的動態

　　根據聯合國經濟社會理事會的報告，65歲以上的人口占總人口達7%以上者為「老人國」。我國已經超過這個標準，所以我們已經是「老人國」。不但如此，今後死亡率逐漸下降，國民平均壽命越來越長，老人人口會不斷大幅度增加，其中老年後期的75歲以上人口之增加與長期照顧的需要更為明顯。同時高齡化，少子化的關係15～64歲有生產、有謀生能力者占總人口的比例也漸年降低，使扶養負擔率增高。尤其出生率年年下降，相對的使人口老化更為迅速。所以國民應有人口老化危機意識才能面對高齡化社會的挑戰。

第二節　加強高齡化社會對策的重點

一、確保高齡化社會對策有關的預算

　　一般會計預算、福利機構設施預算、國民年金及其他社會保險國庫負擔部分之預算、老人醫療保健之預算、老人安養與長期照顧、在宅服務預算等必要之經費，必須確保。

二、修或訂老人僱用所得保障、老人長期照顧、老人介護（照護）保險、老人保健醫療、老人公寓、老人國民住宅、老人在地化等有關法律

　　修或訂老人就業、照護、醫療保健老人長期照顧、老人在地老化、老人住宅等等的相關法律。

三、訂頒高齡社會對策基本法

　　訂定高齡社會對策目的、目標，基本理念與措施等。

四、設立高齡社會對策會議

以行政院院長為召集人，有關官員、民意代表、學者、專家、實務工作人員等為委員，審議有關重要事項，擬訂執行對策等。

五、擬定高齡社會對策大綱必須考慮方向與各種領域

(一)考慮方向

1. 重視老人的自立生活、參加及選擇社會活動之自由。
2. 展開國民生涯有關之措施體系，依國民的需求給予各種生涯發展機會。
3. 尊重社區的自主性，依各地區的特性、資源，發揮地方老人福利特色。
4. 減輕國民負擔，確保社會公平合理，運用社會資源推展重點化、效率化的措施。
5. 力求關係行政機關之密切聯繫與互助合作。
6. 運用醫療、福利、資訊等有關的科學技術。

(二)各種領域

1. 就業與所得。
2. 健康與福利。
3. 教育學習與社會參與。
4. 生活環境與改善。
5. 調查與研究。

六、政府與非營利組織

對老人服務產業的對策：政府為積極推行「社區照顧」政策，各地方政府為增加被服務者選擇服務機會，推展多元委外等等福利服務，造成不少非營利組織，聘僱工作人員或發給志工交通、便當等等費用，形成產業式經營，使志工變質。因此政府對如此情形，如何提出良好對策，是一主要課題。

 ## 第三節　高齡化社會對策之各種領域措施

一、老人就業、所得與其經濟生活

(一)保障老人僱用與就業機會

1. 合理延長退休年齡，鼓勵繼續僱用老人。

2. 鼓勵促進老人再就業。

3. 保障退休後臨時、短期就業機會。

4. 依老人多元化就業需求，推展綜合性僱用就業對策等。所以為保障老人僱用就業機會，政府必須修訂老人僱用安定有關法律，規定老人職業安全對策的基本方針，推行老人繼續僱用、促進多元化老人僱用就業以及老年期僱用就業的援助等制度體系。同時應推行老人僱用有關的獎助金制度，如採用繼續僱用制度將助金、老年期就業準備獎助金、多數僱用老年人獎助金、老人僱用環境整理與設備獎助金等，以及建立運用老人職業經驗中心或老人人才銀行等設施。

(二)可透過勞動者生涯發揮其能力（潛能）

1. 有效發揮老人職業能力而確保老人能力開發機會。

2. 建立老人職業能力學習訓練制度，實施老人專業知能認定考試。

3. 國民職業訓練機構增設老人職業訓練科目與課程。

4. 縮短勞動時間，實行週休二天制或週作三天制，改善年度有酬休假以及減少外勞等來實現老人愉快舒適的職業生活。

5. 保障老年女性僱用就業機會，並且消除強迫女性加班、休假上班及夜班工作規定。

6. 建立職業生活與家庭生活並重的支持對策，使容易取得育嬰假（養兒休假）或照護假（介護休假）以及復職的機會，尤其支助因為養兒或介護等理由而辭職之中高年者再就業的機會。

7. 營造多元化就業型態的環境，而增進短期工作、打工老人之福利，以及運用資訊開發、普及遠距型（在家用終端機上班）就業工作型態，滿足

老人工作的需求。

(三)公辦年金制度的正常營運

1. 推行國民（基礎）年金制度，保障老年、身心障礙者、遺族（孤兒、寡婦、鰥夫）的最低生活。
2. 健全勞動年金制度，使老人能獲得老年基礎年金外還能獲得勞動年金。
3. 實行減額或增額年金制度，使未滿或超過領取年金年齡者也能獲得減額或增額的年金。

(四)支助自我確保老年期所得的老人

1. 建立民營企業年金制度，保障未參加公辦勞動年金者的老年生活。
2. 改善退休金制度，保障被保險老人權益。
3. 促進老後生活準備之資產，輔導、鼓勵國民儲蓄或參加個人年金的保險，以及購買績優股票等。

(五)重視老人家庭的所得與支出平衡

一般老人退休後其所得收入比退休前減少一半左右，所以若無其他的財產收入，只靠退休金、年金等的收入者就必須調整其日常生活的支出，才能使收支平衡，因此，政府必須對退休老人家庭，尤其老夫老妻或獨居老人應有各種稅賦租金等的優待，同時輔導老人起居生活方式以減少老人生活之支出。

(六)保障老人家庭之住宅、土地等財產

老年夫婦家庭除少數老人之外，約有90%以上或多或少都有財產，這些老人財產如何管理，如何處理，尤其死後如何處理都是問題，政府應該建立老人財產託管（信託）或保障等制度，來保護老人財產之安全。

二、老人的健康與醫療保健

(一)推動營造老人健康綜合性事業（環境）與條件

1. **透過老年生涯營造老人健康的環境**：普及營養、運動、休閒娛樂三者平衡的生活習慣，推行增進健康與預防疾病為目標的國民健康管理對策，包括健康檢查、老人機能訓練以及健康訪問指導等。
2. **建立營造老人健康事業體制**：中央政府在營造老人健康方面，為推展地方保健醫療對策，必須訂頒各種相關法律，如單親家庭或老人保健醫療

服務法、慢性疾病、難醫疾病、心理衛生保健、食品衛生等法律，建立完整的經營老人健康事業的體制，以利業務的推行。

3. **營造老人健康設備之完備環境**：要推行營運老人健康事業之前，必先營造完整的老人健康的設施機構，尤其是機構的設備與人力。所以各院轄市、縣市政府為提高老人健康事業水準，在技術方面，必須支助健康科學中心，並以健康文化為主，把健康文化的都市，所推行的事業推廣到地方各社區，如海水浴場的建設，專用散步等步行道的建設等提供國民，尤其提供老人運動與休閒娛樂促進健康之用。

(二)建立年金、醫療、福利等三合一體制服務

1. **建立完整的地方綜合服務之三合一供應體制**：推行老人保健醫療福利的綜合性對策。建立綜合性有計畫性的地方服務體系，如老人療養機構、老人安養機構的合理分布、福利機構的設備與人員的合理要求，多元化、多目標的機構與服務，在宅服務與機構服務的均衡、長期或短期的家庭或社區的照護，尤其老人介護、老人癌症的防治、職能治療以及安寧照顧等服務，在現代社會更為需要，政府必須重視而積極介入，使老人醫療保健服務體系更為健全理想。並且早日實行「國民年金、老人照護（介護）等保險，使老人平時有老人在宅服務，生病時有免費醫療、臥病時有免費在宅介護，而又有年金可做生活費，三種合為一體之福利制度，可使老人舒適地在地老化」。

2. **老人生活福利中心**：是支助老人介護、老人與社區居民交流，提供安適老人居住等服務的地方。

3. **老人自立支助對策**：為防治老人臥病之對策，展開防止臥病之啟發性活動，預防中風、骨質疏鬆症、骨折，提供預防體能衰退資訊、改善臥病而能獨自生活環境，提供老人復健等服務。

4. **老人癡呆（失智）症對策**：普及啟發有關癡呆症知識，提供癡呆症有關的諮商、資訊以及收容。確立早期發現早期治療預防對策。推行癡呆老人治療照顧之綜合性服務。

(三)基層介護支助對策

1. **老人照護（介護）人員之培養與確保**：為提升介護品質，必須培養專業

介護人員及保障介護人員的人力，包括醫師、牙醫師、藥劑師、護士、職能訓練師（工作師）或治療師（OT）、物理治療師（PT）、社會工作師、介護工作師等。

2. **福利（日常）用具的普及**：輪椅、特殊睡床、洗澡器等福利用具對幫助老人自立生活是不可缺少的輔助工具。所以政府要依老人的身體狀況或家庭住居結構等的情形，經專業人員的諮商、用具的展示與介護實習等過程，來決定提供用具的福利服務，同時視老人經濟狀況來決定免費提供或租用之依據（標準）。

(四)福利服務有關費用

1. **醫療費用**：除全民健康保險以外，針對老人需要可提供老人醫療費用全免或部分負擔服務。

2. **照護（介護）保險**：在中年時加入照護（介護）保險，其保險費即依被保者經濟能力減免，投保15年或20年以後，被保人若癱瘓臥病者，即可享受免費的介護服務至死亡，此對需介護的老人或其家族均有利，值得我國政府規劃推行。

(五)其他

如運用民間事業，結合社會資源來發展老人醫療保健福利。

第四節　教育學習與社會參與

為因應多元化價值觀的社會變遷，透過教育學習來豐富人生，滿足欲望，學習新技能，以適應新時代的社會生活。

一、建立老人生涯學習的體制

(一)修訂老人生涯學習的有關法令。

(二)設置老人生涯學習的行政組織。

(三)設立國立、院轄市立、縣市立老人學習進修中心。

(四)普及、啟發或提供老人教育學習有關資訊、資料。

(五)提供多元化老人學習機會，如大專院校、空中大學、老人大學、社區大學之

就讀機會。

(六)重視老人能力及學習成果之評價,擴大技能審查與大專學分之認定、改善評價標準。

(七)加強社會教育,如圖書館、博物館、婦女會館等社會教育機構,推行老人教育業務。

(八)文化活動與體育活動之運用,文化活動提供老人音樂、演劇;體育活動提供老人運動、健康、娛樂、休閒的課程等。

(九)勞動者學習活動的支助,勞工或公教人員等可以在職進修方式,協助中高齡者生涯學習機會。

(十)其他,運用民間事業單位,提供場所或資金,辦理老人學習等活動。

二、加強促進老人社會參與

(一)促進老人社會參與營造其生涯環境,要有理想的老人生涯就必須透過規劃及各種社會參與來達到具備各種適應社會環境之條件。因此必須普及開發鄉鎮市(區)的老人社會活動,支助老人志工費用,舉辦全國健康福利研討會等。

(二)支助老人海外旅遊等活動,運用老人知識經驗與技能派遣到國外,幫助低開發國家開發,貢獻國際福利事業,一舉兩得,不但低開發國家有利,而且對老人身心健康亦有益。

(三)老人可利用休閒娛樂設施與設備,為提高老人教養品質設置老人福利中心,補助設備或其他所需經費,提供老人日常生活有關的資訊、電視節目,以及提供其他老人健康、老人休閒娛樂的場所與設備。

(四)志工活動

1. 提供老人志工(義工)活動必要之地點、設備、資訊、介紹、諮商、登記等服務。

2. 提供志工(義工)福利有關的教育機會,提高老人志工(義工)的技能、知識與服務品質。

第五節　展望未來的老人福利

一、老人理想的生活環境

　　老人生活環境應以住宅生活為基礎，先從老人生涯生活之設計開始，選擇有可能獲得的住宅，透過老人生涯來保障居住的住宅生活。因此，為提高老人居住生活的水準，必須促進老人住宅建築生產的合理化及能與老年父母同住或有良好鄰居等多元的居住型態，以及因應年老身體機能衰退者能自立或便於介護，應普及或促進適合老人自立或介護具有福利與生活支援的老人住宅之興建。同時為營造老人生活安全及行動的圓滑自由，必須考慮到老人生活環境的交通工具、步行環境、公共設施等的無障礙環境。

　　除了上述的條件之外，也需要考慮到能保護老人的交通、犯罪被害、受災害時的安全設施，而營造出老人能過著安心生活的環境，促進其成功的在地老化。

二、確保老人安定而豐富的居住生活

(一)供給品質優良的住宅，提高老人居住生活水準，推行購屋儲蓄與融資貸款、住宅金融公庫融資、福利事業團體辦理購屋融資貸款、購屋稅賦減免，以及購屋低利優惠貸款、購屋利息補貼等。

(二)提供公營或租借老人住宅，為低收入者提供環境良好的公營住宅及為中低收入者提供品質良好的租借住宅，使老人有居住品質好的住宅機會。

(三)住宅生產的合理化，落實消費者住宅諮商事業，改善高成本住宅，提供消費者諮商與住宅資訊等服務。

三、因應多元化老人居住型態之需求

(一)因應與老年父母同住的購屋者需求，必須提供低利優惠購屋貸款與建立承繼償還合理制度如二代三代攤還等。

(二)因應老人需要提供公辦購屋優惠低利貸款，因為老人所得收入不如一般國民，所以針對老人家庭，必須提供公辦優惠低利購屋貸款，來照顧老人居住

福利。

四、可自立、照護（介護）的老人住宅

(一)建築老人自立或介護方便的住宅及改造老人住宅，而使老人更能自立或更方便介護的住宅，並且提供低利購屋或改造房屋的優惠低利貸款。

(二)無障礙環境之完整與設備，對飛機、公路、鐵路的交通工具或步行道，一般馬路巷道等等都需要有方便老人利用、行走，尤其乘輪椅者使用之無障礙建築與設備，保障老人行的安全。

五、能從交通事故、犯罪、災害等事件保護老人之安全

(一)防止老人交通事故發生，提高老人交通安全意識，徹底做好交通信號及行人專用步道以及無障礙環境等。

(二)從預防犯罪、人權侵犯、惡質商人等有關法律來保護老人。

(三)推進保護老人的防災對策，如老人住宅防火，老人各種天災緊急通報與避難措施、老人災害保護中心等。

六、營造舒適滿足老人活動的生活環境

(一)形成有活力的農村漁村，提供喜歡農漁村生活的老人居住環境。

(二)營造舒適都市環境，做好自來水、排水系統、普設步行道、公園等公共設施，或整頓河川、海邊、港灣，提供喜歡居住都市老人良好的居住環境。

七、調查研究

(一)推動各種調查研究

  1. 老人特有的疾病調查研究

    老人癡呆症、老人骨質疏鬆症或癌症等，老人較易罹患的疾病是長壽科學綜合研究事業的主要調查研究對象。組織長壽醫療專業研究班，以老人病的產生原因、診斷、治療、預防等所關的為基礎，推展臨床研究，以期開發主要老人病的預防或治療方法。研究領域包括基因老化或老化與疾病關聯的遺傳等之研究與老人病如免疫、癡呆症、運動器官疾病、泌尿系統疾病、牙周病、藥物療法等之研

究及復健、介護、看護之研究、老人醫療器材、介護器材之開發、中醫或西醫之研究等等。

2. 福利（輔助）用具等之研究開發

為促進老人自立或社會參與及減輕介護者之負擔，必須研究開發老人使用之福利機器輔具或醫療器材，如輪椅、特殊睡床、洗澡機器、替代身體機能的人工臟器等等的開發。

3. 老人容易及安全使用的生活用品等之開發

老人方便操作使用，容易識別，可減輕老人負擔或疲勞或可防止危險之生活用品，生活有關的器材之開發，如語音或信號之緊急通報器材、臥病老人資訊處理器等等之開發。

(二)調查研究等之基本條件

1. 推展研究之體制

長壽科學研究必先設置長壽醫療研究中心，來研究老人癡呆症或預防癱瘓臥病等疾病。同時也必須從自然科學到人文社會科學的廣泛領域去研究。

其他也必須強化醫藥品、醫療用具有關之保健醫療領域之基礎科學研究，並建立制度。同時為研究開發之順利進行，必須有各種研究資訊網路（network）等等的設備。

2. 人才的培養

科學技術進步，必須依賴研究開發的人才之能力與創造，所以培養專業人員、組織研究的團體以及研究的交流是不能缺少，所以，為追求科學技術的進步興盛，非培養或確保人才以及提高人才素質等不可。為培養及確保人才就必須從大學研究所，尤其是博士班學生去著手，除此之外，也應設置國外留學或國內進修的制度來達到培養人才，確保及提高人才素質的企圖。

總之，老人福利是發展的國家最重視最重要的社會福利事業，但要做好並非只靠政府的力量就能勝任，必須運用社會資源及促使國民瞭解老人福利的意義及重要性，喚起民眾的支持與參與，協助政府，共同來加強老人福利工作，尤其：(1) 推展老人家庭諮商、訪視與輔導問題老人以及推行老人教育等等支持性的老人服務；(2) 保障老人所得安全，實行老年年金制度、老人津貼，以及老人優惠存款、老人財產信託、老人租稅減免優待等之補充性老人經濟生活安全的服務；

(3) 加強日間托老、托護、老人在宅服務、短期機構照顧或長期的家庭或社區照護、建立老年年金、老人醫療保健、與年金、醫療、福利服務三位一體體系促進老人在地老化及老人癌症對策、老人職能治療、老人安寧照顧，以及被虐待老人保護、走失老人收容、老人保護專線等醫療、生活、福利之保護性老人有關的服務；(4) 改善或加強老人安養、療養之收容、老人寄養之服務，以及減輕老人家庭負擔之短期收容照護等之替代老人家庭功能之服務；(5) 其他，如加強老人福利有關之研究調查，促進老人福利的進步與發達，減少或徹底解決老人問題，促使社會健全，加速社會、國家之發展，建立一個均富、樂利的社會與國家。

 關鍵詞彙

- 社會權
- 週作三日制
- 介護保險
- 從搖籃到墳墓
- 介護休假
- 老人生涯學習
- 週休二日制
- 介護支助

- 高齡化社會
- 失智老人
- 無障礙環境
- 生涯規劃
- 老人輔助用具
- 婚前到無盡
- 企業年金
- 社會參與志工活動

自我評量

1. 試述加強高齡化社會的對策重點。
2. 試述老人就業、所得與其經濟生活的對策措施。
3. 試述老人健康與醫療保健的對策措施。
4. 試述老人教育學習與社會參與的對策措施。
5. 試述展望未來的老人理想生活環境。
6. 試述確保老人安定而豐富的居住生活與因應多元化老人居住型態，以及可自立、介護的老人住宅。

7. 試述能從交通事故、犯罪、災害等事件保護老人的安全與營造舒適滿足老人活動的生活環境。

8. 試述老人有關的調查研究之推動及基本條件。

9. 試述老年年金、健保與照護（介護）保險以及社會服務三位一體之老人社會福利意義與在地老化之關係。

✦✦✦✦✦✦✦✦✦✦✦✦✦✦✦✦✦✦✦✦✦✦✦✦✦✦✦✦✦✦✦

參考文獻

一、中文部分

江亮演（2004），《老人福利講義》，新竹市：玄奘大學自印。

江亮演著（1988），《老人福利與服務》，臺北市：五南圖書出版公司。

白秀雄主編（1988），《高齡人力研究與規劃論集》，臺北市：高齡人力研究規劃小組印行。

二、日文部分

小室豐允主編（1993），《老人の健康と心理》，東京：中央法規出版社出版第四版。

日本中央總務廳編（1997），《高齡社會白書》，東京：大藏省印刷局印行。

三、英文部分

Ciuca, A. Die (1965), "*Gerontologischen Landkarte der Rumanischen,*" Volksrepublik.

Louis Lowy (1979), "*Social work with the Aging*", N.Y.: Hayper & Row. Publishers.

❋ 附錄一　老人福利法 ❋

中華民國 69 年 1 月 26 日總統臺統（16）義字第 0561 號令公布

中華民國 86 年 6 月 18 日總統華總（16）義字第 8600141380 號令修正公布

中華民國 89 年 5 月 3 日總統華總一義字第 8900110150 號令修正公布

中華民國 91 年 6 月 26 日總統華總一義字第 09100125180 號令修正公布第十三條之一及
　　　第九條條文

中華民國 96 年 1 月 31 日華總一義字第 09600012871 號總統令修正公布

第一章　總　則

第　一　條　為維護老人尊嚴與健康，安定老人生活，保障老人權益，增進老人福利，
　　　　　　特制定本法。

第　二　條　本法所稱老人，指年滿六十五歲以上之人。

第　三　條　本法所稱主管機關：在中央為內政部；在直轄市為直轄市政府；在縣
　　　　　　（市）為縣（市）政府。

　　　　　　本法所定事項，涉及各目的事業主管機關職掌者，由各目的事業主管機關
　　　　　　辦理。

　　　　　　前二項主管機關及各目的事業主管機關權責劃分如下：

　　　　　　一、主管機關：主管老人權益保障之規劃、推動及監督等事項。

　　　　　　二、衛生主管機關：主管老人預防保健、心理衛生、醫療、復健與連續性
　　　　　　　　照護之規劃、推動及監督等事項。

　　　　　　三、教育主管機關：主管老人教育、老人服務之人才培育與高齡化社會教
　　　　　　　　育之規劃、推動及監督等事項。

　　　　　　四、勞工主管機關：主管老人就業免於歧視、支援員工照顧老人家屬與照
　　　　　　　　顧服務員技能檢定之規劃、推動及監督等事項。

　　　　　　五、建設、工務、住宅主管機關：主管老人住宅建築管理、公共設施與建
　　　　　　　　築物無障礙生活環境等相關事宜之規劃、推動及監督等事項。

　　　　　　六、交通主管機關：主管老人搭乘大眾運輸工具之規劃、推動及監督等事

　　　　　　項。

　七、保險、信託主管機關：主管本法相關保險、信託措施之規劃、推動及
　　　監督等事項。

　八、警政主管機關：主管本法相關警政、老人保護措施之規劃、推動及監
　　　督等事項。

　九、其他措施由各相關目的事業主管機關依職權規劃辦理。

第　四　條　下列事項，由中央主管機關掌理：

　一、全國性老人福利政策、法規與方案之規劃、釐定及宣導事項。

　二、對直轄市、縣（市）政府執行老人福利之監督及協調事項。

　三、中央老人福利經費之分配及補助事項。

　四、老人福利服務之發展、獎助及評鑑之規劃事項。

　五、老人福利專業人員訓練之規劃事項。

　六、國際老人福利業務之聯繫、交流及合作事項。

　七、老人保護業務之規劃事項。

　八、老人住宅業務之規劃事項。

　九、中央或全國性老人福利機構之設立、監督及輔導事項。

　十、其他全國性老人福利之策劃及督導事項。

第　五　條　下列事項，由直轄市、縣（市）主管機關掌理：

　一、直轄市、縣（市）老人福利政策、自治法規與方案之規劃、釐定、宣
　　　導及執行事項。

　二、中央老人福利政策、法規及方案之執行事項。

　三、直轄市、縣（市）老人福利經費之分配及補助事項。

　四、老人福利專業人員訓練之執行事項。

　五、老人保護業務之執行事項。

　六、老人住宅之興建、監督及輔導事項。

　七、直轄市、縣（市）老人福利機構之輔導設立、監督檢查及評鑑獎勵事
　　　項。

　八、其他直轄市、縣（市）老人福利之策劃及督導事項。

第　六　條　各級政府老人福利之經費來源如下：

　一、按年編列之老人福利預算。

　二、社會福利基金。

三、私人或團體捐贈。

四、其他收入。

第 七 條　主管機關應置專責人員辦理本法規定相關事宜；其人數應依業務增減而調整之。

老人福利相關業務應遴用專業人員辦理。

第 八 條　主管機關及各目的事業主管機關應各本其職掌，對老人提供服務及照顧。提供原住民老人服務及照顧者，應優先遴用原住民或熟諳原住民文化之人。

前項對老人提供之服務及照顧，得結合民間資源，以補助、委託或其他方式為之；其補助、委託對象、項目、基準及其他應遵行事項之辦法，由主管機關及各目的事業主管機關定之。

第 九 條　主管機關應邀集老人代表、老人福利相關學者或專家、民間相關機構、團體代表及各目的事業主管機關代表，參與整合、諮詢、協調與推動老人權益及福利相關事宜；其中老人代表、老人福利相關學者或專家及民間相關機構、團體代表，不得少於二分之一，且老人代表不得少於五分之一，並應有原住民老人代表或熟諳原住民文化之專家學者至少一人。

前項之民間機構、團體代表由各該轄區內立案之民間機構、團體互推後由主管機關遴聘之。

第 十 條　主管機關應至少每五年舉辦老人生活狀況調查，出版統計報告。

第二章　經濟安全

第 十一 條　老人經濟安全保障，採生活津貼、特別照顧津貼、年金保險制度方式，逐步規劃實施。

前項年金保險之實施，依相關社會保險法律規定辦理。

第 十二 條　中低收入老人未接受收容安置者，得申請發給生活津貼。

前項領有生活津貼，且其失能程度經評估為重度以上，實際由家人照顧者，照顧者得向直轄市、縣（市）主管機關申請發給特別照顧津貼。

前二項津貼請領資格、條件、程序、金額及其他相關事項之辦法，由中央主管機關定之；申請應檢附之文件、審核作業等事項之規定，由直轄市、縣（市）主管機關定之。

領取生活津貼及特別照顧津貼之權利，不得扣押、讓與或供擔保。

不符合請領資格而領取津貼者，其領得之津貼，由直轄市、縣（市）主管

機關以書面命本人或其繼承人自事實發生之日起六十日內繳還；屆期未繳還者，依法移送行政執行。

第 十三 條　對於心神喪失或精神耗弱致不能處理自己事務之老人，法院得因主管機關之聲請，宣告禁治產。

前項所定得聲請禁治產之機關，得向就禁治產之聲請曾為裁判之地方法院，提起撤銷禁治產宣告之訴；於禁治產之原因消滅後，得聲請撤銷禁治產。

禁治產宣告確定前，主管機關為保護老人之身體及財產，得聲請法院為必要之處分。

第 十四 條　為保護老人之財產安全，直轄市、縣（市）主管機關應鼓勵其將財產交付信託。

無法定扶養義務人之老人經法院宣告禁治產者，其財產得交付與經中央目的事業主管機關許可之信託業代為管理、處分。

第 十五 條　直轄市、縣（市）主管機關對於有接受長期照顧服務必要之失能老人，應依老人與其家庭之經濟狀況及老人之失能程度提供經費補助。

前項補助對象、基準及其他應遵行事項之辦法，由中央主管機關定之。

第三章　服務措施

第 十六 條　老人照顧服務應依全人照顧、在地老化及多元連續服務原則規劃辦理。

直轄市、縣（市）主管機關應依前項原則，並針對老人需求，提供居家式、社區式或機構式服務，並建構妥善照顧管理機制辦理之。

第 十七 條　為協助失能之居家老人得到所需之連續性照顧，直轄市、縣（市）主管機關應自行或結合民間資源提供下列居家式服務：

一、醫護服務。

二、復健服務。

三、身體照顧。

四、家務服務。

五、關懷訪視服務。

六、電話問安服務。

七、餐飲服務。

八、緊急救援服務。

九、住家環境改善服務。

十、其他相關之居家式服務。

第 十八 條　為提高家庭照顧老人之意願及能力，提升老人在社區生活之自主性，直轄市、縣（市）主管機關應自行或結合民間資源提供下列社區式服務：

一、保健服務。

二、醫護服務。

三、復健服務。

四、輔具服務。

五、心理諮商服務。

六、日間照顧服務。

七、餐飲服務。

八、家庭托顧服務。

九、教育服務。

十、法律服務。

十一、交通服務。

十二、退休準備服務。

十三、休閒服務。

十四、資訊提供及轉介服務。

十五、其他相關之社區式服務。

第 十九 條　為滿足居住機構之老人多元需求，主管機關應輔導老人福利機構依老人需求提供下列機構式服務：

一、住宿服務。

二、醫護服務。

三、復健服務。

四、生活照顧服務。

五、膳食服務。

六、緊急送醫服務。

七、社交活動服務。

八、家屬教育服務。

九、日間照顧服務。

十、其他相關之機構式服務。

前項機構式服務應以結合家庭及社區生活為原則，並得支援居家式或社區

式服務。

第 二 十 條　前三條所定居家式服務、社區式服務與機構式服務提供者資格要件及服務
　　　　　　之準則，由中央主管機關會同中央各目的事業主管機關定之。

　　　　　　前項服務之提供，於一定項目，應由專業人員為之；其一定項目、專業人
　　　　　　員之訓練、資格取得及其他應遵行事項之辦法，由中央主管機關定之。

第二十一條　直轄市、縣（市）主管機關應定期舉辦老人健康檢查及保健服務，並依健
　　　　　　康檢查結果及老人意願，提供追蹤服務。

　　　　　　前項保健服務、追蹤服務、健康檢查項目及方式之準則，由中央主管機關
　　　　　　會同中央衛生主管機關定之。

第二十二條　老人或其法定扶養義務人就老人參加全民健康保險之保險費、部分負擔費
　　　　　　用或保險給付未涵蓋之醫療費用無力負擔者，直轄市、縣（市）主管機關
　　　　　　應予補助。

　　　　　　前項補助之對象、項目、基準及其他相關事項之辦法，由中央主管機關定
　　　　　　之。

第二十三條　為協助老人維持獨立生活之能力，直轄市、縣（市）主管機關應辦理下列
　　　　　　服務：

　　　　　　一、專業人員之評估及諮詢。

　　　　　　二、提供有關輔具之資訊。

　　　　　　三、協助老人取得生活輔具。

　　　　　　中央主管機關得視需要獎勵研發老人生活所需之各項輔具、用品及生活設
　　　　　　施設備。

第二十四條　無扶養義務之人或扶養義務之人無扶養能力之老人死亡時，當地主管機關
　　　　　　或其入住機構應為其辦理喪葬；所需費用，由其遺產負擔之，無遺產者，
　　　　　　由當地主管機關負擔之。

第二十五條　老人搭乘國內公、民營水、陸、空大眾運輸工具、進入康樂場所及參觀文
　　　　　　教設施，應予以半價優待。

第二十六條　主管機關應協調目的事業主管機關提供或鼓勵民間提供下列各項老人教育
　　　　　　措施：

　　　　　　一、製播老人相關之廣播電視節目及編印出版品。

　　　　　　二、研發適合老人學習之教材。

　　　　　　三、提供社會教育學習活動。

四、提供退休準備教育。

第二十七條　主管機關應自行或結合民間資源，辦理下列事項：

一、鼓勵老人組織社會團體，從事休閒活動。

二、舉行老人休閒、體育活動。

三、設置休閒活動設施。

第二十八條　主管機關應協調各目的事業主管機關鼓勵老人參與志願服務。

第二十九條　雇主對於老人員工不得予以就業歧視。

第 三 十 條　有法定扶養義務之人應善盡扶養老人之責，主管機關得自行或結合民間提供相關資訊及協助。

第三十一條　為協助失能老人之家庭照顧者，直轄市、縣（市）主管機關應自行或結合民間資源提供下列服務：

一、臨時或短期喘息照顧服務。

二、照顧者訓練及研習。

三、照顧者個人諮商及支援團體。

四、資訊提供及協助照顧者獲得服務。

五、其他有助於提升家庭照顧者能力及其生活品質之服務。

第三十二條　直轄市、縣（市）主管機關應協助中低收入老人修繕住屋或提供租屋補助。

前項協助修繕住屋或租屋補助之對象、補助項目與內容及其他相關事項之規定，由直轄市、縣（市）主管機關定之。但其他法律有特別規定者，從其規定。

第三十三條　直轄市、縣（市）主管機關應推動適合老人安居之住宅。

前項住宅設施應以小規模、融入社區及多機能之原則規劃辦理，並符合住宅或其他相關法令規定。

第四章　福利機構

第三十四條　主管機關應依老人需要自行或結合民間資源辦理下列老人福利機構：

一、長期照顧機構。

二、安養機構。

三、其他老人福利機構。

前項老人福利機構之規模、面積、設施、人員配置及業務範圍等事項之標準，由中央主管機關會同中央目的事業主管機關定之。

第一項各類機構所需之醫療或護理服務，應依醫療法、護理人員法或其他醫事專門職業法等規定辦理。

第一項各類機構得單獨或綜合辦理，並得就其所提供之設施或服務收取費用，以協助其自給自足；其收費規定，應報由當地直轄市、縣（市）主管機關核定。

第三十五條 私立老人福利機構之名稱，應依前條第一項規定標明其業務性質，並應冠以私立二字。

公設民營機構名稱不冠以公立或私立。但應於名稱前冠以所屬行政區域名稱。

第三十六條 私人或團體設立老人福利機構，應向直轄市、縣（市）主管機關申請設立許可。

經許可設立私立老人福利機構者，應於三個月內辦理財團法人登記。但小型設立且不對外募捐、不接受補助及不享受租稅減免者，得免辦財團法人登記。

未於前項期間辦理財團法人登記，而有正當理由者，得申請當地主管機關核准延長一次，期間不得超過三個月；屆期不辦理者，原許可失其效力。

第一項申請設立之許可要件、申請程序、審核期限、撤銷與廢止許可、自行停業與歇業、擴充與遷移、督導管理及其他相關事項之辦法，由中央主管機關定之。

第二項小型設立之規模、面積、設施、人員配置等設立標準，由中央主管機關會同中央目的事業主管機關定之。

第三十七條 老人福利機構不得兼營營利行為或利用其事業為任何不當之宣傳。

主管機關對老人福利機構應予輔導、監督、檢查、評鑑及獎勵。

老人福利機構對前項檢查不得規避、妨礙或拒絕，並應提供必要之協助。

第二項評鑑對象、項目、方式及獎勵方式等事項之辦法，由主管機關定之。

第三十八條 老人福利機構應與入住者或其家屬訂定書面契約，明定其權利義務關係。

前項書面契約之格式、內容，中央主管機關應訂定定型化契約範本及其應記載及不得記載事項。

老人福利機構應將中央主管機關訂定之定型化契約書範本公開並印製於收據憑證交付入住者，除另有約定外，視為已依第一項規定與入住者訂約。

第三十九條　老人福利機構應投保公共意外責任保險及具有履行營運之擔保能力，以保障老人權益。

前項應投保之保險範圍及金額，由中央主管機關會商中央目的事業主管機關定之。

第一項履行營運之擔保能力，其認定標準由所在地直轄市、縣（市）主管機關定之。

第 四 十 條　政府及老人福利機構接受私人或團體之捐贈，應妥善管理及運用；其屬現金者，應設專戶儲存，專作增進老人福利之用。但捐贈者有指定用途者，應專款專用。

前項所受之捐贈，應辦理公開徵信。

第五章　保護措施

第四十一條　老人因直系血親卑親屬或依契約對其有扶養義務之人有疏忽、虐待、遺棄等情事，致有生命、身體、健康或自由之危難，直轄市、縣（市）主管機關得依老人申請或職權予以適當短期保護及安置。老人如欲對之提出告訴或請求損害賠償時，主管機關應協助之。

前項保護及安置，直轄市、縣（市）主管機關得依職權或依老人申請免除之。

第一項老人保護及安置所需之費用，由直轄市、縣（市）主管機關先行支付者，直轄市、縣（市）主管機關得檢具費用單據影本及計算書，通知老人之直系血親卑親屬或依契約有扶養義務者於三十日內償還；逾期未償還者，得移送法院強制執行。

第四十二條　老人因無人扶養，致有生命、身體之危難或生活陷於困境者，直轄市、縣（市）主管機關應依老人之申請或依職權，予以適當安置。

第四十三條　醫事人員、社會工作人員、村（里）長與村（里）幹事、警察人員、司法人員及其他執行老人福利業務之相關人員，於執行職務時知悉老人有疑似第四十一條第一項或第四十二條之情況者，應通報當地直轄市、縣（市）主管機關。

前項通報人之身分資料應予保密。

直轄市、縣（市）主管機關接獲通報後，必要時得進行訪視調查。進行訪視調查時，得請求警察、醫療或其他相關機關（構）協助，被請求之機關（構）應予配合。

第四十四條　為發揮老人保護功能，應以直轄市、縣（市）為單位，並結合警政、衛生、社政、民政及民間力量，建立老人保護體系，並定期召開老人保護聯繫會報。

第六章　罰　則

第四十五條　設立老人福利機構未依第三十六條第一項規定申請設立許可，或應辦理財團法人登記而未依第三十六條第二項及第三項規定期限辦理者，處其負責人新臺幣六萬元以上三十萬元以下罰鍰及公告其姓名，並限期令其改善。

於前項限期改善期間，不得增加收容老人，違者另處其負責人新臺幣六萬元以上三十萬元以下罰鍰，並得按次連續處罰。

經依第一項規定限期令其改善，屆期未改善者，再處其負責人新臺幣十萬元以上五十萬元以下罰鍰，並令於一個月內對於其收容之老人予以轉介安置；其無法辦理時，由主管機關協助之，負責人應予配合。不予配合者，強制實施之，並處新臺幣二十萬元以上一百萬元以下罰鍰。

第四十六條　老人福利機構有下列情形之一者，主管機關應限期令其於一個月內改善；屆期未改善者，處新臺幣三萬元以上十五萬元以下罰鍰，並得按次連續處罰：

一、收費規定未依第三十四條第四項規定報主管機關核可，或違反收費規定超收費用。

二、擴充、遷移、停業或歇業未依中央主管機關依第三十六條第四項規定所定辦法辦理。

三、財務收支處理未依中央主管機關依第三十六條第四項規定所定辦法辦理。

四、違反第三十七條第三項規定，規避、妨礙或拒絕主管機關之檢查。

五、違反第三十八條規定，未與入住者或其家屬訂定書面契約或將不得記載事項納入契約。

六、未依第三十九條規定投保公共意外責任保險或未具履行營運之擔保能力。

七、違反第四十條第二項規定，接受捐贈未公開徵信。

第四十七條　主管機關依第三十七條第二項規定對老人福利機構為輔導、監督、檢查及評鑑，發現有下列情形之一時，應限期令其改善；屆期未改善者，處新臺幣五萬元以上二十五萬元以下罰鍰，並再限期令其改善：

一、業務經營方針與設立目的或捐助章程不符。

二、違反原許可設立之標準。

三、財產總額已無法達成目的事業或對於業務、財務為不實之陳報。

第四十八條 老人福利機構有下列情形之一者，處新臺幣六萬元以上三十萬元以下罰
鍰，再限期令其改善：

一、虐待、妨害老人身心健康或發現老人受虐事實未向直轄市、縣（市）
主管機關通報。

二、提供不安全之設施設備或供給不衛生之餐飲，經主管機關查明屬實
者。

三、經主管機關評鑑為丙等或丁等或有其他重大情事，足以影響老人身心
健康者。

第四十九條 老人福利機構於主管機關依第四十六條至第四十八條規定限期令其改善期
間，不得增加收容老人，違者另處新臺幣六萬元以上三十萬元以下罰鍰，
並得按次連續處罰。

經主管機關依第四十七條及第四十八條規定再限期令其改善，屆期仍未改
善者，得令其停辦一個月以上一年以下，並公告其名稱。停辦期限屆滿仍
未改善或令其停辦而拒不遵守者，應廢止其許可，其屬法人者，得予解
散。

第 五 十 條 私立老人福利機構停辦、停業、歇業、解散、經撤銷或廢止許可時，對於
其收容之老人應即予以適當之安置；

其無法安置時，由主管機關協助安置，機構應予配合；不予配合者，強制
實施之，並處新臺幣六萬元以上三十萬元以下罰鍰；必要時，得予接管。

前項接管之實施程序、期限與受接管機構經營權及財產管理權之限制等事
項之辦法，由中央主管機關定之。

第一項停辦之私立老人福利機構於停辦原因消失後，得檢附相關資料及文
件向原設立許可機關申請復業。

第五十一條 依法令或契約有扶養照顧義務而對老人有下列行為之一者，處新臺幣三萬
元以上十五萬元以下罰鍰，並公告其姓名；涉及刑責者，應移送司法機關
偵辦：

一、遺棄。

二、妨害自由。

三、傷害。

四、身心虐待。

五、留置無生活自理能力之老人獨處於易發生危險或傷害之環境。

六、留置老人於機構後棄之不理,經機構通知限期處理,無正當理由仍不
　處理者。

第五十二條　老人之扶養人或其他實際照顧老人之人違反前條情節嚴重者,主管機關應
　　　　　對其施以四小時以上二十小時以下之家庭教育及輔導。

前項家庭教育及輔導,如有正當理由,得申請原處罰之主管機關同意後延
期參加。

不接受第一項家庭教育及輔導或時數不足者,處新臺幣一千二百元以上
六千元以下罰鍰,經再通知仍不接受者,得按次處罰至其參加為止。

第七章　附　則

第五十三條　本法修正施行前已許可立案之老人福利機構,其設立要件與本法及所授權
　　　　　法規規定不相符合者,應於中央主管機關公告指定之期限內改善;屆期未
　　　　　改善者,依本法規定處理。

主管機關應積極輔導安養機構轉型為老人長期照顧機構或社區式服務設
施。

第五十四條　本法施行細則,由中央主管機關定之。

第五十五條　本法自公布日施行。

❈ 附錄二　老人福利法施行細則 ❈

中華民國 69 年 4 月 29 日臺內社字第 21083 號令發布
中華民國 70 年 1 月 6 日臺內社字第 64007 號令修正發布
中華民國 87 年 3 月 25 日臺內社字第 8785868 號令修正發布
中華民國 88 年 10 月 20 日臺內社字第 8885596 號令修正發布
中華民國 96 年 7 月 25 日臺內社字第 09601156044 號令修正發布

第 一 條　本細則依老人福利法（以下簡稱本法）第五十四條規定訂定之。

第 二 條　本法第二條所定老人之年齡，以戶籍登記者為準。

第 三 條　主管機關及各目的事業主管機關依本法第八條第一項規定對老人提供服務及照顧，應定期調查及評估老人需求、社會經濟狀況及其發展趨勢，訂定近程、中程、遠程計畫，據以執行。

第 四 條　本法第十四條第二項、第二十二條第一項及第三十條所稱法定扶養義務人，指依民法規定順序定其履行義務之人。

第 五 條　本法第十四條第二項所定無法定扶養義務人且經法院宣告禁治產之老人，將財產交付信託業者代為管理、處分之相關事宜，由其監護人負責執行。

　　　　　直轄市、縣（市）主管機關得視需要，請監護人就前項事宜辦理情形提出執行報告。

第 六 條　老人憑國民身分證或政府核發足以證明老人身分之證件，享受本法第二十五條規定之優待。

第 七 條　各機關、團體、學校，得配合重陽節舉辦各種敬老活動。

第 八 條　本法第三十三條第一項所定適合老人安居之住宅，其設計應符合下列規定：

　　　　　一、提供老人寧靜、安全、舒適、衛生、通風採光良好之環境與完善設備及設施。

　　　　　二、建築物之設計、構造與設備及設施，應符合建築法及其有關法令規定，並應具無障礙環境。

　　　　　三、消防安全設備、防火管理、防焰物品等消防安全事項，應符合消防法及

其有關法令規定。

本法第三十三條第二項所定住宅設施小規模、融入社區及多機能之原則如下：

一、小規模：興辦事業計畫書所載開發興建住宅戶數為二百戶以下。

二、融入社區：由社區現有基礎公共設施及生活機能，使老人易獲得交通、文化、教育、醫療、文康、休閒及娛樂等服務，且便於參與社區相關事務。

三、多機能：配合老人多元需求，提供適合老人本人居住，或與其家庭成員或主要照顧者同住或近鄰居住；設有共用服務空間及公共服務空間，同一棟建築物之同一樓層須有共用通道。

第 九 條　本法中華民國六十九年一月二十六日公布施行前已安置收容於公、私立老人福利機構之人，由該機構繼續收容照顧。

第 十 條　六十歲以上未滿六十五歲之人自願負擔費用者，老人福利機構得視內部設施情形，提供長期照顧、安養或其他服務。

第十一條　老人福利機構依本法第四十條第一項規定接受私人或團體捐贈時，應於每年六月及十二月將接受捐贈財物、使用情形及公開徵信相關資料陳報主管機關。

　　　　　前項公開徵信應至少每六個月將捐贈者姓名、金額、捐贈日期及指定捐贈項目等基本資料，刊登於機構所屬網站或發行之刊物；無網站及刊物者，應刊登於新聞紙或電子媒體。

第十二條　設立老人福利機構未依本法第三十六條第一項規定申請設立許可，經直轄市、縣（市）主管機關依本法第四十五條第一項規定限期令其改善者，應依限完成設立許可程序；其期間由直轄市、縣（市）主管機關定之，最長不得逾六個月。

第十三條　主管機關依本法第四十七條及第四十八條規定通知老人福利機構限期改善者，應令其提出改善計畫書；必要時，會同目的事業主管機關評估其改善情形。

第十四條　依本法第五十二條第一項規定施以家庭教育及輔導之內容，包括家庭倫理、親子溝通、人際關係、老人身心特性與疾病之認識及如何與老人相處等相關課程。

　　　　　前項應施以家庭教育及輔導之課程及時數，由直轄市、縣（市）主管機關定

之。

第十五條 依本法第五十二條第二項規定同意延期參加家庭教育及輔導者，以一次為限，最長不得逾三個月。

第十六條 本細則自發布日施行。

附錄三 中華高齡學學會屆齡退休人員生涯規劃研討會論文大綱

※ 報告人：華美玲

※ 資料來源：中華高齡學學會，2008 年學術研討會論文

主題：菜香書香人更香

壹、引言

一、多活二十年可以辦得到。

二、人說九十滿滿是，八十不稀奇，人生七十才開始，六十算啥米？五十算來是幼齒（閩南語解：「年紀很輕」意），四十當古錐（閩南語解：「可愛」意），三十坐在搖籃內，二十算出世。（以上說詞可用閩南語「望春風」調吟唱。）

貳、過不生病的老年生活

一、求福壽倒不如求平安，平安就是添福壽。

二、只要天天吃青菜、長壽百歲不易老。

三、菜香食療歌，預防重於治療。

　　生梨潤肺化痰好、蘋果止瀉營養高、

　　黃瓜減肥有成效、抑制癌症彌猴桃（奇異果）。

　　番茄補血助容顏、蓮藕化淤解酒妙、

　　紫茄袪風通大便、韭菜補腎暖膝腰。

　　蘿蔔化痰消脹氣、芹菜能治血壓高、

　　白菜利尿排毒素、菜花常吃癌症少。

　　冬瓜消腫又利尿、黑豆綠豆解毒好、

　　木耳抗癌素中葷、香菇存酶腫瘤消。

　　海帶含碘散淤結、蘑菇抑制癌細胞、

　　胡椒袪寒兼除濕、蔥辣薑湯治感冒。

　　海參蹄筋含膠質、豬肉羊肝明目好、

益腎強腰食核桃、健胃補脾吃紅棗。

參、書香：從書中找到健康的一把鑰匙：全方位養生：更年青、更標緻、更長壽

一、延緩衰老、老當益壯

(一)思想開朗，情緒樂觀穩定。

(二)生活規律，起居飲食有節。

(三)適當運動，慢跑步行散步。

(四)注意休息，保證充足睡眠。

(五)飲食衛生，切忌暴飲暴食。

(六)嚴格戒煙，少喝酒戒檳榔。

(七)節制性慾，享受和諧美滿。

(八)有病早治，不要忽視小病。

(九)生活三寶，陽光空氣清水。

(十)注意安全，防止意外發生。

二、九種影響壽命的作法

(一)嗜煙如命，嗜酒酗酒。

(二)狹心忌妒，發火生氣。

(三)生活無律，飲食無常。

(四)以藥為食，常年不停。

(五)性慾無度，頻頻傷身。

(六)有病硬熬，拒絕診治。

(七)心情鬱悶，萬念俱灰。

(八)孤獨自我，沒有朋友。

(九)不愛運動，沒有活動。

三、多聽別人勸告不會錯－保健八諫

(一)運動—生命的馬達。

(二)歡樂—長壽的妙藥。

(三)衛生—健康的道路。

(四)休閒—健康的靈丹。

(五)食慾—最好的香料。

(六)悲愁—衰老的快車。

(七)懶惰—病魔的溫床。

(八)縱慾—強身的兇手。

四、你可以活得更好—起床也有科學性

(一)忌立刻起床，醒來最好靜躺一會兒。

(二)忌賴在床上不起身，睡意未消情緒難穩。

(三)忌用熱開水洗臉，越洗對皮膚越不利。

(四)洗臉應用冷開水，可使皮膚柔軟又細膩。

(五)刷牙之後，飲杯溫開水，再做其他事情，效果會更好。

五、睡眠十個「不宜」：要科學睡眠。

(一)不宜帶著憂慮睡眠。

(二)不宜張口睡眠。

(三)不宜掩面睡眠。

(四)不宜蒙頭睡眠。

(五)不宜飽食睡眠。

(六)不宜對燈睡眠。

(七)不宜對著風口睡眠。

(八)不宜對著火爐睡眠。

(九)不宜帶著憤怒睡眠。

(十)不宜穿著太多衣服睡眠。

肆、人更香：您是快樂的活神仙

健身十六宜：

一、面宜多搓：可使面容紅潤有光澤。

二、髮宜多梳：消除疲勞，清醒頭腦。

三、目宜常運：閉目少頃，忽大睜開，可清肝明目。

四、耳宜常揉：頭腦要清靜，去掉雜念，可去頭眩之疾。

五、齒宜常叩：叩齒36遍，可使牙齒堅固。

六、口宜常閉：可使人體氣機通暢，津液自生。

七、津宜常咽：可健脾胃，助消化。

八、氣宜常提：久做，可健身防病。

九、心宜常靜：排除雜念，常如此，可調氣養神。

十、神宜常存：常保持樂觀情緒，可以少生七情之患，使身體健康。

十一、背宜常暖：可以預防感冒，固腎強腰。

十二、腹宜常摩：可助消化，可治療腹脹、便秘。

十三、胸宜常護：可寬胸理氣，增強心肺功能。

十四、囊宜常裹：可養腎氣，固腎強腰。

十五、言語宜緘而默：多言則耗氣，緘默則養氣。故言不宜多。

十六、皮膚宜常乾沐：可使周身氣血通暢，舒筋活血。

伍、結語

一、健康指數越大，生命質量越高。

二、人生越充實，生命越有意義。

三、時間越珍惜，生命越延長。

四、快樂越擁有，生命越歡暢。

五、熱愛生命，珍惜人生。

　　您是快樂的活神仙！

附錄四 內政部補助或委託辦理老人服務及照顧辦法

內政部 96 年 8 月 16 日
臺內社字第 0960122031 號函發布

第 一 條 本辦法依老人福利法第八條第二項規定訂定之。

第 二 條 本辦法之補助或委託對象如下：

一、財團法人老人福利機構。

二、附設老人福利機構之財團法人。

三、財團法人基金會，其捐助章程明定辦理社會福利服務事項者。

四、立案之社會團體，其章程明定辦理社會福利事項者。

前項受補助或委託對象，應符合下列規定：

一、具有辦理補助或委託服務工作之執行能力。

二、財務健全，足以辦理補助或委託之服務項目。

三、組織健全，且接受補助或委託之服務項目符合其章程或業務項目。

第 三 條 內政部（以下簡稱本部）得補助或委託辦理之老人服務及照顧項目如下：

一、老人休閒、體育活動。

二、充實老人休閒活動設備。

三、提供有關法定扶養義務人善盡扶養老人之資訊及協助。

四、老人福利機構照顧服務。

前項第二款受補助對象為社會團體者，應辦理法人登記，且應有專人負責保
管設備。

第 四 條 前條第一項第一款至第三款所定項目，其補助基準如下：

一、老人休閒、體育活動：每案最高補助新臺幣十五萬元。

二、充實老人休閒活動設備：每案最高補助新臺幣十萬元。

三、提供有關法定扶養義務人善盡扶養老人之資訊及協助：每案最高補助新

臺幣十五萬元。

本部為配合政策推動業務之需要，得酌予提高補助額度，不受前項各款之限制。

第 五 條　第三條第一項第四款所定項目，其補助基準如下：

一、新建、改（增）建費：最高補助二百床，每床樓地板總面積最高以十六點五平方公尺為限，並參照中央政府總預算編製作業手冊所列標準辦理。

二、修繕費：最高補助二百床，最多每五年補助一次。

三、開辦設施設備費：最高補助二百位老人，每位老人最高補助新臺幣十五萬元。補助項目以辦理老人長期照顧機構業務必要之設施設備為限。

四、充實設施設備費：最高補助二百位老人，每位老人最高補助新臺幣二萬元。五年補助額度以每床新臺幣二萬元與實際收容數之乘積為限。

五、公共安全設施設備費：最高補助二百位老人，每位老人最高補助新臺幣二萬元。補助項目以公共安全管理白皮書所列之防火避難設施、消防安全設備等為限。但具有同等性能且經本部消防署審核認可之消防安全設備亦得列入，並應檢附本部消防安全設備審核認可書，且該項設備應符合各類場所消防安全設備設置標準規定與審核認可書所登載設置之限制條件，及明確標明對老人福利機構之避難特性。

六、服務費：補助員額依老人福利機構設立標準有關護理人員、社會工作人員、照顧服務員配置比率規定及實際收容人數核算。補助月數每年最高為十二個月，接受補助人員當月服務日數滿十五日以上，服務費發給一個月，未滿十五日者，發給二分之一。

安養機構不適用前項第一款及第三款規定。

同一法人機構在同一鄉（鎮、市、區）及毗鄰鄉（鎮、市、區），以補助新建一家為原則。但改（增）建、修繕費補助，不在此限。

新建老人福利機構已接受本部補助開辦設施設備者，須於興設完竣並營運滿五年後，始得再申請充實設施設備費補助。

已核准補助充實設施設備者，每隔五年始得再就相同設施設備提出申請；設施設備需汰舊換新者，依財物標準分類所列最低使用年限規定，已達使用年限且不堪使用者，始得再申請補助。

老人福利機構平均每床樓地板總面積及寢室面積不符合老人福利機構設立標

準規定，或老人進住率低於百分之五十者，其修繕費、充實設施設備費及服務費不予補助。但於開始營運三年內，申請補助服務費者，不受進住率之限制。

老人福利機構配置人員不符老人福利機構設立標準、老人福利服務專業人員資格及訓練辦法規定，或未依規定辦理勞工保險、全民健康保險或提撥勞工退休準備金者，其服務費不予補助；聘僱之外籍人員不納入補助對象。

第 六 條　第三條所定老人服務及照顧項目，其補助之申請採事前審核，申請程序如下：

一、直轄市或縣（市）立案之申請補助者，向直轄市或縣（市）主管機關提出申請，經審核符合規定者，由直轄市或縣（市）主管機關函送本部核辦。

二、全國性、省級立案之申請補助者，向本部提出申請。但申請地方性活動之補助計畫，應由直轄市、縣（市）主管機關核轉。

第 七 條　申請老人服務及照顧項目補助者，應編列自籌款，並檢具下列文件，依前條規定提出：

一、申請表。

二、申請補助計畫書。

三、自籌款證明。

四、捐助章程或章程、立案證書、負責人當選證書影本。

五、其他必要之相關文件。

前項自籌款比率，申請補助資本支出者，最低為百分之三十；申請補助經常支出者，最低為百分之二十。但本部得視需要調降自籌款比率。

第一項項自籌款證明包括主管機關證明或申請時最近二個月內之金融機構存款證明；申請新建、改（增）建補助者，初審、複審階段，得以其建地之土地公告現值折算為自籌款，審查同意補助，於工程發包後，應以工程決標金額扣除本部補助金額計算自籌款，存入主管機關所設專戶。自籌款非經工程發包完成後不得支用。

第 八 條　本部對申請補助者，得依預算額度、申請計畫內容、執行能力、申請補助項目，核定補助經費比率及數額。

老人福利機構租（借）用土地或建物者，資本支出補助每案以新臺幣三十萬元為限。但老人福利機構租（借）用之土地或建物，經所有權人設定抵押權

者，本部不予補助資本支出。歷年接受本部資本支出補助累計達新臺幣六十萬元以上者，不再補助。

老人福利機構以其土地、建物設定抵押權，且本部非為抵押權人者，本部不予補助經常支出及資本支出。但符合下列規定者，本部得補助經常支出，並得視其清償情形，停止補助：

一、財務狀況健全，經本部最近一次機構評鑑成績獲評甲等以上。

二、依貸款還款計畫，得於五年內全數清償貸款，並先報經本部備查。

第 九 條　本部委託辦理老人服務及照顧事項案件，應依政府採購法及相關規定辦理。

第 十 條　受補助者辦理採購應適用政府採購法者，依政府採購法有關規定辦理。但補助金額逾新臺幣一千萬元之補助計畫，未達採購金額半數以上者，仍應依政府採購法規定辦理上網公開招標、決標、履約管理、驗收、採最低標決標等事項，並於申請時切結遵守之。

受補助者未依前項規定辦理時，應將補助款繳回。

受補助者辦理採購不適用政府採購法規定者，仍應參照政府會計有關規定辦理採購事項。

負責辦理核轉補助案件之機關對於受補助者計畫之執行負監督之責；適用政府採購法之案件，其監督內容包括監督受補助者辦理開標、比價、議價、決標及驗收事項，並行使政府採購法及政府採購法施行細則所定上級機關行使之事項。

第十一條　受補助或委託者應按原核定計畫項目、執行期間及預定進度確實執行。

非經本部同意，其經費不得移作他用，有特殊情形，須變更原計畫項目、執行期間或進度者，應詳述理由，層報本部核准後始得辦理。未依規定辦理者，應將補助款或委託經費繳回。

受補助者因辦理老人服務及照顧，所受之補助或捐款等相關收入應專款專用，並連同其孳息設立專戶儲存。

接受本部補助新建、改建及增建建物者，應與本部訂定書面契約。並於核定補助後三十日內，除新建之建物外，應將土地或土地及建物設定第一順位抵押權予本部；新建、改建或增建之建物於建造完成，並取得所有權登記或辦理標示變更登記後三十日內，應再將建物增加擔保設定抵押權予本部。

前項抵押權，應以本部核定補助之金額增加百分之二十為最高限額，並以書面契約有效期間為存續期間。

第十二條　受補助者於年度終了後，補助經費未經使用者應即停止使用，並將補助款繳
回。但已發生而尚未清償之債務或契約責任部分，於年度終了後一個月內報
經本部核准保留者，得繼續執行；未辦理保留者，應將補助款繳回。

補助款核銷結案時，實際支用經費總額乘以所核定核銷應自籌經費比率之積
為自籌款數額，如不足自籌款數額者，應繳回差額。必要時，本部得請受補
助者提出自籌款憑證影本或其他支用證明。

受補助者於辦理新建、改(增)建補助案件核銷時，應檢附使用執照影本。

受補助者對於各類服務人員酬勞費之印領清冊應列明實領薪資總額、扣繳稅
款及實領淨額，並應負責依薪資所得扣繳辦法規定辦理所得稅扣繳。

前項實領薪資總額，包括本部補助及接受補助者之自籌部分。

第十三條　受補助者應建立完整補助案件檔案，本部得隨時予以考核。

第十四條　本辦法自發布日施行。

國家圖書館出版品預行編目資料

老人社會福利/江亮演著. — 1版. — 臺
北市:五南,2009.07
　　面;　　公分

ISBN 978-957-11-5636-1 (平裝)

1.老人福利

544.85　　　　　　　　　　98007521

1JCL

老人社會福利

作　　　者 — 江亮演

發 行 人 — 楊榮川

總 編 輯 — 龐君豪

主　　　編 — 陳念祖

編　　　輯 — 謝麗恩　李敏華

封面設計 — 鈦色圖文整合行銷工作室

出 版 者 — 五南圖書出版股份有限公司

地　　　址:106台北市大安區和平東路二段339號4樓

電　　　話:(02)2705-5066　傳　　　真:(02)2706-6100

網　　　址:http://www.wunan.com.tw

電子郵件:wunan@wunan.com.tw

劃撥帳號:01068953

戶　　　名:五南圖書出版股份有限公司

台中市駐區辦公室/台中市中區中山路6號

電　　　話:(04)2223-0891　傳　　　真:(04)2223-3549

高雄市駐區辦公室/高雄市新興區中山一路290號

電　　　話:(07)2358-702　傳　　　真:(07)2350-236

法律顧問　元貞聯合法律事務所　張澤平律師

出版日期　2009年7月初版一刷

定　　　價　新臺幣540元